本书受"上海市高水平地方高校建设项目" 资助

王立民 著

法苑内外

人民出版社

王立民（1950.4—）

华东政法大学二级教授、功勋教授、博士生导师。法学硕士、历史学博士。长期从事中国法律史的教学和研究工作。曾任华东政法大学副校长、中国法律史学会执行会长、教育部高等学校法学学科教学指导委员会委员、国家司法考试协调委员会委员、上海市法学会法理法史研究会会长、上海市政治学会副会长和德国帕桑大学、日本青山学院大学的客座教授等职。现任中国法学会法学教育研究会学术委员会委员等职。

享受国务院政府特殊津贴。全国优秀教师。当代中国法学名家。上海市领军人才、首届上海高校教学名师。国家精品课程、国家精品资源共享课"中国法制史"负责人。马克思主义理论研究和建设工程"中国法制史"首席专家。国家社科基金重大项目"中国租界法制文献整理与研究"首席专家。主持国家、省部级等科研项目 20 余项。

出版个人著作 10 种，19 部 主编 30 余部。在《法学研究》《中国法学》《中外法学》《学术月刊》等期刊上独立发表论文 300 余篇，其中 30 余篇被《新华文摘》《中国社会科学文摘》《红旗文摘》《高等学校文科学报文摘》和《人大复印资料》等转载、转摘。获首届全国教材建设二等奖，国家级教学成果二等奖，省部级哲学社会科学优秀成果著作、论文一等奖等 20 余项奖项。

以心血和智慧服务法治中国建设

——华东政法大学 70 周年校庆丛书总序

华东政法大学成立 70 周年了！70 年来，我国社会主义法治建设取得一系列伟大成就；华政 70 年，缘法而行、尚法而为，秉承着"笃行致知，明德崇法"的校训精神，与共和国法治同频共振、与改革开放辉煌同行，用心血和智慧服务共和国法治建设。

执政兴国，离不开法治支撑；社会发展，离不开法治护航。习近平总书记强调，没有正确的法治理论引领，就不可能有正确的法治实践。高校作为法治人才培养的第一阵地，要充分利用学科齐全、人才密集的优势，加强法治及其相关领域基础性问题的研究，对复杂现实进行深入分析、作出科学总结，提炼规律性认识，为完善中国特色社会主义法治体系、建设社会主义法治国家提供理论支撑。

厚积薄发七十载，华政坚定承担起培养法治人才、创新学术价值、服务经济社会发展的重要职责，为构建具有中国特色的法学学科体系、学术体系、话语体系，推进国家治理体系和治理能力现代化提供学理支撑、智力支持和人才保障。砥砺前行新时代，华政坚定扎根中国大地，发挥学科专业独特优势，向世界讲好"中国之治"背后的法治故事，推进中国特色法治文明与世界优秀法治文明成果交流互鉴。

"宛如初升的太阳,闪耀着绮丽的光芒"——1952 年 11 月 15 日,华东政法学院成立之日,魏文伯院长深情赋诗,"在这美好的园地上,让我们做一个善良的园工,勤劳地耕作培养,用美满的收获来酬答人民的期望"。1956 年 6 月,以"创造性地提出我们的政治和法律科学上的成就"为创刊词,第一本法学专业理论性刊物——《华东政法学报》创刊,并以独到的思想观点和理论功力,成为当时中国法学研究领域最重要的刊物之一。1957 年 2 月,学报更名为《法学》,坚持"解放思想、不断进步"的治学宗旨,紧贴时代发展脉搏,跟踪社会发展前沿,及时回应热点难点问题,不断提升法学研究在我国政治体制改革中的贡献度,发表了一大批高水平的作品。对我国立法、执法和司法实践形成了重要理论支持,在学术界乃至全社会产生了巨大影响。

1978 年 12 月,党的十一届三中全会确定了社会主义法制建设基本方针,法学教育、法学研究重新启航。1979 年 3 月,华东政法学院复校。华政人勇立改革开放的潮头,积极投身到社会主义法制建设的伟大实践中。围绕"八二"宪法制定修订、土地出租问题等积极建言献策;为确立社会主义市场经济体制、加入世界贸易组织(WTO)等提供重要理论支撑;第一位走入中南海讲课的法学家,第一位 WTO 争端解决机构专家组中国成员,联合国预防犯罪和控制犯罪委员会委员等,都闪耀着华政人的身影。

进入新世纪,在老一辈华政学人奠定的深厚基础上,新一代华政人砥砺深耕,传承中华优秀传统法律文化,积极借鉴国外法治有益成果,为中国特色社会主义法治建设贡献智慧。16 卷本《法律文明史》陆续问世,推动了中华优秀传统法律文化在新时代的创造性转化和创新性发展。在全国人民代表大会制度、互联网法治理论、社会治理法治化、自贸区法治建设,以及公共管理、新闻传播学等领域持续发力,华政的学术影响力、社会影响力持续提升。

党的十八大以来,学校坚持以习近平新时代中国特色社会主义思想为指导,全面贯彻党的教育方针,落实立德树人根本任务,推进习近平法治思想的学习研究宣传阐释,抓住上海市高水平地方高校建设契机,强化"法科一流、多科融合"办学格局,提升对国家和上海发展战略的服务能级和贡献水平。在理论法学和实践法学等方面形成了一批"立足中国经验,构建中国理论,形成中国学派"的原创性、引领性成果,为全面推进依法治国,建设社会主义法治国家贡献华政智慧。

建校 70 周年,是华政在"十四五"时期全面推进一流政法大学建设,对接国家重大战略,助力经济社会高质量发展的历史新起点。今年,学校将以"勇担时代使命、繁荣法治文化"为主题举办"学术校庆"系列活动,出版"校庆丛书"即是其重要组成部分。学校将携手人民出版社、商务印书馆、法律出版社、上海人民出版社、北京大学出版社等,出版 70 余部著作。这些著作包括法学、政治学、经济学、新闻学、管理学、文学等多学科的高质量科研成果,有的深入发掘中国传统法治文化、当代法学基础理论,有的创新开拓国家安全法学、人工智能法学、教育法治等前沿交叉领域,有的全面关注"人类命运共同体",有的重点聚焦青少年、老年人、城市外来人口等特殊群体。

这些著作记录了几代华政人的心路历程,既是总结华政 70 年来的学术成就、展示华政"创新、务实、开放"的学术文化;也是激励更多后学以更高政治站位、更强政治自觉、更大实务作为,服务国家发展大局;更是展现华政这所大学应有的胸怀、气度、眼界和格局。我们串珠成链,把一颗颗学术成果,汇编成一部华政 70 年的学术鸿篇巨作,讲述华政自己的"一千零一夜学术故事",更富特色地打造社会主义法治文化引领、传承、发展的思想智库、育人平台和传播高地，更高水准地持续服务国家治理体系和治理能力现代化进程，更加鲜明地展现一流政法大学在服务国际一流大都市发展、服务长三角一体化、服务法治中国建设过程中的新作为、新担当、新气象，向学校70年筚路蓝缕的风雨征程献礼，向所有关心支持华政发展的广大师生、校友和关心学校发展的社会贤达致敬！

七秩薪传，续谱新篇。70年来，华政人矢志不渝地捍卫法治精神，无怨无悔地厚植家国情怀，在共和国法治历史长卷中留下了浓墨重彩。值此校庆之际，诚祝华政在建设一流政法大学的进程中，在建设法治中国、实现中华民族伟大复兴中国梦的征途中，乘风而上，再谱新章！

郭为禄

叶 青

2022 年 5 月 4 日

目　　录

序

1968 年 9 月,我被分配到上海市机电一局机配公司下属的上海起重安装队(后更名为"上海热加工机械厂"),当了一名钳工,后又兼任厂团支部副书记和公司团委委员。期间,组织安排我从事过一些文字工作,主要是写作一些工作经验、小结,用于厂内与厂际间的交流。这是我踏上社会以后,首次撰写一些议论性文章。虽然,这些文章字数不算多,只有几千字,但却学会了选主题、理思路、定结构、提观点、用资料等一些基本功,为以后继续从事文字工作,实现向撰写学术论文、著作的转型打下了基础。

1982 年 9 月,考入华东政法学院(2007 年更名为"华东政法大学")攻读法律史(中国法制史方向)的硕士研究生以后,就开始学习写作学术论文与著作。也就从这时开始,逐渐实现了从写工作经验、小结到写学术性论文、著作的转型,至今已有 40 年。在这40 年中,与文字工作结下了不解之缘,其已成为我生命中的一个重要组成部分。

产出学术研究成果,特别是发表学术论文,给我带来了多重喜悦。第一,可以显示自己的研究成果。这不仅表明自己在进行学术研究,而且还产出研究成果,即自己的劳动有了结果,丰富自己的学术园地。第二,可以与同行们进行交流。法学界人才辈出,研究成果众多。我有了自己的成果,可以通过发表途径,晒一晒自己

1

的成果,表明自己的观点,与同行进行交流,取长补短。第三,可以参与评奖。有些高质量的成果还可参与各种评奖,产出衍生产品。这种评奖是对我研究成果的肯定,也是一种鼓励,增强进一步研究的动力。第四,可以编入著作。同一主题的研究成果,还可在积累以后,集中汇集,编成著作,加以出版。我的《唐律新探》《中国租界法制初探》等著作就是如此。而且,随着成果的增多,著作还可以再出新版,增加篇幅,厚实内容。可见,产出学术研究成果好处多多,受益匪浅。由此而产生的喜悦便成为下一步继续进行研究的动力,成果也会随之越积越多。

现在粗算一下,自己的学术成果已有了一定的积累。已出版的个人著作有 8 种 16 部,分别是《唐律新探》(1993 年、2001 年、2007 年、2010 年、2016 年共 5 版),《古代东方法研究》(1996 年、2006 年、2019 年共 3 版),《上海法制史》(1998 年、2019 年共 2 版),《上海法制史话》(2001 年、2017 年共 2 版),《法律思想与法律制度》(2002 年版),《中国法制与法学教育》(2011 年版),《中国租界法制初探》(2016 年版),《法律史与法治建设》(2017 年版)。今年的校庆期间,还会出版三部新书,除本书以外,还有《唐律新探》(第 6 版,北京大学出版社 2022 年版)和《中国法制史论要》(商务印书馆 2022 年版)两部。这样,我的个人著作就达 10 种 19 部。其中的《唐律新探》还多次被韩国学者翻译成韩文,在韩国印行。还主编著作 30 部。

另外,发表论文 300 余篇,其中包括在《中国法学》《法学研究》《中外法学》《学术月刊》等期刊上发表。还在《光明日报》《中国社会科学报》《法制日报》《人民法院报》《解放日报》《文汇报》《上海法治报》《青年报》《劳动报》等报纸与一些他人的著作(含主编)、论文集中,发表了各种文章近 300 篇。这类文章也是我的成果,而且大多散见在我个人著作之外,没有系统收集,无法看到其较为完整的面貌,有点遗憾。这次选择其中的大部分编入此书。

随着年龄的增长,有了想把那些散见的成果集中的念头,特别是在2020年4月(年满70周岁)以后,这一念头更为强烈。2020年暑假前终于下决心,开始着手这一集中工作。经过数月的整理,现已可以把那些主要成果按照一定的类别,汇编成册。其中,共收录各类成果230余篇,大致分为以下几大类,分别是:中国法制史、上海法制史、中国当代法治、中国法学教育、国外见闻与法治、家人与老师、杂谈等。这种整理、汇编我是首次尝试。要在较短时间与大量、多种成果中,依照一定逻辑,组合成册,形成新的成果,有一定挑战。经过"奋战",目前算是"首战告捷",初编成册。此外,还有一些参编的教材等,这次就不纳入本书了。

取名《法苑内外》是因为书中除了有关于法制(法治)的内容以外,还有一些与其无关,而这些内容也在我的写作与发表之列,摒弃了有些不舍。用"法苑内外"之名,扩大收集范围,就可以解除这一顾虑,顺理成章地把已发表的成果一网打尽。这也可以说是我编集这本小书的初衷。

书中内容的排列遵循专题与时间相结合的原则。即内容先按专题归类,每个专题中,又以内容与时间相结合。这样的排列既利于反映我个人成长的历程与心路的变化,也利于读者阅读,避免思路的大跳跃,以致难以接受。希望这样的内容排列能得到读者的认可。书中内容的发表时间截至2022年6月。

书中的文章有长有短,篇幅有大有小,内容有多有少,参差不齐。这是发表时所决定的,无法改变,只能维持原样了。不过,编入书中时,根据书的要求,对格式等作了必要的调整,以符合著作的整体要求。

书的内容有点繁杂。其中,既有所闻所见,也有研究成果;既有学术小论文,也有叙述性文章。有的文章还与国家的要事联系在一起。比如,在澳门回归前夕,就应邀撰写了一些澳门法制史的小文章。

书中的文章绝大多数都已公开发表,只有少量是在内刊上发表。觉得这类文章在当时还蛮有价值,不编进书有些可惜,也就不删除了。书中的文章都有发表之处与时间,附于文后,便于大家查阅。

书已编成,出版有望,心里高兴。然而,高兴之余也不忘其中可能存在的问题与不足,还望大家指正。谢谢!

王立民

2022 年 7 月于华东政法大学

第一章
中国法制史

中国法制史部分由总述、唐朝及以前的法制、明清朝法制与近代法制四个方面的内容构成。每个方面内容都相互独立,且具有自己的特色。

一、总 述

1. 中国法制史与智慧

我长期从事中国法制史的教学与研究。之前有机会到江苏省无锡市滨湖区人民法院与法官们交流。三句话不离本行,我就讲了一个中国法制史与智慧的问题,意思是学习、掌握了中国法制史的知识以后,可以用其来认识、理解一些中国传统文化和当前的司法现象,并得到更深刻的体会。中国法制史知识变成观察、分析问题的智慧了。我主要讲了这样三个方面的内容。

(1)用中国法制史知识来认识中国的传统文化

中国的许多传统文化中都有中国古代法制的内容,而且这些内容与当时的文本规定基本一致,因此掌握了中国法制史知识便可更加深刻地理解其中的内容。比如,在梁山伯与祝英台戏剧中,尽管他们已经感情很深,但是最终祝英台还是放弃,不与梁山伯成婚,主要原因在于法律。

首先,根据中国古代的法律规定,子女的婚姻由家长决定,即"父母之命"。在祝英台就读期间,她的父母已经接受了马家的聘礼,即已把她嫁给了马家,尽管她不知道,但这个婚姻是有效的婚姻,祝英台无法抗拒。

其次,根据中国古代的法律规定,纳征(纳币)是结婚的决定性程序。中国的结婚程序为"六礼",分别是纳采、问名、纳吉、纳征、请期、亲迎。其中的纳征是指男方把聘财送到女方、女方接受聘财的程序。这一程序走完,实际上婚姻就告成。否则,即是一种悔婚行为。

最后,根据中国古代的法律规定,女方悔婚是犯罪行为,要受到惩处。为了保证婚姻的严肃性,中国古代的法律要惩处女方的悔婚行为,用刑为杖刑,唐朝规定为杖六十。男方悔婚要承担相应的悔婚责任,即送出的聘财不得收回。祝英台被塑造为一个正面形象,不是反逆角色,不会悔婚,故只能与梁山伯分手,最后上了马家的轿子。掌握了这些中国法制史知识再来看梁祝剧,就会有新的体会了。

(2)用中国法制史知识来辨别用现代科技表现的传统文化

为了便于大家接受和提高兴趣,中国的艺术家们往往会用现代科技来表现传统文化。可是,由于各种原因,这种反映出的传统文化常常会"失真",即与古代社会情况不符,包括与古代法制不一致。上海世博会中国馆里动态的大型清明上河图即是如此。

原作清明上河图描述的是北宋时汴京城(今河南开封)白天

的繁荣景象。这幅展现在大屏幕上动态的大型清明上河图经过现代科技的加工,不仅白天居民的行走、劳作等动作都栩栩如生、活灵活现,而且在晚上还灯火辉煌,一派热闹景象,展示了丰富的夜生活。这就与中国古代的法律不吻合了。

中国古代法律有宵禁的规定,违反这一规定被称为"犯夜"。"犯夜"的人就构成犯罪,要被处以刑罚,打二十大板,即"笞二十"。只有出现以下情况时才可以例外,在宵禁后出行,不属于"犯夜",这些情况是:有紧急公务、私家有丧亡和生病的情况等。另外,如果守卫人员渎职,应放行而不放行、不应放行而放行的,也会构成犯罪,要被"笞三十"。北宋时制定的《宋刑统》对这些均有规定。

可见,清明上河图的繁华景象只会出现在白天,不可能展现在晚上。中国馆中大屏幕上的清明上河图被夸张了。不过,如果仅仅作为一种娱乐,一种现代科技与传统文化结合的展现,让参观者高兴一番,增加一点生活的情趣,也未尝不可。

(3)用中国法制史知识来理解当前的一些与司法有关的现象

在2007年死刑的复核权收归最高人民法院以前,地方的高级人民法院曾错判过一些死刑案件,如佘祥林、赵作海等案。尽管当时在审理这些案件时也发现证据有问题,可还是作出了有罪判决。这与中国古代有罪推定原则的影响不无关系。中国古代在刑事审判中,长期推行有罪推定原则,那时确定的"疑罪"就是这一原则的直接体现。中国的唐朝等一些朝代在法典中都规定有"疑罪",其内容主要是以下一些方面。

首先,适用疑罪的情况。这种情况包括:确定有罪与无罪的证据数量相等;认定有罪与无罪的理由相当;案情疑似,但无旁人见证;虽有旁人见证,但事情的本身不可能被怀疑有其事实等。

其次,适用疑罪的程序。在审判过程中,允许司法官对有疑的案件发表不同意见,但总数不能超过三种。这主要是为了避免人多,意见过于分散,不利于集中局面的产生。"疑狱,法官执见不同者,得为异议,议不得过三。"①

最后,规定了疑罪的用刑。对犯有疑罪者,仍需用刑,适用的是赎刑。"诸疑罪,各依所犯以赎论。"②这一用刑的规定说明:疑罪也是一个罪名,不是无罪;对犯有疑罪者可以宽大用刑,不用五刑,以赎刑取代;赎刑的数额就依其所疑的罪名来确定。

中国古代规定疑罪的核心,是对那些没有充分证据、无法认定其具体罪名的刑事被告人,也要适用罪名和刑罚,是在处理上酌情放宽。其背后的原则就是有罪推定。今天,中国正在加快建设社会主义法治国家,走现代法治的道路,要实现司法公正,但传统法制及其背后的有罪推定原则还在隐隐作祟,应当加以警惕。

那天,我讲了这三个问题以后,许多法官都很感兴趣,也表示有同感,我很欣慰。看来,中国法制史知识能给法官以智慧,也利于提高他们的文化素养和综合素质。

(原载《人民法院报》2011 年 5 月 13 日)

2. 出土法律文献的价值与运用

虽然,我对出土法律文献没有作过太多专门的研究,但是我在自己从事的上海地方法制史的研究中,经常要查阅大量的与出土

---

① 《唐律疏议笺解》,刘俊文笺解,中华书局 1996 年版,第 2117 页。
② 《唐律疏议笺解》,刘俊文笺解,中华书局 1996 年版,第 2117 页。

法律文献有些类似的材料——档案。另外,我在日常的中国法制史课程的教学和科研中,也对出土法律文献产生了一些体会,主要有以下四个方面。

第一,出土法律文献本身的资料价值很大,对它的研究非常有意义。我这里也想谈两件自己亲身经历的事,这两件事使我体会到,出土法律文献及其研究在国际上有重要的影响力,围绕这方面的交流也很多。

第一件事与日本有关。曾经有一位日本学者告诉我,中国云梦秦简的发现影响很大,在日本国内引起了强烈关注,有报纸在头版用了很大的篇幅报道了这次出土文献的发现,这一报道力度可以与中国第一颗原子弹的爆炸相媲美,(这两件事)中间正好间隔十年。这足以说明日本方面对这一发现的重视程度。

第二件事与美国有关。1988年时,美国西雅图华盛顿大学东亚法研究所所长丹弗·詹特森教授来我校访问。他是一个地道的西方人,与一般的学者不同,他一开始就提出,要找一个中国法制史的老师作交流,于是学校就派我去了。见面后,这位教授告诉我,他在日本待了十余年,精通日文,考出了日本的律师执照,虽然不能说中文,但对中国的古文很熟悉。他又给我看了他的著作,很厚实,分上下册,内容是有关中国古代的调解,但这个"调解"的英文单词是"conciliation"。它在英文中有两种含义:第一,和稀泥;第二,非正规的调解。正规的调解用的是"mediation"。从这里可以看得出,这位教授对中国古代法制的确是有过较为深入的研究的。随后他问了我两个问题;第一,当时你们中国是怎么发现两千多年前的法律文本云梦秦简的? 我答复完他以后,他又问了,你们的法理学课程是怎么开的? 我立刻意识到应该根据我们的实际情况把这个问题讲清楚。我就告诉他,我们的法理学要开三门课。

第一门是"法学基础理论",即每一个本科生必修的马克思主义的法理学;第二门是西方法律思想史,即除了马克思主义法理学以外的西方法理学;第三门是中国的法理学,即中国法律思想史。我们的法理学包括这三门课,不同于你们的一门课。这位教授听了以后很满意。

通过这两件事,我有了一点感想:即出土法律文献的研究意义很重大,不仅在国内的学术交流中有价值,在国际交流中也很有价值。这是我的第一点体会。

第二,我觉得我们中国人要把出土法律文献的研究成果很好地运用起来,好好地开发自己的这个宝藏。对此我又有两点感想。

首先,我发现我们的教科书中能够直接体现出土法律文献的内容不多,不够全面。其次,在最近的一次博士生论文答辩中,我发现我们有些博士生对此也不够重视。有一位博士生的论文内容是有关先秦诸子百家的政治法思想,他读了大量的诸子类书籍,但都是传世文献,出土法律文献的相关内容在他的论文中没有体现。我问过之后,他承认了这一点,理由是:要先用传世文献来作出博士论文的框架,出土法律文献留待以后再作进一步的研究。这说明我们在出土法律文献的应用方面还存在问题。这些很宝贵的资料我们应该不断地加以开发和利用,充分发挥出它的潜在价值。

第三,我认为对出土法律文献的研究,要更多地考虑到它的社会大背景。出土法律文献当然需要考证,而且非常需要,因为这是研究的基础。但考证之后,还要进一步地论述,这个论述就需要大背景。只有从大背景中去考虑,才能对具体制度的产生有比较深刻的认识。例如,我们从秦简中得知,当时的法律对服役者、劳役者迟到或不按时到指定地点劳动,做了一些规定:失期三到五天的要"谇",失期六天到十天即"旬"的,要"赀一盾",失期"过旬"则要"赀一甲",如果逃亡了,还要"刑为城旦"。① 为什么会出现这样的规定? 从大背景中我们就可以知道,当时秦统一前后,大规模地动用国家力量修筑长城、建造皇帝的陵寝宫殿,这就需要大量的人力物力,所以法律作出一系列规定,保证这些工程的进行。当然,这些规定实际上也成为后来社会矛盾加剧的重要因素,以至于最终酿成历史上第一次农民大起义。如果从大背景中考虑,这些问题就比较容易理解了。

第四,我认为,出土法律文献的资料应该尽快地与公众见面,尽快地被广泛利用。这里举个例子。早在 2002 年时,有报纸就报道说,甘肃玉门发掘了一个十六国时期的墓葬,在其中的一块棺板上发现了一种《晋律》的抄本,包含三个律,共 5000 多字。②《晋律》在法律史上的特殊地位众所周知,因此这无疑是一个重大的发现。但是直到今天,我们还只能看到学者的相关论文③,文献的原貌我们始终无缘相见。这就使我想起,我们的档案法对于档案的利用是有期限规定的,但对出土文献,包括出土法律文献则没有作出规定,因此这棺板上 5000 多字的《晋律》,过了十年还无法面世,这对我们的研究非常不利。一方面,我觉得大家要造成一种舆论,促使这些文献的发现者尽快地整理、尽快地发表,供广大专家、学者研究利用。另一方面,有必要通过立法手段来对此作出相关

---

① 《秦律十八种》简 155。参见睡虎地秦墓竹简整理小组编:《睡虎地秦墓竹简》,文物出版社 1990 年版,第 47 页。

② 参见王朝霞:《数万字晋律惊现葬墓群》,《甘肃日报》2002 年 9 月 10 日;周明:《玉门葬墓考古发现〈晋律〉》,《法制日报》2002 年 9 月 16 日。

③ 参见张俊民、曹旅宁:《玉门花海所出〈晋律注〉初步研究》,《法学研究》2010 年第 4 期;张俊民、曹旅宁:《毕家滩〈晋律注〉相关问题研究》,《考古与文物》2010 年第 6 期。

规定。这样才能有利于我们研究的开展,也就能像杨一凡老师讲的那样,重构我们的研究体系了。否则,我们看不到材料,只有极少数的人能看到和研究,要等十年甚至更长的时间以后才发表成果,这样的过程显然是太过缓慢了。

（原载王沛主编:《出土文献与法制史研究》
第 1 辑,上海人民出版社 2012 年版）

3. 中国古代法典条标的设置、使用与启示

条标是法条标题的简称,也被称为"条旨""条名""条文标题"等。它被放置在法条的前部位置,用简短的语言,集中体现法条所涵盖的全部内容,具有提纲挈领的功能。条标不仅是法典中一个组成部分,而且还有其不可替代的作用,突出表现为:有利于法律的制定与实施、法学的教育与研究、法制的宣传与传播等。中国古代的立法者深谙条标的这些作用,往往在制定法典时,就设置了条标。条标也随着法典颁行而被官吏、学者等广泛使用,在法律文化中占有一席之地。

中国古代的立法历史悠久,制定的法律也不少。早在夏朝时就有"禹刑",商朝时有"汤刑",西周时有"九刑""吕刑"等。进入封建社会以后,制定的法律就更多了。可以说,历朝历代都有自己的立法史,都制定过本朝的法律。可是,由于各种原因,目前完整保存下来的第一部法典是唐朝时制定的刑法典《唐律疏议》(又称为《唐律》)。之后,宋朝的《宋刑统》、明朝的《大明律》和清朝的《大清律例》也都完整地保存下来。今天,可以看到这些法典的全貌。中国古代的这些法典有个共同点,即都设有条标。而且,条标的设置还与时俱进,没有故步自封、停滞不前。

（1）《唐律疏议》在中国古代立法史上第一次设置了条标

现有资料表明,在中国立法史上,《唐律疏议》开天辟地,第一次设置了条标。现存的《唐律疏议》于永徽四年（653 年）颁行,共有 502 条律条（律条即法条）,每条律条都设有一个条标,共有 502 个条标。

《唐律疏议》的条标字数最少仅两个字。比如,"十恶""强盗""窃盗""违令""疑罪"等。字数最多的有 13 个字,是"祖父母为人殴击子孙即殴击之"。字数为 6 个字的条标数量最多,占了条标总数的 25.50%。比如,"老小及疾有犯""犯罪未发自首""宫殿作罢不出""知情藏匿罪人""官司出入人罪""断罪应斩而绞"等。

以《唐律疏议》条标所含的内容来分类,主要可以分为以下五大类:第一类是刑罚类。《唐律疏议》是部刑法典,刑罚是其中的重要因素,条标反映了这一要素。比如,"笞刑五""杖刑五""徒刑五""流刑三""死刑二"等。第二类是特权类。唐朝也是一个特权社会。这种特权在《唐律疏议》中也有显现。一些特权者犯罪以后,可以享受减、免刑罚的优待,这在条标中也有体现。比如,"八议""官当"等。第三类是一般原则。任何刑法典都不会没有关于一般原则的规定,它是适用于整部刑法的一种规则,通常规定在总则里。《唐律疏议》也是如此。它的条标把这些原则一一标识在总则名例律里。比如,"犯流应配""老小及疾有犯""犯罪未发自首""同职犯公坐""同居相为隐""化外人相犯"等。第四类是罪名。刑法有罪名的内容。它是犯罪名称,也是对具体犯罪本质、特征的概括。《唐律疏议》的条标中,有一些是罪名,比如,"私入道"

"劫囚""乏军兴""谋反大逆""谋杀人"等。第五类是罪状。它是对犯罪具体状况的描述,也是一种适用该罪与刑规范的条件。刑法分则的法条往往由罪状与法定刑两部分组成,罪状是其中的重要部分。《唐律疏议》的有些条标把罪状作为自己的条标,并加以显示。比如,"阑入宫殿门及上阁""刺史县令等私出界""指斥乘舆及对捍制使""不言及妄言部内旱涝霜虫""断罪不具引律令格式"等。

《唐律疏议》的条标主要可分为五大类,它们都能概括、清晰地反映各自律条的内容,让人一目了然。这也是设置条标所要达到的目的之一。

《唐律疏议》的条标对以后封建朝代立法产生过深远影响。以后制定的《宋刑统》《大明律》《大清律例》不同程度地沿用了它的部分条标。比如,《唐律疏议》中的"八议""十恶""越诉"等一些条标,被《宋刑统》《大明律》《大清律例》原封不动地使用。

(2)《宋刑统》《大明律》与《大清律例》借鉴了《唐律疏议》设置条标的做法

《宋刑统》《大明律》《大清律例》分别是宋、明、清三朝的重要法典。随着时代的变迁,它们也与时俱进,在体例与内容上都有改变,与《唐律疏议》不完全相同。但是,它们都借鉴了《唐律疏议》中设置条标的做法,设置了自己的条标。

《宋刑统》颁行于建隆三年(962年)。在体例与内容上,它与《唐律疏议》有所区别。《宋刑统》改变了《唐律疏议》的律、条体例,增设了213个门,变成了由律、门、条组成的体例。但是,《宋刑统》仍然保留了条标。除了继续沿用《唐律疏议》中的一些条标外,还变通制定了自己的条标。其中,有些条标为新设而《唐律疏议》中所没有的。比如,"贡举考课""御膳""强率敛""诸蕃人及波斯附"等。另外,有些条标则是对《唐律疏议》条标作了少量字的修改,在内容上并无本质的差异。比如,把《唐律疏议》中的条标"调发供给军事违法",改为"调发杂物供军"。而它们所合律条的内容则完全相同。这里还需提及的是,《宋刑统》中有些门的门标也是从《唐律疏议》的条标转化而来的。即《唐律疏议》的条标变成了《宋刑统》的门标。比如,"决罚不如法"在《唐律疏议》中是条标,在《宋刑统》里则是门标。《宋刑统》这个门标取自《唐律疏议》的条标,而且字面上完全一样。

　　《大明律》颁行于洪武三十年(1397 年),它在体例和内容上也与《唐律疏议》有所区别,这引发了条标上的变化。在体例上,《大明律》仅有 460 条律条,条标也随之减少到 460 个,条标数量因此而较《唐律疏议》少 42 个。在内容上,《大明律》超过 60%的内容继承自《唐律疏议》,有近 40%的内容为新制定。这就决定了《大明律》有大量的条标为新增,即为《唐律疏议》所没有。新增的条标主要体现在一般原则、罪名、罪状各领域,以下举例证之。新增一般原则的条标有:"以理去官""无官犯罪""除名当差""处决叛军""在京犯罪暴民""徒流迁徒地方"等。新增罪名的条标有:"奸党""信牌""漏用钞印""私茶""匿税""失仪""越城""干名犯义"等。新增罪状的条标有:"交结近侍官员""上言大臣德政""检踏灾伤田粮""蒙古色目人婚姻""私充牙行埠头""拆毁申明亭""织造违禁龙凤纹缎匹"等。可见,《大明律》在条标的数量与内容上,都与《唐律疏议》有所不同。

　　《大清律例》颁行于乾隆五年(1740 年)。它虽在《大明律》的基础上发展而来,但在体例与内容上也不完全与《大明律》一致。这导致了条标的变化。在体例上,《大清律例》的律条为 436 条,比《大明律》少24条,其条标也因此而减少了24个。减少的条标中包括了"增减官文书""漏用钞印""蒙古色目人婚姻""钞法""悬带关防牌面""伪造宝钞"等。另外,《大清律例》是一种律例体例,律条后附以例条。例条的数量还超过律条。乾隆二十六年(1761年)的例条已达1456条,之后还有增加。《大清律例》体例上的这种变化引起了内容上的变化,主要是例条加入以后,其内容大增,以致每个条标中所含的内容也大增,不过,《大清律例》的制定者妥善地解决了设置条标中遇到的问题,条标仍然十分规范,而且绝大多数条标与《大明律》中条标一致,连条标的字数都一样。

《宋刑统》《大明律》《大清律例》的条标虽与时俱进,有所发展,但都源于《唐律疏议》的条标,借鉴了《唐律疏议》设置条标的做法。从中亦可见,《唐律疏议》条标影响之深远。

(3)《大清律例》的条标在古代、近代、当代均被使用

设置条标是为了使用条标。从现有资料来看,《大清律例》条标使用的范围比较广泛,时间跨度也大,涵盖了中国的古代、近代与当代。

首先,《大清律例》条标在古代被广泛使用。使用的群体与范围主要是司法官的判词、刑幕的办案经验总结、学者的律学著作等。

清朝的司法官在判词中,使用过条标。李之芳就在判词中使用过《大清律例》的条标。他历任金华府推官、刑部主事、广西与湖广两道的御史、浙江总督、兵部尚书等职。他在审判吴华与其亲侄吴之信之妾王氏奸情案中,判定:"(吴)华与王氏密情不虚。即坐以'亲属相奸'之条"。其中的"'亲属相奸'之条"就是指《大清

律例》中的"亲属相奸"条标中所含的规定,条标被李之芳的判词恰当地使用了。

清朝的刑幕即刑名师爷,司法官的幕僚。他们在自己的办案经验总结中,使用过《大清律例》的条标。在乾隆年间(1736—1795年)曾任刑幕的王又槐,总结了自己参与办案的经验,撰成了《办案要略》一书。在书中,他引用《大清律例》中的条标"官吏受财"与"事后受财",并解释它们所含内容的差异。"律中'官吏受财'一条,专指官与吏已经得受有事人财,事已断讫之罪也";"受意于临事,过后而始迎合,财为'事后受财'"。经过这样的解释,就把两个条标中所含律条的原意解读得清清楚楚。

清朝的学者在自己的律学著作中,也使用过《大清律例》的条标。吴坛在《大清律例通考》一书中,就大量使用《大清律例》的条标。比如,在"五刑"条标之下,他用"谨按"的形式发表了对"五刑"条所含律之内容的学理看法,以便读者对"五刑"的内涵有个全面、正确的认识。

其次,《大清律例》的条标在近代被广泛使用。使用的群体与范围主要是官吏的奏折、学者撰写的史籍与学术研究成果等。

在清末的法制改革中,晚清的有些官吏通过奏折,上陈改革的必要性与应改革的内容,推进法制改革。在有的奏折中,就使用了《大清律例》的条标。沈家本的奏折就是如此。他在一份奏折中,主张变革死刑制度,即保留绞刑、少用斩刑。"拟死刑仅用绞刑一种,仍于特定至行刑场所密行之。如谋反大逆及谋杀祖父母、父母等条,俱属罪大恶极,仍用斩刑,则别辑专例通行。"其中的"谋反大逆""谋杀祖父母父母"都是《大清律例》中的条标。

近代的中国学者在撰写史籍时曾使用过《大清律例》的条标。《清史稿》就使用过《大清律例》的条标,特别是其中的《刑法志》

部分。它在记载《大清律例》的制定时,提及曾经增加过两个律条,并用条标来显示增加的两个律条。"其增入者:名例之天文生有犯、充军地方二条。"其中的"天文生有犯"与"充军地方"都是《大清律例》中的条标。

民国时期学者在学术研究成果中,也使用过《大清律例》的条标。杨鸿烈在《中国法律发达史》一书里,为了证明《大清律例》与《大明律》内容的异同,使用大量条标,来对它们的内容作比较。比如,他使用了"五刑""流囚家属""徒流迁徙""充军地方""断罪依新颁律""徒流人又犯罪""共犯罪分首从""应议者犯罪"等许多《大清律例》中的条标。

最后,《大清律例》的条标在当代被广泛使用。《大清律例》的条标不仅在古代、近代被使用,还在当代被广泛使用。使用的群体与范围主要是学者及其学术研究成果,其中包括了论文与著作。

有些当代学者在学术论文中,使用《大清律例》的条标。李拥军在《法律与伦理的"分"与"合"——关于清末"礼法之争"背后的思考》一文中,大量使用《大清律例》的条标,说明其中的礼法问题。引用的条标包括:"干名犯义""存留养亲""亲属相殴""亲属相为容隐""故杀子孙""杀有服卑幼""妻殴夫夫殴妻"等。

有些当代学者在学术著作里,也使用《大清律例》的条标。李显东在其著作《从〈大清律例〉到〈民国民法典〉的转型》里,使用了一些《大清律例》的条标,以其来反映《大清律例》中的相关内容。使用的条标包括了:"市司评物价""把持行市""器用布绢不如法""盗卖田宅""得遗失物"等。

《大清律例》条标的使用是中国古代法典条标使用的一个缩

影。它从一个侧面说明,中国古代法典条标不仅被制定,而且还被使用,其意义非凡。

(4)中国古代法典条标设置与使用的启示

中国古代法典条标的设置与使用告诉人们,法典中条标的设置与使用是中国古代传统法制中的一个组成部分,也是一种常态性做法。它们都具有独特而又不可替代的作用。而且,条标的设置为条标的使用奠定了基础,条标的使用又为法律的制定与实施、法学的教育与研究等提供了方便。总之,十分有利于促进法制建设与法学的发展。

改革开放以后,中国逐渐走上法治的轨道,法治日益成为政治、经济、文化、社会、生态发展的强劲动力与重要保障。中国当代法律的条标设置与使用也提到了议事日程,开始运作。人大的地方性法规、地方政府的政府规章、最高人民法院的司法解释中,都曾设置过条标。

江苏、浙江等省的人大通过的地方性法规中,设置过条标。1980年6月由江苏省第五届人大常委会第四次会议通过的《江苏省城市卫生管理暂行规定》中,设置了条标。比如"加强领导,搞好群众性的爱国卫生运动""加强环境卫生管理,保持市容整洁"等。1982年3月由浙江省第五届人大常委会第十三次会议通过的《浙江省城市卫生管理条例》中,也设置了条标,比如"加强领导""环境卫生"等。它们是地方人大在自己通过的地方性法规中设置条标的先行者。

有的地方政府在自己制定的政府规章中,也设置了条标。1994年1月上海市人民政府颁行的《上海市人民政府规章制定程序规定》中设置了条标。从那以后,凡是上海市人民政府制定的政府规章都设置了条标。

最高人民法院不仅在司法解释中设置条标,还在判决书中使用条标。我国 1997 年颁布的刑法没设条标。但是,为了便于适用这部法律,最高人民法院利用司法解释的方法,为其每个法条都设置了条标,共有 452 个条标。比如,"立法目的""任务""背叛国家罪""虐待俘虏罪"等。以后,最高人民法院的判决书也使用了条标。在"矫立军抢劫、非法买卖枪支、寻衅滋事,矫立祥与安明力抢劫案"的判决书里,就使用了"抢劫罪""非法买卖枪支罪""寻衅滋事罪"三个条标。

可以说,改革开放以后,我国在设置与运用条标方面,已经作过尝试与实践。如何充分认识、评价前人的经验与做法,在立法工作中加以借鉴吸收,值得认真研究。笔者认为,法律中设置条标将更有利于法律的制定、学习、研究与实施,对推进全面依法治国也是一件好事。

(原载《人民法院报》2020 年 10 月 30 日)

4. 我国古代的"打假"

我国古代也有不法工商业者,也制造或销售假冒、伪劣商品,坑害百姓,从中牟利。为了维护正常的经济秩序,统治者也制定法律,严厉"打假"。

早在秦国时,就有对产品的质量作出的规定。当时要求同一规格的产品,"其大小、长短、广亦必等"。凡是达不到质量要求的产品不可混入合格产品,"不同程者毋同其出"。以后各代也都是如此。如唐代曾对纺织品的规格作过具体规定,要求绢每匹长不少于四十尺,布长不少于五十尺,幅宽均不可短于一尺八寸。为了防止假冒、伪劣商品在市场上横行,我国古代还设市场管理机构及官吏,由他们保证"市廛不扰,奸滥不行"。我国古代法律还用各种制裁手段"打假",其中包括退货、没收,甚至不惜用刑罚。唐代把假冒、伪劣商品分为"行滥""短狭""以贱为贵"三种。"行滥"是指器物用品"不牢、不真";"短狭"是指纺织品缺寸少尺;"以贱为贵"是指除以上两种之外的其他各种假冒、伪劣品。同时,还规定相应的制裁手段,凡是"行滥"的要被没收,"短狭"的可以退货。制造或出售以上商品的均要受到刑事处罚,根据情节分别处以"杖六十"或"杖八十"。如果因为"以贱为贵"而得利的,要依据所得数额以盗窃罪量刑。市场管理官、州和县的地方长官知情的,也要按以上规定追究刑事责任。这些规定被后世不同程度地沿用。宋代有一个不法药商出售的草药明显不符要求,官府受理了买药人的起诉,认为此药确是"假伪生药",卖药人于是被依法判处"杖六十"。

(原载《湖南法制周报》1993 年 1 月 1 日)

5. 阴阳五行说与法律文化

阴阳五行说在我国古代的思想理论领域中占有很重要的地位,有人称其是"中国人的思想律"。(顾颉刚:《五德终始下的政治和历史》)当然,它也会影响到法律文化领域。

阴阳五行说对法律文化的影响有个过程,据史籍记载,阴阳和五行作为人们对自然现象的朴素认识,起源很早。《诗经》《尚书》《易经》中都有阴阳之词。另外,《史记·历书》说:"黄帝考定星历,建立五行,起消息。"统治者还把它们与法律联系起来,为自己用刑寻找依据。

《尚书·甘誓》载:"有扈氏威侮五行,怠弃三正",故"天用剿绝其命"。把违犯五行作为受刑的原因。再后的统治者根据阴阳五行化的《礼记·月令》中有关春夏"省图圄""事毋刑"和秋冬"默有罪,严断刑""罪无掩蔽"的规定,实行秋冬行死刑制度。不过,在春秋战国以前,阴阳五行思想还不成体系,在政治法律中的运用也只局限在个别领域内。

春秋战国时期,百家争鸣。阴阳五行思想经过老子、孔子等人的发挥,特别是邹衍的发明,逐渐成为一种理论。其后,这一理论的信奉者还将其进献给统一中国后的秦始皇。《史记·封禅书》载:"齐威宣之时,邹子之徒论著五德之运。及秦帝,齐人奏之。"秦始皇竟欣然接受,推行"五德之传",从此阴阳五行说开始大量进入法律文化领域。可见,阴阳五行说对法律文化的影响要比儒家正统思想的影响还要早。汉代是法律文化阴阳五行化的重要时期。在这一时期中,随着儒家思想的正统化和阴阳五行化,法律文化也进一步阴阳五行化。一些儒生注重用阴阳五行理论解释法制中的一些基本问题。贾谊认为,根据阴阳五行说,秦为水德,汉继秦应"为土德",因此要有一套符合土德而不同于水德的法律,包括"易服色制度","草具其仪法,色上黄,数用五"。(《汉书·贾谊列传》)总之要"更定"所有法律。董仲舒则用阴阳来解释刑和德关系,认为"天道之大者在阴阳,阳为德,阴为刑;刑主杀而德主生"。但是,天"任德不任刑",因此"为政而任刑,不顺于天"。以此来要求当政者施仁政,讲德而不要专刑。儒生的有些观点还为汉统治者所接受,成为法制中的一个部分。董仲舒"治国,以《春秋》灾异之变推阴阳"。以这本"阴阳化"的《春秋》来决狱,作为定罪量刑的依据。

隋唐时期是阴阳五行说的完备时期,《五行大义》就此完成。同时,阴阳五行说也随着儒家思想与法结合成一体,代表作是《唐律》。《唐律》一方面用"疏议"引用《易经》的经句来说明律中的一些规定。如《职制律》"私有玄象器物"条"疏议"援引《易经》中"玄象著明，莫大于日月，故天垂象，圣人则之"之句，来说明自然界的最大阴阳现象是日月，并只能由最高统治者才能掌握这一现象。由此规定：玄象器物、天文、谶书等"私家不得有"，违犯即属犯罪，要处"徒二年"。另一方面在规定的内容里明显反映阴阳五行的一些观点。如《断狱律》"立春后秋分前不决死刑"条的规定，直接反映了阴阳五行说中秋冬行死刑的观点。唐后的封建朝代在不同程度上袭用唐律，继承了唐代的这一法律文化。

阴阳五行说涉足政治法律以后，就具有明显的政治目的。邹衍当时作"终始大圣之篇"，是因为他"睹有国者盖淫侈，若大雅整之于身，施及黎庶矣"。(《史记·孟子荀卿列传》)董仲舒在《春秋繁露·王道通三》中说："古之造文者，三画而连其中，谓之王。三画者，天地与人也。而连其中者，通其道也。"

"是故王者唯天之施，施其时而成之，法其命而循之诸人"。一句话，为了维护君权。但由于它们被涂上了阴阳五行的粉饰，故政治目的被淡化了。法律文化披上阴阳五行的外衣后，其阶级性也被掩盖了。似乎国家的法律都由阴阳五行决定，不可抗拒，必须遵守，违反后应受到处罚，这是报应。它转移了被统治阶级对统治阶级不满的视线。从中亦可见，我国古代的统治者推崇阴阳五行及其法律文化的用心。

阴阳五行说本身具有神秘色彩，用它来解释自然和社会现象又具有很大的随意性，在人们普遍相信这一学说的时代里，易产生不利于统治者的舆论。为了防止思想混乱，避免对正统思想的冲击，我国古代的统治者把阴阳五行说控制在一定范围内，并打击那些任意扩大、歪曲阴阳五行说的行为。北朝魏时多次规定，禁止百姓"挑藏谶记阴阳图纬方伎之书",违者要"以大辟论"。(《九朝律考·后魏律考上》)《唐律》把阴阳五行迷信化的言论及出版物称为妖言妖书,渲染和制造者中的重者处绞,轻者徒、杖。《大明律》和《大清律例》也分别在《刑律》中设立"造妖书妖言"罪,把"造谶"也划入此罪范围,规定:"凡造谶纬妖书妖言及传用惑众者,皆斩。"可见,中国古代的统治者很怕这一学说被人利用,并把它的影响限制在对自己统治有利的范围内。

我国阴阳五行的法律文化对当时的一些亚洲国家产生了深刻的影响,一位日本学者认为:"隋唐时期的《五行大义》对日本传来深刻的影响。阴阳五行思想约在六世纪甚至更早时候传入日本,盛行于七世纪。"(井上聪:《交叉点上话源流》)几乎在此同时,日本著名的《大宝律》诞生了,此律大量抄袭唐律的内容,实为唐律翻版,阴阳五行的法律文化在日本生根、开花,朝鲜、越南等国也有类似情况。

20世纪以后,随着我国封建法制的逐步解体,传统的法律文化也渐渐失色,但阴阳五行说仍在近代法制中的某些方面顽强地表现出来。1912年1月10日,辛亥革命后组建的临时参议院决议以五色旗为国旗。此五色为红、黄、蓝、白和黑,正好与五行色吻合。决议也承认,用五色旗是因为"中国习惯则'五色'二字早已贯彻人民心理"。同年6月,袁世凯公布决议,正式确定国旗为五色旗,所以,梁启超先生在《阴阳五行说之来历》一文中说:"中华民国国旗实为此种观念(阴阳五行观念)最显著之表象。"此足见阴阳五行对我国法律文化影响之大矣。

(原载《文汇报》1993年2月27日)

二、唐朝及以前的法制

1. 刑·法·律

春秋以前，人们习惯把法律称为刑。刑在那时有法律、刑法、刑罚等多种含义，法律只是其中之一。夏朝时制定的"禹刑"，商朝时制定的"汤刑"，西周时制定的"吕刑"，都是当时的法律。

春秋末期，随着各国变法的展开，各国逐渐开始用法替代刑，较为著名的是战国时在魏国任相的李悝制定的《法经》。这是我国第一部较为完整的封建法典，对以后的立法产生了很大影响。此外，晋国有"被庐之法"，燕国有"奉法"，等等。

商鞅把《法经》带到秦国，并改法为律，称秦律。从此，我国古代大多数朝代的主要法典都以律命名。汉时称汉律，魏时称魏律，直至清。仅有宋、元等例外。

到 20 世纪以后，随着我国的法制改革和西方法制的引进，人们才渐渐习惯法律之称。

（原载《上海法制报》1991 年 1 月 31 日）

2. 颇有影响的《唐律疏议》

学习法律专业、研究法制史的同志应该读读《唐律疏议》。因为它在世界法制史上占有很重要的地位。可以这样说，如果把罗马法作为世界奴隶制法的典范；把拿破仑法作为世界资本主义法的楷模；那么，以《唐律疏议》为代表的唐律可以说是封建法的象征了。

《唐律疏议》在永徽三年（公元652年）制定一年后颁行，它是在以《贞观律》为蓝本而制定的《永徽律》后附上"疏议"部分，使律义更为明确，内容更为完备。《唐律疏议》颁行后，一直作为唐代的法律而施行了250余年，很少有改动，在当时，"断狱者，皆引疏分析之"。

《唐律疏议》作为唐律的代表，对我国唐以后封建王朝的立法产生了深刻的影响。《四库全书提要·唐律疏议解》曰："宋世多采用之，元时断独亦每引以为据，明洪武初命儒臣用刑官进讲唐律，后命刘维谦等详定明律，其篇目一准于唐……及于清，则一准明律……"事实上作为宋代律的《宋刑统》，就是基本上袭用了《唐律疏议》的律条，再附上令、式等而成。《大明律》460条中，《唐律疏议》的内容占了60%以上。在清代的《大清律例》中，《唐律疏议》的律条内容也占有60%。

《唐律疏议》的内容还被一些亚洲国家所沿用。日本学者岛田正郎在《东洋法史——中国法史篇》一文中说："中国之法体系，被全部继受或稍为修改，而成为他国之法之基本资料者，首推唐代法。"因此把它"比之东洋法上之罗马法，自属理所当然"。其造福于日本之价值，尤高出其上的日本《大宝律》，只是"慕仿我国的唐律（主要是指《唐律疏议》）而已"。因此，把《唐律疏议》看成世界五大法系之一的中华法系的代表作，是毫不夸大的。

（原载《书讯报》1985年5月25日）

3. 用《唐律》管控官吏言论

中国古代实行专制统治，君主掌握着国家的各项大权。官吏是君主与百姓的中介，君主通过官吏去治理百姓。从这种意义上讲，官吏就十分重要，直接关系到治理的效果，难怪早在先秦时期，就有"君主治吏不治民"之说。唐朝是中国封建时期的鼎盛朝代，治吏之术已经十分成熟。《唐律》是唐朝的一部主要法典，对唐朝的一些重要问题都作了明文规定，其中包括官吏言论犯罪。这一规定对管控唐朝官吏的言论发挥了重要作用，也成为当时吏治较为清明的一个重要原因。

首先，《唐律》规定的官吏言论犯罪中，既包含口头言论犯罪，也包括书面言论犯罪。《唐律》对官吏言论的用语有："漏泄""口误""奏事""上书""言上""指斥""妄述""讽喻""上表""下言""妄言""弹事""报上""实对"等。官吏因为这些言论而构成犯罪行为的，都要受到《唐律》的处罚。

《唐律》规定的官吏言论犯罪涉及 17 条律条，分布于职制、户婚、擅兴、斗讼、诈伪 5 个律中。其中，《职制律》最多，含 7 条，占总数的 41.17%；《户婚律》最少，仅 1 条，只占总数的 5.88%。综合这些律条，官吏的言论犯罪大致可以分为六大类。即侵犯皇权、国家安全、官文书管理、封建官绩、农民的经济权、人身权的犯罪。其中侵犯皇权言论犯罪所占的律条最多，有 8 条，占 47.06%，为其他言论犯罪所不及。这与《唐律》竭力维护皇权与巩固封建专制统治的宗旨相吻合。

在这官吏的六大类言论犯罪中，《唐律》用刑最重的是侵犯皇权的言论犯罪，最高刑为斩、绞刑。《职制律》的"指斥乘舆及对捍制使"条规定："诸指斥乘舆，情理切害者，斩"；"对捍制使，而无人臣之礼者，绞"。还有，《诈伪律》的"诈为制书及增减"条也规定："诸诈为制书及增减者，绞"。除此以外，《唐律》对侵犯国家安全的官吏言论犯罪也用刑很重，最高刑为绞刑。《职制律》的"漏泄大事"条规定："诸漏泄大事应密者，绞。"从这一用刑中也可得知，《唐律》对皇权与国家安全的保护力度最大，特别是对皇权的保护。

其次,《唐律》中的"疏议"对官吏言论犯罪作了必要解释。《唐律》本身主要由律条与"疏议"两大部分组成。"疏议"具有解释律文的作用。即"疏之为字,本以疏阔、疏远立名"。"疏议"又分为前言"疏议"与律条"疏议"。《唐律》在官吏言论犯罪中运用的"疏议"是律条"疏议",其对相关律条内容作了重要解释,从而对这一犯罪的认定更为精准。其中,最为重要的是对犯罪主体、主观与客观要件的解释。

第一,关于犯罪主体要件的解释。《唐律》规定的官吏言论犯罪的犯罪主体都是官吏,但由于律条规定的言论犯罪不尽相同,犯罪主体也会有所不同。为了明确犯罪主体,律条的"疏议"就会对其作必要的解释。《户婚律》"不言及妄言部内旱涝霜虫"条的"疏议"就对其中的犯罪主体作过解释。此律条规定:"诸部内有旱涝霜雹虫蝗为害之处,主司应言而不言及妄言者,杖七十。"为了明确犯罪主体"主司"的范围,此条"疏议"作了解释:"主司,谓里正以上。里正须言于县,县申州,州申省,多者奏闻。"也就是说,里正以上(含里正)的县、州、省的相关官吏都在这一犯罪主体的范围之中。

第二,关于犯罪主观要件的解释。在《唐律》的官吏言论犯罪中,也有犯罪主观要件的规定,其中除了故意与过失的罪过形式外,还有动机等的规定。《职制律》的"长吏辄立碑"条的"疏议"就对官吏言论犯罪中的犯罪动机作过解释。此律条只规定:"诸在官长吏,实无政迹,辄立碑者,徒一年。"为了便于正确理解此律条规定的这一言论犯罪,此律条的"疏议"专门对犯罪官吏的犯罪动机作了解释:"妄述己功,崇饰虚辞,讽谕所部,辄立碑"。经过这一解释,对官吏的这一犯罪动机的界定就十分清楚了,即为了

24

"崇饰虚辞"。

第三,关于犯罪客观要件的解释。在《唐律》的官吏言论犯罪中,还有犯罪客观要件的规定,其中比较突出的是对犯罪言论内容的规定。这里以《诈伪律》的"诈为瑞应"条"疏议"的解释为例。此律条规定:"史官不以实对者,加二等"。此条"疏议"对"不以实对"这一犯罪言论作了专门解释,即"谓应凶言吉,应吉言凶"。有了"疏议"的这一解释,律条中"不以实对"的含义就十分清楚了,即故意混淆"凶"与"吉",造成对"凶""吉"的误解。通过对犯罪主体、主观与客观要件的解释,官吏言论犯罪的构成就比较清晰,避免认识上的混淆。

再次,《唐律》官吏言论犯罪的规定得到了实施。《唐律》对官吏言论犯罪作出规定,是为了实施这些规定,从而达到肃正吏治的目的。这一规定确实得到一定程度的实施,还有案例流传至今。这里以违反"漏泄大事""指斥乘舆及对捍制使""诈为制书及增减"条规定的官吏受到的处罚为例。

第一,有的官吏因违反了"漏泄大事"条的规定而受到了惩处。《新唐书·李道明传》记载,贞观十四年(640年),淮阳王李道明在奉命护送弘化公主和亲吐谷浑途中,因漏泄了弘化公主并非唐太宗亲生女儿的机密,而受到了惩处。即李道明"与武卫将军慕容宝节送弘化公主于吐谷浑,坐漏言主非帝女",结果他被"夺王,终郓州刺史"。无独有偶。到了开元十年(722年),又发生了一起官吏因违反"漏泄大事"条规定而受处罚的案件。据《旧唐书·姜皎传》记载,秘书监姜皎因坐"漏泄禁中语,为嗣濮王峤所奏",因其"亏静慎之道,假说休咎,妄谈宫掖,据其作孽,合处极刑",可"念其旧勋,免此殊死。宜决一顿,配流钦州"。姜皎也因违反了"漏泄大事"条中的规定而受到了惩处。

第二,有的官吏因违反了"指斥乘舆及对捍制使"条中的规定而受到了惩处。据《旧唐书·刘祎之传》记载,在武则天执政期间(684—705年),刘祎之得罪了武则天,后以违反了"指斥乘舆及对捍制使"条的规定而受到惩罚。"(刘)祎之尝窃谓凤阁舍人贾大隐曰:'太后既能废昏立明,何用临朝称制? 不如返政,以安天下之心。'(贾)大隐密奏其言,(武)则天不悦,谓左右曰:'祎之我所引用,乃有背我之心,岂复顾我恩也!'"到了垂拱三年(687年),有人控告"祎之受归诚州都督孙万荣金,兼与许敬宗妾有私,则天特令肃州刺史王本立推鞫其事。本立宣敕示祎之,祎之曰:'不经凤阁台何名为敕?'则天大怒,以为拒捍制使,乃赐死于家,时年五十七"。刘祎之被罚而赐死的依据就是《唐律》"指斥乘舆及对捍制使"条中的规定。

第三,有的官吏因违反了"诈为制书及增减"条的规定而受到了惩处。据《新唐书·酷吏传》记载,王弘义是冀州衡水人,在武则天执政时期,"以飞变擢游击将军,再迁左台侍御史,与来俊臣竞惨刻。"延载时(694年),因违反《唐律》中"诈为制书及增减"条的规定而被侍御史胡元礼处以杖杀之刑。"延载初,(来)俊臣贬,(王)弘义亦流琼州。自矫诏追还,事觉,会侍御史胡元礼使岭南,次襄州,按之,弘义归穷曰:'与公气类,持我何急?'元礼怒曰:'吾尉洛阳,而子御史;我今御史,子乃囚。何气类为?'杖杀之。"王弘义被杖杀的根本原因就是因为其"矫诏",明显违反了"诈为制书及增减"条的规定。

对这些官吏的惩处,一方面证明唐律关于官吏言论犯罪的规定得到实施,另一方面也说明这一规定能起到治吏的作用,有利于当时肃正吏治。

复次,《唐律》关于官吏言论犯罪的规定对唐后封建朝代官吏言论犯罪的立法产生过深远影响。这里以《宋刑统》与《大清律例》为例。

《宋刑统》是宋朝的一部主要法典。它全面继承了《唐律》关于官吏言论犯罪的规定,只是在个别律条后增加了"准"的内容。比如,《宋刑统》"奏事及余文书误"律条的内容与《唐律》"官吏上书奏事犯讳"条的内容一致,只是在律条后增加一个"准"。其内容是:"公式令,诸写经史群书及撰录旧事,其文有犯国讳者,皆为字不成。"这为《唐律》所没有。不过,即使如此,《宋刑统》中关于官吏言论犯罪的内容仍是《唐律》的翻版,没有大的差别。《大清律例》是中国古代最后一部律典,内容上仍受到《唐律》的影响,包括官吏言论犯罪的规定。《大清律例》对《唐律》官吏言论犯罪规定的继承,主要表现在这样三个方面。

第一,基本沿用《唐律》关于官吏言论犯罪的规定。《大清律例》基本沿用《唐律》中这一规定的有7条律条。它们是:"上书奏事犯讳""事应奏不奏""见任官辄自立碑""擅造作""诈为制书""对制上书不以实""诈为瑞应"。在这7条律条中,《唐律》与《大清律例》规定的内容非常相似,差异不大。这里以"诈为瑞应"条为例。除了《唐律》与《大清律例》都使用相同的律条名即"诈为瑞应"外,在律条内容上也很相似。《大清律例》规定:"凡诈为瑞应者,杖六十、徒一年。若有灾祥之类,而钦天监官不以实对,加二等。"《唐律》与其的主要差别在于量刑。《唐律》的量刑是"徒二年",《大清律例》的量刑则是"杖六十、徒一年"。这是《唐律》关于官吏言论犯罪规定对《大清律例》影响的一种表现。

第二,拓展了《唐律》关于官吏言论犯罪的规定。《大清律例》以《唐律》中有关官员言论犯罪规定为基础,增加了新内容,扩展了《唐律》的规定。具体表现为把《唐律》中一个规定的内容加以扩大,适用范围更广。比如,《大清律例》把《唐律》"指斥乘舆及对捍制使"条的内容扩展为"骂制使及本管长官"条的内容。其中,关于"凡奉制命出使而官吏骂之者"的规定与《唐律》的规定十分相似,而关于"吏卒骂本部五品以上长官"和"吏卒骂六品以下长官"的规定,在《唐律》中并没有,属于《大清律例》拓展的内容。不过,这种拓展是在《唐律》规定基础上的拓展,《唐律》的影响从中得到了体现。

第三,把《唐律》中有些关于官吏言论犯罪规定的内容移位到其他律条。这是说《唐律》中有关官吏言论犯罪的规定在《大清律例》中被移位到其他律条,内容基本没变。《大清律例》仍然保持了《唐律》中的相关规定,只是在律条中作了调整,被挪了位置。这里以《唐律》的"漏泄大事"条为例。《大清律例》不设"漏泄大事"条,只是把此条中有些关于漏泄的言论犯罪归入"交结近侍官员"条,作这一犯罪的组成部分。此条规定:"凡诸衙门官吏,若与内官及近侍人员,互相交结,漏泄事情,夤缘作弊,而扶同奏启者,皆斩,妻、子流二千里安置。"可见《唐律》关于官吏泄漏机密言论犯罪规定的内容依然在《大清律例》中有所保留,只是挪移到"交结近侍官员"条中去了。《唐律》关于泄漏机密的官吏言论犯罪仍然存在于《大清律例》之中。

从《宋刑统》《大清律例》关于官吏言论犯罪的规定来看,《唐律》中关于官吏言论犯罪的规定对它们都产生了影响。《宋刑统》几乎全盘接受《唐律》中的这一规定,实是《唐律》这一规定的翻版。《大清律例》虽然制定于 17 世纪,离开《唐律》已有千年时间,可仍有不少《唐律》中关于官吏言论犯罪的内容得以保存。《唐律》关于官吏言论犯罪的规定实实在在地对唐后封建朝代的立法产生了影响,起到启后作用。

最后,《唐律》官吏言论犯罪规定的启示。《唐律》官吏言论犯罪规定体现的基本精神是重视治吏。《唐律》把官吏作为言论犯罪的主体,对其言论作了较为全面的规定,涉及官吏言论中的方方面面。说明唐朝的统治者十分重视通过唐律来管控官吏言论,推行治吏。

重视治吏是中国古代的一种传统。唐朝以前已有重视治吏的思想与相关法律。早在先秦时期,就已认识到治吏的重要性,提出明主治吏不治民的主张,同时还认识到依法治吏是一种有效手段。此后,治吏的思想不断被传承。在治吏思想的指导下,治吏的相关法律也被颁行。在秦的语书中,已有关于良吏、恶吏的区分,并明示要处罚恶吏。汉朝以后,还专门对官吏的各种言论犯罪作了规定,治吏在唐朝以前就已形成了传统。

(原载《上海法治报》2021 年 6 月 9 日)

4.《唐律》的疑罪与有罪推定原则

中国古代有疑罪的罪名和相应的规定。疑罪是一种在证据不够充分、不足以认定具体罪名的情况下,给犯罪嫌疑人所确定的罪名。它与有罪推定原则有关,是该原则在立法中的体现。早在唐代,已经对疑罪有较为完整的规定,《唐律》的最后一条就是"疑罪"。综观《唐律》的内容,疑罪的规定主要涉及以下几个方面。

首先,适用疑罪的情况。包括:有罪与无罪的证据相等;有罪与无罪的理由相当;案情疑似,可无旁人见证;虽有旁人见证,但事情的本身不可能被怀疑有其事实等。即"虚实证等,是非之理均;或事涉疑似,傍无证见;或傍有闻证,事非疑似之类"。当出现这些情况时,均可以按疑罪论处。

其次,确定适用疑罪的程序。在审案的过程中,允许司法官对有疑案件发表不同的处理意见,但这类意见不能超过三种。即"疑狱,法官执见不同者,得为异议,议不得过三"。对此,《唐律》还说明了作出这一程序规定的理由,主要是为了避免人多、意见过于分散、不利于集中局面的产生。"如丞相以下,通判者五人,大理卿以下五人,如此同判者多,不可各为异议,故云:'议不得过三'"。

再次,《唐律》在规定对一些贵族官僚和生理有特殊情况的人不能使用刑讯时,专门举例,提及了适用疑罪的情形。它规定,对于那些"应议、请、减,若七十以上,十五以下及废疾者,并不合拷讯,皆据众证定罪"。这个"众证"是指3人以上,也就是说,要有3人以上的一致证明,才能确认犯罪事实,最后定罪。"称'众'者,三人以上,明证其事,始合定罪。"如果3个人证明的事实与另外3个人证明的相反,那只能作为疑罪来处理了。"若三人证实,三人证虚,是名'疑罪'。"在这里,《唐律》用举例的方式,来说明疑罪的认定,便于司法官执行。

最后,规定了疑罪的用刑。对于犯有疑罪的犯罪嫌疑人,仍需用刑,但适用的是赎刑。"诸疑罪,各依所犯以赎论。"这一规定告诉人们:第一,疑罪也是一个罪名,不是无罪;第二,对犯有疑罪者,可以宽大处理,不适用笞、杖、徒、流、死这些"五刑",而以赎刑代之;第三,赎刑的数额依其所疑的罪名来确定。

《唐律》的这些内容反映了唐代对疑罪规定的全貌,其核心是对那些无法认定其具体罪名的犯罪嫌疑人也要适用罪名,只是在处理上酌情放宽。其背后的原则是有罪推定,以有罪为前提,要对那些虽无法定罪名,但已经被捕被押的犯罪嫌疑人,定罪量刑。这与现代的无罪推定原则正好相悖。

《唐律》主张有罪推定原则,还设立了疑罪,有其思想理论基础。它认为,法律在制定的时候,总是以一般的情况和人员为出发点,无法考虑到所有的情况和人员,因此再好的法律也不可能包罗万象,面面俱到,十分周全。于是,一些特殊的情况和人员就会在法律中遗漏,成为漏网之鱼,以致危害社会。正如在《唐律》中所说的:"律条简要,止为凡人生文。""杂犯轻罪,触类弘多,金科玉条,包罗难尽。"可是,国家绝不能让这些漏网之鱼逍遥法外、胡作非为,相反应加密法网,扩大法律的适用范围,使那些有嫌疑的人都受到惩处。惩处的手段可以有多种,包括:比附,设立疑罪等。"金科虽无节制,亦须比附论刑。""临时处断,量情为罪,庶补遗缺"。为了使疑罪可以堂而皇之地运用,"依法推科",于是就有必要设定这样的罪名了。这一思想理论基础是有罪推定原则的思想理论来源之一。

《唐律》的这一思想理论基础与当时统治者的主张吻合。他们主张要严惩犯罪,不能让不法分子存有侥幸心理。《唐律》定本在贞观时期,也正是唐太宗执政的时期。他就认为,"天下愚人者多",而且"愚人好犯宪章",所以不能让他们"常冀侥幸,惟欲犯法,不能改过"。唐太宗周围的大臣也有类似的主张,魏徵是其中之一。他认为,不严惩罪犯,社会治安就无法保障。"小人之恶不惩,君子之善不劝,而望治安刑措,非所闻也。"在这些主张的指导下,包括《唐律》在内的所有唐代刑法都加密法网,设置疑罪便在情理之中了。

中国古代会出现疑罪和与之相适应的有罪推定原则,还有其一定的社会背景,其中的农耕社会环境和专制统治两个方面不容忽视。一方面,中国古代是个农耕社会,人们依附在土地上,长期男耕女织。同时,人们又以村落为单位,聚居在一起,安土重迁,生活在一个相对复杂的环境之中。在这种情况下,犯罪也会变得比较复杂,往往无法在法律中穷尽其罪名。尽管《唐律》与《宋刑统》已经运用了较高的立法技术,内容也已经很精致,可仍是"包罗难尽"。另一方面,中国古代长期推行专制统治。为了维护和巩固专制统治,统治者利用各种方法打击有损于专制统治的行为,包括使用法制的方法。立法者充分考虑到中国古代犯罪的复杂性,也为了有效打击各种犯罪,消除对专制统治的威胁,不择手段地扩大刑法的适用范围,加密法网,解决"包罗难尽"的问题,包括使用疑罪这样的罪名,推出有罪推定原则。这两者的结合,导致了疑罪及其背后的有罪推定原则应运而生。

《唐律》中的疑罪及其有罪推定原则还对后世立法产生过影响,《宋刑统》是其中之一。它全盘接受《唐律》中有关疑罪的内容,是这一罪名的忠实继承者。其与《唐律》的区别仅在于律条条标的称谓,《唐律》称"疑罪",《宋刑统》则称"疑狱",其他的均无改动。

到明、清两代,《大明律》与《大清律例》中已不再设有疑罪,可有罪推定的原则已根深蒂固,还不时发挥其作用,那时制造的文字狱等许多冤案都与它有关。这种冤案的产生在政治上是为了维护专制制度,特别是在思想理论上的专制;在刑事法制中的直接推手即是有罪推定原则。许多无辜之士因此而身陷囹圄,蒙受冤屈,导致家破人亡,其教训极其沉痛。

清末推行新政,法制改革随之出台,西方现代的法制理念、原则、制度等纷纷传入中国,中国逐渐走上了法制现代化的道路。在文本中,疑罪已无复出的条件,有罪推定原则也渐渐淡出。可是,这一原则作为一种传统的理念却往往挥之不去,常常还在作祟,以致错案不能杜绝。今天,这仍需引起警觉,从法治理念、制度设计、法律监督等方面加以规制,使社会主义法治健康发展。

(原载《法制日报》2010 年 11 月 17 日)

5.《唐律》、人本思想与"反恐"

唐朝没有与现代社会相同的恐怖犯罪和反恐法制。可是,当时也有类似的恐怖犯罪,而《唐律》中也有打击此类犯罪的规定。总归起来,此类犯罪行为主要是劫持人质、用毒药害人、车马杀伤人、向城内射箭、散布恐怖言论、决堤防和纵火等。这些行为都从不同角度造成恐怖气氛,严重危害社会的安定和民众的安全。由此而言,《唐律》把其规定在律中作为打击对象,具有"反恐"的意义。

《唐律》用刑罚打击此类犯罪的过程中,根据危害程度的不同,罪刑亦会有所轻重。其中,用刑最重的即是《唐律》中的最高刑"斩"刑。《贼盗律》的"有所规避执人质"条规定,劫持人质者,"皆斩"。仅次于斩刑的是绞刑。《贼盗律》的"以毒药药人"条规定,用鸩毒、冶葛、附事等毒药害人的,害人者与卖毒药者都要被处以"绞"刑。同时,相同的犯罪行为用刑亦会有所区别,即随着其危害程度的加大,用刑也随之加重,最后至斩刑。《杂律》的"烧官府私家舍宅"条规定,纵火烧毁官私房屋或财物的,要被"徒三年";如果造成损失的价值达到绢五匹的,要被"流二千里";诸如此类,不一而足。这从一个侧面反映,《唐律》的制定者已经意识到恐怖犯罪对社会和民众的危害程度,以及他们对"反恐"的重视和决心。

为了最大限度地防止和避免恐怖犯罪的出现,《唐律》还采取了一些相关的"反恐"措施。这些措施也以律文的形式加以规范,强制执行,以确保得到落实。不按律执行的,也会被追究刑事责任,受到刑罚的制裁。这种措施归结起来,可以分为以下四类。

第一类是实行门禁和宵禁。《唐律》设立门禁,把宫殿作为重点保护对象,违法进入宫殿的都会受到严厉的制裁。《卫禁律》的"阑入宫殿门及上阁"条规定,违反门禁规定而入宫门的,要被"徒二年";进入殿门的,徒二年半;进入阁内的,绞;携带武器到"御在所者,斩"。另外,《唐律》还规定有宵禁,夜间除有急事、丧事及疾病等特殊情况外,人们不可外出,否则要被处罚。

第二类是禁止拥有、私造违禁武器。《唐律》把甲、弩、矛、具装等都列入违禁武器,"私家不合有"。"私有禁兵器"条规定,如果私家拥有了,就要被"徒一年半";拥有的数量多了,达到甲三领及弩五张的,就要被绞;如果是私造这类违禁武器的,用刑还要加重,最高可达斩刑。这一规定可以在恐怖犯罪的犯罪工具方面进行防范,减少恐怖分子得到这类工具的机会。

第三类是举报恐怖犯罪。一旦在居住地发生恐怖犯罪,被害人家庭和邻居便有义务向乡村基层组织负责人举报;他们接报后,还要级级上报到官府,不可隐瞒不报;否则,都要受到处罚。《斗讼律》的"强盗杀人不告主司"条规定,出现杀人等恐怖犯罪后,"被害之家及同伍即告其主司";主司接报后,马上要向上级报告;不告的都要按耽搁一天被"杖六十"来量刑。这样,可以迅速掌握恐怖活动的动向;及时组织力量,进行控制和打击。

第四类涉及"反恐"行动。《唐律》规定在出现劫持人质、杀人、纵火等恐怖犯罪情况时,周围的相关人员即应投入"反恐"行动,开展"反恐"斗争;否则,也要被刑法追究责任。《贼盗律》的"有所规避执人质"条规定:在劫持人质现场所在地的村正以上人员和周围邻居,一旦发现有劫持人质的犯罪出现,就应立即把劫持犯罪人抓获,否则要被"徒二年"。《捕亡律》的"邻里被强盗不救助"条规定,知道邻居有被杀等恐怖行为的,应采取报告和救助措施。如果"告而不救助"或者"闻而不救助"的,要被分别处以杖一百或者杖九十的刑罚。

《唐律》的这些内容,除了总结前人的立法经验、借鉴前人的立法成果外,很重要的一点是与唐朝前期高层的"人本"指导思想有关。他们认为,国家要发展,必须有一个安定的社会环境,人民的作用要受重视,因为人民既可载舟、也可覆舟。《贞观政要》中多次提到要"以人为本",唐太宗也励精图治。"帝志在忧人,锐精为政,崇尚节,大布恩德。"恐怖犯罪对人民的人身和财产都构成了极大的威胁,从维护人民的安全和社会的安定出发,用法律来打击恐怖犯罪便势在必行了。从这种意义上讲,《唐律》中"反恐"内容的出现,有其社会的必然性。

《唐律》颁行以后,在唐朝前期的适用情况比较理想,恐怖犯罪也得到有效遏制,其重要标志是整个社会的治安情况良好,被处以重刑者很少。比如,唐太宗贞观初年,国家中已是"百姓渐知廉耻,官民奉法,盗贼日稀"。以后,情况进一步好转,"商旅野次,无复盗贼,囹圄常空,马牛布野,外户不闭。"至贞观四年(630年)时"断死刑,天下二十九人,几致刑措"。故史称其为"贞观之治",名副其实。

《唐律》中的"反恐"内容为后世封建朝代的立法者所重视,沿革不断。《宋刑统》全面接受唐律有关"反恐"的规定,并作了调整和补充,主要涉及这样几个方面。首先,把《唐律》律条的内容调整为"门"的内容。《唐律》不设"门",律下就是条。《宋刑统》则在律下设门,共213门,门下再设条。其次,把《唐律》中的有些律条内容归并在一个门中。同在杂律中,《宋刑统》把《唐律》中有关走车马伤杀人、用箭和弹射伤杀人的内容都归入"走车马伤杀人"门,在《唐律》中则分为两条律条。最后,附以"敕"和"起请"等内容。《宋刑统》在律条后附上自唐开元二年(714年)至宋建隆三年(962年)间的敕令和一些"起请",其中也包括"反恐"的规定,《唐律》则无。《杂律》的"失火"门中就附有这种敕令和"起请",敕令规定,如因复仇等原因放火,而且"情状巨蠹,推问得实",就要处以死刑,即"决痛杖一顿处死"。"起请"进一步规定,今后有故烧人屋舍、财物聚集处的,"首处死、随从者决脊杖二十"。这样,《宋刑统》中"反恐"的内容便比《唐律》的更丰富了。

《大明律》在继承《唐律》"反恐"内容的同时,也有变化,主要是用刑加重。比如,同是故意决堤防的,《唐律》规定为"徒三年",《大明律》则在刑律的"盗决河防"条中加重了用刑,规定要"杖一百,徒三年"。《大清律例》的律典结构与《唐律》《宋刑统》《大明律》都有差异,主要是在律条后附有例条。它一方面大量吸收《大明律》中"反恐"的内容,另一方面又用例条来补充律条的内容。刑律的"车马杀伤人"条在引用了律文后,还附有例条。此例条规定,除了按律条追究犯罪人的刑事责任外,还要把"所骑之马给予被撞之人";如果被撞之人死亡的,那么"其马入官"。

可见,尽管有变化,《唐律》中的"反恐"内容仍大量为唐后封建朝代的立法所吸收,以致中国古代在很长的时期中都有成熟的"反恐"规定,以应对恐怖犯罪,维护社会的安定与和谐发展。

(原载《法制日报》2008年8月31日)

6.《唐律疏议》:法律与历史的结合

《唐律疏议》是中国现存第一部内容完整的法典,也是中国古代法典的楷模和中华法系代表作,在世界法律史上有很高声誉和地位。其特点之一是把法律与历史有机结合,许多内容是法律史内容,堪称中国古代法律与历史融合的典范。

(1)《唐律疏议》中法律与历史结合的内容

《唐律疏议》的内容都围绕刑法问题展开,涉及的历史也是刑法史。其中的字、罪名、刑罚、制度和篇目等是它的组成部分,不少都有自己的历史,与历史结合在一起。比如,"宝""十恶""不睦""供养有缺"和"闻祖父母父母丧,匿不举哀""杖""八议""卫禁"等都是如此。这种法律与历史的结合主要通过三种途径来实现。

第一是把法律内容与历史上儒家经典结合。《唐律疏议》中有些内容与儒家经典关系密切,通过两者结合,反映出法律与历史的结合。"不睦"这一罪名设立的依据是《礼记》和《孝经》中的经句,是儒家经句与罪名结合的产物。《唐律疏议·名例》揭示了这种结合:"礼云:'讲信修睦'。孝经云:'民用和睦'。睦者,亲也。此条之内,皆是亲族相犯,为九族不相叶睦,故曰'不睦'。"

第二是法律内容与历史演变过程的结合。《唐律疏议》有些内容都有其演变过程。它把这些历史过程阐述出来,使它们与历史发展结合起来。"十恶"就是如此。《唐律疏议·名例》说,汉以来就出现了一些"十恶"中的罪名,"其'不道'、'不敬'之目见存",以后《北齐律》创制"重罪十条",隋《开皇律》确立了"十恶",唐朝沿用,"自武德以来,仍遵开皇,无所损益"。

第三是以上两种途径的结合,即把法律与历史上的经典和历史演变过程结合。"八议"制度就是如此。它的确立既与《周礼》有关,又与它自身的演变过程有关。《周礼》中有"八辟",后人把"八辟"改为"八议",唐朝沿用"八议"。《唐律疏议·名例》叙述了这一途径。

《唐律疏议》中的"疏议"为这种结合提供了合适平台。"疏议"是《唐律疏议》的重要组成部分,起到解释、说明律文的作用,实是一种法律解释,与律文具有同等法律效力。《唐律疏议》中法律与历史结合的内容都在"疏议"中得到体现。没有"疏议"不会有这些内容,也无法实现法律与历史的结合。法律解释的方法,唐朝以前也有。秦有《法律答问》,《晋律》有"注",等等。可是,"疏议"在总结前人法律解释经验的基础上,实现了飞跃,完善了各种功能,其中包括法律与历史结合的功能。它通过引用儒家经典、描述历史发展过程、揭示历史渊源等方法,把历史与律文中的字、罪名、罪行、刑罚、制度和篇目有机结合,使法律与历史的结合变成现实。"疏议"比以前任何一种法律解释的方式都要高明。

(2)《唐律疏议》中法律与历史结合的作用

《唐律疏议》中的字、罪名、罪行、刑罚、制度和篇目等内容与历史的结合有其一定作用,主要表现在以下三个方面。

第一,有助于加深对《唐律疏议》的认识。《唐律疏议》的内容承前启后,在总结前人立法成果和经验的基础上形成,其内容又以刑罚为主,其中许多字、罪名、罪行、刑罚、制度和所有篇目的内容中都有历史含量,要深入理解它们,不知晓它们的历史不行。《唐律疏议》制定者已考虑到这一问题,并用在律条后增加"疏议"来解决这一问题。

《唐律疏议》是唐朝的一部主要法典,制定者从各个方面树立权威,其中包括使用历史方法,从历史继承中寻找权威,把律中的字、罪名、罪行、刑罚、制度和篇目等都与历史挂钩。为此,《唐律疏议》大量引用儒家经典和阐述历史演变过程。据统计,《唐律疏议》引用的这类经句取自《诗》《书》《礼》《易》《春秋》《尔雅》《孝经》等。有的篇目援引它们还特别多。如《名例律》仅57条,单引证的经句就有40余处。历史上的儒家经典与《唐律疏议》中的内容融合一起。另外,《唐律疏议》中一些重要字、罪名、罪行、刑罚、制度等大多也与历史结合,目的是从历史的继承上去发现和树立权威。

第二,有助于增长中国法律史知识。《唐律疏议》许多内容都有历史积淀,包括有些字、罪名、罪行、刑罚、制度和篇目等。这道积淀从夏朝前后中国法律的萌芽到最终起源和形成,至唐朝也有2000余年,已经是一个时间不短的法律历史过程,可以构成一部名副其实的中国法律史了。阅读《唐律疏议》,有助于人们增长这一方面知识。从《唐律疏议》中可以获得的中国法律史知识主要是以下三个方面。

第一方面,可以获得中国法典的体例产生、变化和发展方面的知识。这对于正确认识中国古代的法律体系、法典体例及内容的组合等都有十分重要的意义。中国的第一部律是战国时期秦国的《秦律》。它由商鞅改法为律而成,《法经》成了它的直接渊源。以后,又有许多法典面世,直至《唐律疏议》。这些律有不断演进的过程。《唐律疏议·名例》揭示了这一过程,即从"周衰刑重,战国异制,魏文侯师于李悝,集诸国刑典,造法经六篇",一直到"唐因于隋"。

第二方面,可以获得中国重要制度建立的理论依据方面的知识。这方面知识对于全面、正确地认识中国法律中的重要制度具有指导性意义。中国自汉武帝决定独尊儒术以后,儒家思想便成了法律的指导思想,礼法开始结合。从此,中国古代的法律就走上了礼法结合的道路,法制中重要制度的建立都离不开儒家思想。这一思想集中体现在各本儒家经典中,《唐律疏议》很注意揭示这些经典与制度间的联系,帮助人们更深刻地理解这些重要制度。除了上述"八议"制度外,还有"五刑"等制度也都是如此。

第三方面,可以获得中国法律中一些内容沿革方面的知识。中国古代法律中的一些内容发展到唐朝已经成熟。《唐律疏议》是中国一部内容比较完善的法典,其中一些内容经过长期发展,达到完备程度。《唐律疏议》注意把这些内容的沿革告诉人们,让大家更全面地认识它们。上述"宝""十恶""不睦""杖""八议"等都是这样。

第三,有助于提高法律意识。法律意识是法律素质的重要组成部分。学习法律是提高法律意识的路径。学习法律史同样有利于人们提高法律意识。通过阅读《唐律疏议》中法制史的内容,人们可以在以下方面提高法律意识。

一来,可以提高规则意识。法律是一种规则,确立法律是为了形成一种以规则为基础的秩序。《唐律疏议·名例》中大量法制史内容告诉人们,一个国家不能没有法制,它"譬权衡之知轻重,若规矩之得方圆"。中国自夏以来就致力于制定法律,用来规范人们的行为,人们必须依照法律行事,否则就要承担相应法律责任。这一意识水平的提高,有助于形成良好社会秩序。

二来,可以提高罪与非罪的意识。《唐律疏议》以刑法为主要内容,其他部门法的内容都是附带而已。它的名例篇是总则,规定的是刑罚和一般原则;其他十一篇都是分则,规定的是具体的犯罪,其法条由罪行和法定刑两部分组成。人们知晓了《唐律疏议》的内容,就知道了什么是犯罪,有了罪与非罪的意识。这一意识中一个重要方面是犯罪者都要依律受到处罚。这一意识的树立有利于预防、减少犯罪,稳定社会。

(3)《唐律疏议》中法律与历史结合的背景

《唐律疏议》把法律与历史成功结合,有其一定背景,主要有四个方面。

第一,唐朝前期的社会发展为其法律与历史的结合创造了良好社会环境。《唐律疏议》制定于唐朝前期。这一时期改变了隋末萧条状况,出现了"贞观之治""开元盛世"。在《唐律疏议》制定的永徽时期,也"有贞观之遗风"。在这样一个良好社会环境中,唐朝高层和《唐律疏议》立法者可以有充足时间和精力充分考虑《唐律疏议》中法律与历史的结合问题。

第二,中国法律已有2000多年经验积累。中国自夏开始正式确立法律以后,每个朝代都建立了自己的法律,而且还不断总结经验,推进法律发展。早在夏商时就已有"禹刑""汤刑"等,以后不断发展,法律质量也越来越高。长年积累的法律内容至唐朝已基本定型,有了可以总结的机遇。

第三,唐朝前期的儒学有了进一步发展。《唐律疏议》中的许多法制史内容都与儒家经典联系。唐朝前期的儒学有了进一步发展,为《唐律疏议》的制定和其中法制史内容的撰写提供坚实的理论指导。唐太宗重视儒学,执政以后大力推崇儒学,重视儒学教育,采取措施使儒学地位进一步正统化,使它得以进一步传播,日益深入人心,并为《唐律疏议》中法制史内容的最终形成奠定了理论基石。

第四,《唐律疏议》的制定者具备了较高素养。制定法律是人的自觉行为,与制定者的个人素养关系密切。只有具备了较高素养的制定者才能制定出较高水平的法律。《唐律疏议》的制定者具备了较高素养,其中包括通晓法律和博识文史两个方面。根据《唐律疏议·进律疏表》的记载,《唐律疏议》的制定者有长孙无忌、李勣、于志宁等十九人,都不同程度擅长法律和文史。他们中有律学博士司马锐。这是专门从事教授、研究法律工作的人员。

他们中有参加过律的制定的长孙无忌,还有从事过地方司法工作的董雄、石士达等人。此外,从事中央司法工作的中书、门下省官员和大理寺、刑部官员段宝玄、来济、辛茂将、唐临、王怀恪等人也参与其事。他们还擅长文史。其中,长孙无忌被认为"博涉书史";褚遂良则"博涉文史";于志宁还撰写过《五经义疏》;等等。《唐律疏议》制定者的这些素养使他们能成功地把法律与历史结合起来。

(原载《文汇报》2006 年 4 月 2 日)

7.《唐律》为何堪称封建法典代表作

唐朝是中国古代的鼎盛朝代,中国也是当时亚洲最强大的国家。唐朝在政治、经济、社会、文化等方面都取得了非凡成就,其中就包含《唐律》、中华法系与丝绸之路。而且,三者之间还有着密切的互动关系:《唐律》为丝绸之路保驾护航,又是中华法系的代表作;丝绸之路是联系《唐律》与中华法系的纽带,使《唐律》能够为朝鲜、日本、越南等近邻所接受、移植,最终形成中华法系。

首先,《唐律》是中国现存第一部内容完整、系统的律典,也是唐朝的主要法典,共有 12 篇、502 条。

其中,第一篇名例是总则,规定了刑法的指导思想、原则和刑罚制度;其他十一篇是分则,规定了需要打击的各种犯罪,律条由罪状和法定刑构成,如"诸故杀官私马牛者,徒一年半"。在中国古代律典中,因其结构和内容十分完善,故有"唐律为最善"的说法。

丝绸之路最晚起源于汉朝,唐朝又有大发展,不仅扩大了陆上丝绸之路,而且开辟了海上丝绸之路。在这条以经贸为主的大路上,人员、文化等也实现了交流与互动。对于保证丝绸之路的安全和繁荣,《唐律》发挥了重要的作用。《唐律》通过打击损害人身、财产、交易的犯罪,来保证丝绸之路的畅通。

在打击损害人身的犯罪方面,《唐律》规定:对杀人、伤人的犯罪,都要按照犯罪后果的不同分别量刑。图谋杀人者,要被"徒三年";杀人既遂者,要被判斩刑。伤人犯罪也是如此。打落受害人一颗牙齿者,要被"徒一年";打落两颗牙齿者,要被"徒一年半"。为了打击损害财产的犯罪,《唐律》明确规定,以暴力或以暴力相威胁的方法获得他人财产者,就算未遂也要被"徒二年";既遂的,最重用刑为斩刑。交通工具是《唐律》重点保护的财产,如果杀死他人的一匹马,犯罪人要被"徒一年半"。《唐律》还特别重视保护交易安全。例如,债务人不履行合同,就要被认作犯罪行为,最重的用刑是"杖六十"。

《唐律》是一部刑法典,最重的刑罚可剥夺犯罪者的生命,即死刑。因此,与唐朝其他法律相比较,它更具有强制性、规范性、权威性等优势。这使得《唐律》在丝绸之路中能够发挥重要的作用。特别是,《唐律》在打击外国人犯罪方面,扮演了重要角色。《旧唐书·北狄传》记载,唐玄宗开元二十年,黑水靺鞨国的武艺派人去诛杀身在大唐帝国的门艺,但刺杀未遂。为了保证门艺的人身安全,河南府派人抓捕武艺派来的刺客,结果刺客全部落网。这一抓捕的依据就是《唐律》。

其次,在指导思想上,强调教化为主;在法律内容上,维护等级制度。

法系是依据世界各国法律的特点与历史传统,从外部对法律进行分类时使用的一种术语。世界上的法系大致可分为两大类,即世俗法法系和宗教法法系。

宗教法法系因为法律与宗教融为一体,法律内容嵌入宗教经

典之中,因而没有专门的法典,也不以世俗法典为代表作。世俗法
法系则不同,一般都有独立的法典。"五大法系"中,伊斯兰法系
是典型的宗教法法系;大陆法系、中华法系都是世俗法法系。其
中,大陆法系的代表作是《法国民法典》《德国民法典》,中华法系
的代表作则是《唐律》。

学术界公认,《唐律》是中国古代法典的典范。夏朝有名为
"禹刑"的法律,商朝的法律叫"汤刑",西周时有"九刑"和"吕刑"
等。此后,每个朝代都有自己的成文法。秦有《秦律》,汉有《汉
律》,魏晋有《魏律》《晋律》……到了唐朝,集以往立法之大成,终
成《唐律》。

《唐律》在结构和内容方面远超以前立法的水准,达到中国古
代立法的顶峰。唐朝以后的宋、元、明、清等封建朝代制定的法典,
也都以《唐律》为范本,并大量吸取《唐律》的内容。可以说,《唐
律》在很大程度上影响了后世的立法。

同时,《唐律》在世界法制史上也具有重要地位。如果说罗马
法是世界奴隶制时代法律的代表作,《法国民法典》是世界资本主
义时代法律的代表作,那么《唐律》便是世界封建时代法律的代表
作。正因为如此,《唐律》才会受到不少国家的青睐。

《唐律》中包含中华法系的一般内容,特别体现在指导思想、
法律内容与司法等方面。在指导思想上,《唐律》强调礼法并用、
以礼为主。用《唐律》自己的话说就是:"德礼为政教之本,刑罚为
政教之用,犹昏晓阳秋相须而成者也。"这一思想传承了西周"明
德慎罚"、西汉"德主刑辅"的思想,主张治理国家以教化为主、法
制为辅,正是德治思想的集中体现。在法律内容上,《唐律》突出
维护等级特权制度。它用刑法的规定来规范等级特权制度,尤其
是保护君权、父权与夫权。由此,形成了一个特殊的社会秩序。在

司法方面,《唐律》竭力维护司法与行政合一的体制。皇帝掌握最高司法权,集立法权、行政权与司法权于一身;地方司法长官亦由行政长官兼任。《唐律》的这些内容是中华法系的主要内容和集中体现。

再次,高丽一代之制,大抵仿乎唐;日本立法典范,基本是《唐律》的翻版。

一个法系的形成只有母国还不行,它要有成员国的拱卫。《唐律》成为中华法系的典范性法典,需得到成员国的接受、移植,成为它们立法的楷模。中华法系的母国是中国,成员包括朝鲜、日本、越南等国家。历史上,《唐律》的大量内容为这些成员国所接受移植。在朝鲜,其刑法就是模仿《唐律》而制定。《高丽史·刑法志》记载:"高丽一代之制,大抵皆仿乎唐,至于刑法,亦采唐律,参酌时宜而用之。"在日本,《大宝律》堪称"封建立法的典范",基本上是《唐律》的翻版。在越南,李太尊、陈太尊执政时,制定的重要法典《刑书》和《国朝刑律》亦把《唐律》作为楷模,只是"时而斟酌"而已。可见,《唐律》作为中华法系的代表作名副其实。为什么这些国家会大量移植《唐律》呢? 原因是多方面的,其中最重要的有三个方面。

第一,《唐律》是东方农业文明的产物。古代中国是一个典型的农业国家,中华民族也主要是一个农耕民族,《唐律》就是在这样的国度里诞生的。这决定了,它的内容十分适合农业国家,而不是游牧、工商业国家。那时,东亚国家也都是农业国家,朝鲜、日本和东南亚国家越南无一不是如此。它们与唐朝具有相似的经济背景,采用《唐律》会更加顺手一些。

第二,《唐律》的水平比较高。《唐律》的水平要明显高于其他东亚国家的原有法律。它们移植《唐律》以后,可以使本国的法律水平得到很快提升,何乐而不为呢?

第三,《唐律》的移植有一定的文化基础。在唐朝以前,东亚区域就受到中华文化的广泛影响。中国的文字、风俗、习惯等在汉朝以后,就已渗透进这些国家。有了这一文化基础,《唐律》的移植就显得方便了。由此可见,东亚国家采用《唐律》是多因一果的,具有一定的必然性,绝非被动接受和偶然行为。一旦这些国家接受、移植了《唐律》,母国与成员国皆已具备、代表作亦到位,中华法系也就自然而然地形成了。

最后,通过丝绸之路,大量输出《唐律》;建立中华法系,远扬大唐威名。

《唐律》产生于唐朝,中华法系则由唐朝与朝鲜、日本、越南等共同构成。要把《唐律》与这些国家联系起来,没有强劲的纽带是不行的。这根纽带就是丝绸之路。通过丝绸之路,唐朝与周边国家能够加强联系、相互交流。

在输出《唐律》与建立中华法系的过程中,陆上、海上丝绸之路发挥了积极作用。这里,仅以唐朝通往日本的丝绸之路为例。那个时候,从唐朝前往日本,可以先走陆上丝绸之路到朝鲜,再利用季风抵达日本。这条大路不仅承载商人,还有大量日本遣唐使。据统计,从贞观五年至乾宁元年,日本先后派出遣唐使19批,最多一次达651人。在遣唐使中,有人专门到唐朝的高等学府国子监就学,深入了解和学习中国文化。其中,就有人专门学习过《唐律》。学成后,便把《唐律》带往日本。

从制定《大宝律》的人员来看,许多人都是通过丝绸之路来往的。其中,既有留学生,也有唐人的后代。日本学者石田琢智在《日本移植唐朝法律考述》一文中,对此有过阐述:"参与撰写《大宝律令》的人当中,伊吉博德、土部生男、白猪男曾在唐留学,萨弘格本身就是唐人,调老人、黄文备、锻大角、山口大麻吕都是大陆移民的后代,都有研读唐法的有利条件。"他们带着从唐朝学到的《唐律》知识,通过移植使日本的法律有了飞跃发展。可见,在《唐律》与中华法系之间,不能没有丝绸之路这根纽带。少了这根纽带,《唐律》就难以为各国所接受、移植,中华法系也就会成为空中楼阁。

总之,唐朝造就了《唐律》;《唐律》凭借丝绸之路,被移植到朝鲜、日本、越南等国家;中华法系因为有了这些成员国,而得以最终建立起来。它们之间的联动,造就了《唐律》的闻名于世、唐朝的威名远扬。

（原载《解放日报》2019 年 3 月 19 日）

8. 贞观四年,为何只有 29 人被判死罪

《唐律》是中国现存第一部体例、内容十分完整的法典,也被称为古代法典中的"最善者"。以《唐律》为代表的中国古代法典对朝鲜、日本、越南等国家的立法产生过很大影响,形成了中华法系。当下,我国正在大力弘扬优秀传统文化,有必要知晓《唐律》的来龙去脉,增加一些相关知识。

（1）以肉刑为主转向以自由刑为主

中国从夏朝开始就制定法律,其中夏有"禹刑"、商有"汤刑"、西周有"吕刑"等。春秋末年,一些诸侯国改变以往法律不公开的做法,开始公布成文法。最早在公元前 513 年,晋国的执政子产把法律条文铸在鼎上,称为"铸刑鼎"。之后,各诸侯国纷纷效仿,公布成文法成了一种普遍的做法并延续下来。

战国时,魏相李悝在总结前人立法的基础上,制定了《法经》。

商鞅以《法经》为蓝本制定《秦律》。由此,中国绝大多数封建朝代都把主要法典称为"律"。秦朝有《秦律》,汉朝有《汉律》,魏晋南北各朝也有自己的律,隋有《隋律》。《唐律》的制定者博采唐前立法的众长,取长补短,终成《唐律》这一部著名法典。这里以两例证之。

一是《唐律》采用的"律"源自商鞅的"改法为律"。商鞅是著名的法家人物,姓公孙,名鞅;因在秦国变法有功,受封商邑,号"商君",所以人们习惯称其为商鞅。他小时候就与许多孩子不同,特别喜爱法律,有"少好刑名之学"的说法。这为商鞅以后能在秦国主持变法、治理国家打下了坚实基础。

公元前361年,商鞅携带李悝制定的《法经》前往秦国,深得秦孝公赏识,获得委任主持变法。商鞅变法的范围涵盖农业、军事、法律等诸多领域。仅在法律领域中就有"改法为律",即把《法经》改称为秦律。"律"这个词在秦国前已被使用,但主要是指音乐领域里的音律。商鞅首创把主要法典称为"律"后,律作为一个朝代主要法典的地位脱颖而出,而且还使法典的内容更具规范性。

二是《唐律》采用封建制五刑,即笞、杖、徒、流、死,主要由肉刑、自由刑和死刑组成。封建制五刑从奴隶制五刑发展而来。奴隶制五刑是墨、劓、刖、宫、大辟,主要由肉刑和死刑构成。在奴隶制五刑向封建制五刑演变的过程中,有过一个重要的刑制改革事件,即缇萦上书汉文帝的事件。汉文帝十三年,太仓县令淳于意犯了罪,要被处以肉刑,押至长安受刑。淳于意生有5个女儿、没有儿子,那时的女子一般不出家门。在押往长安前,他十分不高兴,埋怨自己没生儿子,关键时刻无人陪同去长安。此时,最小的女儿缇萦挺身而出,决定伴随父亲前往长安受刑。

到达长安后,缇萦给汉文帝上书,共分三层意思。第一层意思说：自己的父亲犯了罪，但不是一个贪官污吏，"齐中皆称其廉平"。第二层意思说：肉刑有很大弊端，"妾伤夫死者不可复生，刑者不可复属，虽欲改过自新，其道亡由也"。第三层意思说：自己愿意降为官婢女，"以赎父刑罪，使得自新"。汉文帝看后十分动情，决心改革肉刑，迈出了中国古代改革刑制的一大步，以肉刑为主的奴隶制五刑逐渐向以自由刑为主的封建制五刑演变。《唐律》采用封建制五刑，接受了包括汉文帝改革刑制在内的历史成果。

（2）死刑执行前改由皇帝勾决五次

《唐律》是一个集合概念，是唐朝颁行的所有律的统称。唐朝颁行的律都以年号为名称，有《武德律》《贞观律》《永徽律》《永徽律疏》《开元律疏》等。这些律中仅有《永徽律疏》完整保存下来，故《永徽律疏》也就成了《唐律》的代名词。元朝时，把《永徽律疏》改名为《唐律疏议》，并沿用至今。

《武德律》以后颁行的每部律都对前一部律作了不同程度的修订，以致《唐律》内容精益求精，更适合时代的变化。《武德律》是唐朝的第一部律，在隋朝《开皇律》基础上加以制定，共有12篇500条。唐太宗即位后，用了11年时间对《武德律》进行修订，颁行了《贞观律》。《贞观律》对《武德律》的内容作出较大修订，包括减少死刑和流刑的使用、完善复奏制度等。《贞观律》的修订使律条比较完善，以致其成为唐律的定本，以后的律条改动很少。

在《贞观律》的制定过程中，有不少值得点赞的地方，这里仅举两例：一是增加了"五复奏"。复奏是一种在罪犯已被司法机关判定、皇帝审定为死刑之后，在死刑执行前再由皇帝勾决的制度。"三复奏"指的是一天之内由皇帝勾决三次；"五复奏"是指两天之内由皇帝勾决五次。这是一种对皇帝司法权力的制约,也是一种慎刑的表现。

复奏制度产生于魏晋南北朝时期,《贞观律》前已有"三复奏"制度。唐太宗错杀张蕴古以后,又增加了"五复奏"制度。当时,张蕴古任大理丞,审理了一个被告人为李好德的案件,认为此人精神不正常,于是奏告唐太宗:李好德有病,不应以"妖言"罪追究刑事责任。张蕴古的老家在相州,而李好德的哥哥李厚德是那个地方的刺史。御史权万纪发现这一情况后,便弹劾张蕴古,认为他徇私枉法、谎报案情,企图放纵李好德。唐太宗收到权万纪的弹劾后,一怒之下,便判杀张蕴古,"斩于东市"。错杀张蕴古之后,唐太宗后悔用刑太重。于是规定,在京师发生的死刑案件适用"五复奏"制度,地方的死刑案件仍适用"三复奏"制度。由此,唐朝便有了"三复奏"和"五复奏"两种复奏制度。

二是增加了"加役流"刑,以替代部分死刑的执行。唐太宗在制定《贞观律》时,觉得流刑和死刑的刑差太大,部分可死可不死的犯罪因此被适用了死刑,于是决定增设"加役流"刑。此刑重于一般流刑,又轻于死刑,可使部分可死可不死的犯罪通过适用加役流刑而活下来。改死刑为加役流刑的律条有 50 条,《贞观律》的用刑也因此比《武德律》更轻了。

唐高宗即位次年颁行《永徽律》,保持了《贞观律》的内容。考虑到司法官对《唐律》要有一致的理解、科举考试要有标准的答案,有必要对《永徽律》律条作出官方解释并适时出台。于是,《永徽律疏》颁行了。《永徽律疏》由律条和疏议两部分构成,疏议是对律条的解释。在中国古代律典中,律疏形式为《永徽律疏》首创,也为以后有的律典所继承。

开元二十二年,唐玄宗颁行《开元律疏》,对《永徽律疏》作了微调。微调的原因主要是避讳、地名的改变等,但在体例、内容方面无大的变化。某种程度上可以说,《开元律疏》实为《永徽律疏》的翻版。

《唐律》颁行以后,得到了有效实施,成为造就"贞观之治""永徽之治"和"开元盛世"的一个重要因素。据统计,贞观四年全国判决死罪的只有 29 人,开元二十五年全国判决死罪的也只有 58 人。这在中国古代史上实属罕见。

(3)用刑比较平缓而非重其所重、轻其所轻

优秀的文本和良好的实施效果,使《唐律》产生了很大的影响。一方面,唐朝以后的宋、元、明、清各朝,虽都制定了自己的法典,但这些法典皆以《唐律》为楷模。

《宋刑统》是宋朝的一部主要法典,在体例、内容上都基本沿用《唐律》。当然,它也有一些变化,主要是采用"刑统"形式,把宋朝的律、令、格、式等法律形式的内容融入一部法典中;还设置"门",改变了法律中只有律条不设门的做法。然而,这些变化都没有摆脱《唐律》的基本体例和内容。

《大元通制》是元朝的一部主要法典,其地位如同律典。它在体例上与《唐律》有所不同,法条也增加至 2539 条,但许多内容都取自《唐律》,特别是名例、卫禁、职制、户婚、捕亡等篇中的内容,《唐律》痕迹十分明显。

《大明律》和《大清律例》的篇目都减至 7 篇,律条则分别减至460 条和 426 条。但是,《唐律》中的一些篇目名称仍在其中出现。据统计,在这两部律典中,《唐律》的内容都占了一半以上。

清朝的薛允升曾把《唐律》与《大明律》进行比较,著有《唐明律合编》一书。薛允升先后出任山西按察使、山东布政使、刑部侍

郎、刑部尚书等职。在工作中,他感到《大清律例》不够理想,却又不好公开直言,于是便把自己的想法写入跟《大清律例》相似的《大明律》与《唐律》的比较中。经过逐条比较,最后得出《大明律》用刑是"重其所重""轻其所轻"的结论。这一结论说明,《唐律》用刑比较平缓,是理想的律典;而《大明律》用刑比较极端,不是理想的律典。

另一方面,唐朝的高度发展吸引了当时世界上的许多国家,特别是中国周边的国家,纷纷派出遣唐使到中国取经,包括学习移植《唐律》。这些国家包括朝鲜、日本、越南等。

朝鲜的高丽王朝大量吸收《唐律》的体例和内容。公元 10 世纪时制定的《高丽律》,篇目共有 13 篇,其中 12 篇源于《唐律》,内容也大多来自于《唐律》。《高丽史·刑法志》讲得很实在:"高丽一代之制,大抵皆仿乎唐。至于刑法,亦采唐律,参酌时宜而用之。"

日本也较为虔诚地学习、移植《唐律》。日本在公元 7 世纪至 10 世纪间制定的法典,不少仿照了《唐律》。特别是《大宝律》和《养老律》,在体例和内容上大量仿照《唐律》。日本学者石田琢智在《日本移植唐朝法律考述》一文中说:"从 7 世纪下半叶开始,特别是 8 世纪至 10 世纪,即日本的奈良、平安时代,日本制定并颁布了一系列摹仿唐制的法典。"

越南也是一个受《唐律》影响很大的国家。公元 1042 年颁布的《刑书》和公元 1230 年颁布的《国朝刑律》大体依循《唐律》,体例中的卫禁、户婚、诈伪、捕亡、断狱等篇目名称和内容中的十恶、八议等规定皆取自《唐律》。

总之,《唐律》是一部生命力很强的古代律典,不仅对中国封建朝代的立法产生过很大影响,而且对当时周边国家的立法产生过重要影响。这种影响就是《唐律》生命的延伸,以致其成为中华法系的代表作,在世界法制史上亦占有重要一席。今天,要了解中国优秀传统法律文化,不读《唐律》是不行的。

(原载《解放日报》2017 年 9 月 5 日)

9. 开放的唐朝法律

中国古代法律不是始终处于封闭状态,而是长期处在开放形态之中,唐朝的法律就是其中之一。唐朝引入过外国的法律,为己所用;外国也引入过唐朝的法律,进行效仿。唐朝的法律就在与外国法律的互相引入中循环,并与外国的法律开展交流,它们共同构成中华法系的重要篇章。

(1)唐朝引入外国的法律在唐律、令、格、式中都有显示

这里以《唐律》为例。《唐律》的名例篇与其他篇目中,都引入过外国法律的内容。《唐律》的名例篇是关于原则的规定。其中,"化外人相犯"条就要求在唐朝适用外国的法律。此条规定:"诸化外人自相犯者,各依本俗法;异类相犯者,以法律论。"此条的规定运用了属人主义与属地主义,分别对同国的外国人之间与不同国的外国人之间发生的犯罪作了不同的回应,即前者适用其本国的法律,后者则适用唐朝的法律。此条"疏议"还对律条作了说明。"'化外人',谓藩夷之国,别立君长者,各有风俗,制法不同。其有同类自相犯者,须问本国之制,依其本俗法断之。异类相犯者,若高丽与百济相犯之类,皆以国家法律,论定刑名。""化外人相犯"条规定的"诸化外人自相犯者,各依本俗法"中的"本俗法",即外国法。唐朝要用外国法去审判"自相犯"的外国人,就是在唐

53

朝适用外国法。

除了名例篇,《唐律》的其他篇中也有一些引入外国法律,最为突出的是断狱篇中的"立春后秋分前不决死刑"条。此条规定:"诸立春以后,秋分以前决死刑者,徒一年。其所犯岁不待时,若于断屠月及禁杀日而决者,各杖六十。"此律条的"疏议"还专门对"断屠月"作了这样的解释:"'若于断屠月',谓正月、五月、九月。"从《唐律》的这一规定可知:第一,"断屠月"是个规范的法律用语,而且其源于外来的佛教规定,而不是唐朝的本土法律。第二,"断屠月"有明确的时间段,即每年的正月、五月和九月三个月,不是在其他月份。第三,"断屠月"被引入了中国本土的"秋冬行刑"制度,使这一制度的内涵更为丰富了。可见,外来佛教中关于"断屠月"的规定成了《唐律》"秋冬行刑"制度的一部分。

(2)唐朝周边国家也不同程度地引入过唐朝的法律

第一,日本引入过唐朝的法律。日本引入唐朝的法律,而且还是东亚国家中引入唐朝法律较为成功的国家。据《日本国志·刑法志》记载,孝德天皇(645—654年)时制定的法律就"亦用五刑,别有八虐、六议等条。大概同唐律"。《近江令》就是取自唐令,它"为日本最初之法令,亦即中国法律在日本发生直接影响之第一次也"。以后,便一发不可收拾。例如,《大宝律令》在日本古代法制史上具有十分重要的地位,日本学者认为其"堪称日本封建立法的典范"。然而,这部法典却是《永徽律》的翻版,也是引入唐朝法律的结果。它的篇目、刑名、罪行与法定刑等都与唐朝的《永徽律》一致或雷同,创新之处不多。日本学者石田琢智认为:"《大宝律令》的依据是《永徽律令》。"日本引入了唐朝的法律以后,改变了原本法律落后的面貌,使日本的法律水平得到很大提升。日本学者大竹秀男等在《日本法制史》一书中就认为,日本《大宝律令》和《养老律令》的母法是当时世界上具有最高理论水平的《唐律》,日本从开放的唐朝法律中受益匪浅。

第二,高丽(朝鲜古名)、安南(越南古名)也引入过唐朝的法律。朝鲜半岛在中国之邻,有文化交流的便利,成为中华法系的传播国家。这就为其引入唐朝法律创造了良好的文化基础。《高丽史·刑法志》记载:"高丽一代之制,大抵皆仿乎唐。至于刑法,亦采唐律,参酌时宜而用之。"事实也是如此。把《高丽律》与《唐律》作比较以后可以发现,《高丽律》大量袭用《唐律》的内容,只是《高丽律》的内容比较简单。比如,《高丽律》的《卫禁》《职制》《盗贼》分别只有 4、14、6 条,而《唐律》则比较复杂,分别有 33、59、54 条。即便如此,相比以往朝鲜的法律,《高丽律》的立法水平也有了显著提升。安南也与唐朝关系密切,不少安南人还有汉人血统。安南同样引入过唐朝的法律,特别是在李太祖、陈太宗与黎太祖时期。那时,安南的法律以唐朝法律为楷模,如同《历朝宪章类志·刑法志》中所讲的:"遵用唐宋旧制,但其宽简之间,时而斟酌。"由于宋朝法律本身受到唐朝法律的巨大影响,《宋刑统》又是《唐律》的翻版,因此,安南这一时期的法律被称为"摹仿唐律令之时代"就非常贴切了。《唐律》的许多内容都在安南的法律中得到反映,两罪以上俱发、自首、过失犯罪、老弱废疾的恤刑、化外人相犯等规定都是如此。

第三,东亚诸国引入唐朝法律促成了中华法系的形成。唐朝是中华法系形成的朝代,代表性法典是《唐律》。中华法系的母国是中国,成员国有朝鲜、日本、越南等东亚国家。中华法系得到世界广泛的认同,美国学者威格摩尔(John H.Wigmore)所著《世界法系概览》一书专门用一章来介绍中华法系。日本学者穗积陈重把中华法系作为世界五大法系之一，与英美法系、大陆法系、印度法系、伊斯兰法系并列。中华法系的形成与周边国家引入唐朝法律有直接关系，也是开放与引入的结果。

（3）唐朝法律的开放得益于唐朝经济、文化等方面的开放

一方面，经济开放。中国的自然地理环境很特殊，周围是大海、戈壁、沙漠、高原、大山。这样的自然地理环境十分不利于与外界的交往，开放受到阻碍。可是，当生产力水平提高，人们征服自然地理环境的能力提升以后，这种阻碍就会被逐渐打破。汉朝张骞出使西域打开通往西域的丝绸之路就是如此。到了唐朝，与外国的交流更为频繁。唐朝丝绸之路的规模已经不小，经济贸易十分繁荣。商人沿着陆上丝绸之路越过戈壁滩、帕米尔高原、阿姆河，把商品转售到西亚、北亚与欧洲。海上丝绸之路同样在运作，在南洋群岛、波斯湾、亚丁湾的港口里，时常停靠着中国商船。唐朝长安、洛阳、扬州、广州等一些城市常年聚集着来自丝绸之路沿线国家的商人。唐朝把茶叶、药材、香料、瓷器、漆器、丝织品、纸张等商品销往国外，外国把珊瑚、珍珠、宝石、玻璃器皿、白叠布、波斯锦、药材、香料等商品销到唐朝。东亚一些国家也都在丝绸之路沿线国家里。这种开放后的经济繁荣发展，使得中外各方都从中受益。开放的唐朝经济会出现一些以往没有出现的问题，这些问题又需要法律来加以规制。

另一方面，文化开放。这既包括自然科学中的天文、地理、医学、印刷等，也包括哲学社会科学中的哲学、宗教、史学、经学、文学、艺术等。其中有些是唐朝吸收引进的外来文化，佛教文化就是

如此。唐代的佛经翻译与佛教理论研究尤为突出。这首先与玄奘的取经和翻译分不开。与以往相比较,唐朝的佛经翻译不仅数量多,而且质量高。佛经的翻译直接推动了佛教理论的深入研究与本土化,以致唐朝出现了新的佛教宗派,即法相宗与华严宗等。唐朝文化的开放既有外来文化输入的一面,也有唐朝文化输出的一面。以唐朝向日本输出各种仪式为例,在日本学者眼里,日本奈良时代后半期至平安时代初期,日本的仪式"逐渐唐化"。这种唐化仪式的产生意义重大,被认为是日本"渐渐摆脱了原有的未开化性,日趋文明化"。唐朝仪式的输出主要是通过日本遣唐使学习、带回这种仪式得以实现。

（原载《中国社会科学报》2021 年 6 月 9 日）

10. 唐朝的"三复奏"制度

唐太宗执政时,有一刑案要他定夺。被告人叫李好德,因有妖妄之言而被初判为死罪。

但是,在审判机关任职的大理丞张蕴古认为,李好德虽有妄言,可他有癫病,依法不应处死。同时,他还到监狱去,与李好德下棋。

任监察官的侍御史权万纪奏本弹劾张蕴古,说李好德的哥哥李厚德在相州任刺史,而张蕴古正好是相州人,由于情面关系,张蕴古所奏之事有出入,属故意包庇李好德逃脱法网。

唐太宗看了奏本后,十分气愤,认为张蕴古明知故犯,乱了国家法律,遂下令将他处死。事后,唐太宗后悔不已,觉得张蕴古该罚,但还不至于处死,这是错杀。为了避免重蹈覆辙,他亡羊补牢,规定了"三复奏"制度。

这项制度规定,凡认定死罪的,在行刑前还须三次报请皇帝勾决。司法官不执行这一制度的就算构成犯罪,要被"流二千里"。此制度一直被后来的统治者所用。

(原载《上海法制报》1991 年 3 月 28 日)

11. 唐太宗用法促廉政

唐太宗执政时,注意运用法律手段打击腐败行为,促进廉政。

首先,用令、格和式规范官吏的行为。唐代令、格和式规定的内容侧重于国家制度和官吏的具体工作等,很多与官吏的行为有关,其中有些直接涉及廉政问题。如禄令对官吏的合法收入问题作了规定;户部格对官吏所得的封户问题作了规定;吏部式对官吏子孙藉父祖的荫叙阶问题作了规定等。这些规定都从法的角度规范了官吏的行为,是一种有效的廉政措施。

其次,用诏敕强调廉政规定。唐代的诏敕是皇帝就某人或某事发布的命令,类似于现代的单行法规。为了满足廉政的需要,唐太宗常针对当时存在的问题,颁布诏敕,强调有关廉政规定。如他即位后发现一些高官贵族在住宅、用车和服饰等方面互相攀比,奢侈之风渐行。对于这一情况,唐太宗十分不安,认为这会影响国家的安危。"若恣其骄奢,则危亡之期可立待也。"俭约已刻不容缓,于是下诏规定:"自王公已下,第宅、车服、婚娶、丧葬,准品秩。不合服用者,宜一切禁断。"

再次,用律打击腐败行为,《唐律》是一部刑法典,它的每一篇都与官吏犯罪有关,其中职制篇是打击犯罪官吏的专篇,对贪污、受贿及非法侵害百姓利益等问题都作了规定。《唐律》对腐败官吏的处罚重于同类犯罪。以赃罪为例,非官犯赃的,以一尺笞二十起算,罪止徒三年。官吏犯赃的,即使不枉法,也以一尺笞四十起算,五十匹要流二千里;枉法的处罚更重,一尺要杖一百,十五匹处死。

最后,严格依法执法。唐太宗在立法的同时,还注意执法,把廉政规定贯彻到社会生活中。由于较好地贯彻了以上的俭约规定,之后二十年间"风俗简朴,衣无锦绣,财帛富饶",所以国家"无饥寒之弊"。

（原载《新民晚报》1990 年 1 月 21 日）

12. 唐太宗谈贪污受贿

唐代亦有贪污受贿。唐太宗执政后,一方面,严厉制裁贪污受贿官吏;另一方面,又多次告诫官吏廉政,用生动的语言和比喻说明贪污受贿的害处,帮助他们提高认识,有据可查的不下四次。

第一次是在他执政初时(627 年)。唐太宗对侍臣们说,明珠是十分贵重的,如用它来弹雀,不是很可惜吗？人的性命比明珠还贵重,但"见金钱财帛不惧刑纲",贪污受贿,岂不是不惜性命。一旦"赃贿既露",一切都完了。因此,千万不能通过贪污受贿求荣,收受他人之财,为人所笑。

第二次是在他执政后的第二年(628 年)。唐太宗又对侍臣们说,贪污受贿实是"规小得而大失者也"。比如五品以上官吏,已是"禄秩优厚",一年所得,"其数自多",受人之财也不过数万。但一旦"彰露",就会禄秩全夺,甚至"必亡其身",贪财人反被财害。汉朝大司农田延年因贪污受贿"三千万",而"事觉自死",千万不可再蹈此"覆辙也"。

第三次是在他执政后的第四年(630 年)。唐太宗对公卿们说,我"终日孜孜",不仅为百姓,也为你们。如果大家都"小心奉法",不但百姓安宁,你们也"自身常得欢乐"。相反,如果徇私贪污受贿,违公法,损百姓,即使"事未发闻",心中也会惧怕,"恐惧既多,亦有因而致死"。大丈夫岂可贪财物,害身命,还使"子孙每怀愧耻耶?"望大家深思此言。

第四次是在他执政后的第十六年(642 年)。唐太宗再次对侍臣们说,古人说:"鸟栖于林,犹恐其不高,覆巢于木末;鱼藏于水,犹恐其不深,覆穴于窟下。然而为人所获者,皆由贪饵故也。"今天,你们身居高位,食禄丰厚,应当秉公办事,"长守富贵"。如果贪财冒利,不就和鱼、鸟一样吗? 大家要以"此语为鉴诫"。

(载原《新民晚报》1989 年 8 月 9 日)

13. 绿衣使者

唐玄宗时,长安城中有户叫杨崇义的富家。杨的妻子刘氏长得非常漂亮,但生活十分放荡,与邻居李弇勾搭成奸,并密谋暗害杨。一天刘氏将杨灌醉,与李一起杀害了他,把尸体埋入枯井。家中竟无人知晓,唯有在屋内的一只鹦鹉是目击者。

杀害丈夫以后,刘氏便装作十分焦急的样子,命令家中仆人四处寻找。刘氏还到官府告状,说自己的丈夫已有多日不归,怕是被他人所害。

县官到杨家去勘查,并未发现可疑之处。正在此时,屋中的那只鹦鹉发出了凄惨的叫声,县官立即把它从架子上取下来,问它为何如此伤心。鹦鹉竟开口说:"杀家主(杨崇义)的人,是刘氏和李弇!"县官喜出望外,立即下令逮捕刘、李二人。在刑讯之下,刘、李二人不得不认罪。

根据《唐律》的规定,县官了结此案后,还须上奏皇帝复核。唐玄宗看完案卷后,对鹦鹉的"功绩"叹讶不已,他一方面核准府县的判决,处刘、李二犯死刑;另一方面下令加封这只鹦鹉为"绿衣使者",还交给后宫喂养。

(原载《新民晚报》1986 年 6 月 22 日)

三、明清朝法制

1. 朱元璋手谕的启示

在无锡的华东疗养院疗养期间,我有幸造访了无锡博物院,还有了意外收获,目睹了朱元璋的一个手谕原件。

这个手谕是纸本横幅,共计 14 行 118 个字。手谕上盖有"石渠宝笈""乾隆御览之宝""乾清宫鉴藏宝"等印章。由于朱元璋的传世真迹甚少,此手谕堪称稀有,也就成了无锡博物院的镇院之宝。那天,正值此院开放 10 周年特展,这个镇院之宝公开展示,我便有机会亲眼一睹其真容。

我对此手谕感兴趣的原因,是其内容与我的专业相关。我的专业是中国法制史,手谕的内容与明朝的法制有关,而且过去还未曾见过,对我来说,算是一个新史料了。

手谕的内容不复杂,是让手下的大将徐达知会,日后如果再擒获敌寇,不须押解回来受审,只在军中处决就行了。通读了手谕的全文以后,我有了三点启示。

(1)朱元璋手谕的内容是其重典治乱世政策的体现

朱元璋是明朝的开国皇帝,称为"明太祖",前后共执政 31 年。执政前,他是位元末农民起义军的领袖。他出身贫寒,从小就以帮他人放牛为生,深知民间疾苦,痛恨贪官污吏。称帝以后,他推行重典治乱世政策,认为:"治乱世,刑不得不重"。于是,用严法重刑打击犯罪,特别是严惩贪官污吏。

朱元璋重典治贪官污吏的一个突出表现是,规定了一些以往所没有规定的罪名,而且用刑又很重。奸党罪是其中之一。这是一种官吏互相勾结、危害皇权的罪名,为朱元璋执政时设立,以前没有这一罪名。而且,对奸党罪的用刑还特别重,不仅官吏本人要被处以死刑,还要株连到妻子、孩子,财产也要被没收。这不可谓不重。朱元璋把用重典治乱世的政策运用于被俘的敌寇,手谕中的规定就是如此。它要求大将徐达"知会",凡是捕获了敌军成员,即"寇军及首目人等",不须解送回来,全部在军中处决。这种不经过审判,不分犯罪情节轻重,一概用重刑的做法,就是重典的一种表现。这正好从另一个侧面印证了朱元璋重典治乱世的政策。

(2)朱元璋的这个手谕是明朝的一个单行法规

朱元璋执政以后,很注意法制建设。即位不久,他就与大臣们讨论制定律、令之事,以后逐步建立起法律体系,其中包括法典、单行法规等。较为著名的法典有《大明律》《明大诰》等。它们之间有互补作用。法典的内容比较系统、完整,且具有广泛的适用性。单行法规的内容则较为简单,数量较多,往往只针对特定的事或人,因此适时性比较强,能够解决一些法典所没有规定的问题,以弥补法典的不足。朱元璋的这个手谕就是如此,其中的内容在法典中没有规定,弥补了法典的不足。

明朝单行法规的数量较多,而且都归属于不同的部门法,有刑法、民法、行政法、军事法、诉讼法等。朱元璋这一手谕的内容应归入军事法。它是一种适用于战时的法律,战俘的处理也在其中。他"知会"徐达,就是命令徐达,要求他在军中处决敌寇,就是一种适用于战时的规定,属于军事法无疑。

(3)朱元璋手谕的颁行有其重要的原因

朱元璋手谕颁行前曾发生过一件被押敌寇战俘行凶作案、逃亡的事。当时,在牢里关押的 24 个敌寇俘虏打死了守牢人员并逃跑。"都督府断事牢内禁张寇首目二十四名将牢子打死,逃城外至龙湾。"这对明朝是个教训。

朱元璋为了吸取敌寇被俘人员作案逃跑的教训,亡羊补牢,就颁行了这一手谕,对被俘敌寇用重典,全部在军中处决,不需押解回来再处刑,即"今后不必解杀"。以此来杜绝后患,消弭后顾之忧。从中亦可见,朱元璋手谕的颁行不是无缘无故的,而是事出有因。

无锡博物院所藏朱元璋手谕的内容,丰富了明朝法制史的史料,有助于对明朝单行法规乃至明朝法制进行全面了解与研究。从中,我也深深感到,这次造访无锡博物院,收获不小,真可谓不虚此行。

(原载《上海法治报》2019 年 1 月 21 日)

2. 雍正皇帝的密摺制

雍正皇帝仅在位 13 年,又在康熙、乾隆两个名帝之间,易被人忽视。其实,他为整个清朝巩固统治立下了汗马功劳,故史有"雍正整饬"之称。在他的整饬中,密摺制度大显身手。

密摺制度是种皇帝交下属官吏秘密反映各种重要情报并从中了解国情的制度。雍正皇帝规定上奏密摺的官吏均属高级官吏。密摺所涉内容十分广泛,有关于政治的,如官吏的不法行为,农民起义情况等;也有关于经济的,如农业丰歉、衣食价格情况等;甚至还包括天象气候。凡密摺都须直接送至雍正皇帝本人之手,并由其亲拆,他人不得过问。在通常情况下,他每天都要亲阅密摺,少则几封,多则数十封,阅完后,还批复原奏人。他把阅批密摺作为知晓社会动态和控制政权的一种重要手段,故有人称此为"奏摺政治"。

密摺制度能使各级官吏彼此监视,互相制约,互存戒心,不敢妄为,唯恐被人暗中举报,招来大祸。这大大有助于吏治,也是使朝政清明的有效措施。为了不被假情报迷惑,雍正皇帝还注意从不同方面同告一事的密摺中发现问题,并严惩虚报、谎报者。

雍正皇帝的密摺制度源于前朝的康熙帝,又胜于康熙帝。康熙帝也鼓励官吏密告,但收效不大,在其执政的 61 年中,仅有百余官吏上奏密摺。雍正皇帝则不同,在他当权的 13 年中,有 1100 余名官吏密摺陈事。

（原载《劳动报》1991 年 10 月 12 日）

3. 慈禧乱断午门案

清光绪六年(1880 年),紫禁城发生了午门案。在此案中,慈禧太后干预司法、私徇乱断,引起了人们的关注、愤慨。那年 8 月 12 日,慈禧派小太监李三顺送食品至醇王府。李狗仗人势,竟要从皇帝进出的午门正门通过。护军玉林、祥福等人依法劝阻。想不到此阉人扔掉东西,动手打人,还诉告慈禧,说遭护军打骂。慈禧认为护军目中无人,下令刑部严办。

刑部官员反复查验,认为护军依法守门,不应治罪,倒是李触犯了刑法,应受处罚。刑部尚书潘祖荫把此意见奉告慈禧后,慈禧大发雷霆,斥潘违抗警旨,重申定要严惩护军。于是,潘不得不判玉林发往吉林充当苦差,祥福发往驻防当差。

两护军的罪名已属莫须有,哪知慈禧还不满意,8 月 29 日下旨,称此判"不足以示惩儆"。故改判为,玉林和祥福两人都发往黑龙江充当苦差,而且"遇赦不赦",用刑之重,仅次于死。

消息传开后,百官震惊,上书者接二连三。当时任左、右庶子的张之洞和陈宝琛联名奏书,说此案由李"冒干禁御"而起,现却逍遥法外,长此以往恐怕会酿成太监"恫喝朝列,妄作威福之患",所以对他们必须认真约束稽察。恭亲王奕訢与慈禧面争,认为此案显失公平,护军不应受罚,阉人不应不罚。翁同龢等也先后上书,都认为此案"大长阉人之焰,流弊甚大"。

迫于舆论的压力,慈禧在 12 月 7 日再次下旨改判用刑,说考虑到门禁的重要性,所以"格外加恩"改判:玉林杖一百,流二千里;祥福杖一百,鞭责发落。另外,责打李三顺三十大板。至此午门案似乎已经了结,但余波未尽。慈禧死后,陈宝琛曾在资政院提议为此案平反,昭雪受冤护军,但未能获准。

(原载《劳动报》1989 年 7 月 22 日)

4. 结案后的杨乃武与小白菜

杨乃武与小白菜一案终审后,杨乃武举人被革,小白菜出家为尼。这以后,他们的归宿又如何呢?

杨乃武出狱回到余杭时,已是家产荡然。后来,依靠亲友的帮助,赎回原来的几亩桑地。由于杨家世代养蚕,对孵育蚕种有一定经验,他就继承祖业,专心研究养育蚕种。三年后,杨乃武改育的蚕种名声大振。每到育种期,全家大小日夜操忙,应接不暇。生活也逐渐好转,家人和谐。1914 年 9 月,杨乃武因患疮疽不治去世,终年 74 岁,墓设在余杭西门外新庙前。

小白菜出狱回到余杭后,在南门外石门塘准提庵为尼,法名慧定。由于庵里没有香火,收入不济,只得以养猪、养鸡糊口,生活不及杨乃武。1930 年,小白菜过世,坟塔安在余杭东门外文昌阁旁边。

(原载《劳动报》1991 年 3 月 2 日)

四、近代法制

1. 中国租界防控疫情立法可借鉴

中国租界是鸦片战争以后,依据中外签订的不平等条约,由外国侨民在中国领土上租地,设立自治组织,在城市内建立的一种自治区域。英、美、法等 9 个列强国家,在中国的上海、汉口、天津等 10 个城市,建立过 27 个租界。为了防控疫情,租界开展了相关立法。租界防控疫情的立法是中国近代最早的相关立法。

(1)重视建立防控疫情的法律体系

租界法制是一种由租界内侨民建立的立法机关制定或许可,仅在本租界内实施的法制。中国租界防控疫情的法律体系突出表现在,平时防控疫情的规定与疫时防控疫情的规定相结合,相互补充,共同对疫情防控发力。

平时防控疫情的规定提出的是一般防控疫情的要求,反映的是防控疫情的一般规律,也是种细水长流的制度安排。它主要涉及环境卫生(如垃圾清扫、粪便处理等)、食品卫生(如各种饮食的卫生等)及对宠物、野味的管理(如对狗等宠物的管理和禁止各种野味的销售等)三大领域。

疫时防控疫情的规定是针对已经发生的疫情的一种特殊制度安排,反映的是防控疫情的特殊规律,具有权宜性的特征。它主要涉及接种各种疫苗(霍乱、天花、狂犬病等疫苗)、疫情报告(市民、医生、卫生机构的报告)、疫情处理(隔离、消毒等)三大领域。

(2)重视防控疫情中赏罚的规定

中国租界防控疫情的立法中,既有惩罚性的规定,也有奖赏性的规定,但主要是惩罚性的规定。惩罚性规定的方式有多种,罚款罚金、吊销执照等都在其中。上海法租界规定,发现了不合格食品,出售者要被处以1元以上100元以下罚款或吊销执照的处罚;违规销售饮料者,不仅要没收所有饮料,还要处以50元以上1000元以下的罚金。中国其他租界也有罚则的规定。比如,汉口英租界规定,公共厕所等易污染场所不能保持清洁的,责任人要被处以每日25两罚金的处罚。罚则的设置有利于增强规定的强制性,便于其实施。

不过,在一定条件下,租界也会在防控疫情立法中,作一些奖赏性的规定。这会提高被奖励人员防控疫情的积极性,主动阻断疫情的蔓延。上海英美租界为了防控天花进一步流行,保护易感染的儿童群体,鼓励他们积极加入接种牛痘行列,于1872年规定,凡接种牛痘而且效果较好的儿童,每人奖励300文。这一奖赏性规定得到了实施。据1873年的统计,此年共发放奖励金18.88两银子。接种牛痘的儿童人数也逐年增加,1873年为488人,1878年为1298人,1880年又增加到1472人。

租界在防控疫情立法中,赏罚并举,以罚为主,赏为补充,相得益彰,效果比较理想。

(3)重视防控疫情的宣传

中国租界采用各种形式,开展防控疫情立法的宣传,如游记指南、报纸刊载、张贴防疫图画,等等。游记指南主要针对租界的外来人员。他们来到租界前,不知租界的规定,需要让他们预先明了,以免进入租界以后构成违法。19 世纪 70 年代出版的《沪游杂记》就是这样的指南,其中的《租界例禁》就规定有防控疫情的立法内容。比如,"禁路上倾积垃圾""禁道旁小便""禁卖臭坏鱼肉",等等。

报纸是刊载防控疫情立法内容的载体,受众面更广一些,面向租界内外人员。1910 年 11 月 15 日《申报》刊载了一条规定,凡染上疫病者不得为人洗衣、经营商业,而需要隔离,否则要被处以 50 元以内的罚款。

张贴防疫图画的范围是在本租界内,以生动的图像形式,宣传防控疫情立法,引起市民的关注,主动防控疫情。比如,上海市公共租界张贴过防控狂犬病的图画,画中有人、狗与文字。图画是一只狗咬住一个男孩的腿,文字是"若遇疯畜所咬应即速至就近巡捕房处置"。此图画谕知市民,租界内的行政执法机关巡捕房是处理疯狗咬人事件的机关。

中国租界防控疫情立法距今已百余年,这是中国近代防控疫情立法的开始,其留下的一些经验仍可为当今的防控疫情立法所借鉴。

(原载《社会科学报》2020 年 10 月 1 日)

2. 辛亥革命对于法制现代化之作用

辛亥革命上承清末法制改革,下启民国时期的现代法制发展,是其中非常重要的衔接点,其在促进中国法制现代化进程中起着巨大的作用。

（1）废除清朝的古代法制

辛亥革命以后所建立的现代法制与清朝的古代法制格格不入,是两种性质完全不同的法制,不可同时存在,清朝的法制也不可能为新生的革命政权所服务,必须加以废除,建立现代法制就有废除古代法制的作用。当然,国家不能无法制,故那时法制发展的道路是在不断的破旧立新中加以实现的。即一方面废除清朝的古代法制,另一方面建立起自己的现代法制,破旧与立新同时进行。这样,就可以避免出现法制真空的状况,充分发挥新建立的现代法制规范社会新秩序、维护新政权的作用。如《大总统令内务、司法部通饬所属禁止体罚文》在废止清朝古代旧刑罚的同时,建立了新的现代刑罚。旧刑罚包括笞杖、枷号等,新刑罚则是罚金、拘留等。此文一开始便指出,体罚不是现代刑罚,因为近如各国刑罚,对于罪人或夺其自由,或绝其生命,体罚制度为万国所摒弃,中外所批评。因此,作出规定,要求司法行政官署,审理及判决民刑案件,不准再用笞杖、枷号及他项不法刑具;其罪当笞杖、枷号者,悉改科罚金、拘留。这就在法律上废止了清朝的旧刑罚,使其从合法变成了非法,不能再被继续使用了。它的出台有利于冲击清朝的旧刑罚制度,实现中国刑罚制度从古代向现代的转型。

（2）接续清末法制现代化的进程

清末的法制改革是法制现代化在全国范围的开端,也是开始废止古代旧法制、建立现代新法制的过程。但是,这个过程并不顺利,遇到很大的困难,也受到挫折。辛亥革命以后的南京临时政府顺应中国法制现代化的潮流,继续清末法制改革的过程,着力推进这一现代化进程。它所颁布的有些规定就是如此,以禁止刑讯为例。刑讯在中国古代是一种合法的审判程序,但为现代法制所不齿。清末法制改革时,有意要将其废除,但效果并不理想。那时制定的法律中涉及禁止刑讯规定的,要么还在草案中,要么不明确,要么没生效。辛亥革命以后制定的法律接续了清末禁用刑讯的规定,在立法中作出明文规定,确定刑讯为非法。《大总统令内务司法两部通饬所属禁止刑讯文》明确指出:"不论行政司法官署及何种案件,概不准刑讯。鞫狱当视证据之充实与否,不当偏重口供。其从前不法刑具,悉令焚毁。"它是中国法制史上第一次以法律形式正式、明文规定禁用刑讯,弥补了清末法制改革中的遗憾,有力推进了司法制度的现代化。从此,刑讯在中国的立法上不再合法,一直处在禁用之列。

(3)影响民国其他时期的法制

辛亥革命以后,南京临时政府的法制中蕴含的一些现代法制的内容,不同程度地影响到民国其他时期的法制,它的引领作用同样很突出。那时的宪法性文件《中华民国临时约法》中的一些规定,被北京政府的《中华民国约法》《中华民国宪法》和南京国民政府的《中华民国训政时期约法》《中华民国宪法》所采纳。比如,《中华民国临时约法》中规定的"中华民国之主权属于国民全体""中华民国人民,一律平等,无种族、阶级、宗教之区别""人民有信教之自由"等,均对北京政府的《中华民国约法》《中华民国宪法》和南京国民政府的《中华民国训政时期约法》《中华民国宪法》产生过影响,以致它们也作出类似的规定。辛亥革命以后颁行的《中华民国临时约法》等规定引领了民国时期法制现代化的道路,随后的北京政府和南京国民政府制定的宪法性文件和宪法也只能跟上现代法制的步伐,作出了十分相似的规定。从中可知,辛亥革命之后南京临时政府所建立的现代法制,对以后民国时期的法制都产生过很大影响。

(原载《新民晚报》2011 年 10 月 9 日)

3. 雷经天与马锡五

陕甘宁边区是抗日战争时期中共中央与中央军委的所在地,也是敌后抗日根据地的总后方和政治指导中心。雷经天(1904.6—1959.8)和马锡五(1899.1—1962.4)都是陕甘宁边区的法官。雷经天先后担任陕甘宁边区高等法院的庭长、代院长、院长,马锡五担任陕甘宁边区高等法院陇东分庭庭长。他们都为陕甘宁边区的司法乃至法治建设作出过很大贡献。

(1)办案成名

雷经天与马锡五都因为办案而成名。其中,雷经天因为办了黄克功杀人案而一举成名,马锡五因办了封芝琴婚姻案而闻名天下。

黄克功杀人案发生于 1937 年 10 月 5 日晚上,抗日军政大学(简称"抗大")十五队队长黄克功因为学生刘茜拒绝与其结婚,而用枪杀害了她。黄克功是江西南康人,少年时便参加红军,很早加入中国共产党,长征后到达陕甘宁边区,在抗大任职,案发时才 26 岁,可算是一个年轻的老革命、老红军、老党员。此案比较特殊,由雷经天亲自审理。经过讨论,他认为黄克功在民族危亡时刻,触犯边区法律,杀害革命同志,应处以死刑。由于黄克功在案发后写信给毛泽东,请求宽恕,党中央也知晓此案。党中央、毛泽东的态度十分明确,同年 10 月 10 日毛泽东在给雷经天的信中就说,党中央与军委"不得不根据他的罪恶行为,根据党与红军的纪律,处他以极刑"。审判结束以后,延安的《解放日报》在同年 10 月 14 日发表了《延河畔的枪声》一文,雷经天因审判此案而一举成名。

封芝琴婚姻案发生于 1943 年 3 月。1928 年,甘肃省东北部华池县的两户家庭让自己的孩子结成娃娃亲。其中,女孩是封彦贵的女儿封芝琴(原名"封捧儿"),男孩是张金才的儿子张柏儿。陕甘宁边区成立后,提倡婚姻自由,废除包办婚姻。封彦贵便以此为借口,为封芝琴找富商对象,但封芝琴不愿意嫁给年龄较大的富商。在这节骨眼上,封芝琴在一次婚宴上遇到了张柏儿,还对其产生了好感。为了儿子的婚姻,张金才组织人员,趁天黑抢走了封芝琴。人财两空的封彦贵到县司法处,告张金才违反婚姻法抢亲。县司法处在没有深入了解的情况下,给出了判处张金才有期徒刑 6 个月及解除张柏儿与封芝琴婚姻关系的判决。此时,马锡五正好巡回审判到案发地。封芝琴向他反映了审判情况,要求讨回公道。在深入调查研究、弄清案情的情况下,马锡五依法作出新的判决,即封彦贵和张金才都受处罚,封芝琴与张柏儿的婚姻有效。听到马锡五的判决,人民群众拍手称快。

之后,陕北艺人韩起祥以封芝琴与张柏儿婚姻案为原型,编成陕北说书《刘巧团圆》,唱遍陕甘宁边区。解放后,评剧演员新凤霞又进一步将其搬上舞台,取名《刘巧儿》。封芝琴婚姻案流传甚广,作为承办法官的马锡五也闻名天下了。

(2)公正司法

坚持公正司法,是这两位法官最重要的共同点。在雷经天与马锡五的办案过程中,都有不同声音对办案产生负面影响,如果处理不好,就会影响司法公正,冲击法律的严肃性与权威性。然而,他们都以法律为准绳,依法进行审判,维护了法律的尊严。

在雷经天审判黄克功杀人案过程中,就有不同声音。这种声音认为,黄克功是老革命、老红军、老党员,杀了学生刘茜,从理论上讲应该判死刑,但是,正值国难当头,应该重视每一份革命力量。刘茜被杀,少了一份革命力量,再杀黄克功又会失去一份革命力量。所以,应该减轻对他的处罚,让他上前线,戴罪杀敌,将功赎罪。

在马锡五审判封芝琴婚姻案过程中,也有不同声音。这种声音来自县司法处,认为张金才非法抢亲,应受处罚,封芝琴与张柏儿的婚姻不能成立,婚姻关系必须解除。县司法处依此思路作了判决,群众议论纷纷,表达了不满。

雷经天与马锡五面对不同声音,仍然坚持公正司法,依法作出判决,没有让这些不同声音干扰审判。还需指出的是,黄克功杀人案是刑事案件,封芝琴婚姻案是民事案件,这从一个侧面证明,陕甘宁边区的司法公正体现在各种案件的审判中,而不仅仅是某一类案件。

(3) 不同的审判方式

雷经天与马锡五虽然具有公正司法的共同点,但还是有差异的,最大的差异是审判方式。雷经天的审判方式以法庭审判为主,马锡五的审判方式则以巡回审判为主。

黄克功杀人案就是运用法庭审判方式来进行的审判,而且采用的是公开审判形式,让广大人民群众参与旁听。这是为了扩大陕甘宁边区公正司法的影响,体现边区对干部犯罪的零容忍态度,以赢得广大人民群众对边区法制的认同。

马锡五通过巡回审判的方式审理了各种案件,其中既有刑事案件,也有民事案件。这种审判方式很接地气,易受到广大群众的欢迎。马锡五运用这一审判方式,公正地审判了许多案件,人们称其为"马青天"。以马锡五命名的审判方式也应运而生。

中国共产党领导的陕甘宁边区能够发展壮大,成为抗日战争的坚实堡垒,法制是其中的重要因素之一。法制又往往通过司法来强烈表现自己的力量。雷经天与马锡五两位法官通过公正司法来切实维护陕甘宁边区的法制与广大人民群众的权益,实现其应有的价值,赢得广大人民群众的赞扬。现在,这两位著名法官已经成为故人,我们怀念他们,应发扬光大他们司法公正的精神。

(原载《社会科学报》2021 年 5 月 24 日)

4. 马锡五公断"刘巧儿"案

马锡五审判方式是以陕甘宁边区高等法院陇东分庭庭长马锡五命名的巡回审判方式。它以深入基层、联系和依靠群众、调查研究、实事求是、不拘形式、公正合理处理各种案件为基本特征。

陕甘宁边区陇东分区曲子县的潘文治、潘焕文兄弟分得族人留的 190 亩滩地。其中,潘文治得 60%,潘焕文分得 40%。当时,还有一些山地未分,两人约定"谁家开下就归谁家种"。然而,1940 年开春荒时,两家为争一块山地发生了纠纷。1943 年,潘氏兄弟开春荒时又发生山地纠纷。翌年春,两兄弟又因开荒地发生纠纷。双方各执一词,争执不下,调解也不欢而散。

1944 年 5 月 22 日,马锡五审理潘氏兄弟的土地纠纷案。他耐心询问当事人的想法与意见,很快抓住纠纷的关键,即双方的斗气心理,便对症下药。首先,特别强调了边区的土地政策与分地规则。然后,劝解双方不要因为纠纷而"误了庄稼",指出现在不是"闹气的时候"。经过反复劝说,潘氏兄弟的斗气心理得到化解,最后达成分地协议。1944 年 6 月 16 日,《解放日报》专门报道了这个案件,说"原告与被告均心悦诚服,从此,消除了多年来互相仇视的心理,潘氏弟兄重归于好"。

1928年,华池县温台区农民封彦贵将三岁的女儿封捧儿(后改名"封芝琴")与同区农民张金才的儿子张柏儿定了娃娃亲。1942年,封彦贵接受了张宪芝家的重金,企图把女儿嫁给张宪芝的儿子。不久,封捧儿和张柏儿在喝喜酒时相见,两人一见钟情,便暗中往来。封彦贵得知此事后,生怕节外生枝,加紧操办女儿的婚事。在这种紧急情况下,封捧儿把消息告知了张柏儿。于是,张金才叫来20余人,趁夜幕降临之时闯入封家,抢走封捧儿,并与张柏儿成婚。人财两空的封彦贵,到县司法处控告。司法处人员偏听他的诉说,做出了封捧儿和张柏儿婚姻无效的判决。

纠纷已经产生,矛盾正要激化。值此关键时刻,马锡五巡回到当地,及时受理了这起案件。经过走访附近群众,掌握更多的真实情况,听取当事人的意见,最后予以公正判决。听到判决后,群众认为非常恰当,封彦贵和张金才也心悦诚服,封捧儿和张柏儿更是喜结良缘。评剧演员新凤霞以此案为原型创作了《刘巧儿》,此剧搬上舞台后,成为家喻户晓的文艺作品。

马锡五审判方式深受抗日根据地民众的欢迎,具有较高的历史价值和现实意义。比如,弥补了抗日根据地司法资源的不足。陕甘宁边区最多时有26个县,总人口200万。那里从北到南有约450公里,自东至西有约400公里,而且地形复杂,被无数深沟切割,再加上交通不便,边区人民到法院诉讼极不方便,有的地区少则走几天,多则要走十多天。在马锡五审判方式指引下,法官主动到边区各地,及时审理案件,尽快解决纠纷,一定程度上弥补了司法资源的不足。又如,促进抗日根据地的安定与和谐。很多抗日根据地之前长期处在封建军阀专制统治之下,人们不懂得用法律手段维护自己的合法权益,且文盲率曾高达 99%。在这样的情况之下,要建立一种法治秩序、维护安定与和谐、实现社会公平、司法透明和公开显得尤为重要。马锡五审判方式不仅可以使人民群众在公开的审判中体会到司法公正,还可以使他们受到法治教育和启示,提高自身素质。

(原载《解放日报》2021 年 4 月 6 日)

5. 马锡五审判方式为何深受 抗日根据地民众的欢迎

抗日根据地建设是党史中的一块重要内容。法制是抗日根据地建设中十分关键的组成部分。马锡五审判方式在抗日根据地法制中占有很重要的地位。马锡五审判方式是以抗日战争时期陕甘宁边区陇东分区专员兼边区高等法院院东分庭庭长马锡五的姓名命名的审判方式。它是一种巡回审判方式。以深入基层、联系和依靠群众、调查研究、实事求是、不拘形式、公正合理处理各种案件为基本特征。

马锡五(1898—1962),祖籍陕西延川,长大后随父亲落荒到陕西保安县(今志丹县)。1930 年参加刘志丹领导的革命队伍,1935年加入中国共产党。历任陕西南梁根据地军事委员会管理科长、陕甘省苏维埃粮食部长、国民经济部长、陕甘省苏维埃主席、陕甘宁边区庆环专区和陇东专区副专员等职。马锡五运用自己的审判方式处理了许多案件,公正合理地解决各种纠纷,赢得了抗日根据地广大民众的信任,深受民众的欢迎,也因此而被誉为"马青天"。

(1)马锡五处理的三起典型案件

马锡五用自己的审判方式审理了许多案件,包括:纠正了错判的苏云发三兄弟杀人案件、公正审理了潘氏兄弟土地纠纷案、及时审结了封捧儿与张柏儿的婚姻案等。这些案件的处理都赢得了广大民众的赞赏。

首先，纠正错判的苏发云三兄弟杀人案。马锡五在审案中，多次纠正错案，包括错判的刑事案件。苏发云三兄弟杀人案是其中的典型。

一天，马锡五在路上碰到了苏发云。他来自陕甘宁边区陇东专区下属的一个县，因为家中有人被司法处判错了，来找马锡五申冤，他诉说道："当时我们三兄弟都不在一起，怎么会杀人？我们实在是冤枉啊！"

秋收结束以后，马锡五主动查阅了全部案卷，发现三人口供对不到一起，疑点很多。其中有三点特别突出。第一点，苏发云虽然曾与被害人同行，但之后他们两人分道而走，未把被害人带回家，这些都有证人可以证明。第二点，苏发云的家距杀人现场有20多里路，以时间来算，苏发云不可能把尸体移至这么远的地方。第三点，经过化验，苏家炕上的血迹是产妇生孩子留下的血迹，地上的血迹是苏家有人流出的鼻血，斧头上的血是羊血，均不是被害人的血迹。

再经过仔细研究，苏发云三兄弟杀人作案的可能性被彻底排除了。同时，另一个犯罪嫌疑人杜老五浮出水面。他是一个流窜到当地的木匠，有人证明在案发的前三天，被害人与杜老五曾一起同行。而且，杜老五有不良记录，曾有过诈骗行为。经过进一步侦查取证，此案水落石出。

于是，马锡五在区政府召开的群众大会上宣布苏发云三兄弟无罪，并审判了谋财害命、杀死被害人的真凶杜老五，并最后处决了谋财害命的凶犯杜老五。公审后，人民群众纷纷表示，"马专员

(指马锡五)真是马青天",从此"马青天"的美誉便在边区广为流传了。

其次,公正审理潘氏兄弟土地纠纷案。土地是农民的命根子,陕甘宁边区的农民也是如此。那时,发生了一些农民间的土地纠纷案,其中潘氏兄弟的土地纠纷案较为典型。马锡五公正审理了这一案件。

纠纷源于陕甘宁边区陇东分区曲子县的两位同族兄弟潘文治和潘焕文开荒后所得的土地。潘文治与潘焕文先分得族人留下的190亩滩地,其中潘文治得60%,潘焕文分得40%。当时,还有一些山地未分,两人约定"谁家开下就归谁家种"。然而,1940年开春荒时,两家为争一块山地发生了纠纷。1941年曲子县政府派人调查。当时,因为潘焕文占地较多,故要求他让出山地50亩给潘文治,潘焕文应允并结案。1943年潘氏兄弟开春荒时又发生山地纠纷,调解结果又以潘焕文给潘文治10亩地结案。翌年春,两兄弟又因开荒地发生纠纷,潘文治再次去县政府起诉。县政府派人调解,可是潘焕文怕潘文治得寸进尺,双方各据一辞,争执不下,调解不欢而散。

1944年5月22日黄昏,马锡五亲自审理潘氏兄弟的土地纠纷案。他耐心询问两兄弟的想法与意见,很快抓住纠纷的关键,即双方的斗气心理。于是,对症下药,做双方的工作,特别是强调了边区的土地政策与分地规则。同时,还劝解双方,当前正值农忙季节,不要因为纠纷而"误了庄稼",指出现在不是"闹气的时候"。

经过反复劝说,化解了潘氏兄弟的斗气心理,最后达成分地协议,公正解决了拖延数年的土地纠纷案。1944年6月16日延安发行的《解放日报》专门报道了这个案件,说:"原告与被告均心悦诚服,从此,消除了多年来互相仇视的心理,潘氏弟兄重归于好。"

最后,及时处理封捧儿与张柏儿的婚姻案。马锡五以巡回审判见长,经常深入群众,帮助解决民众的燃眉之急。他处理过的封捧儿与张柏儿的婚姻案是其中之一。

1928年,华池县的农民封彦贵将自己三岁的女儿封棒儿(后改名"封芝琴")与另一个乡的农民张金才的儿子张柏儿定了娃娃亲。由于当地是山区,交通又不便,故封捧儿与张柏儿在此后一直无缘见面。以后,华池县成了抗日根据地,受陕甘宁边区高等法院管辖,一些封建的婚姻制度被废除,现代的婚姻制度建立起来,提倡婚姻自由,娃娃亲也就成了封建旧俗。

1942年,封彦贵接受了张宪芝家的重金,企图把女儿嫁给张宪芝的儿子,因此退去了与张金才的前约。不久,封捧儿和张柏儿在一次偶然机会相见,两人一见钟情,互有好感,于是便暗中往来。封彦贵得知此事后,生怕节外生枝,加紧操办女儿的婚事。在这种紧急情况下,封捧儿把此消息告知了张柏儿。知道这一消息,张金才纠集20余人,趁夜幕降临之时,闯入封家,抢走封捧儿,与张柏儿成婚。人财两空的封彦贵遂到县司法处控告。

司法处人员偏听他的诉说,做出了封捧儿与张柏儿婚姻无效的判决。对于这一判决,当事双方均表不服,周围群众也产生不满。纠纷已经产生,矛盾正要激化。在这关键时刻,马锡五巡回到当地,及时受理了这起案件。经过走访附近群众,他掌握了更多真实情况,又听取了当事人意见,最后做出了公正判决。听到判决后,群众高兴地认为非常恰当,封彦贵和张金才也都心悦诚服,封捧儿和张柏儿更是皆大欢喜,喜结良缘。此后,评剧演员新凤霞以此案为原型,创作了评剧《刘巧儿》。该剧搬上舞台后,成为家喻户晓的文艺作品。

（2）马锡五审判方式的"三个扩大"

马锡五审判方式因为深受抗日根据地广大民众的欢迎，影响力不断扩大，大致可以划分为三个阶段。

首先，扩大到周围同事形成了一个团队。第一阶段是马锡五审判方式被周围的同事所接受，形成了一个马锡五审判方式的团队。马锡五成功的审判方式让周围的同事们耳濡目染，大家都觉得确实有效。于是，大家在自己的工作实践中也学习和效仿，一个马锡五审判方式的团队建立起来。比如，石静山法官便是其中之一。他依照马锡五审判方式，走出分庭，到当地干部群众中做调查，用马锡五审判方式处理了一起近十年的积案。他的审判同样得到好评，人们称赞他"真是清官断案啊"。

其次，扩大到整个边区。第二阶段是马锡五审判方式被推广到马锡五所在专署和整个边区，成为边区司法战线上的一个榜样。马锡五审判方式的优越性，被陕甘宁边区政府发现、重视并推广。1944年，边区政府主席林伯渠明确说："诉讼手续必须力求简单轻便，提倡马锡五同志的审判方式，以便教育群众"。同年，陇东分区专署也号召："把马锡五同志的审判方式推行到各县司法工作中去"。从此，马锡五审判方式在边区广泛被使用，还取得了明显效果。比如，甘肃合水县县长兼裁判处处长王世俊运用马锡五审判方式成功处理了一起纠缠20多年的土地纠纷案。

最后，扩大到整个抗日根据地。第三阶段是马锡五审判方式在整个抗日根据地得到推广，成为根据地广泛采用的一种审判方式。1944年以后，马锡五审判方式超越陕甘宁边区抗日根据地范围，在全国的抗日根据地开花结果，比如远离陕甘宁边区的山东抗日根据地滨沟专署的司法人员，就学习运用马锡五审判方式开展司法实践。

1944 年,他们在处理一起久拖的公鸡山土地纠纷案中,"决定按着马锡五同志的审判方式对此案重新审判,他们派专人前往公鸡山,深入群众周密地进行调查"。最后,这件久拖不决的土地纠纷案迎刃而解。人民群众称赞说:"民主政府真是为人民办事,断案公道。"

马锡五审判方式的影响力不断扩大,使这一审判方式被越来越多的抗日根据地所采纳,改善了抗日根据地的司法状况,提高了司法水平,营造了一个更加公正司法的环境,巩固和发展了抗日根据地,大力支援了前线的抗日作战。马锡五审判方式无论在抗日根据地,还是在党史上都留下了浓墨重彩的一笔。

(3)马锡五审判方式的三大历史价值

马锡五审判方式具有很高的历史价值,突出表现在抗日根据地的司法领域。

首先,弥补了抗日根据地司法资源的不足。在抗日根据地中首推陕甘宁边区抗日根据地。它的地理位置在陕西北部、甘肃陇东、宁夏东南部地区,最多时共有 26 个县,总人口 200 万。1937年 7 月,陕甘宁边区高等法院建立,司法机构开始设立起来了,可是却存在司法资源明显不足的情况。

一是因为管辖的区域大,地形复杂,人们诉讼不便。边区从北到南约 900 里,自东至西约 800 里,而且地形复杂,被无数深沟切割,再加上交通不便,边区人民要到法院去诉讼极不方便,有的地区少则走几天,多则要走十多天。

二是因为法官数量不足,难以满足边区民众的诉讼需求。由于当时处于战争状态,中心工作是夺取抗日战争的胜利,边区的司法机关都不可能很庞大,法官的配置就更少了。1938年时,陕甘宁边区高等法院的编制中,院长、庭长、检察长、检察员、法官、书记长、书记等均为一人。之后,人数才有增加,但经过1942年和1943年的精兵简政和整编,包括法官在内的行政人员数量仍不多。高等法院在分区有分庭,分庭的人数更少,只有庭长、法官各1人,书记1—2人。各县设立司法处,法官人数同样很少,仅设处长、法官和书记各一人,法警1—2人。

这样少的法官要受理这么大区域的案件,司法资源捉襟见肘。马锡五审判方式是一种巡回审判的方式,法官主动到边区各地,为边区人民提供诉讼方便,及时审理案件,尽快解决纠纷,在一定程度上弥补司法资源的不足,缓解了边区人民诉讼不便的困难。

其次,提供了优质的司法服务。很多抗日根据地在建立以前长期处在封建军阀专制统治之下,地主、军阀牢牢控制着政权,文化落后,人们缺乏法律知识,不懂得用法律手段维护自己的合法权益。陕甘宁边区的文盲率曾达99%,经过1946年的扫盲运动,文盲人数有所减少,可文盲还是占了大多数。据统计,边区淳耀县一区三乡东梁村的64人中,只有4人识字;房家山60人中,只有2人识字。

在这样的情况之下,要建立一种法治秩序,实现社会公平、司法透明和公开就显得更为重要了。马锡五审判方式不仅可以使人民群众在公开的审判中体会到法治的现实性和公正性,也可以使他们受到法制的教育和启示,树立法制的权威,提高自己的法律素质。总之,马锡五审判方式可以向根据地人民提供一种适合根据地实际情况的优质司法服务。

包括马锡五在内的法官们不拘泥于坐堂办案,而是深入基层调查、审案:不仅坚持政府的法制和政策,还照顾到人民群众的公序良俗;不仅不拘泥于形式,还手续简单便捷;不仅把调解与审判相结合,还使案件得到公正及时的处理。

1943年12月,陕甘宁边区政府的秘书长在了解了马锡五审判方式后,这样描述了马锡五的审判情况:"他问案子就到区上去,把区长、乡长和老百姓都召集来,在中间放一个桌子,一问就解决了"。因此,他主张:"我们要提倡司法人员到群众中去,露天审判"。以后马锡五在延安大学回答学生提问时,把马锡五审判方式归结为"就地审判,不拘形式,深入调查研究,联系群众,解决问题"。这样的审判方式有利于普及法律知识,也有利于形成法院的公信力,而这些在当时的抗日根据地都十分需要,是一种优质的司法资源。

最后,帮助实现抗日根据地的安定与和谐。马锡五审判方式为根据地的安定和发展提供了有力的司法保障,营造了一个较为理想的司法环境。可以想象,如果没有马锡五审判方式,没有马锡五巡回审判,没有及时公正地解决纠纷,就有可能酿成更大纠纷甚至冲突事件,造成社会的不安定和不和谐。马锡五审判方式的运用,避免了这种情况的出现,达到了促进安定与和谐的作用。

在封捧儿婚姻案的一审中,开始时当事人和当地群众对华池县司法处的判决很不满意,而且有情绪激动的表现。"判决下达,封张两方均不服判,附近群众,更是议论纷纷,很为不满"。当时马锡五正好路过华池县一个村庄休息,被当地群众拦住,要求他查明实情,正确处理。于是,马锡五深入调查,听取群众意见,最后还在当地村公所举行了群众性的公开审理。参加的人员不少,除了双方当事人之外,很多老百姓也纷纷赶来参加。判决作出后,得到了广泛的认同,大家十分高兴,认为入情入理,非常恰当。因此,避免了矛盾的激化,妥善地解决了纠纷。马锡五审理的其他案件也都是如此。马锡五审判方式有利于抗日根据地营造一个安定和谐的大后方环境,推动抗日战争朝着胜利的方向发展,符合广大民众的意愿,深受老百姓的欢迎。

马锡五审判方式的创立与运用,是我们党创设抗日根据地法制中的一个不可或缺的组成部分,也曾经起过非常重要的作用。重温这段历史,不仅有助于加深我们对党的热爱,更有助于加深我们对当前推进全面依法治国重要意义的认识。

(原载《解放日报》"上观"新闻,2021 年 4 月 6 日)

6. 马锡五审判方式的再思考

马锡五审判方式虽产生于七八十年前的陕甘宁边区革命根据地,可是其中的有些问题至今仍值得再思考。

(1)马锡五审判方式广受群众欢迎的原因

马锡五被陕甘宁边区革命根据地人民称赞为"马青天",马锡五审判方式也受到革命根据地人民群众的欢迎,有其深刻的原因,主要是以下这些。

首先,在形式上,满足了人民群众方便诉讼的需要。马锡五审判方式是一种巡回审判方式。马锡五要跋山涉水,深入田头、村庄,接受人民群众的控告、诉说,在当地调查研究,最后进行调解或者判决。这一切都发生在根据地人民群众的身边,是一种零距离的诉讼,大家感到很方便。这在诉讼资源不足、地广路遥的广大农村地区具有优越性。诉讼双方的当事人可以不离开自己的所在地,更不必长途跋涉,便可非常方便地进行诉讼,解决纠纷。这种审判方式既弥补了司法资源的不足,成为解决讼累的有效途径,自然得到了广大人民群众的欢迎。

其次,在过程中,满足了人民群众透明公开的需要。马锡五审判方式是一种与调查研究结合在一起的审判方式。马锡五会根据审判的需要,深入群众,实地了解情况,进行调查研究,弄清案情,在群众参与的情况下,进行审判。整个过程都透明公开,不存在暗箱操作的情况。这种透明公开也为审判结果的公正打下了程序基础。

最后,在结果上,满足了人民群众公平正义的需要。马锡五审判方式是一种在审判中使用的方式,是司法的组成部分,也为司法服务。公平正义是司法追求的目标,也是司法所应具备的一种属性。革命根据地的人民群众通过诉讼,也求个公平正义,得到个满意的结果。马锡五通过自己的审判方式,可以给诉讼当事人公平正义,能够体现诉讼的价值。人民群众深深感到这是一种诉讼成本低但诉讼价值高的解决纠纷办法,当然很欢迎。

总之,马锡五审判方式能够满足人民群众的需要,实现了司法公正,显示了其特有的优越性,所以具有强大的生命力,能够在革命根据地生根、开花、结果。

(2)马锡五审判方式对当前司法实践的价值

马锡五审判方式有个不断传播、影响逐渐扩大的过程。马锡五审判方式被其周围的同事们所接受、使用,形成了一个马锡五审判方式的团队。马锡五审判方式先后被推广到其所在的专署、整个边区,成为边区司法战线的一面旗帜,最后马锡五审判方式在整个根据地发扬光大,成为根据地司法机关广泛采用的一种审判方式。

马锡五审判方式在革命根据地的司法实践中产生、发展,为人民司法建设提供了可贵的经验,功不可没。那么,在今天的司法实践中,是否还有其价值,还可发挥其作用呢? 回答是肯定的。理由主要是以下这些。

首先,马锡五审判方式中蕴含的理念仍可发挥其作用。马锡五审判方式的可贵之处,首先在其理念。它把人民利益放在重要地位,通过审判来服务人民,维护人民的利益。那时的人民决定着革命根据地的命运和新民主主义革命的前途。确保人民的利益,对革命根据地建设和新民主主义革命的发展、胜利,具有决定性意义。人民的利益也是当时革命根据地政权的利益,人民掌握着这个政权,维护人民利益也就是维护革命根据地政权的利益。马锡五深知这一点。他在办案过程中,处处为人民考虑,以人民利益为重,通过巡回审判,使人民群众方便诉讼,减少讼累;通过调查研究掌握案情真相,作出公正判决,对人民群众负责;通过人民群众的参与,进行法制宣传,使大家从中得到教益;等等。整个审判方式的设计和实施就是为人民着想。今天,我国正在加快建设社会主义法治国家。法治国家首先是人民的国家,人民当家作主,人民的利益至上,司法审判就是要实现人民的意志和愿望,维护广大人民群众的利益,保障基本人权。从这种意义上讲,马锡五审判方式的理念仍可为今天的司法审判工作所继承,仍具有当代价值。

其次,马锡五审判方式的基本形式仍可发挥其作用。马锡五审判方式的基本形式是巡回审判。在巡回审判中,马锡五深入群众,调查研究,查明案情,对症下药,解决纠纷,促进和谐。这种形式比较适合地广人稀而司法资源不足的农村、边远地区。那里的许多人居住在偏僻地区,离县城较远,又交通不便,一旦发生纠纷,需要诉讼时,往往得不到应有的满足。长此以往,矛盾积聚,易酿成不测。这对人民和社会发展都十分不利,马锡五审判方式的巡回审判形式便可弥补其中的不足,解决其中的问题。正因为如此,马锡五所创立的审判方式大受群众的欢迎,并被广泛传播,成为司法战线上的一面旗帜。今天,我国的发展仍不平衡,司法资源也分布得不均衡。大量优质的司法资源主要集中在大城市、沿海城市、经济发达的地区。许多农村、边远地区、经济欠发达的地方仍缺乏足够的司法资源,但这些地区、地方还会发生纠纷,也需要司法审判。巡回审判就可以助一臂之力。事实也是如此。有些地区、地方的人民法院通过派出法庭的形式,进行巡回审判,效果也很好。云南省高级人民法院推行的巡回审判、青海省法院开展为期 100 天的巡回审判、海南省陵水黎族自治县人民法院的"渔排法庭"等都是如此。可见,马锡五审判方式所使用的巡回审判形式至今仍具有积极意义和应用价值。

最后,马锡五审判方式的审判结果至今仍可发挥其作用。马锡五审判方式不仅在于方便人民群众诉讼,还在于其审判结果的公正性。革命根据地人民群众认可马锡五审判方式,不只是在于它的形式,更在于它审判公正的结果。马锡五通过巡回审判,要得到的结果就是公正。马锡五审判方式的运用,使审判公开化、结果公正化。因此,当时的审判结果实现了"三满意",即双方当事人都满意和人民群众也满意。这样的审判结果没有反复,不存在后遗症。今天,建设社会主义法治国家,司法公正十分重要。它是法治国家最为重要的表现之一。世界上没有司法不公的法治国家。现在,我们的司法机关面临着比革命根据地时更复杂的情况和更难办理的案件,但司法公正必须坚持。没有司法公正,也就失去了司法机关存在的价值和意义,社会主义法治国家也无从谈起了。从这种意义上讲,马锡五审判方式至今都有可以借鉴之处。

(原载《人民法院报》2009 年 9 月 9 日)

7. 马锡五审判方式对推进
能动司法有借鉴意义

诞生于陕甘宁地区的马锡五审判方式在今天仍然有它的价值,对于推进能动司法有借鉴意义。第一,能动司法的宗旨是为人民服务、为民众解决纠纷。马锡五审判方式的宗旨与今天倡导的能动司法很接近。它为根据地营造安定的环境、服务抗日战争这个大局。第二,马锡五审判方式一个基本的做法就是巡回审判,今天我们仍然在提倡巡回审判,在巡回审判中间体现能动司法。第三,马锡五审判方式通过便民、公正和效率,体现能动司法,有利于社会稳定,有利于矛盾的解决,有利于司法权威的对立,推动社会不断向前发展。

(原载《光明日报》2010 年 5 月 13 日)

8. 全面、客观认识红色司法的精品力作
——《红色法庭百年志》观后之思

中央电视台从 2022 年 1 月 11 日开始,在社会与法频道连续播放了六集取名为《红色法庭百年志》的纪录片。这六集节目的每一集都有一个主题,六个主题分别是旗帜引领、司法为民、公平正义、法正风清、服务大局和初心永续。每集的内容都由解说、图像资料、专家学者的采访等构成,用直观形式全景式地再现了中国共产党自大革命时期至党的十八大以后,创立、领导、发展红色司法的历程,用许多可歌可泣的事实与精辟的理论阐述,重现了红色司法,帮助人们较为全面、客观地认识中国共产党与司法。观后,笔者十分振奋,也有一些思考。

（1）中国共产党长期重视司法制度建设

中国共产党自成立之日起,就把为中国人民谋幸福、为中华民族谋复兴作为自己的初心使命,为争取民族独立、人民解放与实现国家富强、人民幸福而不懈奋斗。中国共产党的初心使命与不懈目标就通过法治来加以表达与体现。只要建立掌握自己的政权,中国共产党就会建立自己的司法制度来表现广大民众的意志与愿望,推进革命与建设事业的发展。

早在大革命时期,无论是在农村,还是在城市,在中国共产党建立的人民民主政权中,都建有自己的司法制度。在本片中,专门讲述了1927年在湖北、湖南、江西等农民运动中建立的司法制度,许多土豪劣绅、恶霸地主受到正义的审判。这是中国共产党在农村中领导建立的司法制度。

中国共产党还在城市领导建立过司法制度。1927年3月22日,中国共产党领导的上海工人第三次武装起义胜利后,建立了上海市民代表会议政府法制。这是中国共产党第一次在大城市建立的人民民主法制,其中包括司法制度,屠杀工人的主使李宝章受到了审判。

此后,随革命斗争的深入发展和司法经验的积累,在中国共产党领导的革命根据地里,司法制度得到进一步发展。片中显示,在抗日根据地里,设立司法处,基本实行两级审判制;在解放区里,人民法院宣告成立;等等。革命根据地的司法制度日趋成熟。

新中国成立以后,在中国共产党领导下,司法制度逐渐完善。特别是在党的十八大以后,随着全面依法治国的推进,我国的司法制度日臻完善,还有一些创新举措。司法体制改革、"多元解纷"、智慧法院建设、跨域一体化办案平台建设等都在其中。司法的公平和正义,已经成为现实并不断显现。

(2)红色司法中有许多亮点

在中国共产党领导下,无论是在新民主主义革命时期的革命根据地里,还是社会主义建设时期,红色司法中都有许多亮点。以下举例说明。

抗日战争时期的陕甘宁边区,首创马锡五审判方式。这是一种中国式的巡回审判方式。由于这一审判方式由陕甘宁边区高等法院陇东分庭庭长马锡五创立,故以其名命名之。他经常携带案卷深入基层,不拘形式,调查研究,联系群众,弄清案情,公正处理各种案件,受到广大民众的颂扬,被称为"马青天"。现在,仍可以看到他审理的一些较为经典案件的记载。比如,封芝琴婚姻案、周定邦杀人案、苏发云三兄弟杀人案等。马锡五审判方式还被推广到其他抗日根据地,影响越来越大。

解放战争时期,解放区内的调解制度发展到一个新的高度。这一制度萌芽于大革命时期,土地革命战争与抗日战争时期有了大发展。到了解放战争时期,调解制度趋于完善,并被广泛适用于解放区。哈尔滨市的调解规则对调解原则、方式、适用对象等都做了规定,并得到广泛实施。据 1949 年 1 月至 2 月的法院统计,调解适用于离婚、同居、赔偿损失、工资、债务契约、所有权、生活费等26 种 767 件纠纷案件,真正起到了便于人民解决问题和减轻案件审判压力的双重作用。

改革开放以后,我们不仅恢复了法院,重塑了中国的司法体制;而且还有创新,进行了司法体制改革,建立一些专门法院,如海事法院、知识产权法院、网络法院、金融法院等。这在中国司法史上前所未有。这些专门法院的建立,使审判更为专业化,可以更为妥善地审理一些专业性较强案件,进一步实现司法的公正性与权威性。这正如片中所讲的:"这些法院的设立,保证了司法审判的公正性和权威性。"

党的十八大以后,还有另一些司法举措,也为公平正义加分。其中包括巡回法庭的设立、跨行政区划的法院设置、员额制的推出、法官责任制的强化、重大错案纠错机制的完善等。这些举措都实实在在地维护了司法公正,也让广大民众深切感受到了司法的公平公正。

以巡回法庭的设立为例。巡回法庭是最高人民法院派出机构,行使最高人民法院的审判职能,其主审法官均为最高人民法院的审判骨干。巡回法庭于 2014 年决定设立,现共有 6 个。设立巡回法庭具有重要意义,其中包括便于民众诉讼、缓解最高人民法院的办案压力、监督下级法院的审判情况、推进法治宣传与传播等等。总之,都聚焦于实现司法公正。实践证明,巡回法庭的设立确实有利于实现司法公正。

(3)红色司法中涌现出许多值得称颂的法官

司法是一种人的活动,法官是司法的主体,红色司法也是如此。这就决定了法官在红色司法中具有重要作用。中国红色司法的产生、发展,少不了法官的努力奋斗,其中有许多值得称颂的法官。他们清正廉洁、恪守职业操守、依法办案,切实维护司法公正,成为值得人们称颂的法官。

这些法官虽然个人情况有所不同,但依法办案、追求司法的公平正义是一致的目标与追求。在新民主主义时期的陕甘宁边区,雷经天、马锡五就十分具有代表性。

雷经天于 1904 年出生于广西南宁津头村雷家大院,少年时就

入学广西省立第一中学,1923 年考入厦门大学,1924 年转入上海
大夏大学,受到过高等教育。在学期间积极参加进步活动。五四
运动爆发后,他就领导南宁学生召开大会,声援北京学生的斗争。
五卅惨案发生后,又投身到反帝爱国运动中,并光荣加入中国共产
党。1929 年在邓小平领导下参与百色起义,长期从事革命斗争。
后来又参加长征,1935 年到达陕北后被任命为中央粮食部秘书
长。1937 年 7 月陕甘宁边区高等法院成立,他先任审判庭庭长,
10 月任代院长,1939 年 1 月担任院长。

　　与雷经天出生于大家族、受过高等教育,长期并在多地参加革
命斗争等个人情况相比较,马锡五的情况就比较简单。他 1899 年
出生于陕北保安县芦草沟,长大后随父亲落荒到陕西宝安县(今
志丹县)。1930 年参加刘志丹领导的革命队伍,1935 年加入中国
共产党。以后,长期在陕甘省工作,历任陕甘省苏维埃粮食部长、
国民经济部长、陕甘省苏维埃主席、陕甘宁边区高等法院陇东分庭
庭长等职。

　　雷经天与马锡五的个人情况虽然相差很大,但在依法办案、追
求司法的公平正义方面他们却是高度一致的。雷经天承办的黄克
功杀人案,马锡五承办的封芝琴婚姻案等一系列案件,就是力证。
他们也因此而成名,得到人民的称颂。

　　改革开放特别是党的十八大以后,涌现出的优秀法官都在司
法工作中恪尽职守,为民谋利、勤奋工作、依法办事,为实现司法公
正添砖加瓦,受到人民的称颂,不愧为优秀法官称号。邹碧华法官
是其中的优秀代表。他被评为“时代楷模”。2018 年 11 月,习近
平总书记还专门就学习邹碧华同志的先进事迹和崇高精神作了重
要指示。邹碧华同志在上海法院系统 26 年的工作中,先后任法
官、庭长、区法院院长和高院副院长等职。无论在哪个岗位上,他

都坚持崇法尚德,坚守法治精神,捍卫公平正义,勇于创新,乐于奉献。特别是在司法改革中,敢啃硬骨头,甘当"燃灯者"。2014年12月10日,不幸因公殉职,年仅47岁。

中国红色司法的发展就是由法官特别是值得人民称颂的法官大力推动的。他们是司法战线上的英雄,他们将永载红色司法史册。

(原载《人民法院报》2022年1月21日)

第二章
上海法制史

上海法制史部分由总述、旧上海的立法、旧上海的行政执法与司法、新上海法制四个方面内容组成。这四个方面的内容均不相同且具自己的特色。

一、总　述

1. 上海法制史之最

第一，最早由外国侵略者强加给上海人民的法律是《地皮章程》，在1845年（道光二十五年）由上海道台宫慕久与英人签署。

第二，最早颁布的市政法规是《马路善后章程》，在1897年（光绪二十三年）由上海南市马路工程善后局公布。

第三，最早制定的劳动法规是《淞沪商埠惠工条例》，在1927年由淞沪商埠督办公署制订。

第四，最早华界中的独立司法机关是上海县司法署，在1911年（宣统三年）设立，由黄庆澜任司法长。

第五，最早的会审公廨在1868年（同治七年）建立，第一任审员是陈福勋。

第六，最早华界中的警政机关是上海警察总巡局，在1904年（光绪三十年）成立，由汪懋琨等主办。

第七,最早的巡捕房是 1854 年(咸丰四年)在公共租界设立,总巡是克列夫顿。

第八,最早由江苏省设立在上海的监狱是 1919 年设立的江苏第二监狱。

第九,最早在公共租界设立监狱的是在 1903 年(光绪二十九年)。

第十,最早建立的统一的律师组织是律师公会,在 1913 年成立。

(原载《新民晚报》1985 年 12 月 5 日)

2. 旧上海的连坐法

连坐是一种酷刑,它使一些与罪犯有某种联系的无辜者受罚,因此从某种意义上说,它也是滥刑的一个表现。

我国的连坐法起源于奴隶制时期,战国时的商鞅使其完备化,以后便为各代所用,就是一些开明君主执政时也不例外。20 世纪初,我国的法制进行了改革,连坐法与其他一些酷刑在法典中被删去。但是,它阴魂未散,仍不时被用。在旧上海的立法中,连坐规定多次出现,成为一种法典之外的酷刑。以下举两例证之。

1938 年日军侵占上海后不久便颁布了"县人民连坐保结变通办法",通过把郊县住户编组组成连坐网的方法,防止广大上海人民的抗日活动。此办法规定:"连坐保结不限户数多寡,少则 2 户,多则 10 家"。凡有抗日行为的都要连坐受罚。

上海解放前夕,上海还执行了所谓的"奖励检举共匪办法",此办法的第 8 条全为连坐内容,规定:"匪犯"的家属、邻居、甲长、户籍人员、店主、直属主管、住区的乡镇长等均在连坐之列,都要

"按情节从重处分"。可谓疯狂之极。

（原载《上海法制报》1992 年 5 月 28 日）

二、旧上海的立法

1. 小刀会军法严明

小刀会起义是上海近代史上唯一建立过政权的农民和城市贫民联合举行的起义,也是上海人民用武装反帝反封建的一次尝试。小刀会起义后立即得到上海人民的拥护和支持,以致这次起义坚持了近一年半时间。其原因是多方面的,但军法严明是其中的重要者。

小刀会在起义后就三令五申,严饬官兵"不得取民间一物""掳掠财物者斩""抢劫等情,立即重究"等。同时,还张贴告示,晓谕人民,凡有小刀会官兵侵犯了人民权益的,可马上控告。"指名具控,如法惩办","令出法随,决不宽宥"。这些规定也确实得到了实施,那些违法官兵得到了严厉的制裁。据史记载,有过这么一件事:小刀会首领刘丽川坐在学宫明伦堂上亲自审理一个抢劫案,两边排列着其他领导人。审讯后,由大家评审,作出判决,最后施以刑罚。刑罚是把烧红的铁链套在抢劫士兵的小腿上,很快火烧焦了皮肉,露出了骨头。这一刑罚虽十分严酷,但它却从一个侧面告诉人们,小刀会的军法是十分严明的。这一点连当时的敌人都不得不承认。他们说,小刀会确是"严以驭下矣"。

正因为小刀会严格要求士兵,所以在他们控制下的上海城秩序一直井然。英国报纸报道说,起义后的上海城"甚安静","并无事故发生","外国侨民无须惊慌"。事实也是如此。起义后,上海城很快平静下来,没有受到任何骚扰,商店照常营业,人民安居乐业。这在中国历史上也属罕见。

(原载《新民晚报》1993 年 2 月 5 日)

2. 百余年前小刀会创立的法律

1853 年 9 月至 1855 年 2 月,上海小刀会起义军占据了上海城,建立了自己的政权,同时还创制了自己的法律。

小刀会起义军的法律,主要是以"告示"方式颁布的单行法规。起义军的领导人、核心人物刘丽川、李咸池、林阿福和陈阿林等,都曾以自己的名义发布"告示",规定有关问题,要求市民和士兵遵守。从他们颁行的单行法规的内容来看,涉及刑法、民法、军事法和诉讼法等一些部门法。具体内容主要包括以下三大类。

第一,严格整饬军队,重罚犯罪官兵。当时规定,凡是泄漏军机,行伍不整,奸淫妇女和打仗畏缩不前的,都要被处"斩"刑。在这样的军法下,起义军不但深受上海人民的爱戴,而且作战节节胜利。连英国报纸都惊呼:起义军"凶猛杀敌",清军"不堪一击"。

第二,保卫新生政权,打击叛逆行为。为了保卫自己的新生政权,小刀会起义军狠狠打击各种叛逆行为。当时规定:勾结清军,在城内危害新生政权的,要"加以扣押"严办;对于借端生事,扰乱城内秩序,妄图颠覆小刀会政权的,要"格杀勿论"。

第三,废除旧的经济制度,建立新的经济秩序。首先,没收贪官污吏的财产,"平日有欺压以及反动行为人家的资财",也"一概给予没收"。然后,免去农民的苛捐杂税。最后,还打击各种扰乱社会经济秩序的行为。如商品价格要合理,"时价不准高低",如果有人哄抬物价,令其即"须改过",不改者,"当此重罚"。

小刀会起义军的法律虽已远离现在 160 余年,但仍值得上海

人民怀念,因为它体现了当时上海人民的要求,具有革命和进步的
性质。

(原载《劳动报》1993 年 12 月 6 日)

3. 小刀会起义军的刑法

1853 年 9 月 5 日上海小刀会发动起义,占领上海城后,便开
始了自己的立法。在所有部门法中,刑法特别引人注目,它在维护
新生的小刀会起义军政权和社会秩序中,发挥了极其重要的作用。

小刀会起义军刑法规定的犯罪主要是四大类,分别是:关于阴
谋危害和破坏革命政权、扰乱社会治安、破坏新的经济秩序和违犯
军纪军规的犯罪。每一类中,又含有一些小类。如在关于阴谋危
害和破坏革命政权的犯罪中,又分为有关造谣惑众、投敌图降和进
行特务间谍活动三个小类。

这些有关犯罪的规定,大多是根据出现了危害小刀会政权和
社会情况后,及时制定的。如起义后,小刀会起义军发现上海谣言
四起,调查后明白是中外反动派所为。他们妄图通过造谣,来离间
起义军与上海人民的关系,孤立起义军,从而消灭之。为了打击这
种犯罪,小刀会起义军及时规定,凡造谣惑众、扰乱人心者,一律严
惩不贷,处以"斩"刑。也有一些规定在事发前就已规定,具有明
显的预防犯罪作用。如起义后不久,小刀会起义军就规定,凡掳掠
财物、偷盗猪狗和奸淫妇女等罪犯,都要被处以死刑。

小刀会起义军刑法中的刑罚主要是三类,即肉刑、死刑和赎
刑。由于受战时环境和地域的限制,徒刑和流刑未被采用。肉刑
中含有两种,即笞刑和烙刑。死刑则分为五种,分别是枪决、斩、枭
首、火刑和凌迟。另外,有些犯罪还适用连坐制度。据《补梅书学
屋诗存》记载,凡有遗漏户口的,不仅遗漏者要被处死,还要"并坐

四邻"。

以上这些规定得到了较严格的执行,就是一些在起义军中有一定地位的人犯了罪也不例外。起义军元帅刘丽川的重要助手因为通敌,被立即处决。正因为如此,上海城在此期间一直保持较好秩序,人民也十分拥护起义军。

(原载《新民晚报》1993 年 9 月 12 日)

4. 旧上海播广告也有规定

旧上海在全国率先拥有正式的广播台及广播广告。1925 年美国商人的开洛公司首先在上海建立了正式的播音台,它被认为是"中国第一座播音台"。此公司设立广播台的目的是要推销它所进口的无线电收音机,因此随着它的诞生,广播广告也就问世了。

当时上海的广播台多为私营,可以开办者比较广泛,所以一时广播台大增。至 20 世纪 20 年代末期,上海便有中、外广播台不下20 余家。广告费是广播台的主要收入之一,因此商业广告便成了广播台的主要业务之一。

由于金钱的驱使和邪念的作祟,旧上海的广播广告不仅泛滥,而且有些内容令人作呕,以致"影响于社会风化不少"。在正直社会舆论的压力下,上海地方政府作出了一些规定,对广播及广告作了限制。此时直接管理广播台的电报局于 1936 年规定,广播及其广告的内容均要符合不危害治安、不可诲淫、不违背科学和伦理精神等 7 条标准。故意违犯的,要"加以取缔"。但是,这类规定的不健全和规避法律者大有人在,以致当时广播广告的痼习无法根除,而且随着商业广告的发展,广告还冲击了正常的播音内容。这引起了人们的反感,一位署名为"柳絮"的作者在《无线电听众的

烦闷》一文中说:"恐怕没有一个国度的广告播音会像上海若干国
货播音台那么多而且滥。"接着,他举例说,一天在播完了《四郎探
母》后,广播台里就传出播音员"发出沙音的警告",要听众赶紧到
某"针织厂去买丝袜",还有"去买酱鸭和肉骨头""祖传的人参补
药"之类。过了这一阵子后才播放《贵妃醉酒》。这是上海广播广
告的一种普遍现象,因此他呼吁"商品广告应稍加限制"。但这仅
是一种天真的良好的愿望,旧上海广播广告的这种情况始终未能
得到根本改观。

(原载《新民晚报》1994 年 1 月 22 日)

5. 上海租界法制的一些重要问题

1840 年的鸦片战争以中国失败而告终,随之而来的中外不平
等条约纷纷签订,租界在中国产生了。先后有英、法、美、德、俄、意
大利、奥地利、比利时、日本等 9 个列强国家在中国的上海、天津、
汉口、广州、厦门、镇江、苏州、杭州、九江、重庆等 10 个城市,建立
了 27 个租界及其法制。租界是根据中外不平等条约,由外国侨民
在中国领土上通过租地方式取得土地并建立的自治区域。租界法
制是由租界拟定或认可,仅在本租界实施的区域性法则。

(1)上海租界法制开启了中国法制近代化的进程

鸦片战争以后,中国逐渐进入了近代社会。近代法制开始萌
生,最早产生于上海的英租界。1845 年的《上海租地章程》(又称
"上海土地章程""上海地皮章程"等)就是一个近代性规定。它在
法制理念、法律语言、法律内容等方面,都具有近代性。之后,又制
定了《捕房督察员职责》等一些规定。

往后,上海英美租界加大了立法力度,制定了更多规定。比如《警务章程》《工部局董事会章程》《苦役犯人惩处规则》《纳税人议事规则》《消防章程》《公共花园规则》《手推车规定》《西童公学章程》《牛奶棚管理规则》等。上海公共租界制定的规定更多。

上海法租界步上海英租界的后尘,在建立租界后也制定了一些近代法规,开启了法制近代化进程。比如《公董局行政条例》《交易所取缔规则》《管理新闻条例》《局办中法学校章程》《征用土地章程》《交通规则》等。

与此同时,上海租界还建立了立法、行政执法、司法等机关,使租界法制运行起来,发挥自治作用。比如,上海英租界的立法机关是租地人会,上海英美、公共租界的立法机关是纳税外人会;上海英、英美、公共租界的行政执法机关是工部局及其巡捕房;上海英美、公共租界的司法机关是会审公廨等。它们的运作使上海租界的自治功能得以实现。

中国华界的近代法制由清政府在 20 世纪初的清末法制改革时才推出,要比上海租界的近代法制晚几十年。可见,中国租界法制是中国早期的近代法制,而上海租界法制又是中国租界法制中最早的近代法制。从这种意义上讲,上海租界法制开启了中国法制近代化的进程。

(2)上海租界法制是近代中国存在时间最长的区域法制

近代中国的有些区域因为政权更迭,也出现过区域性法制,但是这些区域法制的存在时间都没有上海租界法制存在时间长。上海租界自产生开始到 1945 年租界收回,前后共存百年时间,其法制也是如此。中国其他的区域法制都没有百年时间。这里以太平天国和革命根据地的区域法制为例。

太平天国在1851年宣布起义,1864年失败,前后共存14年。在这14年中,太平天国也建有自己的区域法制,颁行了《天朝田亩制度》《资政新篇》等一些规定和有关刑事、婚姻、经济等方面的一些法令。这些法制充其量也只存在了14年,时间上明显短于上海租界区域法制。

中国近代史上还建立过革命根据地法制。为了取得中国革命的胜利,中国共产党探索出一条农村包围城市、武装夺取政权的中国革命道路。这就需要建立自己的革命根据地。其中,既有中央革命根据地,也有地方革命根据地。地方革命根据地法制实际上就是一种区域性法制。比如,在抗日战争时期,颁行过《晋西北没收汉奸财产单行条例》《山东省战时除奸条例》《苏中区惩治战争罪犯及汉奸暂行办法》等,都是如此。然而,从1927年中国共产党开始建立革命根据地到新中国成立,前后也只有22年。

上海租界法制是种城市的区域法制。它存续时间长,几乎贯穿了整个中国近代时期,也就意味着法制发挥作用的时间长,对城市治理、城市建设的影响也就大一些了。

(3)上海租界法制的变迁受到三大战争的影响

这三大战争是指1840年的鸦片战争、1894年的甲午战争和1941年的太平洋战争。这三大战争都影响到上海租界法制并促使其变迁。

鸦片战争以后所签订的一系列中外不平等条约是上海租界及其法制诞生的主要依据。1842年中英《南京条约》规定,英国人可以携带其家属在中国沿海的五个城市居住、通商。即"自今以后,大皇帝恩准英国人民带同所家眷,寄居大清沿海之广州、福州、厦门、宁波、上海等五处港口,贸易通商无碍"。中国的五口通商城市就此确定下来了。

1843 年《南京条约》的附件《五口通商附粘善后条款》又进一步规定,英国人可以在五口通商口岸租地。即"中华地方官必须与英国领事官各就地方民情,设定于何地方,用何房屋或基地,系准英人租赁"。这些不平等条约首先在上海落地,上海英租界出现了。

1845 年的《上海租地章程》对上海英租界地域作了规定,即"划定洋泾浜以北、李家庄以南之地,准租与英国商人,为建筑房舍及居住之用"。翌年,又确定西面以界路为界。这是中国近代史上的第一个租界。上海英租界诞生的同时,其法制也开始逐渐建立起来了。鸦片战争后的中英不平等条约促成了上海英租界及其法制的建立。也是在鸦片战争以后根据 1844 年的中美不平等的《望厦条约》和中法不平等的《黄埔条约》,上海美、法租界及其法制也相继诞生。

1894 年的甲午战争引起了上海租界法制的大变并突出表现在这样三个方面。

首先,随着上海租界地域的扩展,租界法制适用的区域也扩大了。甲午战争以后,上海租界的地域有大幅扩展。其中,上海公共租界扩展了二万余亩,上海法租界扩展了一万余亩,都创下了上海租界地域扩大的纪录。随着上海租界的扩展,租界法制适用的地域也扩大了。

其次,上海租界的行政管理机关中新增了日籍董事。以上海公共租界为例。1916 年日本迫使工部局改变没有日籍董事的状况,开始增设日籍董事,以后日籍董事的人数还有增加。这样,日本在上海公共租界的行政执法等领域,有了更多的话语权。

最后，颁布抑制抗日活动的规定。日本侵华的野心在甲午战争以后暴露无遗，侵略步伐不断加大。此时的中国人民群情激昂，抗日情绪日益高涨。上海租界的华人也是如此。可是，上海租界当局却颁布抑制抗日活动的规定，不允许市民有上街游行、集会等正义行为，甚至还鼓吹所谓的"中立"。实际上是助纣为虐，助长日本侵华的嚣张气焰。

1941年的太平洋战争爆发以后，上海租界法制走向衰亡。这一战争爆发的当天，日本就全面占领了上海公共租界，之后又控制了上海法租界。此时，虽然还有上海租界的外壳，但实质上都成了日本占领区。此后，汪伪政权接盘，但无丝毫改变日本占领区的本质。1945年抗日战争胜利，上海租界不复存在，成为统一的国统区，其法制也彻底退出历史舞台。

在这三大战争中，鸦片战争促使上海租界法制诞生，甲午战争引起上海租界法制大变，太平洋战争导致了上海租界法制的衰亡。这三大战争实实在在对上海租界法制的变迁产生过很大影响。这三大战争会对上海租界法制产生影响的背后是国力的原因。中国的国力弱，上海租界法制就长；中国的国力强，上海租界法制就消。国力决定了上海租界法制的消长。

（4）上海租界法制支撑了上海租界的近代城市发展

近代上海是近代中国的经济、贸易、金融、航运中心，发挥着领头羊的作用。然而，这些产业基本上都在上海租界区域之内。那时，上海城区的中心区域多在租界地域。以洋泾浜（现在的延安路）为界，洋泾浜以北的繁华地段基本上为英、英美、公共租界，代表性马路为南京路；洋泾浜以南的繁荣地段则为法租界，代表性马路为准海路。上海近代城市依托租界而发展起来。

支撑上海租界发展的则是其近代法制。上海租界法制对社会生活的方方面面都作出规制,使其朝近代化方向发展,上海租界的近代城市便建立起来了。其中,土地章程对租界的城市规划作出规定,包括土地、道路和建筑;组织法规对租界的官方组织作出规定,规范其公务行为;经贸法规对租界的经济、贸易作出规定,促进经济、贸易有序发展;金融法规对租界的金融机构、运行作出规定,保证其依法进行;治安法规对租界的治安、交通、消防等管理作出规定,确保租界内良好的治安情况;医疗卫生法规对租界的公共卫生机构与人员作出规定,保持租界的卫生、健康;文娱法规对租界的各种文娱活动做出规定,要求其规范开展;教育法规对租界的各种学校作出规定,满足租界居民特别是洋人居民受教育的需要;等等。可见,这些规定面面俱到,基本涵盖了城市社会生活的各个方面。

上海租界的法规也确实得到一定程度的实施。1875年上海租界出现狂犬病。1876年上海英美租界作出规定,捕杀在租界内游荡的野狗。1893年又规定,租界马路上游荡而没戴项圈的狗也一律捕捉,7天内无人认领,即被杀死。据1893年的统计,这年巡捕房共捕捉了4457条狗,其中有主人认领的750条,其余全被作为野狗杀死。

在上海租界法制的支撑下,上海租界迅速发展起来,还带动了整个上海城市的发展。上海缩小了与国外大都市的差距,市内居民比全国其他城市更早过上近代生活。比如,在家用电灯、自来水、煤气;出门穿胶鞋、坐公交、骑自行车;吃罐头食品、冷饮、碳酸饮料、西餐;看电影、西方话剧、马戏表演,等等。在20世纪20、30年代,上海便跻身于国际大都市行列,有了"东方巴黎"和"东方纽约"之称。

（5）上海租界法制的两重性十分明显

上海租界法制依附于上海租界而存在。有了上海租界,才有上海租界法制;反之,则不可能有上海租界法制。上海租界法制的两重性与上海租界的两重性联系在一起,突出表现为耻辱性与近代性。

上海租界法制具有耻辱一面,上海租界法制的产生、发展不同程度地与中外不平等条约勾连在一起,是这种不平等条约的产物。中外不平等条约以丧权辱国为代价,以牺牲中国的国家主权为前提。上海租界建立了独立的法制机关,颁行自己的法规,不受中国政府的管辖,成了一种独立王国,被称为"国中之国"。这种国中之国正是耻辱性的真实写照。在这种耻辱性之下,上海租界法制不可避免地存在一些弊端。比如,纵容卖淫、吸毒等丑恶现象;歧视华人,无视华人的人权;助长警匪勾结,祸害百姓;等等。上海租界被称为"藏污纳垢"之地,一点也不过分。

上海租界法制还具有近代性的一面,这一法制自建立之日起就是一种近代法制,而当时的华界还在实施中国清朝传统法制,清政府要在 20 世纪初推行"新政"时,才开始进行法制改革,中国才开始逐渐走上法制近代化的道路,颁行近代法律。上海租界实施近代法制要比华界的近代法制早了几十年。上海租界法制是一种比传统法制进步的法制,更适合在鸦片战争后的上海施行,也更有利于上海的近代化建设和发展。从这种意义上讲,上海租界法制有其历史的进步性。

总之,上海租界法制就是耻辱性与近代性的结合体,同时具备这两性。因此,在研究上海租界法制时不可偏废,而要实事求是、具体分析。

（原载《上海法治报》2021 年 3 月 3 日）

6. 旧上海英美租界防疫立法二三事

中国的新冠肺炎作为一种疫情,现在还在要紧时期,防控不能松懈。应对这一疫情,主要还是靠科学与法治。上海英美租界是中国租界中起源最早、地域最广、人口最多、经贸最为发达的租界,其防疫立法可为今天的防疫立法提供一定借鉴。这里列举二三事,以飨读者。

(1)奖赏接种牛痘且效果较好的儿童

1869 年 12 月,上海英美租界发现了多起天花病患者,出现了流行的征兆。当时,上海华界用"人痘法"来防治天花。这是一种中国传统的疫苗防治法。即把天花病患者身上疱疮愈合后所结的痂取下,制成粉末,加上冰片等,然后接种到人们身上,起到防疫作用。但是,这种办法风险较大,弄不好会成为发生天花的病源。

那时,欧洲已流行使用"牛痘法"来防治天花病。这种方法比较安全,风险也小。于是,上海英美租界在 1870 年上半年就作出规定,不用"人痘法",而用"牛痘法",内容是:租界居民免费接种牛痘,不种人痘;告知居民接种牛痘之处;培训接种牛痘的医生;等等。

儿童也是易感染天花病的群体,为了保护儿童,鼓励儿童接种牛痘,上海英美租界作出规定,奖励接种牛痘且效果较好的儿童。1872 年规定,接种牛痘的儿童每人可奖励 300 文。此规定颁行后,租界内接种牛痘儿童的人数有了增加。据统计,1873 年是 488人,1878 年增至 1298 人,1880 年达到了 1472 人。当然,奖金也发放了,1872 年就发出 15.88 两。儿童积极参加接种牛痘,带动了整个租界并影响到华界。从此,用接种牛痘来防疫天花病在上海蔚然成风。

（2）捕杀无人认领的游荡狗

上海英美租界在1875年发生了一例致人死亡的狂犬病例,病毒的宿主是携带狂犬病毒的狗,而当时租界内就有一些游荡的狗。为了防控狂犬病,上海英美租界于1876年就作出规定,捕杀游荡于租界的所有无主狗。

1893年又进一步规定,凡在马路上游荡而又没戴项圈的狗先行捕捉,关进巡捕房指定地点,7天内无主领回,要被处死。上海英美租界关于捕杀无人认领游荡狗的立法得到了有效实施,确有不少此类狗被捕杀。1893年共捕捉这类狗4457条,其中的750条被人认领,其余的因无人认领而全被处死。1899年上海英美租界改名为上海公共租界,捕杀无人认领游荡狗的规定继续得到实施。此年共捕获4758条游荡狗,大部分被处死。

上海英美租界捕杀无人认领游荡狗的立法是为了消灭携带狂犬病毒的宿主。从源头上阻击狂犬病疫的流行,因而取得了较好的防疫效果。

（3）建造隔离医院收治霍乱病人

霍乱病自1817年在印度大流行以后,曾在世界肆虐过一段时间,也影响到上海英美租界。这种病主要是通过饮食、饮水等食物传染,即病从口入。而且,它的传染性很强,易造成疫情。上海英美租界在1884年和1886年都出现过霍乱病人,因人数不多,就在医院隔离治疗。

1895年,有大批霍乱病人被发现,送到上海英美租界的体仁医院治疗。由于人数较多,隔离病房捉襟见肘,于是就有人建议建造一座专门收治霍乱病人的隔离医院。考虑到建设一座永久性隔离医院不仅耗资产,而且还周期长,最后决定建造一座临时医院。1898 年,临时霍乱隔离医院建成,投入使用,规定霍乱病人必须住入此医院治疗。加上上海公共租界还作出其他一些规定,采取了其他一些防疫措施。比如,清洁水源、消毒处理、焚烧污染衣物、煮熟食物等,都有相关规定。多种规定与措施形成合力,收到较好的防疫效果,患病死亡人数也从 19 世纪 80 年代的 20.6%下降到 19世纪 90 年代的 16.9%。

上海英美租界用立法积极应对各种疫情,效果明显,以致没有出现过重大疫情的流行。

(原载《上海法治报》2020 年 3 月 23 日)

7. 文明与野蛮:上海租界法制的"双重性"

上海租界法制伴随着上海租界的存在而存在,也走过了百年历程,并逐渐形成了自己的特征。这些特征与上海华界法制相比较而凸显出来,其中较为重要的是以下四个。

(1)地位特征:上海租界法制是上海最早的现代法制

依据中外不平等条约《南京条约》及其附件《五口通商附粘善后条款》等的规定,1843 年上海开埠。不久,上海英、法、美租界先后诞生。上海租界诞生后,其法制也随之走上历史舞台。这一法制是现代法制,并突出表现在立法、司法等领域。在立法上,使用现代的法律体系、法律制度、法律语言;在司法上,运用现代的诉讼制度、审判方式、律师制度、监狱制度;等等。这在上海法制史上史无前例,是开天辟地的现代法制,具有一定的积极意义。

上海租界率先在审判中,纳入现代律师辩护制度。原、被告都可聘用律师出庭。这给审判带来新气象。有人看了这种庭审后描述:"余观英、法二公堂(会审公廨)中西互控之案,层见迭出。无论西人控华人,须请泰西(西方)律师以为质证,即华人控西人,亦必请泰西律师。"1902年的《苏报》案审判时,原告清政府聘用了外国律师达鲁芒德和库柏,被告章太炎、邹容也聘用外国律师博易和琼司。双方律师在法庭上各为其主、唇枪舌剑。

当时,上海华界还在实行清朝的法制,即适用封建的法律体系、法律制度、法律语言,比如"五刑""八议""十恶"等。在司法上,运用封建的诉讼制度、审判方式、讼师制度、监狱制度,比如"九卿会审""越诉""刑讯"等。上海华界的现代法制是在20世纪初清朝开始推出"新政"而进行的法制改革后才开始全面出现,要比上海租界法制晚产生半个世纪。

(2)性质特征:上海租界法制是上海的区域性法制

上海租界法制是一种由上海租界制定或认可,仅在本租界实施的法制。这种法制仅在本租界有效,离开租界便无效。1863年上海英、美两租界正式合并成立上海英美租界,1899年更名为上海公共租界。上海长期存在公共租界与法租界的法制。这两个法制又不尽相同。比如,上海公共租界规定,在租界内任何地方都不可燃放烟花爆竹;上海法租界则规定,在马路与住屋旁边不准燃放烟花爆竹。这种区域性法制给上海市民带来了不便,削弱人们对法制的预期。

上海租界法制的这种区域性在行政执法中同样存在。一般情况下,上海英租界的巡捕不能到上海法租界执法,反之亦是。于是，一些不法分子就利用这种区域性规避法律。这两个租界之间有条河，河上有座桥名为"郑家木桥"。有些不法分子就待在两边桥堍，专门敲诈老实的农户。"若被告人高声呼唤，英租界巡捕过来干涉，则逃至桥南，法租界巡捕过来干涉，则逃至桥北"，玩猫捉老鼠的游戏。

那时，上海华界的法制是国家法制，在全国有效，不是区域性法制。其中，在辛亥革命前是清朝法制，比如《大清律例》《大清会典》等。辛亥革命后则是中华民国的法制，比如中华民国的宪法、行政法、民法、刑法、民事诉讼法、刑事诉讼法等。所有中国人都要遵守这一法制，包括上海华界的华人，没有例外。

（3）功能特征：上海租界法制以城市管理为主

上海租界只是上海城市内的一个区域，其法制以城市管理为主要功能，几乎不涉及其他领域。这一法制涉及城市管理的方方面面。其中，包括组织、经济、交通、教育、卫生、建筑、治安、司法等方面。以上海英美租界的规定为例，有工部局董事会章程、土地章程、手推车规章、西童公学章程、牛棚管理规则、巡捕房章程、洋泾浜设官会审章程等。这对上海城市的现代化发展具有积极意义。

上海租界法制还得到了一定程度的实施。这里以卫生管理中的捕杀无主、流荡狗规定为例。上海英美租界在出现狂犬病以后，就决定由巡捕来捕杀无主、流荡狗。1893年共捕捉到4457条狗，其中750条有人认领，其余的全部被杀。1899年，巡捕又捕杀无主、流荡狗4758条。狂犬病也因此而得到了有效控制。

此时，上海华界的法制是国家法制，无论是清朝法制还是中华民国法制，功能更多，不仅是城市管理。更多的是关于国家与政治制度、公民的基本权利与义务、民事与经济规则、打击各种犯罪、诉讼与审判制度等方面。其中,核心部分就在《大清律例》《大清会典》与《六法全书》之中。这与上海租界法制的功能差别很大。

(4)内容特征:上海租界法制是歧视华人的法制

上海租界由西方侨民掌控,法制也由他们建立。在上海租界的法制中,有一些带有种族歧视的内容,主要表现为歧视华人。尽管上海租界内华人的人数比洋人多,交税也比洋人多,是租界的主要建设者与纳税大户,可还是受到法制的歧视。比如,华人长期不能成为议政机关纳税人会的成员、不能进入租界里的各类公园、巡捕随意殴打华人、审判中偏袒洋人等。这些都是上海租界法制的瑕疵与极为消极的因素。

上海租界在中国领土上开设公园,却规定不让华人入内,歧视华人。第一个开设的公园是 1868 年上海英美租界的外滩公园。这个公园就规定,不允许华人进入,还挂出了"华人与狗不得入内"的侮辱性牌子。以后开设的汇山公园、虹口公园、昆山公园、兆丰公园(今中山公园)也都如此。上海法租界亦步亦趋,作出类似规定,顾家宅公园(今复兴公园)、贝当公园(今衡山公园)、杜美花园(今襄阳公园)都不对华人开放。经过华人长年的斗争,上海租界的公园才于 1928 年对华人开禁。

上海华界施行的清朝法制中,虽有封建等级制度,规定有特权,但不涉及种族歧视,没有歧视华人的内容。中华民国法制废除了封建等级、特权制度,也不存在歧视华人的规定。歧视华人成为上海租界法制的一种特殊性内容。

上海租界法制的这些特征显示其具有两重性,即积极性与消极性并存。因此,在认识这一法制时,要具体分析,不能一概而论,避免产生偏颇。

(原载《上海滩》2022 年第 5 期)

三、旧上海的行政执法与司法

1. 旧上海的禁烟

鸦片战争后,鸦片泛滥。上海开埠后,不到半年的时间里,进入上海的鸦片竟达 8000 箱,总价值为 600 万元,以后便年年上升。那时,上海烟馆林立,连乡村小镇也是"必有烟室",禁烟成了天方夜谭。辛亥革命后,上海的沪军都督府着手禁烟,颁布了"禁吸鸦片告示"。但由于不久北洋政府上台,故此告示收效甚微。

国民党政府上台后,禁烟似乎成了一件要事,先后颁布了《戒毒所组织简则》《肃清上海市烟毒大纲》《区保甲人员协助肃清烟毒实施办法》《肃清烟毒警保联系办法》等地方法规和一些告示。其内容包括:建立戒烟场所、查验吸烟程度、密告吸烟者、戒烟具体步骤等,可谓详尽周全。其执行情况也不无报道:1946 年共登记有烟民 6060 人;1947 年共破获烟案 1152 起,此年 3 月 23 日还判处鸦片大王盛氏死刑;1948 年 4 月 5 日在外滩公园当众焚烟 1749 斤;等等。

但由于政府腐败,当时禁烟实是禁不胜禁,上海贩烟、吸烟者大有人在,连军人也积极参与贩运烟毒,上海在 1947 年 7 月至 1948 年底就查获这样的案件五起。到上海来调查禁烟情况的内务部人士认为,上海"办理禁政困难较多","残毒犹存"。市政府也不得不承认,要肃清上海烟毒,还"尚难逆料"。此话不假。直

113

至上海解放前夕,烟毒还是未能肃清。

(原载《新民晚报》1990 年 6 月 20 日)

2. 旧上海华界的禁赌

上海开埠后,赌博之风比以往更盛。租界出现了一些像彩票、跑马、跑狗等许多"引进"的洋赌博。华界则进一步"发扬"传统赌博,像搓麻将、斗鸡等。赌博在上海成了司空见惯之事。据 1922 年 2 月 5 日的《申报》报道,家住南车站路德润里的王金生之妻徐氏,乘其夫在除夕有事回宁波之际,"大胆赌博"。自年初一起,"日夜奔走,寻觅赌寮"。结果,到年初五,总共输去"现洋三百元",连衣服首饰等也不得不"典卖一空",其状十分悲惨。

鉴于此,华界当局颁布了一些禁赌法令,仅在 1922 年至 1925 年间就有多个。1922 年 1 月规定,如在华界内"查有以赌博为常业,或纠赌渔利者",都要拘拿惩办。1924 年 2 月又规定,对于那些"摇宝牌九,或麻雀掷骰"等人,定要"随时严查","从严惩办"。1925 年 10 月再次规定,禁止斗鸡赌博,斗鸡场须"勒令停止"。

与此同时,警察也查获了一些赌徒。1923 年 12 月 20 日的《申报》记载说,11 月 30 日在闸北五区警署境内的吴淞路口林家花园处,破获一个"大赌窟",共捕赌徒 23 人。

但是,禁赌的收效几乎是零。上海当局于 1925 年不得不承认"阴历岁首,赌风极盛"。更有甚者,那些负有禁赌之责的警察,也参与赌博。1926 年 1 月有一巡警在油车街沈长林的家中搓麻将聚赌,被缉私士兵当场抓获。

(原载《新民晚报》1993 年 9 月 5 日)

3. 旧上海禁舞酿出"舞潮案"

　　1947年下半年,前线战事吃紧,国民党政府面临政治、经济和军事等方面的危机。为了所谓"配合戡乱,实行节约",于1947年7月颁布了"禁舞命令"。

　　为了贯彻这一"禁舞命令",市政府决定在上海相应禁舞。1947年11月6日上海市社会局局长公布了禁舞计划,主要内容是以下三个方面。一是先取缔每天下午3至5时的茶室舞。二是再取缔全部茶舞。三是从1948年始用抽签方式分批禁绝所有营业性跳舞,并于9月底前全部完成。那么,上海舞女的出路在哪里呢? 此局长作了绝妙的安排:"舞女仍以嫁人为最好出路"。可这个安排却"忽视"了一个连常人都通晓的事实:嫁人不等于解决了生计。据了解,旧上海的舞女、乐师、舞厅职工、舞女管理员、各种舞业人员共有10余万人。而且,他们中的大多数是贫苦之人,文化程度很低。据上海《新闻报》1947年8月25日披露,在当时较著名的29家舞厅的1776个舞女中,文盲就占了1113人。禁舞意味着她们和其他舞业人员将失去"饭碗",陷入更贫困的境地。因此,禁舞便遭到了广大舞女及舞业人员的强烈反对。但是,这并没有引起当局的重视。

　　社会局决定将第一次抽签的时间定于1948年1月31日,并把此事告诉了舞厅业同业公会。该会得知消息后就商量对策,并决定于抽签同日的下午1时在新仙林舞厅召开舞业人员大会。1月31日那天,先到会场的就有2000余人。上午11时,当她们得知中签者是百乐门、米高美、大都会等14家舞厅后,群情激愤,还高呼:"反对制造失业!""反对逼良为娼!"下午3时许,舞女及舞业人员已集至4000余人,随即向社会局进发请愿。但是,事与愿违,社会局对她们的要求,不予理睬。这如同火上浇油。于是,她们冲击了社会局办公处。2月1日的《申报》是这样说的:她们"冲击社会局,将各处办公室大部捣毁,门窗桌椅,几被损坏无遗,更有大批重要文件档案,尽遭翻出,飞散满地"。这就是对"禁舞命令"的回答。同时,也酿成了舞潮案。

但是,最后受罚的还是舞女及舞业人员。此案经过近半年的审理,最后被判4年到2个月徒刑的有72人,拘留7日至4日的有31人。

(原载《劳动法》1994年1月10日)

4. 老上海的中外律师

上海最早出现的律师是外国律师。1845年上海有了租界,租界里又有自己的审判机关,实行西方的审判制度。于是,外国律师逐渐登陆上海,在上海执业了。1864年5月,英国驻上海领事署里设了一个洋泾浜北首理事衙门,审理一些华洋诉讼案件。

外国律师先是为外国当事人服务,以后渐渐发展到在一些华洋诉讼的案件中,也被中国当事人所聘用了。1875年4月发生了"英商旗昌洋行控告其买办刘树滋案",此案中的中外当事人都聘请了外国律师。有人认为,这为"律师制度在近代中国的应用开了先例"。以后,外国律师便广泛服务中外当事人。

上海外国律师的数量有个增减过程。1915年的律师数为37人(其中,英国人15名,日本人4名,美国人8名,法国人4名,德国人3名,意大利人、奥地利人和比利时人各1名),1916年增至63人。之后,有段时间却出现了下降情况。1933年上海的外国律师降至50人,少于1916年的人数。1920年前,上海的外国律师全为男性,1920年出现了第一位女律师。1920年12月12日的

《申报》以"沪上将有女律师出现"为题报道说,美国炮舰长麦考革氏于星期三因公来沪,其夫人随之俱来。她是法科的毕业生,准备在上海办理讼案。其实,她不仅是上海的第一位外国女律师,也是整个上海的第一位女律师。

上海的中国律师出现得比较晚,他们随着清末法制改革的推进才慢慢走上历史舞台。1912 年 1 月,由留日的法科毕业生在上海成立了中国历史上第一个律师公会,并经上海都督批准和司法部立案,从此上海便出现了现代中国律师队伍。可是,中国律师的增长速度不太快,只是到了 1930 年以后才有明显增加。据统计,1930 年上海的中国律师才 95 人,1931 年增加到了 176 人,以后每年继续以平均 100 人的速度递增。抗日战争期间这一增长速度才放缓。中国律师中的女律师很少。1947 年时,上海的中国律师总人数为 1191 人,女律师才占了 68 人,仅占律师总人数的 6% 都不到。

老上海中外律师的素质良莠不齐,其表现不尽相同。有些外国律师能遵循职业道德,努力为当事人服务。在《苏报》案中,外国律师也为中国被告人辩护,双方律师唇枪舌剑,最后的判决结果没有完全实现清政府的意愿。但是,也有些外国律师以一种殖民者的姿态出现,在法庭上有恃无恐,借势欺人,左右审判。正如有人所言:"外籍律师之于法庭,直有左右裁判官之优越势力,几驾裁判官而上之,此种特殊情况,实开世界未有之恶例。"

中国律师中不乏有伸张正义、主持公道人士。他们为进步人士辩护,为劳苦民众解难,也积极参加各种有利于社会的活动等。史良接受"左联"的要求,担任了艾芜的辩护人,使艾芜和六名工人顺利获释;吴凯声为陈赓作辩护,营救了陈赓;张志让、陈霆锐、俞钟骆等律师为"七君子"辩护,主持了正义;等等。可是,也有些律师不太检点,引起人们的非议。有的律师用"树上开花"的办法,敲诈当事人的财物;有的律师与大流氓关系密切,为虎作伥;有的包养了外宠,被称为有"黑市夫人";等等。

老上海是个国际性大都市,史有"东方巴黎"之称。它的发展需要现代法制,也注定需要律师。老上海的社会五花八门,这也决定了律师的千姿百态,中外律师便在老上海这个大舞台上演绎了千秋各一的人生。

(原载《新民晚报》2007 年 1 月 14 日)

5. 老上海五花八门的外国律师

鸦片战争结束,上海开埠和租界出现以后,领事裁判权被施行了,于是上海的租界便实施了现代的审判制度。这制度的落实不能没有律师。19 世纪 60 年代,外国律师开始在上海租界登陆。以后,人数也有所增加,从 1872 年的 7 名增至 1916 年的 63 名。综观上海的外国律师,表现不一,用五花八门来形容不为过。

有的外国律师遵守职业道德,注意维护司法公正。当时有个名为担文的英国律师,无论是代理英方当事人,还是中方当事人,都能遵照操守,主持公道。特别是在代理中方当事人的案件中,他能体谅弱者,据理力争,维护他们的权利。为此,他在来华 20 年之际,有人这样评论他:"在华年久,熟习情形,华人出资延其办案,有时尚知顾全大局,据理力争,讼案往往赖以得伸。"比较突出的是他所代理的"福星"轮被撞赔偿案。1875 年 4 月 4 日中国的"福星"轮与英国的"澳顺"轮在中国水域相撞,"福星"轮当即沉没,死亡 63 人,损失价值 20 万两银子的货物。这是中国近代史上第一次重大的海难事故。事发后,担文受中国当事人的委托,起诉"澳顺"轮。在庭审中,担文据法力争,指出"福星"轮沉没是由于"澳顺"轮的操作失当,认为其应支付所有的赔偿费用。经过激烈的辩论,法院最后判决"澳顺"轮向"福星"轮的船主支付 42000 两银子,支付受难家属 11000 两银子。

有的外国律师仗势欺人,他们往往以殖民者的姿态出现在法庭上,依仗宗主国的地位有恃无恐,恃强凌弱,尤其是英、美律师。有人就这样评说:"该两国律师在公堂之势力,亦颇有警人之慨。盖英美律师出庭,得直接询问当事人,中国会审官在外人势力支配之下,亦时受外国律师之蒙蔽及愚弄。外国会审领事亦以国籍关系,及其法律知识薄弱之故,亦多采用外籍律师意见……外籍律师之于法庭,直有左右裁判官之优越势力,几驾裁判官而上之,此种特殊情况,实开世界未有之恶例。"在这种情况下,受害的自然是中国当事人,得不到应有的救济,无法维护合法权益。

有的外国律师不通中文与中国法律,也混迹于律师界。甚至有人还不是外国当地的律师,不能在其自己的国家执业。可是,由于他们的外国人身份,还是能在租界执业,混迹于律师界,这不可避免地给司法带来了负面影响。那时,有人曾对他们不懂中文与中国法律的情况作这样的描述:"现在,外籍律师大抵对于我国之法律程序向未研习,对于社会情形习惯,尤多隔膜,他们不通华语,言词辩论,转展翻译,费时劳神",由此而导致了"诉讼程序之进行,则多滞迟"。最终则"妨碍国家审判权圆满行使"。

可见,在老上海,虽然外国律师数量不是很多,却是个复杂的群体,不可一概而论。

(原载《新民晚报》2008 年 7 月 13 日)

6. 老上海律师的正义感

老上海的律师与老上海社会一样,五花八门,其中不乏一批有正义感的律师,他们在上海律师史中留有光辉的一页。

他们的正义感表现为愿为劳苦工人讨回公道。老上海是个工业化的城市、工人阶级的集中地,工人的数量不少,但他们的地位却很低,是一个被压迫和剥削的劳苦群体。当他们遇难而需要得到法律帮助时,就有律师挺身而出,为他们讨回公道。1933年史良律师为艾芜和其他6位工人进行的成功辩护就是其中一例。艾芜是"左联"作家,在曹家渡一家丝绸厂与他的工人通讯员们商量事宜时,被特务抓获,同时被捕的还有6位工人,起诉的罪名是"危害民国罪"。史良担任了他们的辩护人,成功的辩护使他们出狱。艾芜后来在回忆文章中专门写道,因为有史良的出色辩护,"结果我和六个工人都得到了自由"。

他们的正义感还表现为敢为爱国人士维护合法权益。1936年居住在上海的爱国人士"七君子",即沈钧儒、邹韬奋、李公仆、沙千里、史良、章乃器和王造时等七人,因所谓的"非法组织上海各界救国会"等罪名而遭到逮捕。上海的著名律师张志让、陈霆锐和俞钟骆等担任了他们的辩护人。这些律师深明大义,以抗日爱国有功来驳斥国民政府的"爱国有罪",并同时揭露了政府当局捏造事实、陷害爱国人士的险恶用心。辩护十分成功,再加上社会各界爱国人士的大力支持,1937年7月国民政府不得不释放了爱国的"七君子",他们的合法权益得到了维护。

他们的正义感同样表现为挺身为中国共产党党员伸张正义。上海是中国共产党的诞生地,许多共产党员冒着生命危险在上海从事地下革命活动。1933年3月,时任全国总工会秘书长的王其良被国民政府捕获并叛变投敌,陈赓同志因此而在上海被捕。消息传出,中共地下组织立即开展营救工作。他们先与宋庆龄先生联系,委托她聘请律师参与营救。宋庆龄认为吴凯声是合适的人选。他虽是国民党党员,出任过外交官,但他拥护共产党的抗日主张,不赞成蒋介石的打内战政策,而且在 1928 年时还曾为共产党员陈延年作辩护律师。吴凯声律师在法庭上把公诉人甘镜先驳得体无完肤,两个小时后不得不休庭。在富有成效的合法斗争下,陈赓同志终于脱险,于同年秋到达了中央根据地。1955 年初,他在回忆这段历史时还说:"30 年代初期,上海有位大名鼎鼎的律师,叫吴凯声。他身为国民党员,却能在国民党的法庭上维护正义,为共产党员辩护。"

这些富有正义感的律师是老上海律师的杰出代表、正义的象征。他们与历史潮流同步,与人民同行,精神可嘉,今天仍值得我们怀念。

(原载《新民晚报》2007 年 11 月 18 日)

7. 辛亥革命期间上海曾掀起剪辫运动

辛亥革命后,上海地方政府把剪辫作为一项改革封建陋习的重要措施,并作了明确规定。1911 年 11 月发出告示:"凡我同胞,一律剪辫。除去胡尾,重振汉室。"一个月后又告示:"务各父诫其子,兄勉其弟,速将辫发剪除,以表众心一致。"第二年的 4 月再次命令:"凡未去辫者,于令到之日,限二十日一律剪除净尽。有不遵者,以违法论。"

南京临时政府在 1912 年 3 月 5 日的《大总统令内务部晓示人民一律剪辫文》中也规定:"于令到日,限二十日,一律剪除净尽;有不遵者,以违法论。"

剪辫令发布后,上海立即掀起了一股剪辫热。开始的参加者主要是民军官兵,也有一些"好事之徒"。他们一见脑后有辫的男子,便上前拦住去路;强行剪辫,然后才允许离去。一时,长辫纷纷落地,真是大快人心。但是,那些墨守成规的遗老遗少却舍不得失去这根辫子,从中作梗。有人到警察局报案,说有一伙人私闯人家,强行剪辫,其中有人还乘人杂之际窃走水烟袋一只,要求警察查缉。也有人硬是不剪,还与剪辫人发生纠纷,甚至到法庭,对簿公堂。

不过,出现以上情况的毕竟不多。广大上海市民都积极拥护和支持剪辫,并开展了一些有益的活动。有的市民自发地上街宣传剪辫的意义。1911 年 12 月 31 日在大东门火神庙举行了一次宣传剪辫大会,到会者达千余人。宣传人演讲得慷慨激昂,听讲者感动万分,最后三分之一的到会者当场自愿剪辫,有的市民成立了义务剪辫组织,协助剪辫。其中,最早的要数小南门里的群学会。此会规定,对剪辫者分文不取;如在剪辫外另需修成美观发型的,也只收钱 1 角。1911 年 12 月 31 日义务剪辫大会后,结果一下子有数万人要求剪辫。还有的市民利用自己的"优势"配合剪辫。有个叫徐志棠的市民,在公共租界的畅园茶馆附设了个义务剪辫会,规定在三天内前来剪辫的,不仅分文不取,还奉送大肉面一碗。结果。三天中来剪辫的,就达 350 余人之多。从那以后,上海人便革除了在脑后留长辫达三百年的陋习。

(原载《劳动法》1993 年 11 月 29 日)

8. 大革命时期我党建立的
大城市人民民主法制

中国共产党成立于上海,诞生于上海。不仅如此,中国共产党还在上海领导发动第三次工人武装起义胜利后,建立了全国第一个大城市人民民主法制——上海市民代表会议政府法制。这一法制是开天辟地在全国大城市建立的人民自己的法制,深刻改变了中国近代法制发展的方向和进程,为中国近代大城市建立人民民主法制作了尝试,提供了经验,意义重大。

(1)上海工人第三次武装起义胜利后具备了建立人民民主法制的条件

上海工人第三次武装起义由中国共产党领导,于1927年3月22日取得胜利,并建立了人民自己的政权——上海市民代表会议政府。① 这一政权是"在党的领导下最早由民众在大城市建立起来的革命政权"。② 由其建立的法制是人民民主法制。这是在中国共产党领导下,首次在大城市建立的人民民主法制,史无前例。③

当时,在中国共产党领导下,于上海建立首个人民民主法制已具备了条件。这一条件主要由三个方面构成。

第一方面,具有强烈地建立人民民主法制的愿望。在上海工人举行第一、二次武装起义时,就已有建立人民民主法制的愿望,但起义失败,这一愿望无法实现。上海工人第三次武装起义胜利后,这一愿望比以往更为强烈,有了实现的基础。在1927年2月27日由赵世炎同志主持的上海总同盟罢工准备会议上,就提出制定劳动法的内容。其中包括:"承认工会有代表工人权""星期日、节假日休息,工资照给,不休息工资加倍""不准打骂工人,滥罚工

①　参见周尚文、贺世友:《上海工人三次武装起义史》,上海人民出版社1987年版,第200—201页。
②　中共中央党史研究室:《中国共产党历史》第1卷上册,中共党史出版社2011年版,第184页。
③　王立民:《大革命时期中国共产党领导建立的上海市民代表会议政府法制研究》,《政治与法律》2021年第7期。

资""规定因工作而死亡的抚恤金"等。① 此时建立自己法制的愿望已经落实到制定具体的规定中了。

第二方面,具有建立人民民主法制的主体。这一主体包括了立法、行政执法、司法等主体。这里以立法主体为例。这就是第三次工人武装起义胜利后建立的人民民主政权组织,即上海市民代表会议政府。它制定了一系列规定,在上海实施。其中,就包括1927年3月26日制定的上海特别市市民代表会议政府组织条例,此条例共18条,内容涉及上海市民代表会议政府的性质、隶属关系、组织架构、代表人数与选任、任期与职权、执行委员的设置等。② 这一主体也确实为建立人民民主法制做出了努力与贡献。

第三方面,具有实施人民民主法制的地域。上海自鸦片战争结束后的1845年出现了英租界,至1927年时已是"一市三治"局面。即在上海市里有华界、公共租界、法租界三个区域,各自进行管辖。上海市民代表会议政府管辖的是华界,拥有494.68平方公里,设有闸北、南市、沪东、沪西、虹口、浦东和吴淞7个区。③ 上海工人第三次武装起义爆发于1927年3月21日,在中国共产党领导下,经过30个小时的战斗,上海华界全部被工人武装占领,军阀统治被推翻,上海市民代表会议政府开始管理上海,其法制也在华界区域施行。

建立法制的愿望、法制主体与法制实施区域是法制建立的三

① 上海档案馆:《上海工人三次武装起义》,上海人民出版社1983年版,第196—197页。

② 参见张希坡:《革命根据地法律文献选辑》(第1辑),中国人民大学出版社2017年版,第200—201页。

③ 参见邹依仁:《旧上海人口变迁的研究》,上海人民出版社1980年版,第92页。

大基本要素,上海工人第三次武装起义胜利后的上海已具备了这些要素,上海市民代表会议政府法制应运而生。

(2)上海市民代表会议政府建立了自己的人民民主法制

中国共产党领导下的上海市民代表会议政府前所未有地在上海这个中国大城市建立了人民民主法制。这一法制主要由立法、行政执法、司法等组成。

在立法方面。当时主要由法律渊源与法律规范两大部分构成。法律渊源,主要是法规与单行法规。法规的体例比较完整,内容比较丰富。比如,《上海特别市临时公约》共有 5 章 28 条。这 5 章分别是总纲、市民及住民、市政府、监察院和附则。内容涉及政府机关的职责、市民和住民的各项权利与自由等。单行法规的主要表现形式是命名、布告等,体例与内容都比较简单。比如,1927 年 3 月 23 日的布告的内容就是关于罢工规定,"除武装纠察外,一律复工"。[1] 法律规范主要由刑法、经济法、行政法、军事法等部门法组合而成。这里以行政法为例。出于上海市政管理的需要,上海市民代表会议政府非常重视行政法的制定。行政法的内容包括了统一上海市政、发展市乡交通、设立失业介绍所、取缔不良游艺场所、禁止赌博与严禁卖淫等。[2] 在行政执法方面。上海原来的行政执法主要由军阀政权中的警察所、警察署、警察分署等警政机关来负责。上海工人第三次武装起义胜利后,这些警政机关的人员纷纷逃窜,这一机关不复存在。然而,上海城市仍需进行管理,

---

① 参见王立民:《上海法制史》,上海人民出版社 2019 年版,第 252 页。
② 参见王立民:《上海法制史》,上海人民出版社 2019 年版,第 254 页。

仍需行政执法。上海工人纠察队担负了行政执法任务,成为行政执法的主体。起初工人纠察队有 2000 人,后来发展为 3000 人,都是在上海工人运动中成长起来的工人骨干队伍,也是一支组织严密、富有战斗力的队伍。他们的执法工具主要是工厂里的劳动工具杠棒等。上海工人纠察队在执法中发挥了积极作用,一些不法分子及时被抓捕归案。当时,有些"包探"勾结警察与流氓侵犯工人权益,工人纠察队及时采取行动,打击这些不法分子,维护了工人的合法权益。①

在司法方面。上海工人第三次武装起义胜利以后,原军阀的司法不复存在,上海市民代表会议的司法取而代之。这是一种群众性的革命司法,进行的是革命裁判。有个屠杀工人的主使者李宝章,就在经过这一裁判后,受到惩罚。裁判中,有陪审人员参与。②

上海工人第三次武装起义胜利后建立的上海市民代表会议政府法制及时建立起来,进行运作,体现了其应有的价值。

(3)上海市民代表会议政府法制的作用、特点与影响

上海市民代表会议政府法制因四一二反革命政变而被扼杀,前后仅存 24 天。然而,作为中国共产党首个在大城市领导建立的人民民主法制,其还是发挥重要作用,形成了自己的特点并对以后的革命根据地法制产生积极影响。

关于作用。上海市民代表会议政府法制发挥过重要作用,突

---

① 参见王立民:《上海法制史》,上海人民出版社 2019 年版,第 259 页。
② 参见王立民:《上海法制史》,上海人民出版社 2019 年版,第 259 页。

出表现在这样两个方面。第一方面，巩固了新生的人民革命政权。上海工人第三次武装起义以后建立的上海市民代表会议政府是中国共产党领导下建立的革命政权，也是人民民主政权。上海市民代表会议政府法制中的有些规定确认政权的合法性，其中的《市民代表会议政府组织条例》等就是如此。第二方面，形成了上海新的社会秩序。上海市民代表会议政府制定了一系列规定，保障上海工人、市民的合法权益，使大家的社会生活得到改善，开始新的生活，新的社会秩序也得到确立。比如，实施了改善工人生活的政治待遇的 22 条规定。① 可以说，那时的上海工人、市民当家作主，成了社会的主人，社会秩序发生了翻天覆地的变化。

关于特点。在上海市民代表会议政府法制建立以前，产生过湖南农民代表大会法制。1926 年 11 月随着北伐战争的推进，在湖南农村掀起的一场大革命。许多地区的反动政权被推翻，农民协会成为乡村唯一的权力机关，这一机关也建有自己的法制。比如，1926 年 12 月制定的《湖南省第一次农民代表大会关于乡村自治问题决议案》《湖南省惩治土豪劣绅暂行条例》等。与这一湖南农民代表大会法制相比较，上海市民代表会议政府法制呈现出三大特点。

第一个特点，上海市民代表会议政府法制的建设主体是以工人为代表的广大上海市民。这一法制是在中国共产党领导下，以上海工人为代表、由广大市民共同参与建立的法制。而湖南农民代表大会法制的建设主体则是在中国共产党领导下，由广大农民共同建立的法制。法制的建设主体不同。

---

① 参见周尚文、贺世友:《上海工人三次武装起义史》，上海人民出版社 1987年版，第 200 页。

第二个特点,上海市民代表会议政府法制集中反映的是以工人为代表的广大上海市民的要求与愿望。比如,要求增加工资、实行八小时工作制、废除包工制、制定劳动保护法等等。湖南农民代表大会法制集中反映的则是广大农民的要求与愿望。比如,要打击压迫农民的"铁门坎",实行乡民自治,惩治土豪劣绅等。[①] 法制反映的要求与愿望不同。

第三个特点,上海市民代表会议政府法制实施的区域是城市。这一法制只在上海市实施,也就是华界的 7 个区,是一种城市法制不是农村法制。湖南农民代表大会法制则主要在湖南农村实施,不在城市实施,是一种农村法制。法制的实施区域也不同。

关于影响。上海市民代表会议政府法制在建立不久便开始产生影响。1927 年 3 月 6 日以"稼祥"署名的一位领导对上海市民代表会议组织法及任职的拟案做了批示,要求寄给各地省、县、乡民会议作立法参考。这一规定便开始影响到上海以外地区。另外,上海市民代表会议政府法制对以后革命根据地法制建设也继续产生影响。比如,有专家认为,上海市民代表会议是中国近代工农运动中创立的"三株珍贵'萌芽'"中的一株。[②] 以后,革命根据地建立的苏维埃代表大会、人民代表大会制度都受到其影响,有一种渊源关系。

上海市民代表会议政府法制是中国共产党领导下建立的首个大城市人民民主法制,也是中国共产党成立后在法制领域的"开天辟地的大事变",从此中国大城市的法制发生了深刻变化,产生

---

① 张希坡:《革命根据地法律文献选辑》(第 1 辑),中国人民大学出版社 2017 年版,第 156—159 页。

② 张希坡:《革命根据地法律文献选辑》(第 1 辑),中国人民大学出版社 2017 年版,"编者说明"第 3 页。

了具有强大生命力的人民民主法制。这一法制以星星之火可以燎原的态势,迅速发展起来,大力推进新民主主义革命进程。

(原载《文史天地》2022 年第 4 期)

9. 值得怀念的《告上海市民书》

1926 年 10 月 24 日,中共上海区委发动了上海工人第一次武装起义。由于多种原因,此次起义没有成功。但是,它的英勇创举将永远值得上海人民怀念,其中包括《告上海市民书》。

《告上海市民书》由中共上海区委发布,时间是 1926 年 10 月 20 日。在上海史上,它第一次明确、公开、广泛地号召广大市民去推翻军阀统治,建立自己的政权。此书罗列了以孙传芳为首的驻上海军阀的种种罪孽:"新增宅地、纸烟、百货等苛税苛捐""剥夺市民集会之自由""执行居民互保即变名的连坐法令,视全市市民如同盗匪"等。要从军阀的统治下解放出来,就必须"推翻一切军阀政权,建立市民政权",这是一条"公共出路"。最后,它还动员广大市民武装起来,驱逐孙传芳的驻军,组成委员制的市民政府,召集市民会议。同时,还主张废除一切苛税苛捐,宣告市民集会、结社、言论、出版、罢工一切自由。

这一《告上海市民书》无疑给灾难深重的广大上海人民指明了奋斗方向。事实也是如此。10 月 24 日武装的工人纠察队在南市、闸北、浦东各区向敌人警察署发起进攻。尽管他们的武器远远不及敌方,但作战还是"十分勇敢,在日晖港缴获了敌人四支步枪,俘虏了七名巡防队员"。

《告上海市民书》反映了广大上海人民的意志和愿望,因此在第三次武装起义胜利后,它的许多内容都融进了《上海特别市市民代表会议政府组织条例》,成为法律。可见,《告上海市民书》在上海工运史和法制史上都留有光辉的一页。

（原载《新民晚报》1994 年 10 月 28 日）

四、新上海法制

1. 新上海"法字第一号"布告

上海于 1949 年 5 月 27 日解放。6 月 15 日中国人民解放军华东军区淞沪警备司令部、政治部就发布了编号为"法字第一号"的布告，发布人是时任司令员的宋时轮、政治委员郭化若和政治部主任谢有法，内容是关于当时在警备区司令部所属部队驾驶员王国瑞造成车祸后免死处罚的决定。

车祸的制造者王国瑞是安徽人，23 岁，原是国民党 37 军 204 师的师部驾驶员。上海解放后，他参加了中国人民解放军华东军区淞沪警备第一警备区警备部队，任"临字十九号"道奇大卡车的驾驶员。6 月 3 日下午 4 时许，他驾车从天平路开到广元路时，因为车速过快，而且违规偏右行驶，结果造成车祸。

车祸发生后，淞沪警备司令部及时作了善后安排。同时，根据当时的规定，判处王国瑞死刑。哪知，此消息不胫而走，上海市各界人士纷纷去信去电，恳请淞沪警备司令部对王国瑞减刑免死，让其立功赎罪。淞沪警备司令部从尊重民意考虑，决定减轻对他的处罚，改死刑为三年有期徒刑。

作出决定后，淞沪警备司令部和政治部便发出"法字第一号"布告，并刊登在 6 月 16 日的《解放日报》上，告知全市的市民。在布告中，首先介绍了车祸的基本情况，然后说明了对王国瑞免死的原因。"汽车驾驶员王国瑞违章驾车伤害人命一案，理应判处死刑,惟以沪市工、学、商各界人士均纷纷来电来信,恳切呈请减刑免死,予该犯以立功赎罪之机。本部为尊重民意,特批准免处死刑,减为三年徒刑。"

同日,《解放日报》还专门载文评论"法字第一号"布告,题为"小言王国瑞减刑"。文中首先阐述了对王国瑞减刑的原因。判处死刑后,本市学生、职工及各界市民纷纷请求减刑,业经中国人民解放军华东军区下令改为有期徒刑三年。其次,肯定了中国人民解放军的严明纪律和保障人民生命的坚决态度。这充分说明了中国人民解放军的纪律严明与保障人民生命的坚决贯彻。最后,还认为以后此类案件就下不为例了。"经过这次事实教育以后,如再有人敢以身试法,那就必将受到严厉的惩罚,很难获得宽宥。"

事实也是如此。同年8月又有类似案件发生,而且没有再减刑。时任华东军政大学工人子弟团的驾驶员范一萍在8月30日驾驶一辆6轮卡车,途经鸭绿江路口,因未按喇叭,将正在横过马路的市民陶锦法撞倒。陶当场鼻口流血,不省人事。车祸发生后,范一萍不仅不救治受伤的陶锦法,还将其抛到江湾郊外人稀之处,随后逃逸。案发后,淞沪警备司令部为"保障人权,严整军纪",严查此案,他随即落网,被判处死刑。1950年2月14日的《解放日报》刊登消息说,"驾车肇祸藐视人命,范一萍被判处极刑"。

解放后的上海驻军仍然保持严明纪律,重视维护人权,至今仍值得大家回忆,"法字第一号"布告也将永载史册。

(原载《新民晚报》2004年10月31日)

2. 新上海的地方土地改革法与土地改革成就

新中国成立以后,我们党领导过新一轮的土地改革运动,还建

131

立过相关法制。新上海同样如此。新上海不仅开展过土地改革，还制定过土地改革法，而且还对上海郊区的建设与发展产生过前所未有的积极影响。

1949年5月27日上海解放，新上海应运而生。1951年3月3日，上海市人民政府颁布了自己的土地改革法，即《上海市郊区土地改革实施办法》，新上海的土地改革开始规范、有序地进行，并取得了巨大的成就。

（1）新上海土地改革法的诞生

中国革命的道路是一条先在农村建立革命根据地，再从农村包围城市，最后夺取城市的道路。新中国成立前，在建立有革命根据地的广大农村地区，就已开展过土地改革，也颁行过土地改革法，其中最具代表性的是1947年施行的《中国土地法大纲》。这一土地改革还释放了巨大的能量，有力地推进了中国人民的解放事业。

旧上海是个大城市，长期属于国统区，其郊区虽也需要进行土地改革，但没有机会。新上海诞生后，郊区的土地改革工作就被提到了议事日程上。土地改革在当时具有十分重要的意义，它不仅是上海郊区农民"在经济上、政治上获得彻底翻身的先决条件，也是发展生产力，使国家工业化、富强化的首要步骤"。因此，土地改革刻不容缓。

为了进一步规范全国解放后广大农村地区的土地改革，1950年6月28日，中央人民政府颁布了新中国土地改革法即《中华人民共和国土地改革法》。上海是全国的一部分，但有其特殊的一面，在全国开展新一轮土地改革之时，新上海的土地改革法即《上海市郊区土地改革实施办法》便及时出台了。

（2）新上海土地改革法的主要内容

《上海市郊区土地改革实施办法》共 15 条，其内容是对《中华人民共和国土地改革法》的本地化，以便土地改革能在上海郊区顺利推行。

首先，规定了土地改革中没收、征收土地的一般原则。上海郊区的土地改革会涉及没收、征收土地的问题，《上海市郊区土地改革实施办法》专门对此作了规定。其基本精神是：上海郊区所有没收或征收的土地，一律归国家所有，由上海市人民政府管理；其中，可分的农业土地连同国家在郊区所有的其他可分的农业土地，交由乡农民协会统一、公平合理地分配给无地少地的农民耕种使用。另外，土地改革后的土地由分得土地的农民耕种，原耕农民已下种的，谁种谁收，待收割后将土地交还分得国有土地的农民耕种。

其次，规定了特殊土地的处理办法。上海郊区有一些特殊的土地，在土地改革中也需作处理，《上海市郊区土地改革实施办法》对此也作了规定。特殊土地是指 11 大类土地。即用机器或其他进步设备耕作的农田、苗圃、农事实验场、牧场、果园、菜园、鱼塘的土地；银行、钱庄、信托公司、地产公司等在郊区的土地；公墓土地；外侨占有的农业用地、荒地、空地；过去日寇或其他反动政府所圈用的土地；无主土地；荒地；典当土地；河田、滩地；华侨的土地；铁路、公路、江河、海塘两旁的护路、护堤土地等。对于这些土地，要分别情况，作代管、征收、收回、分配、没收等办法处理。

再次，规定了爱护青年学生和知识分子的措施。在上海郊区的土地改革中，会涉及一些青年学生和知识分子，特别是地主家庭中的大中学生。对他们采取的爱护措施，在《上海市郊区土地改

革实施办法》中也作了规定。主要内容是从爱护青年学生和知识
分子出发,对其中出身于地主家庭又因土地改革而致学习费用发
生困难的大中学生,人民政府应当视情况分别采取减免学费、组织
工读、适当增加人民助学金名额等办法,使其能继续学业。对于失
学的大中学生和失业的知识分子,给予学习和工作的机会。

最后,规定了参加土地改革工作人员的纪律。上海郊区的土
地改革任务艰巨,政策性很强,唯有土地改革工作人员严守纪律,
依法进行,方能完成改革任务。《上海市郊区土地改革实施办法》
专门对参加土地改革工作人员必须遵守的纪律作了明文规定。主
要内容是为了保证土地改革政策的正确实施,在郊区土地改革期
间,一切参加郊区土地改革的工作干部必须严格遵守华东军政委
员会颁布的关于干部在土地改革时的八项纪律。这八项纪律的内
容是:严格执行人民政府的土地改革法令,不得违犯;坚决拥护土
地改革,不得包庇地主;廉洁奉公,不得贪污果实,不得接受贿赂;
尊重人民民主权利,倾听群众意见和批评,不得欺压人民;一切重
要问题和大家商量,不要个人决定,强迫推行;依照法律手续办事,
不得乱捕、乱罚、乱打、乱杀,不得使用各种肉刑和变相肉刑;坚决
服从上级指示,不得阳奉阴违;严格执行请示报告制度,不得虚报
情况,不得各自为政。这八项纪律的内容体现了土地改革的法制
精神,强调要依法办事,是依法开展土地改革的佐证。

以后的土地改革实践证明,《上海市郊区土地改革实施办法》
在上海市郊区的土地改革中发挥了积极作用,能够满足实践需要。

(3)新上海土地改革法与新中国土地改革法的关系

新中国土地改革法是新上海土地改革法的上位法。它们之间

的关系突出表现为新上海土地改革法直接引用、补充、细化新中国
土地改革法。

首先,新上海土地改革法引用新中国土地改革法的内容。新
中国土地改革法的有些内容同样适合上海郊区土地改革的需要,
所以就被新上海土地改革法直接引用,无须作任何改动。比如,
《上海市郊区土地改革实施办法》第六条规定,在征收祠堂、庙宇、
寺院、教堂、学校、会馆、山庄慈善团体、医院和团体在郊区的农业
土地或荒地时,按照《中华人民共和国土地改革法》第三条的规定
处理。这第三条规定的内容是,这些土地全部被征收。这个新中
国土地改革法的内容就是新上海土地改革法的内容,被其全盘
接受。

其次,新上海土地改革法补充新中国土地改革法。上海的郊
区是大城市的郊区,有些情况会与中国的其他地区有所不同。为
了顺利开展土地改革,新上海土地改革法有必要对新中国土地改
革法进行必要的补充,使其更符合上海的实际情况。比如,《上海
市郊区土地改革实施办法》对《中华人民共和国土地改革法》作了
如下补充:工商业家在近郊雇人耕种的土地,家中并无人参加农业
主要劳动者,其土地应予征收,但其以土地为生的在乡人口,得酌
情分给土地作业;工商业家在郊区占有的土地,如系完全自耕或虽
雇人耕种但其家中有人常年参加农业主要劳动者,应根据其在近
郊的家庭人口、土地情况,另定其家庭人口的社会成分,并按其成
分给予适当待遇;工商业家在近郊为建筑工厂或房屋用的土地,其
业已开始建筑者应予保留,不加征收,等等。这些规定都与工商业
者的土地有关,在《中华人民共和国土地改革法》中都没有明文规
定,是《上海市郊区土地改革实施办法》作出的补充性规定。

最后,新上海土地改革法细化了新中国土地改革法。新中国

土地改革法中有些规定比较原则,但根据上海郊区土地改革的实际,需要细化才能更便于实施,新上海土地改革就将其细化了。比如,《中华人民共和国土地改革法》第 2 条规定,没收地主的土地、耕畜、农具、多余的粮食及其在农村中多余的房屋。《上海市郊区土地改革实施办法》允许上海市政府自行作出规定,实际就是要细化"在农村中多余的房屋",认为这包括了在乡村与在市镇中多余的房屋。经过这样的细化处理,新上海土地改革法的内容更符合上海实际,也更接地气了。

新上海土地改革法引用、补充、细化新中国土地改革法的做法,是新中国土地改革法本地化的体现,解决了上海特殊性的问题,对推动上海郊区的土地改革具有积极意义。

(4)新上海土地改革法的特点

新中国成立后,新一轮的土地改革逐渐拉开序幕,各地纷纷推出本地的土地改革法,以保证这一改革顺利进行。与 1950 年施行的《河南省土地改革条例》相比,新上海土地改革法具有以下特点。

首先,新上海土地改革法只适用于城市周边郊区地区。新上海土地改革法适用的范围仅限于城市周边的郊区地区,即在市区周围的吴淞、新市、江湾、大场、真如、新泾、龙华、杨思、洋泾、高桥等 10 个地区。这在《上海市郊区土地改革实施办法》中有明文规定。它们受城市的影响比较大,是城市的"后花园"。《河南省土地改革条例》则规定,它的适用范围是广大农村,不适用于城市的郊区。即"消灭封建性及半封建性剥削的土地所有制,将其改变为农民的土地所有权,以发展农业生产";"城市及其近郊的土地改革办法另定之"。在适用范围上,新上海与河南土地改革法的规定明显不同。

其次,新上海土地改革法的内容更多涉及了工商业者的土地。上海的工商业比较发达,工商业者比较多。上海的郊区位于上海市区的周边,受城市的影响比较大,与工商业者的关系比较密切,包括土地。《上海市郊区土地改革实施办法》专门对工商业者的土地作出规定。其中,不仅规定了属于工商业者土地的范围,即银行、钱庄、信托公司、地产公司及一般公司企业、土地经纪人在郊区所有的土地、荒地等;还规定了对这些土地的处理办法,即按不同情况,作没收、征收、代管等办法处理。《河南省土地改革条例》则并非如此,而是更多关注地主、旧式富农兼营工商业的土地。它们之间的差别也十分明显。

最后,新上海土地改革法规定的内容与外侨、华侨有关。上海的外侨、华侨比较多,在上海置业的情况也比较普遍,在新上海土地改革中必定会涉及这类土地。《上海市郊区土地改革实施办法》考虑到这一点并作出了相应的规定,基本要求是外侨的土地收归国有。它规定,外侨(包括私人、企业、团体、学校、教会、医院等)在郊区占有的农业土地、荒地及空地,均由国家收回。关于华侨的土地,《上海市郊区土地改革实施办法》则规定,按照华东军政委员会土地改革中关于华侨土地财产处理办法的规定办理。这些规定在《河南省土地改革条例》中均无规定,明显具有新上海土地改革法的特色。

新上海土地改革法的这些特点,是新中国城市郊区土地改革法特点的一个缩影,反映了新中国土地改革法内容的多样性,是一种复杂土地情况的应对措施,也是因地制宜的集中体现。

(5)新上海土地改革法实施后取得的成就

新上海土地改革法颁布以后,上海各郊区都认真实施,土地改革运动轰轰烈烈地开展起来,并取得了巨大的成就。

首先,郊区的贫雇农与下中农分到了土地。上海郊区根据《上海市郊区土地改革实施办法》,积极开展土地改革运动。各级政府选派了干部、教师、民主党派人士 1000 余人,组成土地改革工作组,进驻郊区,从事土地改革工作。他们的主要工作任务是:学习和熟悉土地改革的法律、法规与政策,开展调查研究,登记、核实人口和土地情况;确定成分,划分阶级;没收地主财产,征收土地;依法分配土地,颁发土地、房屋所有权证;等等。他们是开展上海郊区土地改革的组织者与推动者。

经过调查,上海郊区土地占有的基本情况被摸清。其中,地主 1281 户,5883 人,占总人口数的 1.19%,人均占有土地 10.42 亩;中农、贫农、雇农 89068 户,404284 人,占总人口数的 81.45%,人均占有土地仅 0.88 亩。这说明,上海郊区的土地占有情况极不合理,人口很少的地主占有了绝大多数的土地,人口很多的中农、贫农、雇农却占有很少的土地,因此很有必要进行土地改革。

土地改革取得巨大成就。先后没收、征收土地 3008213 亩,占耕地总数的 48.25%。没收地主的耕畜 3837 头,农具 201867 件,多余房屋 118838 间,余粮 2302 万公斤。没收、征收的土地均分配给了贫雇农与中下农,"耕者有其田"的问题基本解决,新上海土地改革的任务顺利完成。

其次,新的经济组织建立起来。土地改革以后,上海郊区农民的生产积极性空前高涨,生活水平也随之提高。为了解决有些农户生产工具不足与劳动力短缺的状况,新的经济组织便应运而生,互助组、初级社纷纷建立起来。奉贤县砂碛乡周家村(今江海乡境内)以汤寿昌为首的 12 家农户首先建立互助组。他们按照自愿互利、等价交换与自愿帮工的原则,互相帮助,特别是在农忙时节,取得很好的效果,每年都能取得好收成。这给上海郊区农民很大的启发,他们争先恐后地加入互助组,互助组很快遍地开花。据统计,截至 1953 年底,共建互助组 44255 个,参加农户 338999 户,占总农户的 46.4%,效果明显。

在建立互助组的基础上,上海郊区又推出了初级社。从试点开始,1953 年时办起初级社 41 个,参加农户 1124 户。初级社实行土地入股,耕牛和农具入社,土地与其他生产资料统一使用,收益按土地、劳动力等要素分红。初级社的建立优化了各生产要素,促进了上海郊区农业生产的进一步发展。

最后,缓解了市区的就业压力。经过土地改革,上海郊区的农民拥有了自己的土地,也有了生计与生活保障,这让来自郊区又在市区失业的工人看到了回家务农的希望。当时,上海共有 15 万这样的失业工人,他们的生活十分困难。上海市总工会曾对新生纱厂的 938 名失业工人家庭作了调查,发现全家每天吃三顿粥的有300 户,吃两顿粥的有 85 户,生活确实困难。为了缓解市区的就业压力,使失业工人能有生活保障并充实农村的技术力量,就动员他们回郊区从事农业生产。据统计,有 5180 位失业工人回到了郊区务农,这不仅缓解了市区的就业压力,还给郊区送来了先进技术。

新上海的土地改革给郊区带来了勃勃生机,农业生产蒸蒸日上,农业生产总值不断攀升。1949 年农业总产值为 22711 万元,1951 年增至 29433 万元,1952 年又达到 34311 万元。其中,新上海土地改革法功不可没。从中亦可窥见,新中国的土地改革法对中国农村、农业、农民的发展产生了积极影响,带来了实实在在的好处。

(原载《人民法院报》2021 年 4 月 9 日)

3. 新上海第一仲裁案

1949 年 5 月 27 日上海解放,新上海诞生了。1950 年 2 月 24 日上午,新上海第一仲裁案的仲裁也得以进行。当事人是上海广新银行劳资双方。劳方当事人是胡嗣鑫,资方当事人是广新银行的董事长杨通谊和经理张邦锋。第二天,上海的一些报纸对这一仲裁案的情况作了报道。

此案的起因在于资方。上海解放后,上海广新银行资方内部矛盾激化,部分高级行政负责人利用职工对资方拖欠职工工资的不满情绪,以及资方对职工增资的消极态度,制造查账纠纷。经由高级行政负责人共同组成的查账小组决定,由行内保管传票的办事员胡嗣鑫,在征得会计主管人员及工会干事会同意的情况下,于1949 年 7 月 30 日将两本传票交给了职员汪镇楠,以后汪镇楠又把传票存放在本行稽核处长胡君益处。

1949 年 8 月,资方为了打击工会,派唐湘令和潘维钻两人打入工会,还擅自成立新干事会,与原干事会相对抗,以达到打击工会的目的。同时,资方还对劳方的工会积极分子"采取敌视态度"。9 月 12 日资方以所谓"胡嗣鑫偷运传票"一事,给予其停职处分,企图杀一儆百,处分公布后,胡嗣鑫认为"处分失当",因为自己的行为没有违反银行的规定,符合操作程序。于是,他呈请上海市劳动局调处。经查,胡嗣鑫偷运传票之事不成立,"资方所称非事实",因此停职理由不存在。可是,资方在事实面前还是坚持己见,不同意胡嗣鑫复职。

在真相已明而资方固执己见、说服无效的情况下,只能宣告调处终止,依法进入仲裁程序。1950 年 2 月 24 日,由上海市劳动局副局长李剑华等六人组成的劳动局仲裁委员会开庭仲裁此案。庭审以上海市军管会颁行的《上海市私营企业劳资争议调处程序办法》为依据。仲裁裁定的内容是两条：一条是"予劳方当事人胡嗣鑫无条件复职"；另一条是资方"付清所欠劳方当事人在复职前的实际工资"。也就是说，仲裁依法进行，并切实维护了劳方当事人的合法权益。

1950年2月25日的《解放日报》刊载了此案发生前后的过程及仲裁结果，还发表评论说："这是本市第一件仲裁案件，且说明仲裁的目的，仍在合理解决争议，达到劳资双方的团结。"上海的第一仲裁案就此画上了句号。之后，上海还进行过多次这样的仲裁。此次仲裁中依法仲裁、努力维护当事人合法权益的精神，对以后的仲裁产生了积极的影响。

（原载《上海法制报》2006年6月12日）

4. 讼棍事件与法治精神

1949年11月1日，上海发生了一起"讼棍事件"。事由得从赵幼青、李鸿福、杨振宾三个"讼棍"说起。

上海解放后，新建立的人民法院就设立了问事代书处。设立此处的目的是为诉讼当事人提供方便，专门为不会撰写诉状的诉讼当事人代写诉状，而且不收任何费用。同时，上海市政府亦作出规定，其他人不得在法院外设点，以代写诉状为名，收取费用，从中牟利。人们还习惯称这些代写诉状者为"讼棍"。当时认为这一规定是必要的，因为这些讼棍与人民法院"设置代书处为人民服务的目的及杜绝私人干涉诉讼之旨不符"。

可是，1949年10月26、27日两天，上海市人民法院根据"举报"，得知在法院对面的茶馆里，赵幼青、李鸿福和杨振宾三人经常出没，并向法院附近的诉讼当事人兜写诉状，从中渔利。而且，从他们身上也确实发现了空白和已写成的诉讼及一些供写诉状的资料。当时认为这三人"确有包揽词讼行为,显与人民政府法令不合",因此可以将他们扣押,依法拘禁训诫。

然而,上海市人民法院的个别工作人员却没有依法行事。1949年11月11日他们擅自决定召开群众大会,命这三个讼棍在大会上坦白悔过。秘书科长还令他们"头戴高帽,手敲铜锣"。第二天,上海的一些报纸纷纷作了报道。可是,这一过激行为与当时的法治精神不符,并引起了上海市人民法院和上海市军管会领导的重视。

1949年11月18日,上海的《解放日报》全文刊登了《上海市人民法院院长汤镛关于处理三讼棍案件的自我检讨》。检讨认识到"这种处理办法与人民政府的法治精神是不相符合的"。同日,《解放日报》还刊登上海市军管会主任陈毅和副主任粟裕发出的"训令",题为《关于处理三讼棍的检讨》。对有关责任人给予"警告之处分"。

至此,"讼棍事件"画上了一个满意的句号。可是,仍然留下了值得深思的问题:"讼棍事件"为什么会发生,因为与法治精神相悖;"讼棍事件"为什么会得到满意的解决,因为坚持了法治精神,而这一切都发生在解放初的新上海,人民的法制刚刚诞生。

(原载《新民晚报》2000年7月4日)

5. 庄琴堂事件

庄琴堂事件是解放初上海的一个重要事件。1950年5月28日,《解放日报》刊载了潘汉年副市长《在上海市各界人民庆祝上海解放一周年纪念大会上的讲话》。讲话中专门提到了庄琴堂事件,并把这一事件与反对腐败联系在一起。他说:"部分干部发生贪污腐化、蜕化倾向,严重的如庄琴堂事件已经发展到不可容许的犯罪行为。虽然是个别的,不能不引起我们严重的注意,今后要加强整风学习和纪律教育。"庄琴堂何许人也? 此事件又是怎么回事?

庄琴堂是当时上海市公安局常熟分局第二股副股长。他原籍山东临沂,1940 年参加革命,同年加入中国共产党,从事群众工作和公安行政工作。上海解放后,他随军来到上海,在常熟分局任职。在任职的半年中,他迅速发生变化,不仅工作不负责任,还腐败起来,劣迹斑斑。贪污腐化。他利用侦破盗窃案的便利,先后鲸吞了总数约为 700 万人民币的赃物,其中包括金元宝、金戒指、金链子、金怀表、金手表等。他用贪污所得勾引女色,生活腐化。违法执法。他随意扣人,先后非法扣押了铁路公安局招待所所长和可的牛奶公司的工人等人。扣押后,还对他们施刑,任意抽打。他还犯有其他一些违法行为,如向受害人勒索汽油,以作私用;在黑市中出售银圆;藏匿了缴获的两支手枪和 250 发子弹;等等。

当他的劣迹初露时,组织上就多次向他指出,可是他阳奉阴违,我行我素,以致酿成大错。为了严肃法纪,上海市人民政府批准将他撤职查办;中共上海市委决定将他永远开除出党;上海市公安局将他交给司法部门,追究其法律责任。上海市公安局还专门开展教育,要求广大警员从中引以为戒。

(原载《新民晚报》1999 年 12 月 8 日)

第三章
中国当代法治

中国当代法治部分由总述、立法、行政执法与司法三个方面的内容组成。每个方面的内容都显示了中国当代法治中的一些重要侧面。

一、总　述

1. 中国法治与社会

关于中国法治与社会问题,有许多值得研究之处,主要是以下这些。

(1)中国现代社会需要法治

从世界和历史发展的角度来看,出现过多种治国方式,除了法治,还有人治与神治等。中国古代长期推行人治。人治的权威是个人,中国古代即是君主。由其治国的弊端十分明显,不能适用现代中国。首先,权威个人的认识往往有很大的局限性。每个人的认识有局限性,君主也是如此。这种局限性往往不能反映广大民众的意志和愿望,造成治国失误。比如,秦始皇把阴阳五行与治国结合起来,用刑严酷,结果秦朝仅二世即亡。其次,权威个人的行为往往没有预期性。君主可以随心所欲,其行为往往无法预期,会使人们无所适从,缺乏安全感。比如,唐朝的开明皇帝唐太宗,也会不依法执法,错杀张蕴古等大臣。最后,权威个人治国就是专制统治。这个人要把自己的意志强加于所有民众,实行的是专制统治。中国历史上的君主都是专制君主。这种专制统治就是独裁统治,与现代民主格格不入,无法为广大民众所接受。

世界上有些国家曾实行过神治。这些国家是宗教至上,政教合一,实施宗教法。中国无法推行神治。首先,中国没有神治的传统。中国古代的政权都是世俗政权,历代君主不让宗教来瓜分这一政权。宗教扮演的是为世俗政权服务的婢女角色,不居主宰社会的地位。中国长期以来的法律也都是世俗法,不是宗教法。自古至今,中国已习惯用世俗的治国方法,不是神治。其次,中国的不少神职人员异化。中国古代有不少神职人员都没有把宗教作为信仰和事业,而是一种功利性很强的谋生途径。朱元璋就是其中之一。当年,他穷得没饭吃,就去做和尚,混口饭吃。以后,做了皇帝,他认为这段历史不光彩,于是禁止人们说"光"字,因为这与和尚的光头相联系。另外,从大量的案例中可见,中国古代神职人员的犯罪情况不少,而且犯的多为大忌,如盗窃、抢劫、诬告、通奸、强奸等。他们的名声不好,也影响到人们对宗教的信仰和它本身的形象。最后,神治与现代中国的主流意识形态背道而驰。中国现代的主流意识形态以辩证唯物主义和历史唯物主义为基础。宗教则崇拜超自然力量,远离客观世界,与中国的这一主流意识形态不符。

与以上两种治国方式相比,法治具有明显的优越性,是以下五性的综合。第一,具有国家意志性。法律的产生经过一定的立法程序,能反映广大民众的意志和愿望,克服了个人认识的局限性。而且,任何人都要遵守,没有例外。与国家意志相联系,它还具有国家的强制性,违犯者会受到制裁,保证国家意志的实现,因此便于遵守和实施。第二,具有稳定性。法律的产生、修改和废止都要经过一定的程序,不会朝令夕改,可以保持相对的稳定,便于人们掌握和施行。第三,具有可预见性。人们根据法律的规定行事,可以预见自己行为的后果。即与法律规定一致的,可以受到法律的保护;否则,就会受到法律的制裁。第四,具有可操作性。法律的规定十分详尽,详细告诉人们应该怎样、不应该怎样,人们很易把其中的规定变成自己的行为,得到具体执行和落实。第五,具有反复适用性。法律规定对任何人都有效,不论民族、籍贯、阶层、信仰、性别等都一样。而且,昨天可以适用,今天和明天也都可以适用,不断被适用。法治的这些优越性决定了中国现代社会必定会采用法治这一比较理想的治国方式。

以日本为例。明治维新以后,日本开始走脱亚入欧的道路,不断从西方引进法制,推进法治建设,实现了法制现代化。这现代化的效果明显,以致日本在甲午战争中打败了中国,在日俄战争中又击败了俄国。连中国官员都要求清政府以日本为鉴,走变法之路推进法治。以后,日本的进一步发展也都与实行法治相关。中国为什么不能也走法治的道路,使自己富强起来呢? 这从另一角度佐证了中国社会需要法治。

(2) 中国社会的特殊性决定了推进法治的艰难性

中国社会有其自己的特殊性。这一特殊性有碍于法治进程,加大了推进法治的困难。

首先,中国没有法治的传统。中国传统社会是个德治社会。德治的思想和治国方式早就萌生。西周时强调"明德慎罚",就已经包含了德治的因素。汉朝时明确提出"德主刑辅",确立了中国的德治传统。唐朝时则进一步提出:"德礼为政教之本,刑罚为政教之用"。以后,各封建朝代无不如此。在德治条件下,君主是权威,专制制度因此有了立足之地,人治随之盛行,法制只是成为一种辅助的治国手段。君主独断独行并不鲜见,法制被践踏的情况时有发生,冤案不可避免,即使是一些较为开明的君主也都如此,如汉景帝就错杀过晁错。官吏也利用职权肆意枉法,违法司法的行为也屡见史册,春秋晋国的大夫叔鱼贪色枉法、宋朝的秦桧诬陷岳飞等都是如此。同时,礼和理等一些非法律因素冲击法制,法治的地位和严肃性受到削弱。在此漫长的历史背景下,要推进法治,树立法律的权威,让人人都要受到法律束缚,的确并不容易,需要一个长期的过程。

其次,中国的地区发展太不平衡。中国是单一制国家,全国各地都使用同一法律。可是,中国的地区发展差别很大,这也给法治进程造成困难。东、西部人均 GDP 就要相差 3 倍以上,东部与一些中部地区的差距也不小,这种差距反映出经济、文化、社会等方面的发展不平衡。发展水平不同的地区对法治的需要也不会相同。一般而言,社会发展水平比较高的地区更要求对财产的保护、对投资的渴望、对金融的关注、对知识产权的重视等,那里的人们会对民商、知识产权等方面的法律更有需求;而社会发展水平比较低的地区则更要求对基本生活水准的保证、对社会治安的维护、对妇女儿童合法权益的保障等,那里的人们对刑事、行政等方面的法律更为注重。为了解决地区间不平衡的状况,现在主要是通过地方立法或规章来加以调整。比如,有的发达地区规定构成盗窃罪的底线数额是 2000 元,有些欠发达地区则规定为 1000 元。显然,这可能会导致法治的不统一。只有当东部地区与中西部地区的差距不断缩小后,中国法治发展中的这一困难才会得到克服。

最后,还存在西方法制与中国国情之间的矛盾。中国从 20 世纪初的清末开始就进行法制改革,大量引进西方的法制和不断废止中国传统法制。当时制定的法典、法典草案都是仿照西方的法典。比如,《大清新刑律》是《德国刑法典》的翻版,《大清民律草案》的绝大多数内容均来自《德国民法典》。同时,我国传统的法制逐渐退出历史舞台,"八议""十恶""同居相为隐"等制度先后被废用。在此之后的百年间,尽管政权更迭,法制不断变更,但基本方向都是走法制现代化的道路。今天,我们仍在不断吸收人类法制文明的成果,以建成中国特色社会主义法律体系,实现法制的现代化。但是,必须看到,西方法制植根的是西方的"土壤",而中国则有自己的国情。引进西方法制,有些会与中国的国情发生矛盾,出现水土不服的现象。这种矛盾一般不会在立法中有突出表现,但会在法的适用特别是司法中有明显反映。西方国家经过长年法治的积累,其公民的规则意识和诚信意识都比较强,在此基础之上制定的民事经济法律的适用情况也比较理想。但当这些法律移植到中国以后,情况就不那么幸运,适用的情况也不十分令人满意了。这是西方法制与中国国情矛盾的突出表现,不利于法治建设与社会和谐。这种矛盾的解决需有一个磨合期。

(3)中国推进法治的必由之路

中国建设社会主义法治国家是历史的选择,势不可挡。但是,要实现这一目标,还必须做好以下工作。

首先,进一步增强全民法律意识。法律意识是法治的灵魂。意识指导行为,只有当公民、社会的法律意识有了明显的增强以后,全社会适用法律的情况才会有明显的改善,中国法治的步伐才会加快。法律意识是构成公民法律素质的重要组成部分,法律素质由法律意识、法律知识和适用法律的能力构成。其中,法律意识是决定性因素,只有具备了较高的法律意识,才能自觉地学习法律和适用法律。从这种意义讲,增强公民的法律意识十分重要。几年前,上海有两个课题组在研究上海市民法律素质时都发现,上海市民获取法律知识的主要途径是通过观看电视节目。因此,有必要进一步加大电视宣传法治的力度,甚至可以考虑,增设一个法治频道,提高市民的受益程度。

其次,进一步完善立法。立法是法治的基础。之前设定的三大法治目标,都与完善立法有关。第一大目标是要在2010年建成有中国特色社会主义法律体系。党的十五大提出了这一目标。第二大目标是要在2014年基本实现依法行政。2004年国务院提出的依法行政纲要指出,用10年时间基本实现依法行政。第三大目标是2020年中国全面实现小康社会。党的十六大提出了这一目标。那时的小康社会便是法治更为先进的社会,否则无法保持和进一步发展这一社会。这三大法治目标都以不断完善立法为基础。没有这一基础,哪个法治目标都无法实现。现在,这三大目标均成功实现,但中国的立法还有完善的空间。其中,有的法律要制定,如民事强制执行法;有的法律要修改,如刑事诉讼法;有法律要充实,如教育的法律;等等。总之,当前中国仍有艰巨的立法任务,不可有一点松懈。

再次,进一步树立司法权威。树立司法权威是法治的关键。司法是法治的最后屏障,也是法治的集中体现。只有树立了司法权威,法治才能顺利向前推进。根据现代的法治理论,要树立司法权威还有其前序条件,其中包括:司法官要职业化,即经过职业训练和职业考试;司法官要有职业保障,即实现司法职业终身制;司法要独立,即不受任何个人和单位的制约和影响,独立司法;实现司法公正,即依法司法,做到在法律面前人人平等。树立了司法权威,就会形成司法的公信力,人们对法治也就有了信心和信仰,甚至崇拜,这时的法治便可正常运作了。当前,实现司法权威还受到多方面的挑战和制约。

最后,进一步加强法律监督。法律监督是法治正常运行的保障。法治是一种人的活动。没有这种监督,法治也会遭到滥用,滋生腐败。法律监督可以分为法律内部的监督和法律外部的监督。法律内部的监督可以及时解决法治运行中存在的问题,比如上一审级法院对下一审级法院审判的监督、检察院对法院审判进行的监督等。这种监督同在法治系统内部,易及时发现问题,及时进行纠正。在辽宁省审判的刘涌黑社会性质的犯罪案中,最高人民法院就对辽宁省高院的审判进行了监督,最后经过改判,形成了公正的判决。法律外部的监督来自于法治系统之外,也可以对法治运作的监督产生积极的效果。比如媒体的监督。媒体通过对一些法治中存在的问题进行报道,揭示其弊端,引起社会各界的关注,促使相关机关进行反思,从而纠正错误,实现公正。比如在佘祥林案件中,媒体的报道引起了司法机关的重视,作了赔偿,还了他的清白。当前,法律监督还有进一步加强的余地,有必要充分发挥其作用,督促法治进入良性循环的道路。

(原载《上海法治报》2008 年 6 月 25 日)

2. 推进社会主义法治文化建设

《中共中央关于全面推进依法治国若干重大问题的决定》(以下简称《决定》)的第五部分"增强全民法治观念,推进法治社会建设"中,提出"建设社会主义法治文化"的要求。

（1）大力推进社会主义法治文化建设很有必要

首先，中国传统上没有法治文化。中国传统上只有法律文化，没有法治文化。中国在夏、商时期就有法律，先后制定过"禹刑""汤刑"等，法律文化也就产生了。这种法律文化是在专制、人治下的文化，与法治文化差别很大，其以人为权威，对君主没有约束力，存在等级特权制度，以不平等为前提，都与法治文化相悖。中国现在要全面推进依法治国，就须补没有法治文化的不足。

其次，中国现在需要大力建设社会主义法治文化。全面推进依法治国是个系统工程，须有社会主义法治文化作为自己的文化基础，作为对全面推进依法治国的支撑。这是一种集法治理念和精神、法律制定、法律实施、法治设施等在内的一种综合性文化，其突出表现为人们对法治的认知。没有这一文化，全面推进依法治国就会受挫。

最后，《决定》为社会主义法治文化提供了养分。《决定》中的许多内容就是社会主义法治文化中的养分。比如，其中的坚持中国共产党的领导、人民主体地位、法律面前人人平等、依法治国与以德治国相结合、从中国实际出发的五大原则就是这样。当然，这个决定是党的决定，还需使其上升为国家意志，从而转变为人民意志，得到广大民众的进一步认同，深深扎根于人们心中，成为一种持续有效的认知。这会有一个过程。现在已有了一个可喜的开端，要抓住这一开端，使其成为大力推进社会主义法治文化建设的一个契机。

（2）在大力推进社会主义法治文化建设中需要注意的一些问题

首先，推进社会主义法治文化建设是个长期而艰巨的任务，要作长远的打算和长久的努力。任何一种文化的形成都会经历一个过程,这种过程往往不是短期而是长期的。在长期的形成过程中,人们会逐渐认同、接受,沉淀在心灵深处,形成一种相对固定的模式。社会主义法治文化也是如此。中国实行法治的时间不长,党的十五大才正式提出依法治国的治国方略。要建设这一法治文化需作长期努力,不可松懈。

其次,国家要花大力气推进社会主义法治文化建设方能奏效。文化大致可分为两种,即私文化与公文化。私文化可在人们的日常生活中逐步生成,不经国家大力推进也会自然而然地形成,如饮食文化、服饰文化等。公文化则有所不同,须经国家的大力推进才会渐渐产生、发展,社会主义法治文化即是如此。法治作为一种治国方略,需由国家确定或认可。一旦确认,国家就要利用包括国家机器在内的一切手段,加以切实推进。否则,法治不可能持续,也不会成功。法治文化伴随法治的产生而产生,陪伴法治的发展而发展。只有当国家大力推进法治文化建设时,法治文化才会得以发展、弘扬。社会主义法治文化也是如此。

再次,现代的法治文化渊源于西方国家,借鉴时一定要充分考虑到中国国情,切勿盲从。西方国家有法治的传统,现代法治文化的生成也早于中国。在当前大力推进社会主义法治文化建设中,可以借鉴西方现代的法治文化。然而,毕竟西方国家的国情与中国有明显差异,在借鉴过程中要充分考虑到中国的国情,不能盲从,不加区别地吸收,以免水土不服。

最后,中国的法学教育要在大力推进社会主义法治文化的建设中发挥积极作用。现在,中国法学教育的体量已经很大,有超过630所法学院、系,在校的各类法学专业学生超过40万人。培养的学生是法学的专门人才,经受过系统的法学教育与训练,应该成为全面推进依法治国的生力军。在其中,法学教育应该利用各种教育手段,在大力推进社会主义法治文化建设中发挥积极作用,使培养的学生不仅具有丰富的法律知识,还要富有社会主义法治文化的素养,在各条战线上成为一名社会主义法治文化的建设者与传播者。

(原载《文汇报》2014 年 11 月 27 日)

3. 法文化建设与城市建设

党的十七大报告十分强调法治与文化建设,明确提出,要"坚持依法治国基本方略,树立社会主义法治理念";"加快建设社会主义法治国家";"建设和谐文化,培养文明风尚"。当前的法文化正是法治与文化的有机结合。法文化建设与城市建设关系密切,而且法文化在城市建设中还有积极作用。

首先,可以丰富文化的内容。我国封建社会时期长期处于人治之下,法文化的发展受到压制,得不到充分的培育。因此,我国的文化留有不足,法文化是个缺口。加强法文化建设,可以丰富文化的内容,健全城市的文化,充分发挥文化的作用,提升城市的品位和软环境。

其次,可以提高公民的法律素质。公民的法律素质是法治国家公民的必备素质。公民的法律素质主要由法律意识、法律知识和适用法律的能力等组成。这些组成的内容都属法文化范畴。法文化的水平提升了,公民法律素质的水平也会随之提高,法治的进程也会加快。

再次,可以提高法治的质量。法治聚焦在依法限制国家权力和维护公民的合法权益两大方面。我国在加快法治进程的同时,还必须切实提高法治的质量,也要做到又好又快。这种质量的提高直接有赖于立法、执法、司法和法律监督质量的提高。法文化的水准是决定法治质量的一个重要方面,因此提高法文化的水平也不可或缺。

最后,可以促进社会和谐。现代的和谐社会应是法治社会。法治既是治国的基本方略,也是实现社会和谐的主要手段。当代法治的文化就是法文化,法治需要法文化,这是它的文化基础。这种文化要求社会成员追求和养成遵守规则和秩序的习惯,并在规则和秩序的范围内行事,以此来达到形成和维护社会和谐的目的。可见,法文化还在促进社会和谐中有非常重要的意义。

要充分发挥法文化在城市建设中的作用,首先要从地方政府做起,这是一种建设法文化的主导力量。结合党的十七大报告的精神,地方政府可以在以下一些方面有所作为。

第一,通过各种途径宣传法律。法律知识本身是法文化中的一个重要组成部分。学习法律知识也有利于形成公民的法律意识,增强适用法律的能力,提高法律素质。要利用各种途径,创造更多宣传法律的机会,让广大民众学习法律知识。媒体是宣传法律的经常、有效手段,电视节目又是其中之最。有学者曾做过一个关于市民法律素质的课题,发现广大市民学习和掌握法律知识的主要途径来自收看电视节目。在这种情况下,地方政府便可更重视运用电视这一媒体来发挥其宣传法律的作用,甚至可以设立专门的法治频道,便于广大市民观看,在不意之中接受法律知识,输入法文化。

第二,引导民众形成法治思维。理想的法治社会是一种把法治作为行为方式的社会。在这样的社会中,人们会自觉地把法治作为自己的生活方式、工作方式和治理方式。这首先就需要有法治思维。考虑问题时,以法治作为出发点和归宿。这样,整个社会就会在法治轨道中运作,不脱离这一轨道,各种关系也就会处于一种符合法治要求的和谐状态。当然,这种思维的形成并非一蹴而就,需要一个过程。政府在这个过程中,要有所作为。比如,引导民众思考问题时,以法治为对照目标;遇到问题时,以法治为解决办法;解决问题时,以法治为具体方法;等等。总之,要使法治成为民众生活中不可缺少的一个重要组成部分,并成为思维的出发点、参照点和目标点。

第三,营造依法办事的氛围。当今的中国,政府是社会的主导管理力量。在充分利用法文化建设促进城市法治建设方面,政府是主导,其中包括积极营造依法办事的氛围。这里既有政府利用舆论工具进行依法办事宣传的功用,也有政府自己以身作则依法办事的作用。特别是依法办事,这是政府营造依法办事氛围的关键。政府是行政执法的主体,其执法行为会大量和经常发生,而且还关系到千家万户。政府只有依法办事,才能树立法治政府的形象,维护法治的权威性,赢得民心。因此,营造依法办事的氛围必须从政府做起,从政府的每个行为做起。在地方政府的率先垂范中,逐渐形成依法办事的良好风气。

第四,注意吸取其他城市的有益经验。现在,依法行政已成为各地方政府的努力目标。在依法行政中,有些地方政府已根据本地区的实际情况,采取一些与法治相关的措施,建设自己的地方法文化,并已取得了一些相应的经验。比如,深圳出台了法治政府的指标体系,浙江诸暨总结出了"枫桥经验"中的法治模式,江苏海安县也有法制宣传的特色等。这些虽是标本,但也可以形成放大效应,不同程度地为其他城市所借鉴。各地方政府可以从这些城市的有益经验中吸取养分,取长补短,完善自己的理念和做法,提高建设法治城市的水平。地方政府在建设法文化与城市建设中同样可以有所作为。

（原载《文汇报》2008 年 1 月 28 日）

4. 领导干部的法律素质是
推进依法治国的关键

　　法治是一种治国方略,需要通过人们的行为得到体现,特别是领导干部的行为。同时,领导干部的行为又受制于法律素质,它是决定领导干部行为的重要因素,也是推进我国依法治国的关键。其原因主要有三。一是因为领导干部都有一定的职权,而这些职权又往往在不同程度上与法治的一些环节相联系,因此他们的行为会直接影响到法治的进程。如果他们的法律素质较高,遇事都依法办事,那么依法治国的进程就会加快,否则就会放慢。二是因为领导干部有领导、监督、检查其下属干部工作的职能,如果他们的法律素质较高,就会促使下属干部依法行事,这样依法治国的效果就会比较理想,否则其效果就会相反。三是因为领导干部有表率作用,如果他们的法律素质较高,以身作则,依法办事,为其他干部做出榜样,那么就会有一种巨大的向心力,并形成依法办事的氛围,养成依法办事的习惯。否则,上梁不正下梁歪,就会对依法治国起反作用。可见,依法治国的关键在很大程度上取决于领导干部的法律素质。

　　要提高领导干部的法律素质,就要处理好法律知识、法律意识和工作能力三者的关系。法律意识是其中的核心,只有具备了较强的法律意识,领导干部才会严格依法办事,并使自己的能力发挥在依法的框架内,做到事半功倍。只有在不断学法的过程中,不断培养和增强法律意识。可以想象,如果连法律知识都不知或知之很少,怎么会具备较强的法律意识呢,显然是不可能的。法治下的工作能力要依赖于法律意识与法律知识,只有在具备了较强的法律意识和较丰富的法律知识情况下,工作能力越强就越有利于法治。依法治国也是如此。

学习法律知识的途径有多种。直接学习法律的规定是一条必要途径。法律规定直接反映法律的精神和原意,是依法治国的依据。领导干部只有学习和掌握了法律规定,才能做到依法行事。还有,到法治工作部门去学习法律知识是一条重要途径。到立法、执法和司法部门工作(如挂职锻炼等),可以学到活的法律知识,它比法律规定更为生动、具体,也更贴近社会生活,比较容易理解和记忆。此外,经过系统学习法学知识来学习法律知识、进行普法教育等也都是有效途径。当前,各级领导干部学习法律知识的任务很艰巨,因为现在法律、法规的数量很多。除了国家法律以外,还有不少地方法。为了加快依法治国的进程,我国的各级领导干部不学这些法律不行,不学好这些法律也不行。

当然,由于工作岗位的不同,对领导干部法律素质的具体要求也会有差异。比如,立法部门的干部应具有立法的知识和掌握立法技术,尽可能地把广大人民群众的意志和愿望与依法治市的要求结合起来,制定出不与上位法冲突而又符合上海实际情况的法规。行政干部应具有行政法和行政执法知识,做到严格依法行政。司法干部则应具有丰富的法律知识和司法知识,严格依法司法,保证司法公正。只有当各类各级领导干部都具备了较高法律素质的时候,我国离法治目标也就不远了。

当前,提高领导干部特别是基层领导干部的法律素质问题,要引起足够的重视。最近,一个省的党校课题组对华北某省的 251 名基层干部进行了问卷调查,其中厅级 34 名、处级 59 名、科级

158 名。调查结果显示:"目前,相当数量的领导干部还远远不能适应依法治国和建设社会主义法治国家的要求,其法律素质之低令人吃惊。"这里列举两个例子。一个是学习或系统学习过重要法律的人数比例不高。调查发现,系统学习过《行政诉讼法》《行政处罚法》的不足50%;学习过《行政复议法》的只有26%;学习过《国家赔偿法》的只占20%;都在50%以下。另一个是准备坚持依法办事的人数比例不高。调查还发现,在遇到权势的压力时,准备放弃法律原则并迎合领导意图的,在科级干部中竟占了41%以上。这样的法律素质实在令人担忧,对这一问题绝不可掉以轻心。

我国历史上有重视官吏法律素质的传统,早在秦始皇统治时期就已把是否知法作为评判官吏好坏的标准。那时规定,"凡良吏明法律令"而"恶吏不明法律"。到了明朝,朱元璋进一步要求官吏务必熟读法律,讲清律意,依律处理事务。"凡国家律,参酌事情轻重,定立罪名,颁行天下,永为遵守。百司官吏,务要熟读,讲明律意,剖决事务。"另外,世界上一些发达国家普遍重视从学法人员中选择高级政府官员,除总统、首相等国家领导人外,许多地方官员也是如此。比如,美国有三分之二的州长都是法学院的毕业生。这些都可供我们今天提高干部的法律素质所借鉴。

(原载《上海法治报》2001 年 1 月 22 日)

5. 把法治作为群众工作的一个路径

党的十八届三中全会十分重视社会建设问题,在会议通过的《中共中央关于全面深化改革若干重大问题的决定》(以下简称《决定》)中,从加强社会管理、坚持法治社会、健全社会普法教育机制、创新社会治理、改进社会治理方式、加强社会治安综合治理等角度,都对社会建设提出了要求。群众工作作为社会建设的一个重要组成部分,《决定》中也设有工作目标,包括:促进群众在城乡社区治理、基层公共事务和公益事业中依法自我管理、自我服务、自我教育、自我监管,以及完善直接联系和服务群众制度等。在当前建设社会主义法治国家的大背景下,把法治作为群众工作的一个路径,是一种必然的选择。

法治在群众工作中占有明显的优势,突出表现在以下四个方面。首先,具有合法性。法治已成为我国的治国方略,建设法治中国已是大家共同的努力目标,法治国家、法治政府、法治社会正在一体化建设中。发挥法治在群众工作中的作用具有合法性,不会受到质疑,大家也容易接受。其次,具有权威性。法律由国家制定或认可,而且还有国家的强制力保障其实施。法律的这种国家意志性反映了广大民众的意志和愿望,经过合法程序产生,具有权威性。用法律来规范群众工作,用法治来开展群众工作,具有权威性,易贯彻落实和解决问题。再次,具有操作性。法律的规范很具体,也利于运作,具有很强的操作性。用法治来开展群众工作,会有章可循、有据可查,利于克服随意性和盲目性,提高工作的针对性和工作效率。最后,具有反复适用性。法律较为稳定,不会朝令夕改,可以反复适用。不仅昨天、今天可以适用,明天也可以适用;不仅对你、我适用,对他也可以适用。这种法治的反复适用性,形成了可复制性。这就使人们对自己的行为有了预期。为了趋安避险,大家会依法办事、行事,避免违法犯罪。以上"四性"决定了法治路径的优越性,十分有利于开展群众工作,并为其他路径所不可替代。

要充分发挥法治在群众工作中的作用,有些方面必须加以重视。第一,要提高大家的法律素质。这是一种主要由法律知识、法律意识和法律能力所构成的综合性素质。群众工作的主体首先需要提高自己的法律素质,否则无法运用法治路径开展群众工作。广大群众也需提高法律素质,这是法治社会公民所应该具备的素质。只有当大家都提高了这一素质,才能在法治平台上有效地开展群众工作,解决棘手的问题,处理复杂的纠纷。当前,更需提高大家学习法律知识的积极性,切实增长法律知识,带动提高自己的法律意识和法律能力,最终提高法律素质。第二,要学会运用法治思维和法治方法。这是法治路径中的重要组成部分,也是法治条件下开展群众工作的思维和方法。只有学会运用法治思维才能有效思考、分析出群众工作中存在的法治问题,以及形成问题的原因,找到解决问题的办法。只有学会运用法治方法,才能妥善着手解决群众工作中的法治问题,收到满意的效果,实现和谐。第三,要把法治路径与其他路径相结合。当前,在群众工作中,法治路径是主要路径,但是能与其他路径相结合,效果就会更佳。比如,道德教育、综合治理等路径。它们都有自己的长处,能与法治路径相结合,就会事半功倍。这种殊途同归,共同发力,形成合力的路径将会更宽,也会更有实效。

(原载《文汇报》2013 年 12 月 11 日)

6. 恐怖主义犯罪难以逍遥法外

恐怖主义犯罪对社会的危害极大,有必要严厉打击,不能让其逍遥法外。

第一,明确恐怖主义犯罪。恐怖主义犯罪应从以下几个主要方面来界定。首先,犯罪的主体可以是个人、组织、集团,也可以是国家,不仅仅限于个人、组织或集团。如果缺少国家,就为国家进行恐怖犯罪打开了方便之门。其次,这一犯罪的目的是通过恐怖手段来达到其使用其他手段往往所不能达到的非法目的。再次,这一犯罪的手段是各式各样的恐怖手段。比如放火、爆炸、暗杀、绑架、劫机、劫船等。这些手段杀伤力和破坏力均很强，后果严重，也会给人民带来极大的不安全感，危害很大。最后，这一犯罪所指的目标也很广泛。常常是那些在社会上有一定影响，能为恐怖犯罪分子实现非法目的而起关键作用的目标。根据以上几个方面的内容，恐怖主义犯罪可以界定为：个人、组织、集团或国家为实现非法目的，用放火、爆炸、暗杀、绑架等恐怖手段，对特定目标而实施，给社会、民众造成严重后果的一种犯罪。

　　第二，制定专门、系统的反恐法。反恐法应是一部综合性法律，内容可以涉及多个方面和多个部门法。首先，应在法律中明确恐怖主义犯罪的概念、反恐的指导思想和原则。反恐的指导思想可包括：反恐应在预防和打击两个方面着手；其目的是在维护世界和平，使人民能安全、安定地生活等。反恐的原则主要是以下这些：预防与打击并重原则；国内与国际相结合原则；非政治化原则。其次，要全面规定实体法方面的内容，把已有的和根据发展趋势可能出现的恐怖主义犯罪行为都一一列出，分别予以量刑，在罪刑法定原则下，不让这类犯罪行为逍遥法外。同时，除了要追究恐怖主义犯罪分子的刑事责任外，还要追究他们民事等其他一些法律责任，如民事赔偿等，使他们不得不承担由犯罪行为而产生的一切法律后果。最后，要规定特殊的程序法内容。恐怖主义犯罪的特殊性决定了程序法的特殊性，其基本点是要及时、有效地打击这种犯罪，因此，可以在保证司法公正的前提下，赋予侦查人员以特殊的侦查权，也可以给予检察官以特殊的检察权，使他们能在职权范围内，严厉地打击这类犯罪，最大限度地维护人民和社会的安全。

　　第三，设置专门的反恐机构与反恐监督机构。反恐机构的职能应比较广泛，只要与反恐有关的事宜都应包括在其中。具体来说主要包括以下这些方面:收集、掌握和交流反恐情报;宣传反恐基本知识;培训反恐专职人员;协调各方反恐人员;购置必要的反恐设备;提出反恐的法案;制订反恐的计划和预案;与全国各地和世界其他国家反恐机构的联系;侦破、处理恐怖主义犯罪案;向检察机关递交恐怖主义犯罪的有关证据及相关材料;等等。考虑到这个专门的反恐机构是个综合性机构,因此人员也应综合性。除有专门的领导外,还应有公安、安全、消防、边防、军队等方面的人员参加。这样的人员构成便于及时了解和掌握反恐所需要的有关情况,商量必要的对策,采取有效的措施,协调各方的关系,充分利用反恐资源,重点打击恐怖主义犯罪。在专门的反恐机构外围可以设专家咨询机构,人员以非专职为宜,可以是分散在相关单位某个方面的专家、学者,其中的人员可根据形势的发展和需要而不断变化和调整。为了有效地发挥反恐机构和机制的作用,有必要设定法定的监督机构。这一机构的主要任务是监督反恐机构依法行使职权,促使反恐人员恪守职责。

(原载《社会科学报》2003 年 4 月 17 日)

7. 法治框架下的学术媒体

当前,中国的学术媒体与学术研究仍需进一步发展,以便繁荣中国的学术,促进文化建设,提升精神文明水准。但是,这一发展必须在法治框架下进行,不能突破这一框架。

(1)在法治框架下,学术媒体和学术研究都有充分的自由与发展空间

中国正在加快建设社会主义法治国家,全面推进依法治国,法治已成为国家的治国方略,也是治理社会的基本方式。因此,法治

必定会渗透到社会的方方面面,包括学术媒体与学术领域。中国法治已为学术媒体和学术发展留有充分的自由与发展的空间。只要依法,学术媒体就可以取得依法进行宣传、稿约、出版、上网、影视等自由和发展空间,学术可以获得提出学术观点、进行学术探索、开展学术争鸣等的自由和发展空间。然而,这些都须在法治框架之内进行,不能以冲破这一框架为代价。学术媒体和学术发展只有在这一框架之内,才会受到法治的保护。相反,不仅不能受到法治的保护,还会受到法治的惩处。从中国的法律规制情况来看,学术媒体和学术的发展自由与发展空间很大。只要遵循宪法和法律,不诽谤、诬陷、散布不实之词,严格遵守学术规范,尊重知识产权等,学术媒体和学术自身都将获得良好发展。

中国已经建成中国特色社会主义法律体系,但是完善这一体系的任务还摆在大家面前,其中有些法律还须进一步完善,包括与学术媒体及学术发展相关的一些规定。现有的有些规定法律位阶不高,没有上升到国家法律的层面,还只是停留在规范性文件的层次,如教育部发布的有关学术规范的一些规定等。为了进一步有效规范学术行为,有国家法律的规制将会更好。还有一些与学术媒体相关法律的制定也是如此,中国应有自己的媒体法等。这些法律出台以后,中国的法治框架就会更完整,学术媒体和学术发展也可以更为规范。

在法治框架下,中国的学术媒体与学术发展还有互动的空间。学术媒体为学术的发展提供了舞台,学术研究及成果为这一舞台提供精彩节目,相得益彰。当然,要使这种互动富有成效,学术媒体与学术界都要努力。学术媒体要为学术界提供周到的服务,尽量接受、推出有质量的学术成果。在符合宪法、法律的情况下,这种成果应以学术水平为标准,不论其作者是新锐还是权威。学术界则应不断提高学术质量,提供高水平的学术成果。这种成果可以是研究、解决现实问题的,也可以是弥补当前研究不足、学术争鸣的,等等。可以相信,在法治框架之下,中国的学术媒体与学术发展的互动不仅有着充分的自由和空间,还会受到法治应有的保护,不会有后顾之忧。

(2)学术媒体人与学术人都要进一步提高自己的法律素质

学术媒体和学术研究都不可缺少人,即学术媒体人和学术人。要使学术媒体和学术发展在法治框架下运行,学术媒体人和学术人都应具备法律素质,缺其不可。否则,他们没法分辨合法与非法、守法与违法、无罪与有罪。从这种意义上讲,当前的学术媒体人与学术人都需进一步提高自己的法律素质,以适应自己学术工作的需要。

法律素质是一种人们拥有法律知识、法律意识和法律能力的综合性素质。其中的法律知识是基础。只有具备了法律知识,人们才会形成法律意识,具有法律能力。法律意识具有反作用,可以提高学习法律知识的自觉性,更好地学习法律知识;同时,还可以促进法律能力的养成,把法律演变成一种能力。学习法律知识、具有法律意识的最终目的是具备法律能力,使学术媒体人和学术人具有学法、守法、用法的能力。这三者不可或缺,不能偏颇,既相互独立,又互相联系,形成一个法律素质的整体。

当中国的学术媒体人和学术人都能把法治作为自己工作方式的时候,法律素质就比较高了。也就是说,大家能够在自己的学术工作中,自觉遵循法治的要求,指导自己的行为;依照法治的要求落实自己的每个工作环节,包括构思、产生学术成果,发表、出版学术成果,交流、评审学术成果,等等。

中国学术媒体人和学术人要学习的法律很多。首先要学习的是与自己的工作直接相关的一些规定,以便学以致用。就学术媒体人和学术人来说,最为关切的法律中不能缺少宪法、行政法、民商法(含知识产权法)和行政诉讼法、民事诉讼法等。当然,能多学一点更好。开始学习时,可先从学习法典着手,没有法典的可从单行法律开始,然后涉及单行法规、地方性法规和法律解释(主要是最高人民法院和最高人民检察院的司法解释)等。这样的学习可使学习者的法律知识结构比较完整,使用时也会比较得心应手。法律知识的学习靠积累,而且法律还会变化,包括废止、修订、颁行等,因此学习法律也要持之以恒,做个有心人,关注法律变化的新动向,及时更新自己的法律知识。学术媒体人和学术人多为知识人士,基础较好,只要下决心、怀信心、有恒心,就一定能学好法律,使自己成为一个具有法律素质的学术媒体人和学术人。

(3)学术媒体与学术成果要有利于全面推进依法治国

党的十八大报告提出要全面推进依法治国,并且还明确把法治作为治国理政的基本方式。这是一种把中国建成社会主义法治国家的正能量。中国的学术媒体和学术界都应支持并为其添砖加瓦,使其不断壮大,以致国家更加富强,社会更加公平、稳定,人民更加幸福。在这方面,应该强调以下三个"提倡"。

首先是提倡主流。主流就是一种法治的正能量。它是一种人民、社会、国家的向上力量,有助于中国的向前发展,对个人、社会、民族都有利的法治潮流。当前,中国的学术媒体和学术界都不能忽略提倡这一主流,应把其作为己任。主流是一种思潮,也是一种环境,只有让其不断发扬、光大,产生巨大的影响力,大家才会不断理解、接受、运用。在其中,学术媒体和学术界都有不可推卸的责任,能用自己的资源,产生、推广、弘扬符合主流的学术成果,使广大民众接受、体会到全面依法治国的存在、重要,培养一种有利于自己成长、社会进步、国家发展的精神和思路,正确处理好个人、社会和国家之间的正确关系,使中国的法治也得到可持续发展。

其次是提倡辩证。即用唯物辩证法来看待、分析、认识、解决法治问题。中国经过改革开放和市场经济的发展,社会情况变得更为复杂,法治建设的新事物、新情况、新问题接连不断,而且还会持续出现。这些新情况需要正视,新事物需要认识,新问题需要解决,其基本方法还是唯物辩证法。它告诉人们要客观、全面、联系、动态地看待、分析、认识法治问题,在此基础上合理地解决问题。这是一种比较科学的方法。学术媒体人和学术人应该学会使用这种方法,来对待法治。其中,可以特别重视使用两点论、多点论、重点论,以凸显事物的方方面面,然后抓住主要矛盾,使法治问题迎刃而解。

最后是提倡善意。即用善意的心态去对待和解决各种法治问题。中国还处在社会主义的初级阶段,而且随着改革开放的深入发展,利益关系还会不断进行调整,各种法治问题都有可能萌生,甚至还可能尖锐化。这是改革开放中出现的法治问题,应该随着它的深入发展妥善解决,以使中国社会更加法治化,更加公平、正义。在这过程中遇到的各种法治问题,学术媒体人与学术人都要用善意的心态去对待问题,以便使这些问题能得到妥善解决,而不是一味攻击、煽风点火,导致问题复杂化。当前,中国的法治建设中仍有一些问题,大家在发现、提出问题时,更应善意地提供解决问题的切实可行办法,帮助法律人克服困难,使中国特色社会主义法治更加完善，而不是相反。总之，只有善意，才会更切中法治的时弊，才会找到更合适解决法治问题的途径。

（原载《社会科学报》2013 年 1 月 24 日）

二、立　法

1. 更新立法理念，完善立法监督

立法在法治中占有重要地位。当前，特别要强调更新立法理念与完善立法监督。

（1）新中国立法的新起点

经过改革开放以来 40 余年的努力，中国已经形成中国特色社会主义法治体系。正如《中华人民共和国国民经济和社会发展第十二个五年规划纲要》所指出的："全面落实依法治国基本方略，坚持科学立法、民主立法，完善中国特色社会主义法律体系。"这是新中国立法史上的一个新起点。

首先，更新立法理念是一个新起点。在形成中国特色社会主义法律体系的过程中，立法理念根据中国的具体情况和法治建设的需要，不断进行立法调研，制订新的法律，填补立法的空白，逐渐形成这一体系。中国要完善中国特色社会主义法律体系，立法理念也要更新。更新的立法理念除了要承续以往正确的理念以外，更要聚焦于根据中国经济和社会发展的实际需要，对已形成的法律体系，拾遗补阙，加强协调，使其逐步趋于完善。

其次，完善立法是一个新起点。目前，我国宪法比较完备，各部门法比较周全，各部门法中的基本法律比较齐全，与法律相套的

167

行政法规、地方性法规、自治条例和单行条例比较完整,法律体系内部的形式和内容都比较协调。但是,立法还有完善的空间。有些法律需要制订,比如湿地保护法、畜禽规模养殖污染防治法等的制定也应在考虑之列等。有些法律需要修订,比如海商法、民事诉讼法等。有些法律要协调,比如刑事诉讼法与律师法中关于侦查阶段律师会见犯罪嫌疑人、律师的阅卷、调查取证等一些规定,都需通过协调来解决其相冲突之处。

再次,推进立法评估工作是一个新起点。立法评估是对法律的制订、实施等综合情况的一种客观评价。成功的立法评估能真实反映立法的状况,包括立法主体的责任、立法成本的高低、立法存在的问题、立法绩效等,从而为提高立法质量和完善立法提供一个较为可靠的依据。立法评估已为有些省市所采用,并作了有益的尝试。2000 年以后,山东、北京、甘肃、重庆、云南、江西、浙江和上海等省市分别开展了以"立法回头看""跟踪问效"为形式的立法评估工作,取得了较好的效果。如今,中国已进入完善中国特色社会主义法律体系的阶段,更需进一步从国家层面推进立法评估工作,客观反映立法的实际情况,分门别类进行分析研究,提出完善方案,进一步提高立法水平。

最后,加强立法监督也是一个新起点。法律监督是法治的保障,应体现在法治的全过程,包括立法。在完善中国特色社会主义法律体系的过程中,特别需要重视立法监督,使其提升到一个更高水准。中国的有些部门、地方立法,往往会与部门、地方利益联系在一起,易发生一定的利益冲动,严重的还会酿成腐败。缺少立法监督,易使立法走向歧途。这不仅不利于完善中国已经形成的中国特色社会主义法律体系,还会损害法律的权威性,冲击法制的严肃性。要通过加强立法监督,真正体现法律的公平正义,促进法律内容与体系的完善。

（2）进一步完善中国特色社会主义法律体系

首先，充分发挥各级立法主体的作用。中国特色社会主义法律体系涉及多个层面，包括宪法、基本法律、法律、行政法规、地方性法规、政府规章和规范性文件等。每个层面都有自己的立法主体。完善这一法律体系与每个层面的立法主体都有关系，因此，各级立法主体都要积极发挥自己的立法作用，其中的工作不少。比如，要重视立法清理工作，对现在生效的法律进行必要的梳理，把需要补缺的法律、内容滞后的法律、可以继续使用的法律分门别类，摸清家底，分别对待。即应立的要立，应废的要废，应改的要改。其中，要重视立法调研，对中国经济、社会发展情况有全面、正确的认识，充分考虑它们对立法的要求，完善现有的法律体系，适应这种要求，保障中国特色社会主义建设事业的可持续发展。在开展各级立法时，立法主体成员的立法理念要正确，以人为本、公平正义、维护人权、民主法治、加强协调、可持续发展等一些重要的立法理念都不可或缺。

其次，继续沿用和发展以往科学立法的经验。现在形成的中国特色社会主义法律体系是新中国立法史上的一个创举，也是最为适合中国的法律体系。在形成这一法律体系的过程中，中国已积累一些基本经验。其中包括，坚持党的领导；坚持以中国特色社会主义理论体系为指导；坚持从中国国情和实际出发；坚持以人为本；坚持社会主义法制的统一等。这些经验已被立法实践所证明既可行又科学，在今后完善中国特色社会主义法律体系过程中，依然可以使用。在以后完善这一法律体系时，除了要继续使用这些经验外，还要发展这些立法经验。

再次,积极开展法律审查工作。完善中国特色社会主义法律体系是一项长期的任务,不会一蹴而就。在这个过程中,法律审查工作不可或缺。现代法治要求有法律审查工作,以解决法律之间的协调问题,保证法制的统一性。目前,通过这一审查,可以发现法律体系中存在的问题,便于早日解决,促进法律体系的完善。立法是一种动态的活动,这种审查也是一种动态的工作,只要中央与地方立法不止,法律审查也不会终止。违宪审查是法律审查中的一个重要方面,但是由于各国的制度设计不同,违宪审查的机构也不相同。有的在议会中设置违宪审查机构,如英国等;有的则在议会外另设违宪审查机构,如德国、韩国等国家设立的宪法法院。我国在审查地方和部门立法方面作了尝试。截至 2010 年 3 月 8 日,中国的 30 个省市区政府和 31 个较大市政府,针对规范性文件的审查共出台 369 部规章,内容涉及备案、管理、监督、制定程序以及异议审查等方面。另外,国务院在 2007 年开展过一次新中国成立以来规模最大的行政法规审查、清理工作,最后终止了 92 件行政法规。各省区市和较大市政府以及国务院各部门也审查、清理了规章 12695 件,废止了 1977 件,宣布失效 196 件,修改了 395 件,成绩喜人。全国人大常委会法工委下设有法规备案审查室,专门从事法律审查工作,应该充分发挥其作用,积极开展这一工作,为完善中国特色社会主义法律体系而不懈努力。

最后,着力推进法律的实施。立法的目的是法律的实施。形成中国特色社会主义法律体系只是标志着总体上做到了有法可依,更重要的还有一个法律实施的问题,即要做到有法必依、违法必究、执法必严。其中,特别要维护宪法和法律的权威,严格依法行政和公正司法,切实保障宪法和法律在现实生活中得到有效施行。当前,相对立法而言,法律的实施相对滞后。比如,在司法中,证人的出庭率不高、民事和经济案件判决的执行率不高等一些问题长期困扰着司法机关,并在一定程度上冲击着司法的权威和公信力。今后,有必要以中国特色社会主义法律体系的形成为契机,着力推进法律实施工作,加大行政执法与司法的力度,努力攻克存在的问题,使立法成果在法律实施中得到实现,取得双丰收。

(原载《文汇报》2011 年 6 月 13 日)

2. 市场经济与婚姻法的修改

中国的婚姻法进入修改阶段。这是一次在社会主义市场经济条件下的修改,特别要注意以下问题。

第一,市场经济下婚姻关系的复杂化必然要求婚姻法的修改。我国的市场经济已有一定规模,它与过去的计划经济有明显区别,人际关系更为复杂,反映在婚姻关系上就出现了如"包二奶"、第三者、婚内强奸等现象。面对这种复杂的婚姻关系,目前的婚姻法已明显滞后,不能适应社会需要,婚姻法的修改已成为必然。

第二,市场经济要求婚姻关系法制化。市场经济是法制经济,它要求国家建立较为完善的法制与之相适应,其中亦包含婚姻法。这次婚姻法的修改就是如此。一方面,它要规定过去由道德调整的一些行为,如"包二奶"、第三者等;另一方面则要追究过错方的法律责任,如规定离婚时过错方的赔偿责任等。

第三,中国的市场经济还不是成熟的市场经济,还要进一步地发展,这次婚姻法修改后,今后仍会进一步地修改,以适应社会、经济的新发展。比如,关于分居问题,这次修改中就没有涉及,什么叫分居、分居的标准是什么、分居与离婚的关系怎样等都没有规定。但是,不少发达国家的婚姻法中都有这方面的内容,相信随着以后市场经济和婚姻法的发展,这些问题也会提到议事日程上来的。

(原载《上海法治报》2001 年 2 月 12 日)

3. 加强地方立法,促进司法公正

我国在 2020 年全面建成小康社会。实现这一目标需要公正的司法为支撑,因为在一个法治国家,这是一种实现社会公平和正义的必要手段。司法公正也是系统工程。为了促进司法公正,维护司法权威,可以采用多种措施和方法,其中包括地方立法。

(1)可能性

我国有中央立法,也有地方立法,它们都是我国立法的组成部分。通过加强地方立法来促进司法公正有其一定的可能性。

首先,我国有地方立法权的设定。中国现行的立法体制是一种中央集中统一领导、多级并存、多类结合的立法体制。在这一体制中,地方立法有其自己的地位,地方立法机关可以行使自己的立法权。其中,省、直辖市的人大及其常委会可以制定地方性法规并报全国人大常委会备案;民族自治区的人大及其常委会可以制定自治条例和单行条例并报全国人大常委会批准后生效;省、自治区的人民政府所在地的市,经济特区所在地的市和经国务院批准较大市的人大及其常委会可以制定地方性法规,并报省、自治区人大常委会批准后施行,报全国人大常委会和国务院备案。民族自治州、自治县也可以制定自治条例和单行条例并报省或自治区人大常委会批准后生效,并报全国人大常委会备案①。中国地方立法

---

① 宪法的第 100、116 条和立法法的第 72 条对此都作了相应的规定。

的一个重要目的是保证国家宪法和法律在地方的实施,并解决一些亟须解决的问题,以推进本地区社会法治的发展。它可以有效地弥补中央立法的不足。在中央立法还不成熟或近期不可能马上出台法律的情况下,地方立法可以有所作为,率先立法,以解燃眉之急。目前,司法公正已是一些地方突出的问题,为了促进司法公正,这些地方可以用地方立法的手段,发挥地方立法权的作用,作出一些有利于本地司法公正的规定,促进司法公正,维护司法权威。

其次,地方立法取得过辉煌的成就。地方的立法机关根据本地区法治建设的需要,制定了不少法规,初步形成了中国特色社会主义法律体系,有法可依成为了现实。"到现在,我国已经有了法律两百多件,国务院制定通过的现行行政法规六百多件,地方人大及其常委会制定通过的地方性法规八千多件。从总体上看,我国政治生活、经济生活、社会生活的主要方面,已经基本做到有法可依。"①从中可见,中国的地方立法已经成熟,地方立法机关可以担当起立法的重任。

有些地方的地方立法工作还做得比较突出,对本地区的社会发展、法治建设发挥了很大的作用。这里以上海的地方立法为例。上海市人大着力于立法的开创性和创新性,在地方立法的开拓性方面表现得十分突出。在 1998 年至 2002 年的四年中,上海市人大制定、修订、废止法规 68 件,"其中制定的 37 件法规中,有较多法规先于国家法律法规而创新,或者在法规中设定创新性内容。创新性地方性法规的相继出台,为上海的社会发展和创新,增添着

---

① 《我国初步形成有中国特色社会主义法律体系》,《中国青年报》2002 年 10 月 18 日。

源源不断的动力。"①事实也是如此,那时制定的有关遗体捐赠、中小学生伤害事故处理、精神卫生等一系列法规,都是国内率先规范同类行为的地方性法规,为其他地方和国家立法提供了借鉴。正因为如此,这些法规的订立有相当的难度,可是上海市人大认为这些法规的创新符合上海提高和普及先进文化的需要,符合确立新的社会观念的客观要求,所以坚持不懈,相继出台。而且,出台后的效果良好。比如,遗体捐献条例实施后的三个月内,就有 1357 人进行了捐献登记,远远超过前一年全年 1149 人的登记数。② 上海的地方立法水平在全国处于领先地位,其他地方也有过一些成功的地方立法经验。总之,从地方立法的业绩来看,地方立法机关能够胜任促进司法公正的立法工作。

最后,地方立法有促进司法公正方面的立法空间。根据现代法治理念和法治国家普遍承认的基本法律准则,司法公正就是审判公正。突出司法公正,涉及审判及其相关的许多方面。其中包括:法官的产生、任期和待遇;法院的管理模式;法院的经费来源,等等。而且每个方面还有一些具体内容。在中国现行的宪法和法律中,虽已有一些关于司法公正方面的规定,但仍有一些空间。比如,合议庭对法官依法独立行使审判权、法官职务身份保障等都无明文规定。又如,刑事诉讼法中有些规定也留有空间,犯罪嫌疑人在侦查阶段律师的调查和取证权、审判程序前的法律援助、开庭前辩护人对控方证据的知情权等也都没有自己的规定。缺少这些规范,一方面暴露出立法中的一些不足,另一方面又在不同程度上影响司法公正。可是,这些规定又不可能在中央立法中马上得到补

---

① 《立法:提倡开创性创新性》,《文汇报》2002 年 5 月 13 日。
② 《立法:提倡开创性创新性》,《文汇报》2002 年 5 月 13 日。

充,这就给地方立法留下空间,使地方立法有所作为。

(2)具体内容

以下的这些方面因各种原因,在现在的中央立法中留有空间,地方立法可以对其作出规定,弥补不足,促进司法公正。

首先,关于法官的身份保障制度。这是一种通过采取稳定法官身份的措施来确保法官职务的一种制度。根据现代的司法理论,司法公正就需有法官审判独立和身份保障制度。法官身份保障制度的建立有利于法官独立行使审判权,排除各种干扰,稳定法官队伍,提高法官素质,养成敬业精神,切实维护司法公正。这一制度的内容包括:职业终身、薪金固定、具有高度的职业安全感等。发达国家普遍实行法官身份保障制度。英国是最早实行这一制度的国家。1701 年英国的《王位继承法》规定,行为良好的法官继续留任,其收入固定,除非由议会基于合法理由而弹劾之。以后,美国等普通法系国家和法国等大陆法系国家也都相继推行这一制度。[1] 中国历史上也曾经对这个制度作过规定。1912 年制定的《中华民国临时约法》第 52 条规定:"法官在任中不得减俸或转职,非依法律受刑罚宣告或应免职之惩戒处分,不得解职,惩戒条规以法律定之。"[2]但是,这一政府的存续时间太短,这个规定无法实施。现在,宪法和法律对法官的身份保障虽有规定,但仍显不足。1995 年我国颁布的法官法对法官依法履职的法律保护、法官的权利、法官受惩戒的法定程序、法官的工资和权利待遇、法官的

---

[1]　叶青主编:《中国审判制度研究》,上海社会科学院出版社 2002 年版,第311 页。

[2]　郑定等主编:《中国法制史教学参考书》,中国人民大学出版社 2003 年版,第305 页。

退休、申诉控告等问题都作了规定。① 可是,对于法官身份保障的规定仍有不足,比如,对法官免职、辞职的理由的规定过于原则。这样,法官易被辞退。在这方面,地方立法可以发挥自己的优势,把原则性规定具体化,专门制定本地区免除法官职务的具体规定,建立类似法官终身制的制度,使法官的身份更有保障,不易被随意解职。这样,他们独立审判的底气将会更足,司法公正也会更有保证。

其次,关于法院经费的专列预算制度。根据目前中国的法院体制,法院的经费来源于地方财政,这样地方财政对法院的制约就较大。一方面,地方财政情况好的,法院的经费就有可能充足;反之,法院的经费就可能短缺。实际情况也是如此。有些法官的收入较高,可以体面地生活。有些地区法官的收入捉襟见肘,甚至不能按时拿到工资,连正常的生活都受到影响。另一方面,法院受地方的牵制过大,在有些情况下会屈从地方势力,"服务"于地方保护主义。因为法院的开支,包括法官的工资、法院的办案费用和日常运作的各种支出等都控制在地方政府手中。如果法院稍有"不慎",就有可能遭到地方政府的经济"报复",使自己处于一种尴尬的地位。在这种情况下,法院往往会"服从"地方领导,而不是服从法律。这一弊端也对司法公正产生不利影响。曾有法院系统工作人员在谈到司法不公的问题时认为,除了法官自身的问题外,还与法院系统的管理体制有关。他举例,某县有一企业向银行贷款6000多万元,后期为逃债,企业搞假破产。该县县委书记、县长到法院现场办案,要求法院允许该企业破产,法院院长很为难,但还

---

① 这些内容分别规定在法官法的第 4、8、35 条和第 12、14、15 章内。

是同意了。① 这只是公开报道的一个典型事例。它从一个侧面说明，这一体制已对司法公正产生了消极影响。为了尽快解决这个体制上的问题，地方人大可以尝试把法院的经费来源独立于地方政府，通过地方立法来保证法院的正常开支，并作为人大预决算中的一个组成部分，而不是地方政府预算中的一个项目—旦法院的经费独立于地方政府，有了切实保障，受地方政府的制约就会弱化，这将有利于法院独立审判，促进司法公正。"由于司法机关的财政和人事两个关键性的权力全部掌握在地方手中，导致司法权力地方化，使地方法院变成地方的法院，这是地方保护主义的根源。如果能将财政和人事权从地方收回，对于推进司法独立、解决地方保护主义问题具有极其重要的意义。"②独辟蹊径，地方立法可以解决这一问题。

最后，关于法院内部的非行政化管理体制。当前，中国法院的内部管理采用行政管理体制，实际上法官、庭长和院长都具有不同的行政管理级别，他们之间有一种领导与被领导的关系。把这种下级服从上级、上级领导下级的行政管理体制纳入法院，就会妨碍法官独立审判，结果因上级的干预，损害了司法公正。要促进司法公正，有必要改革现有的法院内部行政性管理体制。关于这一点，地方立法也可发挥作用。通过地方立法，淡化法院内部的各种行政级别，强化法官审判的独立性，促使他们排斥各种干涉，依法独立行使审判权。张志铭认为："一个人是否有罪、该判几年，这是一个应该由一个法官来判断的问题，而不是下级服从上级的问题。

---

① 参见《县委书记到法院现场办公》，《中国青年报》2004年3月12日。
② 《边远法院：内缺粮草，外缺救兵》，《南方周末》2003年8月21日。

没有独立就没有公正,这在国际社会已经达成了共识。"①当然,地区的各种差别、法官素质的参差不齐等一些原因都会在不同程度上制约法官的独立审判。解决这一问题的出路在于:因地制宜。在一些经济比较发达、条件比较成熟的地区法院,可以先行一步,首先通过地方立法的形式,给法官以独立审判权同时,逐步淡化法院的行政管理体制,引进现代法院管理模式,促进司法公正。以上这三个方面的问题是长期困扰中国司法的问题,这些又是必须解决的问题,如果不解决,就会在不同程度上对中国的司法公正产生负面影响。当前,在不能马上通过中央立法来解决这些问题的情况下,作为权宜之计,有些条件成熟的地方,可以先尝试用地方立法来规范、施行。在施行中,可以进一步完善,同时也可以为今后的中央立法提供一个方面的依据。可见,用地方立法来解决现在司法中存在的一问题,促进司法公正,既可行,又具有积极意义。

(3)需注意的问题

在通过地方立法的途径来促进司法公正的过程中,有一些问题值得注意。如果这些问题处理不好,会对地方立法产生消极影响,因此不可掉以轻心。

首先,关于处理与上下位法关系的问题。通过地方立法促进司法公正,这就与地方性法规直接相关。地方性法规是我国立法的一个组成部分,它的上位法有全国人大及其常委会所制定的法律和国务院所制定的行政法规等,下位法有国务院所属部门的部门规章和地方政府规章等。它们的法律效力不同,但都是中国法制的组成部分,都是人们必须遵守的行为规则。它们之间不可冲

---

① 《拓展更广阔的社会视野》,《工人日报》2000年7月8日。

突,要相互协调,否则就会导致法制内容的不完善,就会使人们无所适从,破坏法治。根据地方性法规在中国法律体系中的地位,它不可与上位法相冲突,也需与下位法相协调。只有这样,地方性法规中关于司法公正的一些规范才能被顺利施行。立法法规定,为执行法律和行政法规的规定,地方性法规可以根据本行政区域的实际情况作出具体规定,也可以对属于地方性事务需要制定地方性法规的事项作出规定。① 在制定有关促进司法公正的地方性法规的时候要注意,不能与全国人大及其常务委员会所制定的有关人民法院的产生、组织和职权,以及诉讼和仲裁制度等规定相冲突,因为这些规定都属于法律,地方性法规不能与之相悖,否则无效。② 同时,它还要与国务院所属部门的部门规章和地方政府规章等规定的相关内容相协调,否则会引起法规、规章内容的不一致,从而影响它们的实施。另外,还应注意的是,如果地方性法规的上位法发生变化并与其关于促进司法公正的内容发生矛盾时,地方性法规中有关的内容应及时修改,尽快改变与其相矛盾的情况。总之,要处理好上、下位法的关系,免得弄巧成拙,影响司法公正。

其次,关于借鉴国外相关制度的问题。西方发达国家经过长期的法治建设,已经形成一套适合于自己的现代司法制度,内容比较成熟和完善。这是他们实现司法公正的重要保障,也是人类文明的组成部分,其中有可以值得我们借鉴的地方,并为地方立法所用,促进司法公正。在这方面,值得关注和借鉴的制度不少,法院和法官的独立审判制度、法院经费的来源制度、法官的选择制度、

---

① 立法法的第 73 条对此作了明文规定。
② 立法法的第 8 条对全国人大及其常委会的立法权限作了明文规定。

法官的身份保障制度、法官的执业保险制度等都在其中。关于这些制度的具体内容,各国的规定不尽相同。比如,发达国家普遍规定法官不可更换制度。这一制度是法官身份保障制度的一个组成部分。它强调在任期届满之前,法官非经弹劾,不得违背其本人的意愿而被免职、撤职、调任或提前退休。该制度又可分为终身制、任期制和兼用制。终身制是一种法官到了退休时才离职的制度。英国、法国、德国、比利时等国家实行这一制度。任期制是一种法官到期以后,通过审查后可以继任的制度。日本、意大利和韩国等国家推行这一制度。但是,它们所规定的任期不尽相同。日本法官的任期为 10 年,意大利宪法法院法官的任期为 9 年,韩国法官一般为 10 年。兼用制是指终身制和任期制兼用的制度。美国运用这一制度。美国联邦法院的法官实行终身制,而大多数州的法官则实行任期制,任期从 4 年至 15 年不等。① 中国地方立法在借鉴发达国家的司法制度时,既要看到它们的现代性,又要考虑到中国国情的现实性,要把这两者结合起来,不可偏废。只有这样,才能使中国关于促进司法公正的地方立法科学化,既能引进先进的现代司法制度,又能适合中国的国情,并逐渐改变现存的一些不足,把司法公正提高到一个新的水准。

最后,关于因地制宜立法的问题。中国地域广阔,人口众多,经济发展不平衡,各地差距很大,法治进程不一。在这种情况下,各地的地方立法和司法水平必然参差不齐,因此各地应根据本地的具体情况,因地制宜,正确处理本地促进司法公正方面立法中的一系列问题,切不可照搬照抄,草率从事,否则反而会适得其反,对

① 周道鸾主编:《外国法院组织与法官制度》,人民法院出版社 2000 年版,第 331—332 页。

司法公正产生负面影响。在经济比较发达、条件比较成熟的地区，在地方立法中，可以多引进一些现代司法制度中的做法，推出较多现代的司法制度，加快司法改革的步伐，有力促进司法公正。在经济欠发达、条件不够成熟的地区，在地方立法中，则可以根据本地区的实际情况，逐步引入现代司法制度中的一些做法，逐渐缩小与发达地区的差别，稳妥推进司法改革，渐渐实现司法公正。为了关于促进司法公正的地方立法能够有效开展，各地可以互相交流信息和经验，积极探讨本地区的这一立法，取长补短，促进和加大这一立法的力度，不断推出适合本地区促进司法公正的新措施，真正实现司法公正。可以相信，只要大家重视地方立法，并以此来促进司法公正，总会开辟出一条蹊径，打开实现司法公正的新局面。

（原载上海市法学会：《专家学者谈司法权威》，
文汇出版社 2004 年版）

三、行政执法与司法

1. 环保执法与建设环境友好型社会

环保执法与建设环境友好型社会关系密切，突出表现在以下一些方面。

（1）实现人与自然和谐、使社会可持续发展的一种必然要求

环境友好型社会是我们追求的一个目标，也是实现人与自然和谐、使社会可持续发展的一种必然要求。但是，它却在 200 多年前就开始受到现代意义上环境污染的威胁。1800 年这一污染出

现了,而且正好与欧洲的工业革命同步。以后,这种污染逐渐加重,达到惊人的地步。比如,人类对大气臭氧层的破坏已经相当严重,如果要进行修复,达到原来的水平,即使不再污染环境,停止使用破坏臭氧层的氟氯化碳类物质,也要花100多年的时间,可见损害之大。

如果发生大的污染事件,那对环境和人类的危害就更严重了,对环境友好型社会的冲击也更大了。20世纪80年代就发生过多起这样的事件。1984年印度博帕尔的美国联合碳化物公司农药厂的一个储存罐爆裂,化学物质大量泄漏,以致几十万人受伤,3000多人死亡。1986年瑞士巴塞尔赞多兹化学公司仓库发生火灾,大量化学物品进入莱茵河,致使此河严重污染,直接威胁到德国、荷兰等国家的用水安全。1986年,苏联切尔诺贝利核电站一个反应堆爆炸起火,也酿成了大量的人员伤亡和严重的环境污染。这种情况在我国也有发生。2005年11月,中石油吉林石化公司的双苯厂发生爆炸,造成大量苯类物质污染松花江,引发了重大的水污染事件,对松花江沿岸特别是一些大中城市人民的生活和经济发展产生了严重的不利影响。

就是不发生这类严重的污染事件,人类对自然环境的污染也不可轻视,其造成的损失也不是一个小数目。美国东部的17个州因为空气污染每年造成的材料腐蚀损失已达70亿美元。欧洲共同体国家因为环境污染每年造成的材料破坏和鱼类损失要达30亿美元,对农作物、森林和人体健康的损害要超过100亿美元。在我国,2003年时由于环境污染和生态破坏所造成的损失已占GDP总数的15%,还有75%的慢性病与生产和生活中的废弃物污染有关。为了更有效地保护环境和建设环境友好型社会,世界上的许多国家都使用环保执法手段,用它来惩治违法行为,促使人们严格遵守和执行环境法制,使人和自然处于一种较为和谐的状态,以利于自然与人类社会的共同发展。我国同样如此,而且已取得可喜的成绩。2004 年,我国的环保执法开展了对违法排污企业的专项整治。在这一整治过程中,全国共动用了 131 万人次的执法人员,检查企业 60 万家次,立案查处 2.7 万件环境违法问题;取缔了违法排污的 6462 家企业,责令停产治理了 3861 家企业,处理了 155 个有关责任人等。在执法过程中,还扩大征收范围,提高二氧化硫的收费标准。执法单位共向全国的 71.66 万户排污单位征收了 93.96 亿元的排污费。与 2003 年相比,户数增长了 59.9%,金额增加了 32.52%。

(2)我国的环保执法与建设环境友好型社会之间存在的差距

但是,我国的环保执法与建设环境友好型社会之间还有一定的距离,还存在如下一些问题。

首先,环保法治意识较弱。当前,我国有些公民环保法治意识仍然较弱。他们往往把环保与经济发展对立起来,只看重眼前的经济利益,忽视环保法治的重要性。那种"先发展、后治理"的观念还是有不小的市场。有些地方的不法之徒因为得到纵容,竟敢明目张胆地用暴力对抗环保执法。据不完全统计,仅 2004 年就发生执法受阻事件 4000 多起,暴力抗法事件 120 余次。有些地方的抗法后果还十分严重。济南、无锡和西安等地都曾发生过殴打环保执法人员致伤的严重事件。

其次,环保立法欠完善。我国已经制定了一系列的环保法律法规,可是仍有一些内容欠完善。比如,有些规定的内容不足以对损害环境的行为形成执法的效果,"违纪成本低,守法成本高"的现象依然存在。比如,每排放 1 公斤二氧化硫需支付 4 角多的排污费。可是,如果使用脱硫技术的环保成本则是每公斤 1 元左右,这一金额大大高于排污费金额。在这样的情况下,有些企业就不会投资环保项目,环保执法也无法具有应有的力度了。

最后,环保执法能力不够强。经过多年的努力,我国的环保执法能力已经有了很大的改观,但相对目前繁重的执法任务而言,其能力还是不强。其中,环保机构分散、监控手段落后、装备不到位和经费难以保证等问题仍然很突出。我国目前的环保执法主体分散在水利、海洋、林业、矿产资源等 10 余个资源开发部门,环保部门难以统一指挥和协调,其执法能力大受影响。据 2004 年的统计,全国有 3064 个环保执法机构,每个机构平均仅有 1.4 辆车、2.7 台取证工具。还有,环保监察机构的资金缺口达 50% 以上,有许多这类机构甚至连执法车辆和取证设备也没有。可是,环保执法机构却面临着相对繁重的执法任务。其中,要监管 93 万家工业企业和三产企业、几十万个建筑工地;要监察生态环境的情况,要征收 93 亿元的排污费,解决每年 46 余万件的环境投诉和纠纷的问题,明显力不从心。

(3)加大环保执法力度的措施

为了加快建设环境友好型社会的步伐,有必要加大环保执法力度,应采取以下一些措施。

首先,要增强环保法治意识。我国正在建设社会主义法治国家,依法治理环境是必然途径。目前,我国的生态环境形势依然严峻,有些地方的环境污染情况相当严重。比如,七大水系中受到污染的占 70%,75% 的湖泊富氧化,90% 的大中城市的地下水受到污染,等等。面对这种形势,加大环保执法力度是一种必要的法治手段。我国的每个公民都应充分认识到环境污染的危害性和法治的重要性,增强这一法治意识,做守法公民,严格按照环保法的要求行事。其中,特别是我们的各级干部都要克服地方保护主义等各种模糊和错误思想,更要把执行环保法与建设环境友好型社会联系起来,切实做好本地的环保工作,坚决改变先污染后治理、边治理边污染的状况。

其次,要完善环保立法。要取得理想的环保执法效果,没有完善的环保立法不行。当前,在加大环保执法力度的同时,应加快完善我国环保立法的步伐,通过立、改、废等方式,把那些不适应当前环保形势发展需要的规定及时进行调整,使我国的环保立法与时俱进。消除民法典与环境保护法中不协调的相关内容,是当前需及时解决的立法问题之一。我国民法典第 1229 条规定,因污染环境、破坏生态造成他人损害的,应当承担侵权责任。其承担侵权责任的前提是有违法的事实存在。这与我国环境保护法第 41 条的规定不吻合。它以有危害事实的存在作为承担赔偿损失的前提,无需有违法事实的存在。其内容是,造成环境污染危害的,有责任排除危害,并对直接受到损害的单位或个人赔偿损失。可见,这两个法律规定的内容有明显的差异,在执法中就会发生争议,不利于执法。

再次,要提高环保执法能力。加大环保执法力度以提高环保执法能力为条件。环保执法能力是个综合性能力,涉及多个方面。一来,要整合现有的环保执法力量。要把分散在 10 余个资源开发部门的执法力量有机地组合起来,克服各自为政的局面,形成一种合力,共同致力于环保执法工作,提高执法效率。二来,要加大投入。要重视加大对环保执法部门的资金投入。这些资金重点要用于必要的执法人员培训,增加、更新必需的各种装备等。通过培训,使环保执法人员具有相应的执法知识和能力。通过增加、更新装备来提高环保执法效率和质量。这些都为了能更有效地加大环保力度,完成环保执法任务。

最后,要形成长效环保执法机制。在环保执法力量还不足的情况下,可以集中现有的力量,用重点治理污染地域、专项整治等形式来治理一些突出的损害环境的行为。但这些毕竟不是长久之计,也无法起到长效的作用。因此,当前就要考虑建立较为完备的环保执法长效机制,使日常的环保执法保持相应的力度,早日实现环境友好型社会的目标。

(原载《上海法治报》2006 年 2 月 7 日)

2. 加大环保执法力度 构建环境友好型社会

环保执法是环保法治中的一个重要组成部分。加大环保执法力度是为了更好地依法治理环境,构建环境友好型社会。在加大环保执法力度中,值得关注以下问题。

(1)重视环保执法已初见实效

环境污染和自然资源的破坏直接威胁着人类社会。加大环保执法力度是当前减少污染和有效保护自然资源的重要方法之一。近年来,我国重视环保执法工作,通过加大力度,取得了一些实效。

首先,通过对重点污染地区的治理,加大环保执法力度。我国的重点污染地域对环境和自然资源的危害特别大,需要重点治理,否则无法快速扭转环境恶化的局面。2004 年以来,我国加大了对这些领域的治理,较为突出的是对"三河三湖"(淮河、海河、辽河、太湖、巢湖、滇池)的重点治理。在这一治理过程中,对达不到规模的造纸、酒精、淀粉企业或生产线的限期关停,对污染排放超标的企业的停产整治,对城镇污水处理的按期改制等一系列有力措施,使这一治理取得成效。

其次,通过开展环保的专项整治,加大环保执法力度。一些突出的污染环境情况直接损害百姓的权益,也为我们所特别关注。近年来,环保执法部门通过专项整治来解决这些突出的污染问题,维护百姓的权益。2004年以来我国的环保执法部门开展了对违法排污企业的专项整治。这些力度都大大超过以往。

最后,通过联合执法,加大环保执法力度。一个环保违法行为往往会涉及二个或二个以上的执法部门的执法范围,单靠一个执法部门常常会遇到较大困难,不利于及时有效执法。近年来,我国环保执法部门比以往更重视联合执法,并以此来提高环保的执法效率,加大环保的执法力度,而且收效明显。2004年环保执法部门与公安、卫生等部门联合开展了清查放射源的联合执法。首先,他们查清了我国放射源的家底,共有14.3万枚,比2002年增加了5.6万枚。其次,在联合执法中,发现了放射源存在的安全隐患,及时责令涉源单位限期整改,先后有3811家被纳入整改对象,其中有2724家单位较快地完成了整改任务。最后,在联合执法中,还加强了对核与辐射安全的评审和监督,其中包括研究堆、核电厂、放射性废物处理处置设施等,发现隐患及时查处和采取措施,避免大的安全事故和事件发生,收效明显。

(2)环保法治有待完善

现在,在加大环保力度方面还存在一些问题,总结起来主要是以下这些。

首先,环保法治意识不强。当前,我国的有些公民环保法治意识仍然不强。他们往往把环保与经济发展对立起来,只看重眼前的经济利益,忽视环保法治的重要性。那种"先发展、后治理"的观念还是有不小的市场。有些地方的领导也是如此,以致出台了一些"土规定",给环保执法设置障碍,以各种形式来庇护环保违法行为,以致一些地方长期处于环保执法的"盲点",环境污染问题久拖不能解决。有些地方的不法之徒因为得到纵容,明目张胆地用暴力对抗环保执法。这些公民的环保法治意识不强,形成不了良好的环保执法环境。

其次,环保立法不够完善。我国已经制定了一系列的环保法律法规,环保法律体系也已基本建成,可是其中仍有一些内容需要完善,这样才能更有利于环保执法。比如,我国有些规定的内容不足以对损害环境的行为形成执法的效果,"违纪成本低,守法成本高"的现象依然存在,就是依法执法也无济于事。每排放 1 公斤二氧化硫需交付 4 角多的排污费,可是如果使用脱硫的环保成本是每公斤 1 元左右,这一金额大大高于排污费金额。一个电厂的一期脱硫工程需要投资 8 亿元,但按现在的排污收费标准,这笔 8 亿元的费用折抵成排污费,可用 116 年。在这样的情况下,有些企业就不会主动投资环保项目,环保执法也无法具有应有的力度。

最后,环保执法能力不足。经过多年的努力,我国的环保执法能力已经有了很大的改观,但相对目前繁重的执法任务而言,仍有明显差距,其能力还是不足。其中,环保机构分散、监控手段落后、装备不到位和经费难以保证的问题仍然很突出。我国目前的环保执法主体分散在水利、海洋、林业、矿产资源等十余个部门,环保部门难以统一指挥和协调,其执法能力大受影响。另外,据 2004 年的统计,全国有 3064 个环保执法机构,每个机构平均仅有 1.4 辆车、2.7 台取证工具。还有,环保监察机构的资金缺口达 50% 以上,有许多这类机构甚至连执法车辆和取证设备也没有。可是,环保执法机构却面临着相对繁重的执法任务。其中,要监管93万家工业企业和三产企业、几十万个建筑工地;要监察生态环境的情况;要征收93亿元的排污费;解决每年46余万件的环境投诉和纠纷的问题,等等。还有,我国目前的环保执法长效机制还未完全建立起来,遇有重大的损害环境行为或事件,往往采用重治理、专项整治等方式来应对。这种权宜之计也影响到环保的执法力度的长效发挥,甚至会使污染者产生侥幸心理,起到负面效应。在环保执法能力不足的情况下,要加大环保执法力度,显然困难重重。

(3)建立和完善环保执法的长效机制

为了进一步加大环保执法力度,尽快适应建设环境友好型社会的需要,有必要采取以下措施。

首先,进一步增强环保法治意识。我国正在建设社会主义法治国家,依法治理环境是必然趋势。目前,我国生态环境形势还较严峻,有些地方的环境污染情况比较严重。七大水系中受到污染的占70%,75%的湖泊富营养化;三分之二的城市大气环境质量不达标;三分之一的国土受到酸雨污染;90%的大中城市的地下水受到污染;等等。面对这种形势,加大环保执法力度是一种必要的法治手段。我国的每个公民都应充分认识到环境污染的危害性和法治的重要性,增强这方面的法治意识,做守法公民,严格按照环保法的要求行事。特别是各级干部都要克服地方保护主义等各种模糊和错误思想,把执行环保法与维护广大人民群众的根本权益、稳定社会和可持续发展战略结合起来,努力贯彻环保法治,切实做好本地的环保工作,坚决改变先污染后治理、边治理边污染的状况。环保执法部门更要以尽力落实和推进环保法治为己任,加大执法力度,进一步健全环境监督体制,努力提高执法能力和质量,为把我国建成环境友好型社会而尽其所能。

其次,进一步完善环保立法。要取得理想的环保执法效果,没有完善的环保立法不行。当前,在加大环保执法力度的同时,应加快进一步完善我国环保立法的步伐,通过立、改、废等方式,那些不适应当前环保形势发展需要的规定及时进行调整,使我国的环保立法与时俱进。消除民法典与环境保护法中不协调的相关内容,是当前亟须解决的立法问题之一。还有,对污染者处罚数额的确定等问题也是个应该考虑的立法问题。当前,有些地方环保立法的成功经验值得借鉴与参考,进一步完善国家的环保立法。贵阳市人大常委会借鉴国际经验,率先把大气污染排放指标有偿转让法定化,成为全国首家通过地方立法确定排污权交易制度的城市。这一制度可以为完善我国目前的环保立法所借鉴。

最后,进一步提高环保执法能力。加大环保执法力度以提高环保执法能力为条件。环保执法能力是个综合性能力,涉及多个方面。首先,要整合现有的环保执法力量。要把分散在十余个部门的执法力量有机地组合起来,克服各自为政的局面,形成一种合力,共同致力于环保执法工作,提高执法效率。同时,要由环保部门切实起到统一调配和协调整个执法力量的作用,成为环保执法的核心,提升整个执法水平。其次,要加大投入。当前,要重视加大对环保执法部门的资金投入。这些资金重点要用于必要的执法人员培训,增加、更新必需的各种装备,等等。通过培训,使环保执法人具有相应的执法知识和能力。通过增加、更新装备来提高环保执法效率和质量。这些都能更有效地加大环保力度,完成环保执法任务。最后,要形成长效环保执法机制。在环保执法力量还不足的情况,可以集中现有的力量,用重点治理污染地域、专项整治等形式来治理一些突出的损害环境的行为。但这些毕竟不是长久之计，也无法起到长效的作用。因此，当前就要考虑建立较为完备的环保执法长效机制，使日常的环保执法保持相应的力度，能够与整个环保法治和环保发展相适应。

（原载《文汇报》2006 年 2 月 26 日）

3. 上海道路交通大整治随想

目前上海正在开展道路交通违法行为的大整治，首个阶段将持续三个月。对于这一大整治，有了一些随想。

第一，道路交通大整治是对"十三五"规划纲要的回应。

"十三五"规划纲要在十二届全国人大四次会议上通过并颁行。它对中国此后五年的发展作了全面规划，其中的第 18 篇专门阐述了"加强社会主义民主法治建设"，明确了中国法治建设的五年规划，反映出中国法治建设的五年前景与基本要求。这是对党的十八届四中全会提出的"全面推进依法治国"精神的贯彻与近五年发展的阶段性落实。根据中国法治发展的现实需求，此纲要特别提出要"推进多层次领域依法治理，提高社会治理法治化水平"。这十分重要，也非常必要，是此后五年依法治理社会的努力方向，应该得到积极回应。

十二届全国人大四次会议以后，上海便掀起了道路交通大整治高潮，实际上是对"十三五"规划纲要的一种回应。它要在道路交通的层面上，依法整治上海突出的道路交通违法行为，逐渐形成良好的道路交通秩序，保障道路交通的安全、畅通与有序，造福广大市民。通过这一大整治，上海要在社会治理与依法治理两个方面都有所长进，使城市道路交通状况有所改善，提升依法治理社会的水平，进一步优化城市面貌，使"十三五"规划纲要在上海落地。

第二,道路交通大整治是社会治理法治化的一种表现。上海道路交通大整治是当前社会治理法治化的一种表现。第一,道路交通大整治是社会治理的一个组成部分。社会治理涉及社会生活的方方面面,其中亦包括道路交通。道路交通是城市的血脉,直接关系到城市的运行。道路交通安全、畅通、有序,整个城市才能正常运行,城市生活才能有保障,城市建设才能得到发展。社会治理中不能没有道路交通的整治。这次大整治涉及的包括机动车乱停车、乱占道、乱变道、乱鸣号等在内的十大违法行为,都对上海的道路交通产生危害,有必要加以惩治。

第三,道路交通大整治是依法进行的整治。这次大整治是上海的道路交通执法部门依照我国的道路交通安全法等进行的一种执法行为,是依法进行的整治。我国的道路交通安全法等为保障国家的道路交通安全、畅通和有序而制定,每个公民都需遵守,违反后还要被追究相应的法律责任。被整治的行为都是一些违反了这些法律的行为,行为人也依法承担法律责任。上海市公安局作出了吊销一些公民机动车驾驶证与终生不得重新取得机动车驾驶证的决定,其依据就是我国的道路交通安全法等。

第四,道路交通大整治取得的阶段性成果是社会治理法治化的结果。有媒体报道,上海的道路交通大整治一个月以来,已取得阶段性成果,共查处各类交通违法行为143万余起,其中十大类突出违法行为123万余起。同时,广大市民遵守道路交通法的意识在提高,道路交通的秩序也有所改善。这些都依法进行,有助于上海的社会治理,是社会治理法治化的结果。

第五,道路交通大整治任重道远。上海的道路交通违法行为长期存在,而且有愈演愈烈趋势,一些以前较少出现的无牌上路、伪造假牌等违法行为渐渐增多,道路交通大整治已经刻不容缓。

然而,这类违法行为还会长期存在,不会因为一次大整治而消失,有必要作长期治理的打算。整治道路交通是项艰巨任务,也是个长期的工作,只有坚持不懈,才会收到实效,上海的道路交通面貌才会有大改观。

(原载《上海法治报》2016 年 5 月 23 日)

4. 上海最严"禁燃令"实施半年后的思考

上海施行经过第二次修订的《上海市烟花爆竹安全管理条例》(以下简称新版"禁燃令")被称为"上海最严'禁燃令'",已过去六个多月,有必要对其作些思考,以助往后的施行。

首先,对"最严"的思考。这主要是对新版"禁燃令"文本的思考。翻开上海法制史,与以往的"禁燃令"相比较,就可知其为最严。上海最早颁行"禁燃令"的是 19 世纪的上海租界。上海法租界和公共租界都规定,禁止燃鞭炮或点燃烟火。改革开放以后,上海于 1994 年颁行了"禁燃令",1997 年作了第一次修订。这两版"禁燃令"实际上就是旧版"禁燃令"。与这些规定相比较,新版"禁燃令"确实"最严",具体表现在这样三个方面:第一,适用区域最大,是空间上的最严。以往禁燃令的实施范围都在上海城市的核心区域,要么是在上海租界的市中心,要么是在内环以内的中心城区。新版"禁燃令"则规定在外环线以内,大大超出了市中心、中心城区范围,适用区域最大,在空间上最严。第二,实施主体最多,是组织上的最严。上海租界实施"禁燃令"的主体是巡捕房。旧版"禁燃令"的实施主体主要是政府的行政管理部门,其他"单位"则无明文规定。新版"禁燃令"的实施主体则扩大到学校、居民与村民委员会、物业服务、相关行业协会等非政府行政管理部门,而且作了明文规定。实施主体大增,在组织上最严。第三,处罚的违法行为范围最广,是制裁上的最严。上海租界"禁燃令"规定的违法行为只是自然人的燃放行为,不及其他。旧版"禁燃令"处罚的违法行为是非法生产、采购、批发、运输、储存、销售和燃放烟花爆竹的行为。新版"禁燃令"则修改为非法生产、经营、储存、运输、燃放和销毁处置烟花爆竹行为,其中的"经营"范围有所扩大,"销毁处置"为新增。处罚范围上的扩大,体现了制裁上的最严。

其次,对实施效果的思考。新版"禁燃令"体现了上海地方立法在维护城市安全与改善城市环境方面的作为,同时也反映了广大市民对安全、宜居环境的期待。可是,法律文本再好,也要受到实施的检验。实施效果好,文本的优越性才能真正体现出来。新版"禁燃令"的整体实施效果比较好,元宵节后媒体纷纷报道说,外环内实现烟花爆竹基本"零燃放",外环外燃放明显减少,往年数以吨计的烟花垃圾不见了。这份成绩来之不易,背后凝聚着许多人的心血,有一个系统工程的支撑。在这个工程中,包括了从严控制烟花爆竹的生产、经营、储存与运输等,加强法制宣传、执法等烟花爆竹安全管理的各个环节。据正月初五的统计,全市共有4万警员坚守岗位,30万平安志愿者守望相助。没有他们的辛勤付出和整个系统工程的支持,交不出这份令人满意的成绩。

最后,对长效管控烟花爆竹工作的思考。新版"禁燃令"颁行半年后效果较好。然而,这一法规还得继续施行,日后的路程更长。为此,以下这些工作要坚持不懈,不可虎头蛇尾。第一,进一步加强新版"禁燃令"的宣传。事实已经证明,上海颁行新版"禁燃令"的开门红得益于广泛的宣传,基本做到家喻户晓,但是,这一宣传还未能尽善尽美,留有盲点,如来沪经商人员。第二,进一步加强行政执法,不留死角。第三,进一步总结前一阶段施行的经

验。经过 6 个多月新版"禁燃令"的施行,已有一些可以总结的经
验。比如,广泛进行宣传、综合执法力量、广大市民参与等等。正
是这些成功经验的合力,造成了较好的实施效果。这些经验值得
以后坚持、发扬。

5. 完善司法公开制度,切实提高司法水平

党的十八大报告把"司法公开"作为"坚持走中国特色社会主
义政治发展道路和推进政治体制改革"部分中"健全权力运行制
约和监督体系"的一项重要任务,并作了阐述。为了真正做到司
法公开,必须完善司法公开制度,并以此来达到提高司法水平的
目的。

(1) 完善司法公开制度是提高司法水平的必由
之路

司法公开是司法中的一个重要组成部分,完善司法公开制度
是提高司法水平的一条必由之路。这突出表现在以下几个方面。

首先,通过完善司法公开制度,规范司法公开行为,提高司法
水平。司法公开是司法中一种人的行为,要在司法过程中体现出
来。为了使这种行为规范化并通过其来提升司法水平,有必要建
立、完善司法公开制度。完善这一制度的内容应包括司法中可以
公开、应该公开、必须公开而且还不够完善的一些环节。没有完善
的这一制度,司法公开无法得到保障,从而对司法水平带来不利影
响。完善的司法公开制度为法治国家不可或缺。事实已经证明,
我国有些法院在完善司法公开制度的过程中,已做出努力并取得
成绩,有效提高了司法水平。

其次,通过完善司法公开制度,有效实现公民司法知情权。司

法公开同时也是司法的核心问题之一。完善司法公开制度,可以使公民更有效地实现对司法的知情权,了解司法的真实状况;可以使公民更有效实现对司法的建言献策,这些都有助于提高司法的水平。我国已有一些通过完善司法公开制度,让公民有效实现司法知情权的实例。

最后,通过完善司法公开制度,强化司法监督力度,提高司法水平。司法公开还是司法的一个原则。这种公开就是向人民群众、社会公开,允许他们旁听,允许新闻媒体采访、报道,即让司法公开处在阳光之下。完善了司法公开制度就可以强化这种监督,使其得到切实的实现,并以此来防止司法腐败,保障司法的公正,提升司法水平。司法公开制度完善以后,这种公开就可常态化,监督更有力度,以保证司法和司法人员均依法司法。我国已有通过完善司法公开制度,强化司法监督力度来提高司法水平的先例。比如,海南省高级人民法院制定的《人民群众信访申诉听证制度》、福建省高级人民法院下发的《关于执行案件"五告知"的规定》、新疆维吾尔自治区高级人民法院颁行的《关于涉法涉诉信访疑难案件公开听证的暂行规定》等,都从不同视角为强化监督司法提供了方便。

(2)通过完善司法公开制度来提升司法水平是一种世界性做法

完善司法公开制度是实现司法公正、提升司法水平的一种重要途径,因此完善这一制度成为联合国和世界上许多国家的做法。

联合国吸取了第二次世界大战的教训,从着力维护公民的基本权利出发,重视建立、完善司法公开制度,并在其文件中作出明文规定。1948 年 12 月 10 日联合国大会通过了《世界人权宣言》。

这是一个系统保护公民基本权利的国际性文件,应该成为联合国成员共同遵守的准则。此宣言的第 10 条就明确规定:"人人完全平等地有权由一个独立而无偏倚的法庭进行公正和公开的审讯,以确定他的权利和义务并制定对他提出的任何刑事指控。"考虑到进一步维护人权的需要,联合国对司法公开制度作了进一步规定,内容也更为完善了。1966 年 12 月 6 日联合国大会通过了《公民权利和政治权利国际公约》。此公约对司法公开作了更为彻底的规定,同时也提出了可不公开的一些特殊情况。

世界上有许多国家也致力于司法公开制度的完善,并以此来提高自己的司法水平。它们都对司法公开作出自己的规定。比如,法国的《刑事诉讼法》第 306 条规定,轻罪,法庭庭审一律公开;对案件实质所作的判决,一律公开宣示;等等。德国的《法院组织法》第 169 条规定,在法庭上进行的程序,包括宣布判决和判令,都公开进行等。日本的《日本国宪法》第 82 条规定,法院的审判及判决在公开法庭进行;对政治罪、有关出版犯罪、保障国民权利等问题的案件,一般必须公开审讯等。而且,这些国家的司法公开制度还有一个趋于完善的历程。

我国自清末法制改革以后也开始建立、完善近代司法公开制度。这在相关的法律里已能得到体现。1906 年制定的《大理院审判编制法》把审判公开的法庭称为"公开法堂",要求把审判公开的内容做好记录。第 21 条规定:"倘公开法堂及当堂宣告判决时,其录供与缮文等事,则由书记官督同录事为之。"1907 年拟订的《各级审判厅试办章程》把公开审判称为"公判",并对这种"公判"作了明确规定。第二次国内革命战争时期,《中华苏维埃共和国裁判部暂行组织及裁判条例》第 16 条也对这一制度作出规定,内容是:"审判必须公开,倘有秘密关系时,可用秘密审判的方式,但宣布判决时仍应公开进行。"到了抗日战争时期,这一制度趋向完善,提出"完全公开"和"公审"的形式。《陕甘宁边区高等法院对各县司法工作的指示》指出:"判决案件完全是公开的,在必要时可以举行公审来判决。"那时推行的"马锡五审判方式"正是这种司法公开制度完善的一种集中体现,司法水平也因此得到了显著提高。

(3)改革开放以来我国在完善司法公开制度和提高司法水平方面有了长足进步

新中国成立以后,积极致力于司法公开制度的建设,1954 年宪法就对司法公开作了明确规定。1956 年全国人大常委会通过了《关于不公开进行审理的案件的决定》,在确认司法公开制度的同时,明确了关于"阴私"和未成年人案件不公开审判的规定。1964 年最高人民法院在《关于阴私案件可否公开宣判等问题的批复》中,对审判公开的例外案件的宣判作了新的规定。可是,由于"文革"等运动的干扰和对法制的践踏,完善司法公开制度的历程受挫。改革开放以后,我国法制获得了新生,开始走上法治的道路,司法公开制度走上了新的征程。1982 年宪法强调了司法公开制度,并作出了规定,其第 125 条规定:"人民法院审理案件,除法律规定的特殊情况外,一律公开进行。"1979 年施行的刑事诉讼法第一百一十一条明文规定了司法公开制度,内容是:"人民法院审判第一审案件应当公开进行。"同时,还对不宜公开的一些案件也作了规定。1982 年实施的《民事诉讼法(试行)》第 103 条规定:"人民法院审理民事案件,除涉及国家机密、个人隐私或者法律另有规定的以外,一律公开进行。"还有 1983 年施行的人民法院组织法第 7 条和 1989 年实施的行政诉讼法第 45 条也对司法公开作出了相应的规定。我国的司法公开制度得到了恢复。

随着我国政治、经济、社会和文化的大发展,对包括司法公开制度在内的法治提出了更高的要求,于是这一制度又开始走上了进一步完善之路。我国的法院对司法公开制度的完善采取了多项措施。第一,细化司法公开的范围。针对我国法律对司法公开规定比较原则的情况,细化了司法公开范围。细化以后,司法公开制度便更易得到实施。2009年最高人民法院印发了《关于司法公开六项规定》,要求各类、各级法院遵循宪法规定的司法公开原则,拓宽司法公开渠道,切实执行相关法律的规定,提高司法水平,这个"六项规定"聚焦在立案公开、庭审公开、执行公开、听证公开、文书公开和审务公开等领域。每个"公开"中都有具体要求。比如在"庭审公开"中,就要求建立健全有序开放、有序管理的旁听和报道庭审的规则,消除公众和媒体知情监督的障碍;所有证据应当在法庭上公开,当庭认证;应当通知证人、鉴定人出庭作证;等等。第二,公开展示司法意见。即通过对已经审理案件的公开展示,推进各类各级法院完善司法公开制度,有效提升自己的司法水平。2011年最高人民法院发布了《最高人民法院知识产权案件年度报告(2010)》,在2010年由最高人民法院审结的案件中精选了36件典型案例,涉及43个具有指导意义的法律适用问题。在全国法院受理关于知识产权案件猛增的情况下,最高人民法院提出这一报告,及时公开展示此案件审理情况,十分有利于公开审理原则的落实。第三,打造司法公开示范法院。经过打造司法公开示范法院,可以督促其他法院效仿示范法院司法公开的做法,推广司法公开的经验。2010年江西省婺源县人民法院被最高人民法院确定为全国首批100个司法公开示范法院之一。该院在阳光审判、阳光执行方面较为突出。之后以落实司法公开为主线,把立案、庭审、执行、听证、文书、审务等全面公开化,细化可以公开的各个细节,及时回应人民群众对司法公开、司法公正、司法便民的关切与期待,受到好评。以上这些从规制与实践两个方面来落实司法公开制度,有利于这一制度的完善和司法水平的提高。

(4)进一步完善司法公开制度、提高司法水平的路径

随着我国全面推进依法治国要求的提出,有必要进一步完善司法公开制度,以提高司法水平。今后,可以在以下一些方面花大力气、下大功夫。

首先,进一步更新理念。完善司法公开制度是我国人民法院的工作,可是要做好这项工作,首先要进一步更新理念。司法公开制度的完善涉及法院工作的方方面面。比如,要求法院制定相关规定、添置一些设备、进行一定的取经考察和培训等;要求法官切实落实相关规定,增加一定的工作量,特别是要提高自己的审判水平,自觉接受社会监督;等等。于是,有人会产生多一事不如少一事的想法;况且前一段时间已经开展过一些司法公开的工作,有人还会有自满情绪;等等。这些都首先要从更新理念来解决。要使法院上下都明白,司法公开是宪法赋予人民法院的义务,也是全面推进依法治国的要求,同时也是现代法治与司法民主的重要标志。完善了司法公开制度就有利于实现公民对司法的知情权、建言权、监督权,有利于法院规范司法公开行为,做到司法公正,利于防止司法腐败,总之有助于提升司法水平。因此,完善司法公开制度不是可做可不做的工作,而是必须做、要做好的工作。只有更新了理念,才能进一步完善司法公开制度。

其次,进一步创新制度设计和采取新措施。完善司法公开制

度是改革开放以后的一项新的司法任务,需要创新制度设计。结合我国现阶段的国情和司法情况,在已经取得司法公开经验的基础上,应进行新的制度设计,以完善司法公开制度。这种创新可能涉及司法公开的各个领域,特别是当前还较为薄弱的领域。在创新这一制度设计时,可以借鉴世界司法公开的文明成果,也可以参考我国有些法院在完善司法公开中已经取得的并为实践所证明是有价值的经验,集思广益,取长补短。我国的法院可以根据自己的实际情况,循序渐进,使制度创新不中断。同时,新制度一旦制定,就要抓紧落实,包括要采取一些必要的新措施,甚至增加一些投入,要使创新的制度变成现实,也使完善的司法公开制度能在司法中得到实现,切忌有法不依。

最后,进一步缩小各法院之间的差距。完善司法公开制度是一项重要的司法原则,也是提高司法水平的必由之路,我国的各类各级法院都应贯彻、落实。这是法院建设的需要,也是全面推进依法治国的需要。然而,当前我国法院在完善司法公开制度方面参差不齐。2010 年最高人民法院决定在 100 个法院首先建设"司法公开示范法院",其中高级人民法院有 11 个、中级人民法院有 33个、基层人民法院有 55 个、专门法院有 1 个。这些法院在完善司法公开制度方面已取得了新的成果,绩效都比较明显。在上海,进入"司法公开示范法院"的包括高级人民法院、第一中级人民法院、第二中级人民法院和浦东新区人民法院。这 4 个法院都有出色表现。比如,浦东新区人民法院在"在线诉讼服务平台"方面下了功夫,使司法公开制度进一步完善。通过这一平台,当事人只要上网就可提交诉状及相关材料,法院也可发出受理、缴费、送达等通知,公开度较高。同时,该院的司法水平也随之提升了。可是,我国还有不少法院在完善司法公开制度方面仍需进一步花大力气,才能缩小与这些示范法院间的差距。当然,示范法院的经验也需及时推广,以点带面,共同提高。可以相信,只要大家共同努力,我国将在完善司法公开制度方面走出坚实的一步,也会因此进一步推动司法水平的提高。

(原载《人民法院报》2012 年 12 月 26 日)

6. 审判方式改革与司法廉政建设

审判方式改革不仅有助于提高我国的审判水平,而且还有利于我国的司法廉政建设。

审判方式改革的一个首要目标是司法公正,这直接有利于司法廉政建设。司法的本意在于公正,只有司法公正才能真正显示司法的力量,维护法律的尊严。司法公正又与司法廉政联系在一起,只有司法廉政才能产生司法公正。司法公正的反面是司法不公正。它是对司法本意的歪曲和亵渎,也是司法腐败的集中表现。审判方式改革把司法公正作为首要目标,这既是对司法腐败的直面宣战,又是以"程序公正"的形式把腐败扼杀于摇篮之中。

审判方式改革的许多内容都体现了司法民主,这也有利于司法廉政建设。根据我国目前的情况来看,审判方式改革会涉及这样一些问题:民事诉讼当事人的诉讼地位平等,法院应当尊重他们的各项诉讼权利;审判活动公开,提高审判的公开性和透明度;审判工作要依法进行,并接受人民群众的监督;等等。这些问题的共同点在于司法民主。司法民主也与司法腐败格格不入,因为司法腐败往往与司法专横联系在一起。司法专横是一种由少数人控制司法并由少数人意志决定司法的反民主司法行为。这种行为的人治因素很大,且又缺少必要的监督,因此实际上是司法腐败的温床。审判方式以民主为内容,就可遏制司法专横,防止司法腐败。

这又有利于司法廉政建设。

司法廉政建设也是个系统工程,要从多方面着手进行,比如进行思想教育、提高审判人员素质、进行必要的司法监督、惩治司法腐败行为等,其中亦包括审判方式的改革。而且,与其他措施相比,它的一个突出点是可操作性、程序性特别强。它要通过对审判中运用的具体方式的改革,来改变现行不适时的审判方式,使其变得更为科学、合理和公正。改革后的审判方式实际上就是一种新的审判规则,一种可操作性很强的强制性规范,审判人员必须严格遵守,不得违反,因为违反后下道程序将很难衔接并导致程序链的中断。因此,从改革审判方式的角度来促进司法廉政建设有其特殊的优越性。当然,从审判方式改革到司法廉政的道路不是平坦的,会有阻力,改革者要作不懈的努力,要有意识地反对司法腐败,提倡司法廉政,这样才能巩固审判方式改革的成果,不断促进司法廉政建设。当前,要求改革审判方式的呼声很高,有些地方和单位还积累了一定的经验,同时司法腐败也已被人们痛恨至极,成为过街老鼠,这些都为今天可以开展较大规模的审判方式改革并以此来促进司法廉政创造了良好的社会条件。相信经过一段时间的努力,我国在审判方式改革和司法廉政建设两个方面都会有长足的进步。

（原载《人民法院报》1999 年 4 月 20 日）

7. 司法体制改革呼唤思维创新

也许说"2006 年是我国司法体制改革关键性一年",有人会不以为意,以为老生常谈。事实上,司法体制改革走过了相当艰难的一段路途后,的确到了十分关键的时刻。属于司法改革一个重要组成部分的司法体制改革,主要是指司法内部的体制改革,涉及范围包括检察院、法院内部各自的体制改革以及它们之间的体制改革等。这一改革的目的是维护司法公正。党的十六大报告的第五大部分专门讲到了"推进司法体制改革",并对这一改革的目标、路径、监督等一系列问题提出了要求。可以说,司法体制改革由此进入一个新的更自觉的阶段。

我国的司法体制改革已经涉及司法体制的许多方面,并已取得可喜成绩。比如,检察院系统设立了反贪局,专门负责侦查贪污、贿赂、挪用公款等一些职务犯罪,使打击这类犯罪更专业化,也更准确和公正。又比如,在法院陪审员的产生问题上,2005年起改原来的由法院选定为由人大来确定,这样更有利于他们对司法进行必要的监督,同时也更有利于提高司法的公信度。还有,确立的主诉检察官和主审法官制度、建立规范化操作流程与办案制度等一系列的改革措施也都与司法体制改革相关。

今后,我国的司法体制改革还会继续深入,其方向是更加现代化。建立现代司法体制的一个重要原则是分权制衡。司法机关之间,既相互独立,又相互制约、监督。其目的是在体制上更加合理和科学,使它们职权明晰,各有分工而又互相牵制,避免因集权而产生的弊端。现在的侦押体制可以考虑进行改革。我国的公安机关既是刑事案件的侦查机关,又是犯罪嫌疑人的羁押机关。在这种侦押合一体制的情况下,监督作用不易充分发挥,以致容易发生刑讯逼供的情况。目前的检察机关中也有侦检的体制问题。我国的检察机关既有侦查贪污、贿赂、挪用公款等职务犯罪的职能,又有对这些犯罪嫌疑人起诉的职能。在这种侦检合一的体制中,缺乏应有的侦与检的互相制衡,易失公正。目前在法院内部,审判委员会的工作有明显的会议制痕迹,缺失司法审判的庭审特征。难怪有人说,在现在的审判委员会体制下,有审的不判、判的不审的情况。

　　我国的司法体制改革难在思维创新。现在世界上的发达国家不少推行多党制并以"三权分立"为基本政治构架。其司法体制是在这一构架下设计、运行,而且比较成熟并取得了丰富的经验。我国不搞这种"三权分立"的构架,而是实行在中国共产党领导下的人民代表大会制度。在这一制度之下,怎么使司法体制真正体现分权制衡的原则,怎样科学地设计适合我国情况的司法体制改革方案,怎样在党的领导下有效地运行这一体制并能实现司法公正等,这些都是目前要考虑的问题。在思考这些问题时,既要考虑到现代司法体制的一般原则,从发达国家的成熟司法体制中借鉴其有益的经验;又要结合我国的现实国情和特殊情况,使这一司法体制能充分发挥其作用,促进司法公正。这在世界上还没有现成的模式可以直接套用,需要我们用足够的勇气和智慧来面对和解决,也迫切需要有创新思维。

　　一段时间以来,与司法体制相关的三大问题一直没有得到根本解决。它们是:司法机关经费来源的地方化、司法人员产生的地方化和司法机关内部管理的行政化等。这些问题都不同程度地影响到司法体制改革和司法公正。司法机关经费来源的地方化使其受制于地方政府,地方保护主义有了生存的空间。司法人员产生的地方化使它们受制于地方人大,会使司法受到法外因素的干扰,司法独立有了困难。司法机关内部管理的行政化使司法人员地位出现了差异,他们的司法带有了长官意志,司法人员的独立司法就有了麻烦。在当前这些问题无法在全国根本解决的情况下,条件成熟的地区可用改革的权宜之计先走出一步,这就是通过立法来解决这些问题。比如,可用地方人大的预算来确定司法机关的经费,减少其对政府预算的依赖。又比如,地方人大可以通过地方立法来规定类似法官终身制的条件,解除他们的后顾之忧,减少法外因素对司法审判的影响。

司法体制改革是一个系统工程,也有一个渐进过程。它涉及方方面面,而且与政治体制和司法改革的关系特别密切。随着我国政治体制和司法改革的不断深入开展,司法体制改革也会随之深入进行。同时,这一改革也是一个过程,需要按其发展规律循序渐进,操之过急和消极等待的态度都不可取。

为使司法体制改革得以顺利进行,我们必须充分认识司法体制改革的重要性,要从推进治国方略的高度去理解和认识这一重要性。同时,还要怀着百折不挠的坚定意志,因为改革必定会碰到不少困难,也会有曲折。更重要的是要有求真务实的改革措施,其中,一方面要设计适合中国的司法体制改革方案,以使改革有章可循;另一方面则要有认真落实这一方案的行动和措施,使其变成现实,切实推进这一改革。

(原载《新民周刊》2006 年第 6 期)

8. 论法学专家参与审判

请法学专家来参与审判是必要的,也是由我国目前的国情所决定的。现在,我国已走在依法治国的道路上,公民对法治的期望值越来越高,许多纠纷和问题都希望由法院来解决,可是我国在立法和司法方面都还有不尽如人意之处。我国的改革还在不断深化,立法中有些方面滞后的情况依然存在,以致一些疑难案件时有出现。同时,法官们的业务水平也参差不齐;有些法官审判疑难案件还有不小的困难。这些情况都有碍于审判工作的顺利进行。

由法学专家来参与审判有利于改变以上情况,推动审判工作的开展,因为他们可以利用自己的法学知识和理论,分析案情,使其得到较为及时和公正的处理。特别是参与一些疑难案件的审判,他们的优势更易发挥。疑难案件涉及的问题往往是法无明文规定,或是法无具体规定,或是在审判实践中争论较大。这些问题都需用较扎实的法学知识和较丰富的法学理论,才能找到合适的解决办法。这正是法学专家的特长所在。

法学专家参与审判的主要形式是以陪审员的身份参加合议庭,成为合议庭的成员,这样,他们就可深入审判的全过程,而且有职有权。同时,这也有助于改变目前陪审员不能充分发挥其作用的状况,完善陪审员制度。

当然,参与审判的法学专家也应具备一定的条件,主要是以下四个方面。

首先,他们须秉公廉正,作风正派。这是对他们人品和政治素质的要求。根据我国法律的规定,陪审员具有与审判员相同的审判权利和义务。只有这样,才能保证审判的公正性和严肃性。

其次,他们须与参加审判的案件无利害关系。这是一种制度要求。如果遇到一些与自己有利害关系的案件,应主动回避,退出合议庭,以保证审判的公正进行。

再次,他们须擅长参与审判案件的相关学科。法学也由多学科组成,而且各学科之间相对独立,有的还区别较大。法学专家往往只是某一学科的专家,参加对自己学科相关案件的审判,将会取得较为满意的效果。

最后,他们最好具有一些诉讼经验。审判是诉讼中的一个重要组成部分,与诉讼中的许多方面都直接有关,有了诉讼经验就会更有利于驾驭审判工作,提高审判水平。笔者相信,法学专家参与审判以后,必定会给审判工作带来新的生机,改变一些面貌,使审判工作跟上依法治国的步伐。

（原载《上海法治报》1999 年 3 月 31 日）

9. 2035 年的中国律师

2035 年是中国法治建设的一个重要节点。那时,中国的法治国家、法治政府、法治社会基本建成,各方面制度更加完善,国家治理体系和治理能力现代化基本实现。作为法律职业共同体成员的律师,到 2035 年时,面貌将会有很大改观。在这里,作些个人预测,与大家交流。

(1)律师的准入门槛会有所调整

这主要由相关考试所决定。我国从 1986 年开始施行律师考试,之后还有行业内部的法官、检察官、公证员的考试。自 2002 年起,确定司法考试,把法官、检察官与律师的考试合为一考,而且参加考试的考生没有所学专业的限制,非法学专业毕业的考生同样可以参加这一考试。从 2018 年开始,改为法律职业资格统一考试。这一考试适用于法律职业共同体内的成员,扩大到行政执法等其他人员。

鉴于这一考试的变化,可以预见,参加这一考试人员的条件会有所调整,不是法学专业毕业的考生将不能参加这一考试。这会使一些非法学专业毕业的考生不具备参加法律职业资格统一考试的条件,从而也无法成为律师了。也就是说,经过律师准入门槛的调整,使其更高而不是更低了。这会有利于提升律师的专业水准,有助于律师入行后的职业发展,并与现代发达国家的做法趋向一致,更具现代性。这会涉及《律师法》等法律的修订。2035 年前中国律师法等法律的修订不可避免。2035 年时,中国律师的素质会比现在有进一步的提升。这首先得益于中国法学教育的改革。中国的法学教育自改革开放得到恢复以来,有较大的发展。目前,法学院、系已超过 600 所,在校学生超过 70 万人。为了进一步提高法学教育的质量和法学专业学生的素质,我国正在逐渐推进法学教育改革。卓越法律人才教育培养基地建设、"双千计划"等措施相继出台,其目的是要着重解决法学教育与法律职业脱节、法学教育质量需要提高、法学教育方法单一等一系列问题。

现在,法学教育改革的成效已经初显,一批批卓越法律人才正在走出校门,有的已经步入律师队伍。可以相信,随着这一改革的进一步推进,法学教育的面貌将会不断更新。新培养的法学专业毕业生进入律师队伍以后,律师的素质会有明显提升。还有,培养的法学硕士、博士逐步增加,这些具有中、高等学位的毕业生进入律师行业的人数会有所增加。这同样有利于律师队伍素质的提升。可以预测,2035 年时,中国律师的职业伦理、知识水平、实践能力等都会有进一步提升。

(2)律师的作用会得到更大的发挥

随着中国法治的持续向前推进,国家治理体系和治理能力也会有长足的进步。其中,律师的作用会更加凸显,更多地参政议政,参与立法、行政执法与司法,监督法律的实施,进行法治宣传与咨询,等等。在国家治理的领域中,将会看到更多律师的身影。

在国家治理中推出的新领域,律师会积极、主动参与、到位,充分发挥自己应有的作用,特别是在"一带一路"建设与自由贸易试验区的拓展中。可以想象,在 2035 年前,"一带一路"建设正酣,自由贸易试验区的拓展在稳步推进。这正是急需律师加入的时期。律师的工作会关乎建设、推进的速度与质量,甚至在一些细节问题上的成败。律师在其中的作用有不可替代性,没有其他职业人员可以取代律师。律师在国家治理这些新的领域中,可以大显身手,大有用武之地。律师在社会中的地位也会因此而得到提高,口碑也会越来越好。

(3)律师管理体制将会更加完善

根据律师管理权限的不同,世界上的律师管理体制模式主要可以分为四种。第一种是律师协会行业管理模式,以法国、日本为代表。在这一模式中,律师协会对全国律师实行各个方面的管理。第二种是在司法行政机关监督与指导下的律师协会行业管理模式,以德国为代表。在这个模式中,司法行政机关对律师协会进行监督,并负责律师资格的审查与授予;律师协会则对律师违反职业道德的行为作出处理。第三种是律师协会行业管理与法院监督相结合的模式,以英、美为代表。在这一模式下,律师协会负责律师资格考试、对违法律师举行听证并提出处理意见;法院则授予律师资格,根据律师协会作出的处理意见,对违法律师作出处理。第四种是司法行政机关管理与律师协会行业管理相结合的模式,即被称为"两结合"模式,以中国为代表,也就是中国当前正在施行的模式。

到2035年,中国的律师管理体制仍会继续沿用"两结合"模式,因为这一模式比较适合中国的国情,但会进一步完善。随着政府职能的转变,"小政府"形象的凸显,中国的律师协会的行业管理就会得到加强,其自律性与自治性进一步显现,司法行政机关的管理则会相应弱化。其中,各级律师协会在促进行业建设、指导业务开展、规范执业行为、维护行业合法权益与加强职业监督等方面,都有新的举措出台,使律师协会的行业管理更加完善,也更上一层楼。

（4）律师的人数与收入都会有较大幅度的增长

为了适应我国法治发展的需要,近10年来的律师人数有了较快增长,平均每年增长9.5%,增长人数为2万左右。目前,我国律师的总人数已突破30万。律师事务所多达2.5万多家。但是,律师的工作不轻松,业务量很大。据近年的统计,平均每年办理的诉讼案件330多万件,非诉事务100万件,法律援助案件50多万件,公益服务230多万件,担任法律顾问50多万家。而且,中国律师的业务量还有增加趋势。估计到2035年,我国律师的人数会随着业务量的增加而有较大幅度的增长,增长一倍只是个保守的估计。

律师的收入会逐步增加,特别是一些年轻律师。目前,入行不久的年轻律师的收入较低,一线城市中的许多年轻律师的收入仅够维持日常开支,有时还会捉襟见肘。这种情况在2035年会有根本性改变。可以预见,因为大家的辛勤付出,除了物价因素以外,律师的收入也会成倍增长,资深律师的收入会更多,年轻律师则有望解决收入偏低的问题。他们中的多数人可在入行的10年内,成为中产阶级成员。也就是说,现在入行的年轻律师在2035年前,早就是中产阶级队伍中人了。

2035年中国律师面貌的改观需要付出努力。这种努力大致分为业内与业外两个方面。业内方面的努力主要是:律师协会、律师事务所与律师都要有自己到2035年的中、长期发展规划,根据国家、社会、公民的需要,制定相应的努力目标;遵照律师法等法律、法规的规定,努力履行自己的职责,塑造良好的律师形象;努力学习、钻研相关知识并积极投身于律师工作的各种实践;等等。业外方面的努力主要是:全社会都更进一步提高对律师的认识,充分认识其是中国法律职业共同体中的重要成员,赋予律师应有的地位;积极配合、支持律师依法执业,营造良好的律师执业环境;等等。可以相信,在业内外的共同努力下,到 2035 年时,中国律师的面貌定会有较大改观,律师会更受人们尊重,律师职业也会为更多人所向往。

从现在到 2035 年的这一时间段内,通过大家的共同努力,期待中国律师有较大发展,这不仅是中国律师的荣幸,也是中国法治建设与强国建设的需要。强国需要大量的著名律师,中国律师要有信心成为世界上的著名律师。

(原载《上海律师》2018 年第 4 期)

第四章
法学教育

法学教育是法治中的一个要素。法学教育部分由总述、本科教育和继续教育三个方面内容组成。

一、总　述

1. 中国当前法学教育的职业化走向

目前,当法学界还在争论中国的法学教育应是一种素质教育还是职业教育的时候,法学教育的职业化走向已比过去更明显地显现出来了,其突出表现在以下几个方面。

首先,"西部班"是一种职业化的法学教育。"西部班"学生来自西部地区,学制两年。他们已经经过四年的本科学习,其中既有非法学专业毕业的学生,也有法学专业毕业的学生。而且,他们都已安排在西部地区的检察院、法院等单位工作,经过这两年的学习并通过国家司法考试以后,便可上岗成为检察官、法官等。由于这是一种缓解西部地区国家司法考试通过率不高,检察官、法官短缺的途径,所以这些学生有着明确的学习目标,即需要通过国家司法考试。法学院为了实现这个目标,也在教学中作了职业化设计,包括教学大纲、课程设计、实习安排等。其职业化特色的教学特征显著,与四年制的法学专业本科学生有所不同。

其次,法律硕士的人数、品种增加了。法律硕士与法学硕士不同。法律硕士是职业性学位,法学硕士是学术性学位。法律硕士在中国已招生十余年了,又有了一个较大变化,即法律硕士生在品种和人数上都有所增加。即开始招收法学专业的本科生来攻读法律硕士学位的硕士生,以前则只招收非法学专业的本科生。另外,招收的法学、法律硕士研究生中作了比例分配,即各占 50%,以前没有这种比例的明确规定。这样,法律硕士生的比例就有了增加,人数随之增多,队伍也壮大了。

最后,更重视国家司法考试。通过司法考试是通向法律职业的关键性途径。不通过这一考试,无法成为检察官、法官、律师和公证员等。现在,四年级法学本科生可以参加国家司法考试了。大家为了提高就业率,许多法学院、教师比以往更重视把自己的教学与国家司法考试结合起来。另外,一些参加过国家司法考试评卷的教师则利用评卷的便利,了解了命题的一些基本要求、答题要点的设计等情况,在教学过程中,会把这一考试的相关情况与自己的教学内容结合起来,提升职业化程度,以便提高考试的通过率。这些都有利于职业化的法学教学。

当前,中国法学教育出现的职业化走向有其一定的必然性。至 2008 年,我国已有法学院、系 651 所,在校法学专业的学生 76 万人,其中硕士生 8 万人,博士生 1 万人。一方面,中国社会容纳不了,也不需要这么多法学专业的学生都成为学术型的毕业生。否则,他们中的许多人都会面临很大的就业压力和困难;另一方面,社会的各行各业都需要更多的法律实务人才,参与本单位的法律事务,促进本单位的正常运作。这两者都决定了当前中国需要培养大量的职业型法律人才,改变原来比较重视学术型法律人才的状况。从这种意义上讲,中国法学教育职业化走向还将深化,绝不是一种短期的现象。

以往中国培养了不少学术型法律人才,为提供高校法学教育中的师资和各层次法学研究中的研究人员作出了贡献。中国要建设社会主义法治国家,并要加快这一建设,没有"工作母机"不行。事实已经告诉我们,在全国法学院系数目大增、法学专业数量激增的情况下,必然需要培养大量的师资和研究人员与之相匹配。在这一背景之下,培养一定数量的学术型法律人才很有必要,也很需要。时代选择了这种必要和需要。但是,现在的情况已发生了很大变化,法学院、系的数量基本饱和,法学专业的学生总规模已经基本形成,社会对于大量法学师资和研究人员的需求也已基本告一段落。中国法学教育的走向不得不有所变化,朝有利于满足社会法律实务人才的需要方面倾斜。

中国法学教育的职业化走向迫切要求法学教育进行一定程度的改革,使整个教学过程都能应对这一走向。从目前的实际情况来看,职业化的师资、实习安排和司法考试通过比例三大问题比较突出,应该采取有力措施加以解决。

关于职业化的师资。一方面,现在法学院、系的师资大多以原来培养学术性法律人才来配备,教师也确实擅长于学术研究,学术研究的成果比较多。他们的实践性教学经验不够,对职业化教学比较陌生,由他们直接来进行职业化教学困难比较大;另一方面,在检察院、法院等法律实务部门工作的人员虽实践经验十分丰富,但往往缺少系统的理论教学经历,要承担整门课程的教学,困难也不小。在这种情况之下,可采用双管齐下的办法来加以补救:其一,安排有潜力的法学院、系的教师带着任务到法律实务部门挂职锻炼,提高法律职业教学的能力与水平;其二,可以从法律实务部门中挑选那些高学历和高学位的、有实务工作经验的人员来法学院、系兼职担任相关课程的主讲教师,以此来弥补目前职业化法律教学中师资的不足。

关于职业化实习的安排。在职业化法律教学中,实习更为重要。它是理论联系实际、形成良好职业道德、提高操作水平、锻炼办案能力的有效途径,也是职业化教学的一条必由之路。可是,由于近年来法学专业的学生大量增长,实习资源跟不上,实习安排发生了很大的困难,传统的公、检、法、司等实习单位均处于饱和状态。为了解决这一问题,可以考虑用多渠道的方法,即充分发挥学校、学生、单位的积极性,拓宽实习路子。比如,"西部班"的学生可以回原单位实习,减轻本地实习资源的压力;家庭中有实习资源的学生可以利用家庭资源,到实习单位实习,减轻其他同学的实习压力;愿意到非公、检、法、司单位去实习的同学,可以到银行、保险公司、证券公司等单位的法务部门实习,减轻公、检、法、司单位的压力;等等。总之,要使我们的学生能在走上工作岗位以前就得到法律实务的操练,有一定的经验,以便在毕业后的工作中能尽快上手,尽快适应工作环境。

关于国家司法考试的通过比例。从事法律实务,推进法律职业化的一个重要配套条件是通过国家司法考试。通不过这一考试,法学专业毕业生的择业将受到极大的限制。目前,国家司法考试通过的低比例已成为法律职业化道路上的一个瓶颈。从国内的情况来看,这一比例已大大低于医师和会计等国家考试。从国外的情况来看,这一比例也已大大低于美国、日本等国家的同类考试。美国的律师考试通过率长年维持在 70%—80%;日本的司法考试通过率则已从过去的 2%左右上升为 50%左右。

当前,为了保证通过国家司法考试人员的整体素质和数量,有必要限制非法学专业人员的参考资格。开始有国家司法考试时,中国的法学专业学生不像现在这样充裕,允许一些非法学专业的人员参考有一定的合理性,可是他们的"先天"不足在法律实务中仍有明显的反映。现在,中国有了充足的法学专业毕业生,已经不需要非法学专业的人员来加以补充,限制他们参考的时机到了。同时,在命题、辅导等与这一考试相关的工作中,也可以作进一步改进,以提高通过国家司法考试的比例,让更多的法学专业毕业生能顺利走上法律职业的工作岗位,壮大法律职业的队伍。

(原载《法制日报》2009 年 11 月 11 日)

2. 我国法学教育面临的困惑

多年来,我国法学教育有了长足的进步,这非常有助于依法执政。党的十一届三中全会以后我国的法治重新起步,法学教育也因此而开始复苏。当时,法学院系只有几所,招生人数很少。1978年时,全国普通高校法学专业一共只招收了 729 人。如今,法学教育已"人强马壮",全国的法学院系与在校人数大有增长。更重要的是,法学教育的培养目标已开始发生变化,更有利于提高全民的法律素质。过去,法学专业进行的是一种职业化教育,以培养法律从业人员,特别是司法人员为主,大量的毕业生进入检察院、法院工作。司法部所属的法学院更是如此,比例在 90% 左右。现在就不同了,法学专业把自己的培养目标逐渐转向一种职业化与普及化并重的教育,以培养法律从业人员与提高公民素质并重的教育。一部分毕业生通过司法考试,可以成为法律从业人员;另一部分毕业生则从事其他行业的工作。为了适应依法执政的需要,中国的法学教育还要不断向前推进。其中,以下几个方面要引起足够的重视。

第一,法学专业学生要学会用法律规范自己的行为。这并不是说法学专业以外学生的政治思想工作可以放松,而是要特别强调对这些学生的这一工作。他们以学习法律为己任,应该学会用法律规范自己的行为,养成守法的习惯,具有较高的法律素质,率先成为守法公民。可是,这并非一朝一夕就可做到,也有个过程。在这个过程中,政治思想工作很重要,要使他们真正"树魂为根"。只有具备了较高的政治思想素质,才易形成较高的法律素质。现在的有些情况不尽如人意。在不少法学院系,学生考试作弊、盗窃、打架等违法乱纪的事件时有发生。如果这样的学生去执法,人民会放心吗?对于这些学生,一方面应要求他们自律,另一方面则要进行他律,特别是进行政治思想方面的教育,使他们真正成为一个合格的法学专业毕业生,能够在依法执政中发挥应有的作用。

第二,法学教育要与司法考试结合起来。根据现在的《检察官法》《法官法》和《律师法》,只有通过司法考试者才能成为检察官、法官和律师。他们都是法律从业人员中的重要成员,在依法执政中具有不可替代的作用,国家需要他们在司法中发挥积极作用,守住司法救济这道关,确保依法执政顺利进行。从这点出发,法学教育不能脱离司法考试,而应与之相结合,并找到一个合适的结合点,这样,法学教育既非没有理论,也非脱离实际,而是理论紧密结合实际。目前,法学教育要注意避免这样两种倾向:一种是法学教育被司法考试所左右,仅成为司法考试的"辅导班"或"培训班",忽视理论教育;另一种是不顾司法考试,按部就班,纯粹的学院式教育,严重脱离司法考试。我国已进行过三次司法考试,通过率都在10%左右,而且各地方还参差不齐,欠发达地区的通过率大大低于这一比例。这与司法实践的需要差距较大,不能适应司法队伍建设的需要。法学院系应重视和研究这一情况,及时调整自己的方向,使它能及时跟上形势的发展,积极为司法考试作些贡献。

第三,如何拓展法学的继续教育领域? 我国有条件的地区,特别是一些经济较发达的地区应逐渐成为学习型地区,继续教育不可缺少,其中包括法学的继续教育,而且其在依法执政中还有特殊作用。一方面,其学历教育可以培养更多具有一定层次的法律复合型人才。在法学继续教育中,大量学生是在职学生,而且有相当部分学生是"专升本"和修第二学位的,其中有不少学生的专科不是法学专业,所有的第二学位的第一专业也不是法学专业。他们通过学习法学本科以后,知识结构将会更加完善,法律素质也会有明显提高,走上管理和领导岗位后,将十分有利于依法执政。另一方面,它的非学历教育可以培训更多高层次的法律人才。法学非学历教育有多种多样。其中,接受教育者,可以是国家机关、企事业单位的管理人员,也可以是司法机关的人员;学习的内容,可以是部门法知识,也可以是综合性法律知识;培训方式,可以是司法考试的辅导,也可以是其他考试的辅导;等等。接受这一教育者大多是法学专业毕业,经过这种非学历教育以后,可以更新原有的法律知识,提高原有的法学水平。这也是一条培养高层次法律人才的途径。

(原载《上海法治报》2005 年 1 月 17 日)

3. 入世后的法学教育

入世以后中国的法学教育有了长足的进步。入世前,全国高校中的法学院系不到 300 所,在校学生 17 余万人;入世后,法学院系很快达到 389 所,在校学生超过 20 万人,其发展步伐很快。但是,今后中国的法学教育作为服务贸易的一部分将进一步对外开放。这就使中国的这一教育面临进一步的挑战,其挑战者之一来自国外,即国外的法学教育资源进入中国,与中国现有资源进行竞争,争夺市场。

这种挑战具有两重性。如果中国的法学院能把这种挑战作为一种促进自己发展的机遇,提高法学教育的水平,那将使中国的法学教育有个史无前例的飞跃,面貌也会大变。如果中国的法学院不能把握并失去了这一机遇,那么中国的法学教育就有可能受到极大的冲击,在竞争中处于不利地位。为了使中国的法学教育能在挑战中立于不败之地,现在就该有对应的良策。

这一良策首推改革,即法学教育的改革。这些年来,中国的法学教育已进行过一些改革,也取得过一些成绩,但从总体上来看,力度还不够大,计划经济条件下法学教育的面貌还没有根本改变。法学教育的理念、课程设置、教学方法、教学管理等,还存有不少传统因素,没有脱胎换骨。比如,课程设置还是以传统学科为主,必修课所占比例仍大大超过选修课;又比如,教学方法还是以满堂灌为主,留给学生提问、思考的时间很少;等等。这些都与世界发达国家的法学教育相差甚远,要根本改变这种面貌非改革不行。

世界发达国家的法学教育尽管模式不完全相同,可是其教育理念、课程设置、教学办法、教学管理等方面都有许多相似之处,而且与我国现行的法学教育相比,有值得借鉴之处。比如,在课程设置方面,除了有传统的、基础的法学课程外,还有大量的新兴法学课程;选修课的比例要明显超过必修课。又比如,教学方法以启发式为主,留有大量时间让学生思考、提问,甚至动手操作办案,等等。这些都有助于学生知识、能力、个性的发展,有利于整体素质的提高,与中国法学教育的许多方面相比较,有其优势的一面。这种教育进入中国,会与中国现行的法学教育形成强烈的反差,有一定的竞争力。

就目前而言,这种改革可以大规模的"合作"和"引进"两种途径先起步。合作是指中国的法学院系直接通过合同约定的形式，与发达国家的法学院合作办学。从以往的经验来看，这种合作的范围比较广泛和多样，包括共同创办一个新的法学院或一个专业，使用外国的教学方案、教科书，聘用外国教师，选送中国学生到外国的法学院去学习，互相承认学分，等等。通过这一途径，中国的法学院系可以从合作伙伴中直接学到发达国家法学教育的经验，并从中吸取先进的成分为己所用。引进是指中国的法学院系从发达国家的法学院中，引进一些先进的因素，使其植根于中国的法学院系，并改革原来落后的因素。在这一方面，中国也已有一些经验，引进诊所法律教育就是如此。这是一种由美国在 20 世纪 20 年代首创的，在法学院开设、在教授指导下、学生自己办案的教育形式。自 2000 年起，北京大学、清华大学、复旦大学和华东政法大学等 7 所大学首先引进了这一形式，加大了学生理论联系实际的力度，取得了明显的效果，对改革中国的法学教育有积极意义。跨大了"合作"和"引进"的步子，有利于改革中国现行的法学教育，拉近中国法学教育与世界发达国家法学教育间的距离。

　　法学教育改革的方向是使其具备先进性。也就是说，要经过改革，把法学教育提升到一个比较先进的水平。这种先进性应与世界上发达国家的法学教育相比较而存在，主要通过以下三个方面来显示。第一，在教育理念、教学方案和课程设置、教学方法和手段、实践环节、教学管理等一些法学教育相关的主要方面，都与发达国家的法学教育并驾齐驱；第二，法学专业的学生与发达国家法学的学生相比，在职业道德素质、法学理论基础与知识、实践能力等一些法学专业学生应具有的基本素质方面，可以相提并论。第三，在计算机等一些法学教育必备的硬件设备方面，毫不逊色。如果这样，中国法学教育的现代化时代就来临了，其先进性也就十分明了了。

要使中国的法学教育具备先进性,还有一些困难,其中最大的莫过于师资。就目前而言,师资的整体水平不很理想。具有高学历、高学位的比例不高,能用双语授课的人数太少,能占据学科前沿的人员不多,等等。这些都在很大程度上制约着中国法学教育的进一步发展。因此,从现在起就要更重视师资问题,培养更多的优质师资,以适应入世后的法学教育,使其尽快达到世界的先进水平。

(原载《大公报》2005 年 3 月 18 日)

4. 试论新设选修课的必要条件

选修课是大学课程中的一个重要组成部分,它对于完善学生的知识结构和拓宽学生视野都有极其重要的意义。由于选修课不同于必修课,相当一部分课程是前人未曾开设的,在内容和体系等方面都有"新"的特征。那么,这些"新"的内容和体系是否科学、合理,适合我们的学生学习,这就产生了开设选修课应具备什么条件的问题。几年来,关于这个问题还存在不同看法,本节结合我系的实践提出个人之管见。

第一,我院新设的选修课应侧重实用法学。这是由以下几个因素决定的:①由培养目标决定的。我院的培养目标,主要是从事实际法律工作的实用性人才。为了使学生能胜任以后的工作,现在就应多学一点实用性较强的法学学科。②由法制建设的发展情况决定的。法制建设的具体内容会随着社会政治、经济等的变化而变化,特别是当前处在改革时代,法制建设也有一个不断变化和完善的过程,选修课应及时反映这些变化,使学生的知识不断更新。③由学生的需要决定的。从近几年来学生的选修情况看,绝大多数人都选择实用法学科目,如民刑案例评释、版权法、法医学等都深受欢迎,选修人数常在百人以上。另外,在选修课中侧重安排实用法学学科还可弥补必修课中的一些不足。由于种种原因,我院本科生在必修课中所学的实用法学教时仅占总教时的一半左右,明显不足。如在选修课中多安排些实用法学的内容,可弥补其缺。以上多方面的因素决定了以后新设选修课的课程应侧重于实用法学。当然,也不排斥一些具有现实意义的理论和历史法学学科,但不可喧宾夺主,在数量上要作一定限制。

第二,新设选修课应以科研为基础。选修课的"新"不仅指社会主义法制建设中的一些新情况、新发展、新要求,也指具有借鉴意义的有关中外法制史以及当代外国法制状况等。这一"新"的内容和体系都不是现存的,更是必修课所不能取代的,而须经一定的探索和研究,即以科研为基础。如没有这一基础,选修课的质量就得不到保障,也就失去了存在的意义。近年来,我系新开设的20余门选修课,基本上都是科研成果的反映,质量比较高,有的在全国也属屈指可数。如法学新学科概论、港澳台法制概论、量刑实用研究、国家赔偿法等都是我系教师的首创,填补了法学领域中的某些空白。正因为如此,这些课程也就得到学生的喜爱和好评,每次在统计选修人数时,都名列前茅。

第三,新设选修课的任课教师应是能胜任必修课的教师。选修课是必修课的深化和扩展,是更高层次的课程,从某种意义上讲,它比必修课的要求更高。这就须对任课教师有较高的要求。笔者认为,新设选修课的任课教师应是能胜任必修课的教师,理由是:①他们比较熟悉或精通某一门学科中的内容,再开设一门选修课,基础比较扎实,易取得成功。②一般具有较丰富的教学经验,利于根据学生的需要,讲清讲透课中问题,达到较好的教学效果。

教师的任务首先是上好本学科(必修课)的课程,掌握本学科的教学规律,然后才考虑开设选修课。很难想象,一个连必修课都上不好的教师,会成功地开设一门选修课。近年来,我系凡批准开设选修课的教师基本上都能胜任必修课的教学,所以大多数选修课的质量得到了保障。

第四,新设选修课应有自己的教学大纲或教材。为了使学生们能掌握选修课的内容,教材是完全必要的。但是,在目前情况下,每门选修课都配备有教材有实际困难。我系的做法是必须具备较详细的教学大纲,并印发给每位选修学生。选修课的教材或教学大纲应有科学、合理的体系,具备一门学科应有的知识范围和结构。当然,我们也不能对一门刚诞生的选修课太苛求,一开始就要求十全十美,因为任何一门学科的发展总有一个不断完善的过程,教材和教学大纲中的体系和内容也是如此。为了保证教材或教学大纲的质量,有人提议在开设选修课前先搞个讲座稿,开个讲座,待成熟后再转为选修课。笔者觉得,这种意见有可取的一面,但不能一概而论,有些比较成熟和有把握的学科就不一定要经过这样的过程,这些年来,我系开设的许多选修课已备有教材,如法学新学科概论、司法口才学、实用法庭辩论等,其他的也都有教学大纲,完全改变了过去有选修课无教材、无大纲的情况。

第五,新设选修课应有一定的审批程序。这是在新设选修课开设前的最后一道程序,也是最关键的一道程序。它要对将开设的选修课作全面的讨论、评价和审批,决定其是否可以开设和如何开设。如果没有这一程序,新开设的选修课的质量是无法保证的。参加审批的人员,应是新开设学科或相关学科的专家,对此学科有一定研究,至少有所了解。审批的内容应包括:新设学科的课程名称、开课教师、学时、开设年级、教学大纲、与相关学科的关系等。

最后,决定此选修课是否有必要开设。自 1987 年以后,我系建立了自己的审批程序,其大致过程如下:首先,由开设教师提出申请,填写新设选修课申请表,其内容主要是论证开设本学科的必要性、内容提要、教学大纲及一些基本情况,如课程名称、上课学时等。申请经教研室认可后,再由教研室主任召开联席会议审批。除审核和表决选修课是否有开设的必要外,还要提出在开设中应注意哪些问题等。由于有这一审批程序把关,所以我系新设的选修课都比较成功,没有出现滥竽充数的情况。笔者根据本系近年来的具体实践,认为以上五个必要条件是一个整体,一环扣一环,缺一不可。只要牢牢把握以上几个必要条件,新设选修课的工作是可顺利进行的,质量也是能得到保证的。

(原载《政法高教研究》1989 年第 3 期)

5. 中法史的一点教感

　　1985 年毕业留校后,我担任中法史的教学任务。我的学生来自四面八方,各种类型都有,有的差异比较大,但有一点是基本一致的,即开始时多数人对中法史这门课兴趣不大,只是看在一张文凭的份上,才不得不来听课、考试。为了帮助学生们学好这门课,提高他们的学习兴趣,我在教学上采取了以下四大"政策"。

　　一是重点讲授疑、难、重点。凡教书中比较详细、清楚或非重点内容,少讲,而花大力气讲授疑、难、重点。如教科书没对"象刑"作介绍,初学者又不易理解,我就把它作为一个问题讲,使大家有新鲜感。又如领事裁判权是近代法制中的一个重要问题,但教科书中对其发展阶段阐述得不十分清楚,我根据教学要求重点讲发展阶段问题,弥补了书的不足。这样既避免了重复,又使教学重点突出,学生不觉啰唆,易引起学生兴趣。

二是补充一些大家喜闻乐见的例子。中法史确实比较枯燥，要改变这种情况，须结合教学内容补充些大家喜闻乐见的例子，以增加形象思维，活跃课堂气氛。如在讲到我国古代婚姻制度时，结合梁山泊与祝英台的悲剧，谈了个人的看法，并指出此戏剧本中的某些不足，引导大家思考。学生的学习兴趣油然而生。

三是讲授一些制度的沿革情况。中法史中的某些制度有一个产生、发展、完善、废止的过程，即有沿革情况，而且往往要跨越数个朝代，而教科书不可能把它们都一一列出，使初学者通常对这个问题感到比较棘手。因此我在上课时就注意阐述这些制度的沿革情况，使学生感到有新内容可学。如在讲到凌迟时，把它在五代产生、宋代定名、辽时八律、清末废除这一过程串起来讲。又如在讲到我国的刑制时，把奴隶制五刑、封建制五刑和现代五刑联系起来介绍，并说明它们之间的区别和联系，使学生觉得有些独到之处。

四是介绍一些学术上争议问题。中法史的内容虽属"老古董"，但有些问题在学术上还不无争议。在讲课中，我注意讲述最新学术动态，使"老古董"翻出新花样。这样既扩大了学生的知识面，又使学生感到中法史的内容离现实近了，有一种亲切感。

执行这教学的四大"政策"，取得了较为满意的教学效果，并受到了好评。回首昨天，我已在中法史的教学中取得了一些成绩，展望明天，路程更远，我愿虚心学习老师、学友的长处，精益求精，再上几层楼。

（原载《华东政法学院院报》1989 年 12 月 29 日）

6. 也谈学习中国法制史

在学习中国法制史时，有必要了解以下这些问题，因为了解这些问题将大大有利于中国法制史的学习。

（1）学习中国法制史具有重要意义

中国法律制度史（简称中国法制史）是一门专门研究中国历史上法律制度的产生、发展、演变及其规律的学科。它要客观、科学地揭示中国历史上各种法律制度产生、发展、演变的真实情况，并从中发现其规律。我们要从这些真实情况和规律中，寻找历史的经验和教训，为今天的法治所用。

中国法制史是一门交叉学科。它把法学与史学交叉在一起，其内容既与法学有关，又与史学相关。因此，既可以从法学的角度去研究中国法制史，也可以从史学的角度去研究中国法制史。但是，要成功地研究中国法制史，必须把法学理论与史学知识结合起来，否则就会出现偏颇，以致中国法制史不能真实地再现中国法制发展的历史。这就与这一学科的任务背道而驰了。

中国法制史产生得很早。早在春秋末期，随着成文法的公布和律学的兴起，中国法制史便应运而生了。《汉书·刑法志》中已记载有汉前法制史的内容。近、现代的中国法制史研究在清末出现高潮，到20世纪的前30年便出现了中国法制史的通史著作，以后这类著作不断问世。新中国成立后，中国法制史的研究虽出现过起伏，但总的来说，规模、人数、成果都大大超过以往，特别是在党的十一届三中全会以后。1998年出版的多卷本《中国法制通史》是对这一研究的阶段性总结，它标志着这一学科在中国已有了相当大的发展。

今天，学习中国法制史有其重要的意义。首先，了解中国法制发展的历史。中国法制的历史作为中国文明史的一部分，源远流长，内容丰富。一个法学专业的学生应该了解中国的这一历史，就好像学哲学的要了解哲学史、学经济的要了解经济史一样。如果不了解这一历史,缺少这方面的知识,那么所学的法学知识就不完整、欠科学。其次,为今天的法治所借鉴。中国正在建设一个社会主义法治国家,需要借鉴古今中外的法治经验和教训,加速推进法治进程。特别是前人的经验和教训,因为它更为直接,更易起到借鉴作用。最后,还可在国际学术交流中发挥作用。中国法制的悠久历史和中华法系特有的魅力,吸引了诸多国家的学者,他们亦在本国从事中国法制史的教学与研究,其中包括日本、美国、德国等国家的学者。随着中国的开放和学术交流的扩大,这些学者也会有机会与中国同行进行交流。我们要进行这种交流,进一步扩大国际合作,不研究中国法制史不行,不懂中国法制史更不行。可见,当前学习和研究中国法制史的意义还不小。

正因为如此,几年前国家在调整法学专业的重点课程中,把中国法制史确定为法学类的 14 门主干课程之一,要求每个法学院、系都要开设这门课程,每个法学专业的学生都要学习和掌握这门课程中的相关知识。

要学好中国法制史,就要把握好正确的学习方法。唯物辩证法是基本的、主要的方法。它是一种正确的世界观和方法论,客观地揭示了世界的本源、物质与意识的关系问题,还科学地阐述了世界物质运动的基本规律,要求人们全面、联系、变化地看问题。这一方法是高层次的研究方法,也是放之四海而皆准的方法,我们必须把握、使用。不把握、使用这一方法,不可能辩证地认识中国法制史中的问题,更不可能准确地把握其中的发展规律。此外,在学习中,还需运用其他一些具体方法,特别是归纳、比较等方法。中国法制史的内容极其丰富,只有归纳才能从中找到一般规律,只有比较才能发现其特点,因此这些方法也不可忽视。

（2）中国法制史与经济、政治和思想均有密切关系

法制属于上层建筑，与经济、政治和思想等都有密切的关系，特别是思想。一般而言，经济基础的变化往往会直接反映在上层建筑的思想领域，然后由统治阶级的法律思想再对国家的法制发生影响。这在中国历史上也是如此，以不同的法律思想为指导，会产生不同的法制。

早在夏、商时期，奴隶主阶级信奉鬼神，并利用鬼神治国，在法制上表现为"天罚""神判"。西周的奴隶主阶级吸取了夏、商灭亡的教训，改变了治国思想，主张"敬天保民"和"以德配天"，其法律思想修正为"明德慎罚"，于是在法制中开始礼法并用，而且还是礼主法辅。

然而，从春秋末期开始，封建制经济日渐强盛，并逐渐取代奴隶制经济，地主阶级崭露头角。他们的思想家法家创立了一套自己的理论，主张以法治国，其内容包括：公开法律、刑无等级、轻罪重罚、依法断罪等。于是，中国历史上有了公元前536年由郑国子产公布的刑鼎和以后的法经、秦律等。可是，他们的法律思想和制度过分强调法的作用，忽视礼的作用，最终导致秦末的法律烦多，如同凝脂一样密，秋茶一样繁。同时，由于轻罪重罚，许多人因此而受重罚，出现了劓鼻盈累、断足盈车的情况。秦末农民起义的爆发也与这种法制有关。陈胜、吴广等农民因无法忍受秦朝的残酷压迫和惨无人道的法制而揭竿起事，发起了中国历史上第一次农民大起义。起义后，立即得到广大农民的响应，秦朝就此而亡。

汉初的地主阶级总结了秦朝早亡的教训，施行了"无为而治"的治国策略，在法制上表现为约法省刑、轻徭薄赋，采取了废除三

族罪、妖言令及改刑制等一系列措施。同时,国家也逐渐强盛起来。汉武帝执政后,治国方略大变,他推出独尊儒术的方针,开始把礼法结合起来,儒家思想成了法制的指导思想,许多反映儒家思想的精神和原则演变成了具体制度,上请、亲亲得相首匿、春秋决狱等相继出台。从此,中国传统法制便向成熟阶段快速发展。魏晋南北朝时期的法制是礼法进一步结合,礼大量入律的时期,"八议""官当""准五服以制罪""重罚十条"等许多反映儒家精神的制度纷纷入律,成为律中的内容,为礼法结合的完成和中国传统法制的成熟奠定了基础。

唐初的地主阶级继承和发扬自汉武帝以来的法律思想,提出了较为成熟的传统法律思想。内容包括:礼法并用,以礼为主;立法要简约、划一和稳定;司法要慎刑;等等。在这些思想的指导下,礼法结合、内容成熟的《唐律》诞生了。它既是礼法结合的最终成果,也是中国传统法制的结晶。以后各封建朝代的地主阶级都沿用唐初的法律思想,把唐律作为立法的楷模,制定自己的法律。

清末,西方法学大量引入中国。西方法学中民主、自由、平等的精神与中国传统的儒家思想格格不入。中国传统的法律思想受到了前所未有的冲击,并逐渐败下阵来。于是,中国进行了法制改革。改革中,大量引进西方的法制原则和制度,比如刑法中的罪刑法定原则和正当防卫、紧急避险制度,诉讼法中的代理制度、辩护制度等。这一改革使中国法制开始发生质的变化,并为逐步摆脱传统法制,开创近、现代法制夯实了基础。

以孙中山为首的资产阶级革命派主张"三民主义",提倡西方的法学思想。辛亥革命后,他们建立了资产阶级的共和国及其相应的法制,《中华民国临时约法》是其中的代表作。以后的北洋政府和南京国民政府虽然也打出"三民主义"的旗号,大量使用西方法制的原则和制度,但却是为独裁、专制服务,其法制中的许多内容都集中在打击共产党人和进步人士,如《预戒条例》《惩治盗匪法》《暂行反革命治罪法》《共产党问题处置办法》等,都是如此。

与此同时,在人民民主政权的根据地里,人民民主政权以马克思主义为指导,以解放广大受苦受难的人民、推翻剥削制度、建设人民民主专政为宗旨,积极建设自己的人民民主法制。其内容与北洋政府和南京国民政府的法制都不同,是一种充分反映广大人民群众的意志和愿望,维护广大人民群众权益,巩固人民民主政权的法制。这是人民自己的法制,全新的法制。它还是新中国成立后社会主义法制的渊源,新中国法制就是在此基础上发展而来的。

可见,法律思想特别是执政阶级的法律思想,对国家法制的影响很大,常可起决定性作用,这在学习中国法制史时要引起注意。

(3) 中国法制史的古代与近代两大部分各有特色

中国法制史延续数千年,内容丰富,变化频繁,但大体可分为古代和近现代两大部分,而且还各有特色。

中国法制史的古代部分,是中国传统法制部分,由奴隶制法制和封建制法制两小部分组成。从整个发展过程来看,又可以分为五个阶段。第一阶段为初创阶段,时间从夏至西周。在这阶段中,中国法制创立起来了,禹刑、汤刑、九刑等先后诞生。第二阶段为确立阶段,时间从春秋至秦。在这一阶段中,中国法制得到了确立,第一部较为完整的封建成文法典《法经》在此时面世,接着《秦律》也出现了,从此中国的封建朝代大多把本朝代的主要法典称为律。第三阶段为发展阶段,时间从汉至魏晋南北朝。在这一阶段中,中国法制向成熟阶段发展,礼法开始结合,许多反映礼的制度纷纷入律,为中国法制的成熟创造了有利条件。第四阶段为成熟阶段,时间为隋唐两朝。在这一阶段中,礼法结合的过程完成,礼法达到了充分的统一,内容系统、完备的法典《唐律》被颁行。第五阶段为调整阶段,时间从五代至清。在这一阶段中,各朝统治者都以《唐律》为楷模,大量袭用《唐律》的内容,并根据本朝的实际情况作些调整。《唐律》对这些朝代立法的影响仍然很大。

综观中国古代的法制,在以下三个方面比较突出。首先,法典的结构是诸法合体、以刑为主。中国古代的法典是立法的主要成果。其中,有不少法典都包含多种部门法的内容,但以刑法的内容为主,它是主要的部门法。这从一个侧面说明中国古代的法制是重"刑"轻"民"的法制。其次,法律的内容是礼法结合。中国古代法制的内容以礼法结合为特征,主要表现为:礼是立法的指导原则,法又维护礼的要求。因此,"三纲"和等级特权在法制中表现得淋漓尽致。从这种意义上说,中国古代法就是一种特权法、不平等法。最后,在司法上,则是行政与司法合一。中国古代的行政力量很强,司法依附于行政,行政官吏往往兼理司法事务。地方的行政长官就是当地的司法长官,中央的许多非司法官通过会审等多种途径,也参与司法等,都是一种明证。中国古代法制的这些突出方面了清末法制改革以后,才渐渐丧失。

从整个中国古代法制来看,其核心点是《唐律》,把握了《唐律》便可知晓中国古代法制的大概。《唐律》对唐前的立法进行了总结,其中的许多制度,如"八议""上请""官当""同居相为隐""十恶"等,都来自唐前一些朝代的法律。它把它们总成并使之升华,达到完备的程度。同时,《唐律》的内容又为以后一些朝代的立法所大量沿用,成为本朝法典的主要内容。《宋刑统》几乎是《唐律》的翻版。《大明律》与《大清律例》虽然在体例上已与《唐律》不尽相同,但《唐律》的内容仍占其中的大部分,均在60%左右。《唐律》在中国古代法制史中起了承前启后的作用,实是中国古代法制的缩影本。因此,学好《唐律》就显得十分重要了。

中国近现代法制也可分为两个部分,即剥削阶级法制部分和人民民主法制部分。在剥削阶级法制中还可分三个阶段。第一阶段是初创阶段,时间从鸦片战争爆发到清末。在这一阶段中,中国开始大量引进西方的法制原则和制度,并通过改革使这些原则和制度在中国法制中扎下了根。第二阶段是发展阶段,时间从南京临时政府到北洋政府时期。在这一阶段中,西方法制的影响不断扩大,有更多的西方法制原则和制度被移植进中国,中国也颁行了类似西方的宪法或宪法性文件和法律,如《中华民国临时约法》《中华民国宪法》《暂行新刑律》等。第三阶段是成熟阶段,时间为南京国民政府时期。在这一阶段中,六法体系不断完善,六法内容日趋成熟。"六法全书"总合了六法的内容,不断印行。人民民主政权的法制可分为四个阶段。这四个阶段已在教科书中有详细阐述,故此处不再重复。

综观中国近现代法制,在以下三个方面表现得比较明显,而且均与古代法制的突出方面相反。首先,法典的结构不再诸法合体,而是各法独立。清末法制改革以后,中国制定的法典,除宪法和宪法性文件以外,都是部门法法典,一部法典中只有一个部门法的内容,不再有其他部门法的内容混杂其中,诸法合体的情况消失了。其次,法律内容不再礼法结合、维护等级特征,而是强调民主、自由和平等。清末法制改革以后,大量引进的是西方法学理论与法律制度,其中贯穿的是西方的法治精神和民主、自由、平等原则。随着这种引进,过去中国古代法制中的礼、特权制度也随之逐渐退出了历史舞台。最后,在司法方面,不再是司法与行政合一、司法依附于行政,而是司法从行政中独立出来,同行政并立,还互相制约。这从根本上改变了中国的司法制度,使中国司法面貌为之一新。与之相配套,还设立了专门的司法机关和专职的司法官。从以上这些方面可以看到,中国近现代法制已经开始西化,与原来传统法制相距甚远,而与西方法制则十分相近。

从中国近现代法制来看,其核心点是六法。清末法制改革以后,中国的法制之路就是六法之路,宪法与其他五个部门法先后走到台前,并日趋成熟,其内容总集于"六法全书"。只要把握"六法全书",便可了解中国近现代法制的总貌。因此,学习近现代法制一定要重视这一点。根据地人民民主法制在本质和内容上均与六法不同,不属于六法范畴。但是,其形式也与西方的法制比较接近,都建立了宪法和部门法。

(原载《政法成人教育》2001 年第 2 期)

7. 自学法律的途径

法律可以自学,自学法律有其途径。

第一,以马克思主义的法学基础理论为指导。马克思主义科学地揭示了客观世界(包括社会历史)的真实发展过程和一般规律,是我们研究各门科学的指导思想。马克思主义的法学基础理论是马克思主义在法学领域中的体现,它把法作为自己的研究对象,揭示了法的起源、本质、作用、类型、消亡等一系列基本问题,是学习和研究法律的指导思想。法律出版社出版的《法学基础理论》一书,较系统、全面地阐述了马克思主义的法学基础理论,尤其是阐述了关于社会主义法的制定、实施、适用、遵守和社会主义法律意识、关系等基本问题。它可以成为青年自学马克思主义法学基础理论的主要教材。

　　第二,学习掌握具体法律部门。马克思主义法学基础理论给了我们走进法律大门的钥匙,但要掌握法律还必须认真学习每一具体的法律部门,至少是主要的法律部门。我国的法律部门很多,各自都有自己的特点,如刑法就不同于民法、经济法、行政法等其他法。只有逐一地学习,才能知晓它们的内容和它们之间的联系,这是学习法律的起码要求。法律出版社出版的《法学概论》和每一法律部门的教科书如《刑法学》等是必读之书。前者从理论上对我国的主要法律部门作了阐述和介绍,后者对各法律部门调整的社会关系作了详尽的规定。

　　第三,联系司法实际。学习法律还须联系司法实际,这是因为法律只有通过实施才能充分表现出它的作用和威力,把学法和司法实际联系起来,就更有利于提高法制观念,增强守法的自觉性。再说学习的目的在于运用,现实情况比法律规定要复杂得多,只有联系司法实际,才能提高分析、解决司法问题的能力。联系司法实际的最好方法是,在司法人员的指导下自己去办案。当然这对绝大多数青年来说是不现实的,因此只能通过其他途径,如注意有关各种案件处理的报道、参加案例讨论、参加法律咨询、关心周围发生的各种纠纷等。总之,要真正掌握法律就必须既是学习法律的勤奋者,又是解决司法实际问题的热心人。

　　(原载《书讯报》1985 年 9 月 15 日)

8. 给德国学生讲中国法律

　　1994 年 11 月,我受学校的委托,到德国的帕骚大学讲授中国法律,时间为一年。到了德国以后,我发现德国学生对中国的法律了解不多,或者根本不知。为了使他们对中国法律有系统、全面的认识,我决定先系统讲授"中国法制史",在此基础上,第二学期再系统讲授"中国的法律体系"。这样,古今贯通,发展脉络清楚,易对现行法律加深认识。以后的实践证明,我的最初打算是可行的。在课堂上,德国学生善于思考,也敢于提问。当他们有问题时,便会毫不犹豫地举手提出问题,而且有些问题往往是从德国的国情出发,而不是从中国的国情出发。比如,讲到婚姻法的计划生育问题,他们就觉得一对夫妇一个孩子太少了。因为,德国是鼓励生育的国家,尽管如此,人口还在下降,计划生育没有必要。除了在课堂上作简要的回答以外,我集中一些带有普遍性的问题,用开讲座的形式,作专门介绍。这样,"中国婚姻法的原则""中国的律师制度"和"中国的法律教育"等讲座应运而生了。德国学生听了很解渴。

近年来,随着经济的改革和快速发展,我国的法制也发生了很大变化,为了使德国学生了解这种变化,我也开设专题讲座。"中国新宪法的修改""中国刑法的新发展"等专题先后与他们见面了。课后,他们说,现在不仅知道了中国有法律,还知道了中国的法律还在发展。

我的辛勤劳动得到了德国学生的回报,其中使我感到欣慰的是,他们常报以用手敲桌子声。这是德国学生特有的鼓掌形式。每到此刻,我的心里总是甜滋滋的,感到满足。

(原载《上海法制报》1996 年 1 月 12 日)

9. 谈如何复习国家司法考试
新增科目中国法制史

国家司法考试的考试科目中增加了中外法制史部分,这是司法考试的一个新特色。

在以往的司法考试科目中,缺少了一门法学核心课程中国法制史。法学专业共有 14 门核心课程,这些课程都经专家论证、国家认可,是法学专业中的基本课程。法学专业的本科生应该学习和掌握这些核心课程,否则就不是合格的毕业生。中国的司法考试与法学教育密切相关。考生绝大多数毕业于法学专业,考试的内容又是法学知识。因此,司法考试应与法学教育接轨,否则就会冲击这一教育,产生负面影响。如今,司法考试在这方面作了改进,增考了中外法制史,弥补了之前的不足,是司法考试的一大进步。

司法考试共有四卷,中外法制史在第一卷。这一卷中共涉及八门课程的内容。除中外法制史外,还有法理学、宪法、经济法、国际法、国际私法、国际经济法、法律职业道德等。在这一卷中,中外法制史的分值约占 10%,即 10 分左右。这一分值与其他一些课程相比,相差不大。它的题型都是客观题型,由单项、多项、不定项三种选择题组成,与第二、三卷相同。综观中外法制史的考纲内容,大致可以分为以下这几大类。

第一类是法制思想。比如,西周时期的法制思想等。这类内容很少,仅占很小一部分。这里的法制思想是主流法制思想,曾对法制的发展产生过很大影响,是法制发展的思想动因。

第二类是法制事件。比如,铸刑书与铸刑鼎、文景废肉刑等。这类内容也不多,只是很少一部分。但是这些法制事件对法制的发展作用很大,是推动法制发展的直接力量,在法制史中不可或缺。

第三类是重要法典。比如,《永徽律疏》《宋刑统》《大明律》《钦定宪法大纲》《中华民国临时约法》《中华民国宪法》《十二表法》《法国民法典》《德国民法典》等。这类内容比以上两类要多,占了相当部分。它们在中外法制史的地位特别重要,是不同阶段法制发展的重要标志。它们的水平代表了法制发展的水平,与法制发展息息相关。

第四类是具体制度。比如,上请、五听、三刺、十恶、六杀、六赃、保辜、自首、翻异别勘、廷杖、刺配、充军、会审、陪审、辩护等制度。这类内容不少,占了很大比例。具体制度似乎内容不成体系,有的甚至不连贯,但它们有机综合即构成一个国家的法制。它们之间的关系是局部与整体的关系,缺少局部也就没有整体。从这种意义上说,具体制度也很重要。

第五类是司法官与司法机构。比如,司寇、廷尉、御史、大理寺、刑部、御史台、审刑院、厂卫、美国联邦最高法院等。这类内容不算少,但不及具体制度的多。司法官和司法机构是司法活动的主体,他们会对法制产生很大影响,因为再好的法律也要经过司法才能落实到现实生活中,才能真正体现法律的价值。这类内容也是中外法制史中不可缺少的组成部分。

综观以上这五大类内容,有以下几点比较突出,在考试前应引起重视。

第一,内容比较重要。考纲里的内容是中外法制史中的重要内容。它们的综合基本可以反映中外法制史的面貌。其中,既有重要的法制思想、法制事件、法典、具体制度,又有司法官与司法机构,等等。它们从不同侧面反映了中外法制史中的一些重要内容,掌握了这些内容就把握了中外法制史中的精髓,可基本了解和认识中外法制史的情况。缺少任何一方面的内容,中外法制史就不完整、有缺陷,因此缺一不可,都十分重要。

第二,内容涉及面比较广。根据考纲的安排,中外法制史的内容虽然不多,但仔细分析后可以发现,其内容涉及的面比较广泛,涵盖了中外法制史中的一些重要组成部分,从法制思想到司法官与机构,无一遗漏。因此,从考纲的安排来看,能够反映出中外法制史的大致结构和要求,也符合法制史考试的一般规格要求。

第三,综合性内容比较少。由于司法考试中外法制史部分的题型全是客观题,所以在确定内容时已考虑到这一点,多数为独立性较强的简单内容,少数为理论强的综合性内容。所以那些前后连贯、重在阐明基本理论的内容很少;相反,大量的是那些具体制度、单个法典等内容。这样的安排有利于考核考生的知识面。

第四,中国法制史的内容比较多。在考纲中,虽然中外法制史均占三节,似乎是相同的,实际上稍作观察即可发现中法史的要比外法史的多。可以推论,在中外法制史的考试中,主要是考中法史。这可能与中法史是法学 14 门核心课程之一有关。另外,作为中国的司法考试,要考生多了解一些中国自己的法制史,也在情理之中。

要顺利通过今年司法考试中外法制史科目的考试,考生要在以下方面引起注意。

首先,要全面了解与重点掌握相结合。中外法制史都是法学基础课程,而且历史都前后传承,混为一体,互相联系,因此要全面了解其中的内容。千万不可自作聪明或有侥幸心理,只复习其中的一部分而舍弃其他,这样的风险将很大。因为,命题的一般要求是强调全面,不是片面,更不会顾此失彼。同时,对那些易出客观题的内容则要重点掌握,这些内容列入考卷范围的可能性会很大,如果连这些内容都不掌握,那么通不过考试的概率将会增大。

其次,要记忆和理解相结合。中外法制史有许多内容必须记忆,其中包括时间、制度、名称、事件、国家等。记住这些内容是考试前的必要准备,因为估计它们在考题中的出现率会比较高。这是由客观题题型决定的。但是,这些内容对于成年人来说,如果不理解就很难记住。成年人的记忆规律是,只有理解了,才能记牢。希望考生在理解的基础上进行记忆,把这两者结合起来,应对司法考试。

最后,要把复习中外法制史结合起来。考纲里中外法制史的内容涉及了世界三大法系,中华法系、大陆法系和英美法系。中国法制史的内容即属于中华法系的内容,罗马法则是大陆法系的渊源,再加上英美法系,即构成世界著名的三大法系。这三个法系各有自己形成、发展的历史和特点,把它们联系起来学习,加以比较和分析,就可以在较高层次上真正地掌握中外法制史,深刻理解其中的精华。这不仅有利于应对司法考试,也有助于以后的理论学习与法律实践,真正做到古为今用、洋为中用。

(原载《上海法治报》2003 年 6 月 2 日)

10. 法律系教改工作的回忆与思考

我分管法律系的教学工作已有一年了。一年来,在院和有关部门的领导、指导下,在我系广大教职工的努力下,教改工作有了新的发展,主要表现在以下几方面。

第一,把教书育人作为教改的宗旨。教改是为了更好地育人,因此在教改中必须始终以育人为宗旨,并落实到各教学环节。我系的一些教师已注意到这个问题,做了一些有益的工作,主要是:一来,深入学生。这是教书育人的前提,不深入学生就无法知晓学生的思想,也不可能做好教书育人工作,只有深入学生,知己知彼,才能有的放矢。我系已有一些教师经常深入学生,做学生工作,受到学生欢迎。如刑法教研室有位副教授经常和学生打成一片,成为他们知己,受到好评。二来,理论联系学生的思想实际。教书育人的一个重要方面就是通过教改,使教学内容更能联系学生的思想实际,解决他们的思想问题,加深对法学理论的理解。三来,克服客观主义的介绍。我系很多学科中的内容涉及外国法制、法学,过去常多作介绍、少作评论,这样就不易使学生全面掌握知识,以致产生误解。现我系的教师克服了客观主义介绍的情况,不仅讲授某一制度、法学流派的基本内容,还注意讲清其产生的历史条件、本质和缺陷等,使学生对外国的法制、法学有了正确的认识,避免了片面性。四来,教书育人制度化。为了把教书育人工作做得更好,上学期我系建立了两项制度。一是联席会议制度。每月召开一次,由任课教师、班主任和学生代表参加,以互通情况、研究教学方法、提高育人效果为主要内容。二是导师制度。根据自愿、聘请原则,由学生邀请受欢迎教师担任本班导师,在业务指导中贯穿育人。这两项制度的建立,使教书育人工作得到了制度上的保障,效果比较理想。

第二,一些教师积极参加教改。我系开设的学科比较多,各学科又有自己的特点,因此用统一的教改模式是行不通的。另外,每门学科的任课教师对本学科最熟悉,对本学科的教改最有发言权。我系的一些教师积极参加教改,主动提出教改的设想并付诸实施,使教改工作不断出现新气象。法理教研室的一位副教授,把立法学这门课认真开设起来,在整个教学过程中,上课有考勤,平时有考查,期终有考试,保证了教学质量,也得了学生的赞扬,认为这种方法使大家真正学到了知识。刑法教研室的两位青年讲师根据刑法教学的特点,通过六十秒钟智力竞赛、增加课堂提问等多种方法,提高了学生的学习自觉性和兴趣,都比较成功。

第三,教改涉及的范围比较广泛。总体来说,我系教改所涉及的范围是比较广泛的。一是在教材方面,编写了资料集、案例选等,使它们与教科书配套。二是在教学内容方面,调整了一些课程的内容,使其更能适应和反映当前经济和法制建设的需求。三是在教学方法方面,把社会调查、法律咨询、现场观摩、模拟审判等与课堂教学结合起来,使教学生动化、丰富化和现实化。四是在考试方法方面,把论文答辩与笔试、平时成绩与考试成绩、闭卷考试与开卷考试结合起来,使考试形式多样化,尽可能地反映学生的实际水平。其中法理教研室的教改试点班是教改比较全面的一个点,此点由二位青年教师具体负责,他们从教材、教学方法和内容、考试方法等各方面都进行了尝试,效果比较明显。

从整体上看,我系的教改工作是有发展、有成绩、有希望的,但由于教改工作起步不久、经验不足,所以还存在一些问题。下面就讲一讲存在的主要问题及解决这些问题所需采取的措施。

第一,进一步深化教书育人工作,做到月月有新貌。教改是为了提高教学质量,即更好地育人,因此深入教改最终还要体现在教书育人上。目前,我系能经常深入学生的教师为数不是很多,有些教学内容与学生思想实际的联系不是很紧密,这些情况都须迅速改变,为此须做以下工作:一是使广大教师在思想上充分认识教书育人的重要性。这是个根本问题,这个问题不解决,要深化教书育人是不可能的。当前要把教书育人与学习党的重要文件结合起来,充分认识教书育人在社会主义初级阶段的必然性和重要性,为深化教书育人工作打下思想基础。二是健全和发展有关教书育人的各项制度。制度有规范、指导人的行为的作用,它可保证教书育人工作的正常进行。当前除了要认真贯彻院的教书育人条例外,还要健全已经建立起来的联席会议制度和聘任导师制度,使它们发挥更大作用。三是动员广大教师自觉深入学生。动员和倡导每个教师都成为学生的知心人、教育的热心人,这样教书育人才会有的放矢,事半功倍。四是认真上好每一堂课。上课是教师的天职,课堂是育人的前沿,因此课堂教育在教书育人中的地位是举足轻重的。每个教师在上课时应做到以下三个结合,即把马克思主义法学原理与学生的思想实际结合起来,把法律教学与我国经济、法制现状结合起来,把课堂教学与第二课堂教学结合起来。使学生每上一堂课都有一次收获,受到一次教育。

第二,把适应社会的经济发展作为教改的努力目标,做到理论密切联系社会实际。我院(华东政法学院)的培养目标是以司法人才为主,绝大多数学生毕业后都要直接走上司法工作岗位。随着社会经济的发展,特别是外向型经济的发展,我系的教学方案和内容就显得不足,要改变这一状况,就须进行教改,否则理论脱离实际的情况将会更严重,为此我们准备采取以下措施:一是修改教学方案和内容,增加有关民法、经济法和国际经济法的内容;二是增设一个以教学为主要任务的经济法研究室,加强师资力量;三是举办法律顾问讲习班,扩大教师的知识面,为加强第二课堂教学作准备。现有些工作已经着手进行。

第三,须有近、远期教改计划,做到心中有数。情况在不断变化,教学也要不断发展,因此教改不是一朝一夕的工作,要使这一工作有条不紊地进行,就需有计划。计划可分为近、远期两大类。近期计划主要规划近一二年教改的设想,这一设想是应及时落实并已基本具备条件的。远期计划可规划五年,甚至更长时期内教改的设想,这些设想是现在还不具备条件,而需经过一段时间的努力,在远景中要实现的。计划的内容主要包括:奋斗目标、解决的主要问题、采取的主要措施、需具备的条件等。计划一旦确定后,就要保持相对的稳定性,不要随意改变。系的教改计划应以院、部的发展计划和教改计划为依据,它们之间是局部和整体之间的关系。

第四,须把教改的点和面结合起来,做到以点带面。我系的法理、宪法、刑法等教研室都是先后有过教改的点,但从总体上看还存在着一些问题。主要是:点的经验总结不够,深化不够,以点带面不够。这需引起重视,并作以下改进。一是教改点须逐步扩大。争取在每个教研室、每门必修课中都设有教改点,摸索每门学科的教改规律,指导教学。二是教改点须逐步深化,要及时总结教改点的经验和教训,修正不足,发扬成绩,使后者皆比前者强。三是教改点须带动教改面。搞教改点是为了带动教改面,因此要及时把从教改点上取得的经验推广到整个教学中去,使每门学科和系的教学都有较大的改观。

第五,需进一步动员广大师生积极参加教改,做到集思广益。古人说,三个臭皮匠顶个诸葛亮,教改也是如此。我系虽有一些师生积极参加教改,但人数不是很多,这种情况也需改变,否则教改难以深入。现需要广大师生都来关心、参加教改,集思广益,群策群力,这样教改的方案和设想才会比较完整和科学。系要努力做好组织和协调工作,提供方便,进行指导。各教研室应具体落实各项教改工作,提高教研室中各位教师的积极性,总结本教研室的教改经验。只要大家齐心协力,教改工作一定会更上一层楼。

(原载《政法教育》1987 年第 2 期)

11. 前进中的华东政法学院

华东政法学院(2007 年更名为华东政法大学)是一所以法学专业为重点,兼具经济、外语和管理类专业的多科性院校。设有国际法学、法律史学两个博士点;法学理论、法律史学、宪法学与行政法学、刑法学、民商法学、诉讼法学、经济法学、国际法学、环境与资源保护法学等法学与法律硕士点;本科设有法学、经济法学、金融学、行政管理、侦查学和英语等专业。具有接受攻读博士、硕士及学士学位海外留学生和招收法律专业硕士学位在职研究生、法学第二学士学位生的资格。国际经济法和法律史两个学科为司法部重点学科,法学学科为上海市重点学科。

学校"十五"期间总体发展目标和定位:立足改革和发展,以现代国际通用型人才为培养目标,以提高教育质量和学科水平为办学途径,以应用型精品特色为发展策略,把华东政法学院建设成为国内领先的、国际上有一定知名度的、以法学学科为主体的多科性的社会主义政法大学。

规模目标:全日制博士生、硕士生、本科生的总规模为6000人左右,逐步加大研究生教育的比重,使学校成为上海和华东地区培养具有较高理论水平、应用型法律人才的教育高地。学历教育涵盖本科、本科双学位、硕士、博士等各种层次的教育形式。人才质量目标是全面推进以德育为核心、以创新精神和实践能力为重点的素质教育,突出综合性和实践性,使培养的人才能进入司法、行政、金融、外贸等各大系统工作,提升对全国法治建设和经济建设的贡献率。

在新的五年计划中,学院的学科建设将继续保持和发展传统优势学科,着力创建和优先发展法学新兴科,力争1—2个学科进入国家级重点学科行列,并在现有基础上再建两个博士点。

(原载《家庭教育时报》2002 年 1 月 24 日)

12. 通向 21 世纪的康庄大道

法律系(2003 年更名为法律学院)是华东政法学院最大的系,培养的是既有扎实的基础法学理论,又有较深的专业知识,着眼于综合素质训练,一专多能的综合性、应用型高级法学人才。法律系毕业的学生,知识结构上具有较强的综合性,走上工作岗位后有较强的适应性,因而长年来一直深受各行各业的欢迎。据预测,到21世纪初,我国仍会大量需要这样的法律人才。因此,从这种意义上说,法律系是一条通向21世纪的康庄大道。

法律系能"开辟"这样的康庄大道,有其坚实的基础。现在,全系有教职工100余人,学生近千人。其中,教授和副教授30余人。设有法理学、法制史学、宪法学、行政法学、刑法学、民法学、刑事诉讼法学、民事诉讼法学等教研室和法律文化学、立法学、大陆法学、港澳台法学、律师事务等研究所。拥有法制史学、宪法学、刑法学、民法学和诉讼法学等硕士研究生培养点,并有40余位兼职律师。

法律系荟萃了许多知名度很高的教授和学者。其中,有中国刑法学会副会长、上海市法学会副会长苏惠渔教授,中国民法学会副会长金立琪教授,中国法制史学会副会长王召棠教授,中国法制史学会副会长、中国儒学与法律文化研究会会长陈鹏生教授,外国法制史学会副会长徐轶民教授,中国婚姻家庭法学会副会长张贤钰教授等。王召棠、苏惠渔、徐轶民、陈鹏生等教授还享受国务院政府特殊津贴。

法律系承担了全国的许多立法研究任务。据统计,近年来参与全国人大、上海市人大和政府的立法项目有50多个,有10余位教授、副教授被聘为上海市人大和政府的立法研究和咨询专家,有两位教授、副教授被聘为苏州市人大的立法咨询专家。

法律系的教学工作十分突出。一些由法律系教师主持编写的教科书频频获奖,在1995年司法部第三届优秀教材评奖中,由苏惠渔主编的《刑法学》获全国普通高校法学优秀教材一等奖。另外,法律系承担了上海市及华东地区其他省包括研究生、本科生和专科生的多层次法学教育任务,教育效果非常显著。为此,法律系有20多人次被评为全国、司法部系统和上海市的优秀教师或优秀青年教师。

法律系的科研工作和科研成果同样令人瞩目。近年来,先后承担了10余项国家、司法部和上海市级的重点科研项目,其中的绝大部分已以专著的形式面世。其中,有孔令望教授等撰写的《国家监督论》、陈鹏生教授主编的《上海法制发展战略研究》、何勤华教授等合著的《中西法律文化通论》等。

法律系的教师们积极参政议政,为上海的法制建设、社会发展献计献策。其中,有两位教授出任上海市政协委员,一位教授担任市政府参事,还有两位教授、副教授被选为长宁区人大常委会委员和长宁区政协委员。

法律系的教师们还积极参与司法实践活动。其中,有一些资深律师,如在审判林彪、"四人帮"案中为李作鹏辩护的律师苏惠渔教授、周璇之子继承案中作黄宗英代理人的金友成教授、上海市十大辩护律师标兵之一的叶松亭教授等。另外,还有三位教授和副教授被聘为上海和外省市的仲裁员。

法律系还在中外法律文化交流中担当了重要角色,成为国内法律文化研究的中心。近年来,有近10位教师到港台地区以及美国、德国、日本等国家学习、讲学、研究。陈鹏生教授在台湾讲学期间,受到陈立夫、蒋纬国先生的接见。同时,法律系还在国内与这些地区和国家的专家、学者共同研讨法律文化问题,扩大了法律文化的交流范围和影响。

法律系还是上海市的律师事务研究中心。律师事务研究所举行的各种研讨会,如"律师依法执业与执业回避制度""期货交易中机构行为的界定与误导的法律责任""律师执业活动中违法与犯罪界限"等研讨会,均引起法学界、新闻界的关注,《解放日报》《文汇报》《上海法制报》等相继报道,香港有线电视台还专程作了采访。

法律系学生中的优秀者也层出不穷。每年都有学生被评为上海市的"三好"学生、优秀学生干部和优秀学生标兵。近三年来,有近40位学生被评为上海市优秀毕业生。两年来,有4人次荣获"万国奖学金"。体育运动中同样有佼佼者。在之前举办的上海市大学生冬季越野长跑比赛中,由法律系组成的女子队获得女子团体第三名,其中一位队员获得个人第三名。法律系的毕业生大多走向全国的各级法院、检察院、律师事务所等与司法有关的单位,并已有一些毕业生走上领导岗位。同学们,法律系张开双臂,热情欢迎你们来报考!

(原载《华政报》1996 年 5 月 5 日)

二、本科与研究生教育

1. 诊所法律教育在中国法学教育中的意义

诊所法律教育由美国在 20 世纪 20 年代首创,这是一种在法学院开设的、在教师指导下,由学生们自己办案的一种教学方式。它通常作为选修课,由二、三年级的学生选修。到了 20 世纪 60 年代,美国的这种教育得到了广泛的传播,许多法学院都纷纷建立了自己的诊所,开展诊所法律教育。现在,诊所法律教育已成为美国法学教育中的一个组成部分,美国的绝大多数法学院都设有诊所,也有专职的诊所教师,专门从事这一教育。

美国的法学教育中需要有一个理论与实践相结合的环节。其法学教育是一种以培养具有 JD 学位学生为主的教育,绝大多数的美国学生在接受这一教育后就走上工作岗位。攻读这一学位一般需要三年时间。在美国的教学方案中,第一年全为必修课,第二、三年全为选修课,但是这些课程均为课堂授课,没有专门的教学实践时间。也就是说,缺少一个理论与实践相结合的环节。这不利于法学教育,因为法学是一门实践性、应用性很强的学科,缺少这一环节,学生就不易把从书本上、课堂上学到的知识运用到实际生活中去,形成理论与实践的脱节,达不到法学教育的目的,体现不出这一教育的价值。因此,有必要增加一门实践性较强的选修课,让大学二、三年级的学生去选修,以弥补原来理论与实践脱节的不足,这门选修课就是诊所法律教育课。

美国的法学院开设诊所法律教育这一选修课符合美国的实际情况,也与美国法学院的培养目标一致。美国的司法制度决定了美国法学院培养的主要是律师,而非其他从业人员。这样,美国的法学院就可按一个模式培养学生,即按律师模式培养学生。可是,美国的律师事务所不会接纳大量的学生去实习。在这种情况下,他们只能聘用一些有实践经验的律师作为教师,开设诊所法律教育课程,而这一课程正好可以把法学理论与律师实务结合起来,为学生们毕业后尽快适应律师职业创造条件。自 20 世纪 90 年代开始,美国向世界上的其他国家推广诊所法律教育,被推广的地区包括非洲、亚洲等一些国家。中国在 2000 年引入诊所法律教育,先后在北京大学、清华大学、中国人民大学、华东政法学院等大学进行了尝试。经过一段时间的实践,可以看到尽管美国的法学院和法学教育与中国的不同,可是引进这一教育仍有一定的意义。

首先,诊所法律教育有利于培养理论联系实际的学风。诊所法律教育是一种把法学理论知识与法律实践结合起来教学的教育方法。学生要亲手处理一个真实的案件,而且从接案开始,直到结案,其中还要出庭,就像一个律师。它不同于其他课程,以课堂教学为主,而是以办案为主;也不同于律师事务所的律师,他们是法学院的学生,诊所法律教育是一门课程。这一教育的价值就在于,在校园里就同时把课堂教学与实际办案结合起来,受教育者既是学生又像律师,诊所既是课堂又像律师事务所。与法学院的其他课程相比较,诊所法律教育确有其特殊的一面,即更注重理论与实践的结合。学生们在诊所里、在办案中,会自觉地把理论与实践结合起来,养成一种理论联系实际的学风。

其次,诊所法律教育有利于培养学生的职业道德和业务能力。较好的职业道德和较强的业务能力是法学院的学生应具备的素质,整个法学教育都应把培养这种素质贯穿其中。诊所法律教育利用自己的特点,着力于培养学生们的这些素质,并为这种培养提供有利的实践条件。在美国法学院的诊所里,当学生在处理未被驱逐的外国人提出政治庇护案件时,如果发现此外国人没有任何文件或事实证明时,该学生就应当启用一个专门的程序,而这个程序会导致这个外国人被驱逐出境。在依法启用这个专门的程序时,该学生会经过激烈的思想斗争,并战胜传统的伦理道德观。所以启用这个程序本身就意味着该生的职业道德经过了一次洗礼,有了一次飞跃。又比如,学生在出庭时,需与控方或对方代理人进行辩论,应变各种没有意料到的情况,充分利用对自己有利的证据,这些都是对业务能力的锻炼和考验。每处理一个案件都可能会有多次这样的锻炼和考验,而这种锻炼和考验本身就是一种业务能力的培养。诊所法律教育有助于培养学生的这些素质,因此深受一些美国学生的欢迎,有不少学生愿意把这一课程作为自己的选修课。在美国是如此,在中国也会如此,同样有利于培养学生的职业道德和业务能力。

最后,诊所法律教育有利于拉近中国法学教育与发达国家法学教育间的距离。中国面对入世,教育作为服务性产业将向外国开放。发达国家很可能利用中国入世的机会,把自己的教育输入中国,与中国的教育竞争,争夺中国的教育市场,包括法学教育。为了增强中国法学教育的竞争力,占有更多的市场份额,发展自己的法学教育,有必要在现在就拉近与发达国家法学教育的距离,吸收其先进、合理的教学方法,弥补自己的不足,而引进诊所法律教育就是其中的一种措施。

（原载《上海法治报》2001 年 12 月 12 日）

2. 诊所教育:法律实践新接口

诊所法律教育是一种在法学院开设的,在教师指导下,由学生们自己运用已学到的知识去办真实案件的教学模式。由于学生们有自己的办公地点,又有客户来进行咨询,像个诊所一样,故得此名。它一般以选修课形式出现,还有一定学分。美国在 20 世纪20 年代首创了诊所法律教育,哈佛、田纳西、丹佛、南加州等大学的法学院都较早地采用了这一教育模式。现在美国的绝大多数法学院都有这种教育,并开设了这门课程。2000 年中国引进了诊所法律教育,先在华东政法学院等 7 所大学进行了尝试。经过一段时间的实践,有必要对以下四个问题作些思考。

思考之一,要不要吸收诊所法律教育的精神。回答应该是肯定的。诊所法律教育的基本精神是两条,即两个"重视":一是重视职业精神,二是重视实践能力。这两条在整个诊所法律教育中都应贯彻始终,不可或缺。其实,在整个法学教育中也都应该贯穿始终,不能偏颇。中国法学院、系的学生应该具备较好的职业道德,毕业后为中国的法治建设作出贡献。如果他们的职业道德都很差,那么中国的法治进程必然会受影响。还有,法学是一门实践性很强的专业,所以法学院、系的学生应该把理论与实践紧密结合起来,不断实践。在实践中,运用所学到的知识,增强自己的才干。

思考之二,中国已经有了教学实习,需不需要诊所法律教育。回答也应该是肯定的。中国已有教学实习,但不同于诊所法律教育,它们各有优势。现在,中国的法学院、系开设的诊所法律教育课有其自己的作用。首先,它是学生们了解社会的窗口。诊所法律教育课要求学生们自己办案,这样,他们就必须走向社会,而走向社会的过程也就是了解社会的过程。诊所法律教育实践成了学生们了解社会的一个窗口。其次,它有利于推动法律援助。诊所法律教育向社会提供的是一种无偿的法律服务,客户不需要交纳任何费用,本身就带有法律援助的性质。从实际情况来看,学生们在诊所里处理的案件也大多数来自法律援助中心。当前,社会对法律援助的需求很大,由诊所法律教育中的学生们来处理一部分此类案件,无疑有助于推进法律援助事业的发展。最后,它为以后的教学实习作了准备。中国接受诊所法律教育的学生一般为三年级学生,学生们在教学实习以前就接受了诊所法律教育,办理了真实的案件,了解了司法程序,运用了学到的法律知识,在此后再去教学实习,就可以很快进入状态,缩短磨合期。实际上,诊所法律教育为以后的教学实习铺平了道路,打下了基础。

思考之三,中国的诊所法律教育要不要分工。如果诊所法律教育的规模搞得很大,就应该有所分工。这种分工又不同于美国诊所的分工,而应有自己的特色。这就是,可以办成法官诊所、检察官诊所、律师诊所、企业法律顾问诊所等。就目前而言,中国法学院、系的毕业生有不少人将成为法官、检察官、律师或企业法律顾问,所以可先考虑成立这些诊所,为以后准备成为这些法律从业人员的学生提供一个实践的机会。在每个诊所下,又可分为若干组,专门从事每一小类的实践。比如,在律师诊所里,就可设立刑事法律组、民事法律组等,专门接收和办理刑事、民事案件。现在,中国的诊所法律教育才刚起步,一个小小的诊所要接受不同的案件,实际上是一个小小的"医院",包罗万象。以后,当法律诊所可受理的案件大量增加以后,每个诊所的规模就可相对独立,或者仍保留"医院",但应是个大医院,下设许多"科"。总之,随着中国诊所法律教育的发展,分工也势在必行。

思考之四,中国的诊所法律教育需不需要编写自己的科教书。美国只有一本专门的诊所法律教育的教科书,可是几乎没有一所法学院使用这本教科书。各法学院在进行这一教育时只是开出参考书目,让学生们自己去看一些参考书,提高学习质量,适应应遵守的职业道德,学到最基本的办案技巧。但是,有教科书比没有教科书好,在教科书里除了要告诉学生诊所法律教育的必要性及相关问题外,重点要阐明从事审判、检察、代理和辩护等业务所必须遵守的职业道德,叙述在办案过程中的一些重要环节,把握这些环节的方法和前人的经验,等等。这些对于一个从来没有接受过诊所法律教育的法学院、系学生来说,非常有必要。

(原载《社会科学报》2002 年 3 月 28 日)

3. 诊所法律教育与法律援助"接口"

诊所法律教育一开始中国化,马上就和中国的法律援助结合在一起。诊所法律教育所需的案件,大量来自法律援助中心。华东政法学院开设诊所法律教育这门课后的 11 个月便提供法律咨询 200 多次,代理案件 20 多起,其中多为法律援助案件,涉及婚姻、房产、债务、侵权和劳动争议等方面。办案的结果比较理想,获得当事人和有关部门的好评。北京大学法学院法律诊所的案件也来自本校的法律援助中心,中国人民大学法学院法律诊所案件则来自北京"大学生志愿者法律援助中心",其他高校也都是如此。可以说,诊所法律教育促进了中国法律援助事业的发展。同时,法律诊所的学生们在法律援助中提高了自己的法律意识,丰富了自己的法律知识,也增强了自己的法律工作能力。一位同学在结束诊所法律教育课后认为,"一名好的代理律师在为当事人处理代理事务的过程中应该始终保持着高涨的热情,高度的责任感,尽量为当事人获取其应得的利益,切不可利用其优势地位做出任何有损当事人利益、欺骗隐瞒当事人的事情"。对当事人负责,依法办事,本身就是法律意识的培养和提高。学生的法律知识由多方面构成,其中包括书本知识、课堂知识,也包括办案技能知识等。在法律援助中,法律诊所的学生们学到了书本里和课堂上所学不到的知识。

目前,中国仍有许多案件需要经过法律援助来解决,可是能通过法律援助来解决的却只有一部分。据估计,我国每年大约有38万件法律援助案件需要办理,其中绝大多数需要律师提供帮助,可是按每位律师每年办理1—2件案件来计算,现有的10多万位律师只能办理10多万件此类案件,缺口很大。这实际上就为诊所法律教育留下了用武之地。为了进一步发挥诊所法律教育在法律援助中的作用,有必要进一步办好诊所法律教育。

首先,在思想上要重视诊所法律教育在推进法律援助中的积极作用。应该认识到,在中国,诊所法律教育是一种舶来品。这种教育方式已在美国广泛开展,也取得了成功,对法律援助事业帮助很大,其中的一些成功经验可以为中国所借鉴。目前,中国有法学院(系)400所左右,但是开展诊所法律教育的才10余所,数量很少。如果大家都重视诊所法律教育工作,都开设这一课程,就可以让更多的学生参与法律援助工作,帮助更多的贫困人士。中国有条件的法学院都可以进行诊所法律教育,使其在法律援助中发挥更大的作用。

其次,在教学安排上要把诊所法律教育纳入教学计划。为了扩大诊所法律教育在法律援助中的作用,有必要把它纳入法学院的教学计划,切实加以落实,认真进行教学。其中,包括要落实教学方案和大纲、教科书、任课教师、校外见习场所、工作室和相关设备,等等。无论是必修课,还是选修课,都应如此。这样,诊所法律教育就可规范化、持久化,提高这一教育的质量,同时也可提高法律援助的水平。

最后,在组织上有必要对法律诊所做些分工。随着诊所法律教育规模的不断扩大,可以根据其不同功能而分工,形成每个诊所自己的特色,适应不同实践的需要。比如,设置民事法律诊所、刑事法律诊所,等等。只要社会有较大需要的就可以考虑办诊所,专门培训这方面人才。在每个诊所下,又可分为若干组,专门从事每一小类的实践。这更有利于和不同法律援助案件进行对接,使其更加专业化,提高援助质量。

(原载《社会科学报》2005年5月26日)

4. 诊所法律教育与培养高素质的法律人

诊所法律教育起源于美国。我国引进诊所法律教育是为了培养高素质的法律人。我国正在进行司法改革,需要大量高素质的法律人去推进这一改革。培养高素质法律人,就需要把引进诊所法律教育与司法改革联系在一起。现就其中的一些问题作些探研。

（1）诊所法律教育有利于提高学生的素质

诊所法律教育是一种在法学院开设的、在教师指导下，由学生们自己运用已学到的知识去办真实案件的教学方式。美国在20世纪20年代首创了诊所法律教育，哈佛、田纳西、丹佛、南加州等大学的法学院都较早地采用了这一教育方式。现在美国的绝大多数法学院都有这种教育。2000年左右，中国引进了诊所法律教育，先在北京大学、清华大学、中国人民大学、复旦大学、武汉大学、华东政法学院等7所大学进行了尝试。经过几年的实践，已取得一些成效。① 这一教育的价值就在于，在校园里就同时把课堂教学与实际办案结合起来，受教育者既是学生又像是律师，诊所既是课堂又像是律师事务所。与法学院的其他课程相比较，诊所法律教育有其特殊的一面，即更注重理论与实践的结合。学生们在诊所里、在办案中，会自觉地把理论与实践结合起来，养成一种理论联系实际的学风，并逐渐培养和提高一种法律人的素质，其中包括他们的职业道德、法律知识和法律工作能力等素质。

首先，诊所法律教育有利于培养和提高学生的法律人职业道德素质。在诊所法律教育中，学生既要运用已学到的法律知识，又要接触具体的案件，而且还要出庭办案。因此，诊所法律教育就与法律人的工作密切相关。在这过程中，他们的职业道德也随之得到了培养。在处理案件时，他们就会自觉地依法行事，而不是随心所欲。学生们经过诊所法律教育后，法律职业道德得到了不同程

① 甄贞主编：《诊所法律教育在中国》，法律出版社2002年版，第291—433页。

度的培养和提高。一位同学在结束诊所法律教育课后认为,作为一个案件的代理人应该有高涨的工作热情和高度的责任感,为当事人服务,而不能欺骗、隐瞒当事人。对当事人负责,依法办事,本身就是对法律人职业道德素质的一种培养和提高。

其次,诊所法律教育有利于培养和提高学生的法律人法律知识素质。法律人的法律知识素质由多方面构成,其中包括书本知识、课堂知识、办案技能知识等。学生在现在的法学教育中,学到的主要是书本和课堂知识,因此他们的知识结构往往有缺陷,常常缺少办案技能知识。诊所法律教育则可弥补这一不足,丰富他们的办案技能知识。这一知识只能在办案的过程中逐渐形成和丰富。诊所法律教育课作为一门选修课让学生选学之后,他们在四年级的教学实习以前,就可有机会学习实际办案,掌握一定的办案技能知识,这无疑可丰富学生的法律知识,完善其知识结构。一些学习过诊所法律教育课程的学生在这方面深有体会。有位同学在讲到选修诊所法律教育课以后的体会时认为,在这课程中,"我作了一次真正的律师,代理一起离婚上诉案,参加了一中院(即上海市第一中级人民法院)的法庭审理,学到了许多课堂上没有的实践知识"。另一位同学则明确指出,经过诊所法律教育,学到了在传统法学教育中所没有学到的知识。他说,诊所法律教育"恰好填补了传统法律教学在这方面的空白,适应法律教学对于实践性的严格要求,它的教学内容主要集中在对学生进行律师技能的训练,讲解律师代理、会见当事人、谈判等律师实务及这种过程中所应注意的细节","这些都是传统法律教育在课堂教学时无法涉及的。总之,法律诊所学的内容侧重律师实务,实务性较强"。这些话都是真心实意的表述。

最后,诊所法律教育有利于培养和提高学生的法律人法律工作能力素质。学生在诊所法律教育中要学习办案。办案的过程就是一个提高学生法律人法律工作能力的过程。在这个过程里,学生要把理论知识运用在实际的案件中,要会见当事人、证人,要出庭参加庭审,甚至还可能要对疑难案件进行专门的研讨,等等。这些实务的开展,都是对法律工作能力的锻炼。在实际锻炼过程中,学生的这种能力素质也会得到培养和提高。当然,对一个从未办过案的学生来说,在办案过程中可能会碰到困难、遇到曲折,但是正是经过这种困难和曲折的磨炼,学生的法律工作能力素质才能不断有所提高。情况在美国就是如此。一位教授曾说,学生在出庭时,需与控方或对方代理人进行辩论,应变各种没有意料到的情况,充分利用对自己有利的证据,这些都是对律师工作能力的锻炼和考验。每处理一个案件都可能会有多次这样的锻炼和考验,而这种锻炼和考验本身就是对律师工作能力的一种培养。这种情况也同样在中国出现。一些学习过诊所法律教育课程的学生有相似的体会。在社会能力、语言表达能力、分析判断能力等各种具体能力上,他们提高了自己的法律工作能力素质。一位同学说,在诊所法律教育课里,"接触社会万象,我们走访了上至政府机关、酒店公司,下至普通百姓、里弄深宅,锻炼了社交能力"。另一位同学则说:"法律诊所课,课内课外,活动的主体始终是我们学生。而正是这些以学生为主的'实战的实习',提高了同学的语言表达能力、分析判断能力。"①这些体会都十分真实。由此可见,诊所法律教育能够通过自己特殊的一面来培养和提高法学院学生的法律人素质,有利于造就高素质的法律人。

---

① 参见王立民:《诊所法律教育与培养学生的律师职业素质》,《中国律师》2002 年第 7 期。

（2）诊所法律教育与教学实习有所不同

以前,中国虽然没有诊所法律教育,但是有教学实习。这一实习也有利于培养和提高学生的法律素质,那么这种实习能不能取代诊所法律教育呢？回答是否定的。因为,这种实习与诊所法律教育的差别十分明显,主要有以下五个不同。

首先,实践地点不同。诊所法律教育的地点是在法学院内,不在院外,因此,法学院安置了许多必要的设施。其中,较为常见有：教室,即教师指导学生办案、学生们举办讲座等的地点;学生工作室,即学生自己办案操作的地方,其中设置了电脑、电话、复印机等设备;模拟法庭,即教师和学生们模拟审判的场所;档案室,即学生们所办各类案件档案汇总、存放的场所;等等。教学实习的地点则是在法学院外,而且还因实践单位不同而不同。如果是实践审判业务的,那么就在法院;如果是实践检察业务的,那么就在检察院;如果是实践代理、辩护等业务的,那么就要到律师事务所。这些单位的地点以及相应的设施都不尽相同,没有统一模式,这与诊所法律教育的地点不同。

其次,带教教师不同。诊所法律教育中的带教教师大多是本法学院里的教师,一般是专职的诊所法律教育的教师,他们的职责就是启发、指导、教会学生自己独立办案。[①] 其中,有些教师原来是律师,后受聘于法学院,成了法学院的教师。他们熟谙办案,精通律师业务,善于在法庭上辩论,否则无法胜任带教师工作。教学实习的带教教师则在法学院外,并因所在单位不同而不同。法院

---

① ［美］马海发·梅隆主编：《诊所式法律教育》,彭锡华等译,法律出版社2002 年版,第25 页。

的带教教师是法官,检察院的带教教师是检察官,律师事务所的带教教师是律师。考虑到实习的效果,这些单位的领导都安排一些职业道德较好、业务能力较强的人员来担任带教教师。同时,这些带教教师的主要专长又因工作不同而不一样:法官的专长为审判,检察官的专长为公诉,律师的专长为代理、辩护,等等。他们的编制都在所在单位,不在法学院,也没受聘于法学院。这些情况都与诊所法律教育里的带教教师有明显的差别。

再次,对办案的影响不同。诊所法律教育的一个重要目的是要培养学生们自己独立办案的能力,为毕业以后尽快适应法律人的工作而创造条件。以此为出发点,诊所法律教育里的教师们都注重培养学生自己独立思考、动手操作、应对复杂情况等的能力。学生们则在教师们的指导下独立办案,处理各种情况,自己出庭,等等,整个过程都由学生自己来操作。① 他们每个人都是一个办案主体,所以对案件结果的影响就非常大。教学实习则不然,学生一般不独立办案,也不是一个独立的办案主体,只是完成带教教师所布置的一些工作,即使是单独工作,也都有带教教师的具体指导,学生则要根据教师的指导去操作,后果由带教教师承担。因此,学生对案件结果的影响比较小。这是诊所法律教育与教学实习的又一个差别。

复次,办案数量不同。选修诊所法律教育课的学生,大多每人只办一个案件。办完一个完整的案件,从接案开始到结案结束,时间大约为 3 个月。许多学生在这个学期中就忙于办案,其中包括收集调查证据、会见当事人、研究案情、撰写代理词或辩护词,等

① 杨欣欣主编:《法学教育与诊所式教学方法》,法律出版社 2002 年版,第288—289 页。

等。教学实习则不是如此。学生到实习单位实习,跟着自己的带教教师学习办案,没有数量限制。带教教师办得多,学生也办得多,反之则办得少,但也不会少到只办一个案件,因为一个法官、检察官或律师一般不会在3个月内只办一个案件。这也是诊所法律教育与教学实习的一个差别。

最后,服务性质不同。诊所法律教育提供的是一种非营利性的服务,学生们办案不收代理、辩护等费用,具有无偿服务的性质。学生们的客户基本上是那些通过其他途径无法得到法律代理、辩护服务的人,经济上都比较困难,学生们提供的服务可解决他们的困难,实际上具有法律援助的性质。教学实习则不是这样。学生们只是跟随带教教师办案,而他们中只有一部分人即律师可能提供法律援助,法官、检察官则不在提供这一服务之列。因此,学生参加的教学实习基本上不具有法律援助的性质,只有少数同学可能有机会进行法律援助,而这种机会只有在带教教师是律师并受理了法律援助的案件后才会出现。这又是诊所法律教育与教学实习的一个差别。

形成以上这五大差别的原因是多方面的,但较为直接的则是在教学方案的设计上。在中国,诊所法律教育安排在教学实习以前,是一门选修课,只有部分学生能选修这门课;而教学实习则安排在第四学期,是一门必修课,每个学生都要学习这门课。因此,它们之间无优劣之分,也无高低之别。它们是在不同角度、不同阶段上,给学生提高法律人素质提供了机会。从这一点出发,诊所法律教育在中国确有存在的必要,它有独特的生命力,也无法为教学实习等其他形式所替代。

(3)办好诊所法律教育需要做好的工作

为了充分发挥诊所法律教育在培养高素质法律人中的作用,

做好诊所法律教育工作,有必要重视以下问题。

首先,有必要正确认识引进诊所法律教育在培养中国高素质法律人中的积极作用。我们应该认识到,在中国,诊所法律教育是一种舶来品,来自美国。这种教育在美国被广泛使用,而且已经取得成功,一批高素质的学生走上律师岗位,成为高素质的法律人。其中的一些成功经验值得我们借鉴,可以被用于中国的法学院,培养自己的高素质法律人。特别是其所重视的对学生职业道德、法律知识和法律能力三大素质的培养和提高,可为中国今天的法学教育所借鉴。中国法学院的学生同样应该具备这三种素质,毕业后成为一个高素质的法律人。诊所法律教育可以利用自己的特点和优势,为培养和提高学生的这些素质而提供极好的机会和条件,而且这种优势和条件又无法被其他教育方式替代。引进这一教育方式后的实践也证明,它确实能为培养和提高学生的这些素质发挥积极作用。因此,在急需高素质法律人和积极推进司法改革的今天,法学院引进诊所法学教育具有积极意义。

其次,有必要把诊所法律课程纳入法学院的教学计划。为了要充分发挥诊所法律教育在培养和提高法律人素质中的积极作用,有必要把它纳入法学院的教学计划,切实加以落实,认真进行教学。其中包括要落实教学方案和大纲、教科书、任课教师、校外见习场所、工作室和相关设备,等等。无论是必修课还是选修课都应如此。在这里要专门提及教科书问题。美国只有一本专门的诊所法律教育的教科书,可是几乎没有一所法学院使用这本教科书,其他法学院在进行这一教育时没有也不用教科书,而是开出参考书目,让学生们自己去看一些参考书。随着中国诊所法律教育的发展,选课的人数会越来越多。要规范这一教育,提高教学质量,知道应遵守的职业道德,学到最基本的办案技巧,有教科书比没有教科书好。在教科书里除了要告诉学生诊所法律教育的必要性及相关问题外,重点要阐明从事审判、检察、代理和辩护等业务所必须遵守的职业道德,叙述在办案过程中的一些重要环节,把握这些环节的方法和前人的经验,等等。这些对于一个从来没有接受过诊所法律教育的法学院学生来说非常有必要。现在国内已经出版了几本关于这一教育的著作,但还没有教科书。从现在起,就应为编写这种教科书作准备,争取早日出版,为学生所用。而且,现在来编写这一教科书已经具备了条件,因为国内已经出版了相关著作,有了撰写教科书的基础。

最后,有必要把法律诊所作些分工。在美国,有些选修诊所法律教育课程学生较多的法学院往往采取了设立多个法律诊所的办法,在一个法学院里有多个不同功能的法律诊所。比如,乔治顿大学法学院就设有 12 个不同诊所。① 在中国,随着诊所法律教育规模的不断扩大,可以根据其不同功能而对其作出分工,形成每个诊所自己的特色,适应不同实践的需要。比如,可以设置民事法律诊所、商事法律诊所、刑事法律诊所、WTO 诊所,等等。只要社会有较大需要的就可以考虑办一个诊所,专门培训这方面人才。就目前而言,中国法学院的毕业生会有不少人成为法官、检察官、律师,在这些诊所学习和实践以后,可以为以后准备成为这些法律人的学生提供一个实践的机会。在每个诊所下,又可分为若干组,专门从事每一小类的实践。比如,在民事法律诊所里,就可设立合同法律组、婚姻法律组等,专门接受和办理相关的民事案件。现在,中

---

① 这 12 个诊所分别是:上诉诉讼程序诊所、应用法律学习中心、刑事司法诊所、哥伦比亚特区街区法律教育诊所、家庭暴力诊所、家庭辩护教育诊所、联邦立法诊所、哈里森立法研究机构、公众代理机构、国际妇女人权诊所、青少年犯罪审判诊所、法庭上的法律专业学生诊所等。

国的诊所法律教育才刚起步,一个小小的诊所要接受不同的案件,实际上是一个小小的"医院",包罗万象。以后,当诊所法律教育大发展且可受理的案件大量增加以后,每个诊所的规模就可能像现在的"医院"那么大,那个时候就可能不要"医院",各诊所都可相对独立,或者仍保留"医院",但都是大医院,下设许多"科"。总之,随着中国诊所法律教育的发展,分工也势在必行。诊所法律教育在中国方兴未艾,其前景十分广阔。愿它作为一种新的法学教育方法,为培养和提高中国法律人的素质、促进司法改革,而发挥积极作用。

（原载祝林森等主编:《法学教育与司法改革》,
上海社会科学院出版社 2003 年版）

5. 加强本科专业建设,不断提高教学水平

华东政法大学的本科专业建设主要抓好以下三个问题,分别是提高认识、重在操作和注意结合。

(1)提高认识

我校作为上海的地方市属高校,现在抓本科专业建设的重要性,表现在以下三个方面。

首先是学校内涵建设发展的需要。我校作为上海高校的组成部分,经过前一阶段新校区建设和大量扩招,目前教学的重点已转移到内涵发展上来,发展的方向是要提高专业教学质量。这不仅是为了对学生负责,同时也是对国家教育事业负责。现在,我校的老专业和新专业都有专业建设的问题。从现在了解的情况来看,我校有一些老专业也存在一些不理想的情况。如有一个学院开设的"侦查学原理""刑事侦查学""现场勘察学"三门不同的必修课

用一本教科书,学生有意见。有些新专业也存在问题,如师资力量薄弱,教科书编写不能及时跟上等。还有些问题我们以前是没有想到过的,有的学院擅自修改教学方案,将"中外文化史论"开成"中国文化史","中国现当代文化思潮"开成"西方文化史",这不行。也有的学院对刚刚开设的新专业擅自更换专业课程。我们的教学方案要严格执行,不能擅自更改。从这个学期开学,我们在松江的学费要降低,降低到原来长宁校区的水平,我们的多数专业学费要降到 5000 元/年,个别专业保持学费 6500 元/年。这是上海市的决策,我们必须照着去做,但不要认为我们学费收得少了,本科教学的质量就可以下降。千万不能有这样的想法,相反要保证教学质量不断提高。

其次是学科建设的需要。根据学科专业目录,就法学来说,一级学科是法学,二级学科分为理论法学、部门法学、国际法学、法律史学。在学科的背景下,更要重视本科教学,因为如果本科发展不好,站不住脚,则整个学科发展,包括硕士点、博士点建设就跟不上了。学校要发展好,就必须重视本科专业建设,特别是新办专业;只有强调新专业的发展,才能提升整体教学水平和整体学科水平,从而提升华东政法大学的办学水平。

最后是学校迎评促建工作的需要。这里所说的"评"不仅仅是指教育部对我校的本科教学水平评估,而是大范围、广泛的评估。从刚刚结束不久的教育部法学教育指导委员会(简称教指委)会议上得到的最新信息,新一届的教指委主任更换为吉林大学党委书记张文显教授;本届教指委除了要对全国法学教育进行合格评估外,还要进行优秀评估(示范评估),这实际上对我们学校也是一种考验。截至 2006 年上半年,中国的法学院、系已有600 所,在校学生超过 40 万人。教指委专家一致认为中国法学院、系的发展不平衡,可以用参差不齐来形容,有必要使法学教育、法学院有一个共同的奋斗目标,有一个示范性的办学模式,因此本届教指委要搞示范性的法学院来作为大家共同努力的目标。我校应该进入示范的行列,如果我校的法学专业无法获评为优秀专业,将对学校的发展有重大影响。另外,政治学、经济学等专业都有各自的教学指导委员会,对专业进行评估是教指委的一项重要工作,因此目前我校要通过各种评估来促进本科的专业建设,在建设中求发展。目前,我校在面临评估中还存在各种问题,如有些考卷试题序号排列颠倒,有的必修课开卷考试只出两道大的问答题,有的老师评卷后发现分数普遍较低而给每张考卷都增加 10 分,有的老师评卷加分出现错误多达 30 分等。这些问题的存在将对我校在评估中造成不良的影响,应该把努力消除这种情况也作为专业建设的重要方面来抓。在 2002 年时,我校被教育部评估为优秀,在下一次的评估中也必须保持优秀。要通过迎评促建,抓好本科专业建设,以使我校培养的人才符合国家的要求,要通过优秀的教学培养社会主义的合格劳动者、社会主义事业的可靠接班人。

(2) 重在操作

我校现在 22 个专业,比较成熟的专业不多,有品牌的更少,专业建设任务很重,突出表现在新专业的建设上。本科专业建设是很实在的,要通过实实在在的工作才能搞好。有四个重要步骤需要落实。

首先要摸清家底。对于我们学校每一个专业都要摸清家底,管理部门要通过调研了解专业建设的真实情况。重点了解以下几个方面:教学大纲是否完善;专业师资是否符合教育部评估的 A 级评价指标要求;专业师生比是否合适;教材自编比例及选用教材情况;实验室建设情况等。目前已经有了各专业自己的初步统计结果,接下来相关部门要配合二级学院进行落实。专业如果缺师资,要拿出解决方案,如引进相关教师或外聘教师等;对于教学大纲,老课程有更新问题,新课程有编写落实问题等。

其次要制定计划。本科专业建设计划首先应是切实可行,要符合专业发展需要,同时要与我校"十一五"规划相结合。时间节点、人员落实都要在计划中明确地显示出来。现在我校距离教育部评估的时间已经不多,要抓紧制定计划。

再次要认真落实。要按照制定的计划认真落实,并不断进行自查。如师资引进是否到位,教科书编写是否完成,等等。如果发现有问题,要及时采取措施,切实落实计划。

最后要实行监督。学校职能部门除了进行指导以外,还要进行切实有效的监督。要监督本科专业建设计划的落实情况,各个学院(系)要积极与职能部门进行配合,因为我们的目标是一致的,是要把专业建设搞好。

(3)注意结合

本科专业建设与其他相关工作的结合,应注意四个方面。

首先要与日常的管理工作相结合,学会弹钢琴。如对于要求转专业的学生进行相关指导问题,对于每学年开学的教材到位率问题,对于监考人员的培训问题等,这些常规工作都要与专业建设工作相结合。

其次要与学校的本科教学科研工作结合。我校的本科教学科研工作比较薄弱。在2005年上海市教学科研成果评选中,我校只获得一个奖项,这在上海高校当中是非常少的。要重视教学科研工作,特别是本科教学科研工作,因为教学是一门科学,也有规律,也需要进行研究,如果教学科研薄弱,势必会影响到教学质量的提高。要提倡和鼓励教师积极进行教学科研研究,撰写教学科研论文,使我校的教学科研有所进步,并以此促进本科教学工作。

再次要与学术研究相结合。教师不仅仅是教书匠,教师岗位的人员必须以科研作为基础。按照一般规律来说,科研好的教师本科教学质量也会比较高。虽然,有些科研能力强的教师刚开始由于缺乏教学方法、教学技巧,上课情况不理想,但经过一段时间,学生的反映就会越来越好。这主要因为其科研功底深厚,在掌握教学基本技能后,教学质量提高的后劲较大。因此,对于每一位教师来说,其学术研究是绝对不能放松的。我校有教授、副教授给本科生上课的传统,所以要求每一位教师都要进行学术研究,并与本科教学实践相结合。

最后要与其他部门、单位工作相结合。本科专业建设是一个系统工程,它和学校各个部门甚至是学校以外的一些单位都有关系。本科教学要搞好,就要做好与其他部门、单位的衔接工作,如外聘教师工作。我校外聘教师较多,就拿“检察官与案例”“法官与案例”和“律师与案例”课程为例,基本上每一门课程都有近10位教师。如教科书出版工作,现在我校是与北大出版社合作,这就要求与其进行良好的沟通与协调,才能保证我校一些学生人数较少的专业教科书的编写出版工作能顺利进行。

我们要动员整个学校的教师行动起来,做好本科专业建设工作,落实本科专业建设的具体措施,为提高我校的内涵建设作出应有的努力。

(原载华东政法大学教务处:《教学与研究》,
上海人民出版社 2008 年版)

6. 重实践的理念及其实践

在本科教学中强调重实践的理念,并认真加以落实,具有十分重要的意义。本节就其中的一些问题,谈自己的一些体会。

(1)重实践理念的重要性

重实践的理念运用于本科教育有其重要性。这一理念有其哲学基础。马克思主义哲学告诉我们,人们认识世界有一个实践到认识再实践的过程,实践是这个过程的出发点和归宿。可见,实践在认识世界和改造世界中,具有十分重要和不可替代的作用。运用到本科教学中,重实践的理念通过实践的重要性得到体现。

首先,本科学生对新知识的吸收离不开实践。课堂上给本科生传授的知识都是间接知识,是前人所获直接知识的提炼和积累。他们对于这类知识的吸收,要以自己以前的实践为前提,即以已经掌握的直接知识来吸纳他人的间接知识。没有这种实践,要再吸取新知识困难很大。过去的实践越多,自己获得的直接知识越多,再去课堂上学习新知识就越省力。反之,则越费力。这就是为什么有过法律实践的学生学习法律比没有这种实践的学生学习法律要省力的一个重要原因。

其次,本科学生所学知识的巩固离不开实践。我们的本科教学还离不开课堂教学,许多课时都是课堂教学的课时。学生在课堂上学习的这类知识,都是书本知识。这些知识的巩固需要在大脑中的不断刺激。没有这种刺激,这种知识就会渐渐被淡忘,最终会失去这些知识,人一生所学的有些知识就是这样被遗忘了。理想的这种刺激就是实践。在实践中,不断运用课堂上所学的知识,就是在大脑中不断刺激这些知识点,使其加深记忆和理解,学生所学的知识也因此而得到了巩固。这也就是为什么经过实践后,学生很容易记住课堂上所学知识的道理。

再次,本科学生所学知识的运用离不开实践。学生学习课堂知识是为了运用,其价值也在于运用。这种运用就是实践,即在实践中发挥它的作用,体现它的价值。这一价值从本质上讲,就是认识世界和改造世界,最终促进世界的进步。当然,要把课堂知识运用于实践还需有其他一些条件的支撑。比如,实验室、设备、实践基地等。只有当这些实践条件具备时,才能使这些知识在实践中充分发挥作用。这就是为什么各高校都要重视实验室等建设的一个主要原因。

最后,本科学生的知识创新离不开实践。中国正在努力建设一个创新型国家,创新是时代的要求。本科学生也有创新的任务。通过创新来发展已有知识,增加知识总量,促进科学技术的发展,为建设国家提供更多的知识支持。但是,知识的创新,没有实践不行。只有在实践中才能发现问题,找到解决问题的方法,在解决问题的过程中更新、发展原有的知识;只有在实践中,才能检验新知识的正确性;只有在实践中,才能淘汰不适时的知识。实践在知识创新中的作用不可低估。这也就是为什么要大力提倡本科学生去进行实践的一个重要原因。

正因为实践在本科教学中有非常突出的重要性,所以在本科教学中一定要贯彻重实践的理念,抓好实践环节,提高教学的质量,培养高素质的学生。

(2)重实践理念的实践

重实践的理念有必要运用在本科教学的实践中,而且是整个教学过程,包括其中的各个教学环节,特别是以下这些环节。

首先,设计重实践理念的教学方案。教学方案是开展教学的依据,在整个教学中举足轻重。重实践的理念只有落实在本科教学的方案中,教学过程中才会有实践的体现。在所有的本科教学方案中,都应有足够的实践课时,让学生有足够的实践机会。在不同专业中的实践也会不一样。比如,部门法学的实践与法律实践联系在一起,社会学的实践与社会调查有关,新闻学的实践与新闻采访相结合,外国语学的实践则与各种翻译活动密切相关,等等。这种实践的时段安排要依教学的要求而定,可以安排在教学过程的前期、中期,也可以安排在后期,其目的是教学计划的实现。当原先教学方案中的实践需要调整时,也应及时调整,以使教学方案能保持在贯彻重实践理念的最佳状态。

其次,编写重实践理念的教科书。教科书是学生学习知识的重要来源,应具有示范性和权威性。在编写本科学生使用的教科书时,也应体现重实践的理念,使他们在阅读教科书时,就同时吸取这一理念,并逐渐形成自己重实践的思想。教科书中实践部分的内容应与理论部分结合起来,都不可偏废;要形成一种以理论指导实践、实践来证明理论的互动关系。为了使这种互动关系科学化,理论与实践必须相吻合,理论必须贴切地联系实践。教科书中的这种实践,也可因专业的不同而不同。有的可以讲述实验室中的实验,有的可以表述社区中开展的活动,有的则可以撰写司法机关的办案情况,等等。但是,其原则应保持一致,即不论是哪种实践,都应具有针对性和有效性。缺少这一原则,实践的作用和意义就会打折,达不到设计的要求。

再次,开展重实践理念的课堂教学。当前,本科学生的课堂教学还是一种重要的教学方式,不可缺少。他们的大量理论知识都需从这种教学中获得,这一教学对他们的影响很大。因此,教师特别需要在课堂教学中灌输重实践的理念,并在讲授具体的知识时融入必要的实践知识,让本科学生在课堂上就感觉到实践的重要性,学到必要的实践知识,为以后的实践打下基础。为了使课堂上的实践知识具有生动性,可以使用各种能反映实践情况的手段,比如多媒体等。有的专业需有实验课的,就应把课堂教学与实验教学结合起来;有的专业可以用模拟方法进行实践的,就应把课堂教学与模拟方法联系起来;等等。课堂教学往往具有单一性,而实践教学则具有多元性,要把这种单一性与多元性衔接起来,优势互补,取得更好的教学效果。

复次,安排好重实践理念的实习环节。本科教学中的实习环节与重实践的理念直接相联,是这种理念的最直接表现。但是,要充分发挥实习的作用,还需对这种实习作好安排。不仅要与理论知识相对应,还要能真正起到实践应有的作用,发挥其最大的效用。从这种意义上讲,对实习的设计和安排就计分重要。现在,有许多学校开辟与本专业相一致的教学实习基地,有许多实习单位选派有丰富实践经验的职工去带领本科学生等,都是可取的做法。实践已证明,这些做法十分有利于他们推进教学实习,有助于提高他们的实践能力和水平。

最后,进行重实践理念的考核。考核是教学的最后环节,也是对此前教学环节的一个综合性检验。因为,在考核前的各个教学环节都有了相应重实践理念的体现,所以在考核时就不可缺少这部分内容,以便对学生的实践能力进行一次必要的检查。这种考核可以是期中考试,期末考试,也可以是考查等。考核形式可以不同,但目标则应一致,即要了解学生的实践结果和水平。这是为了检查教学质量,以便发现不足,以后进行改进,不断提高质量。这同样可以成为一个十分重要的重实践理念环节。

（3）重实践理念及其实践中几个值得关注的问题

在重实践理念指导下的实践中,还有以下一些值得关注的问题。

首先,要明确重实践理念实践的目标。党的十七大的报告强调,要"实施素质教育"和"提高高等教育质量"。这是中国高等教育的奋斗目标,也是进行重实践理念及其实践的目标。在本科教学中开展这一实践,不是为了实践而实践,而是要通过这种实践来提高本科的教学质量,培养高素质的本科学生。当前,中国的经济和社会生活的各个方面都快速发展,社会面貌日新月异,知识更新非常迅速,这对中国的本科教学提出了极大的挑战。要使这一教学跟上社会发展,就必须改变原先的教学理念和方法,提倡重实践的理念,运用重实践的方法。只有这样,才能使我们的本科学生受惠,使他们在本科学习期间,就树立重实践的理念,有充分的实践机会,养成理论联系实践的习惯。在实践中,不断巩固课堂上已学到的知识,不断吸取课堂上所学不到的新知识。在学校里就把本科学生培养成既有扎实理论知识、又有丰富实践经验的高素质人才。一旦走上工作岗位以后,他们就可很快进入状态,适应新的工作环境。可见,重视重实践的理念及其实践,不仅考虑到他们在校学习的今天,更着眼于他们走出校门后的明天。为了美好的明天,必须从今天就做起。

其次,要有一支具有重实践理念及其实践的教师队伍。教师是本科学生知识的传授者,有一种为人师表的榜样作用,也常出现名师出高徒的情况。教师在传播重实践的理念、指导开展相关的实践中,具有十分重要的作用。今天,特别强调重实践的理念及其实践,实际上对教师也提出了更高的要求。如果一个教师本身缺乏重实践的理念及其实践,自己的知识结构就有缺陷,那么在教学中就很难保证会在教学中贯彻重实践的理念,提供相关的实践知识。为了使我们的教师能够适应重实践理念及其实践的需要,有必要加强教师队伍的建设,造就一支具有重实践理念、有实践经验的教师队伍。现在可以着手开展以下一些工作。第一,要通过各种途径,使教师尽快学习、掌握和树立重实践的理念。各个高等学校可以根据自身的条件和优势,开展这类活动。比如,可以把这一工作作为继续教育的内容列入继续教育的计划等。第三,要提供各种条件,使教师也有相关实践的机会。教师的实践经验也参差不齐。如果有些教师没有或缺少这类实践经验的,可要求他们作出相应的安排,去补足这类实践,积累相关的经验,增长实践知识。第二,要在引进新教师时把重实践理念及其实践作为一个标准。如果前两者主要针对现有教师,那么这里则主要针对新进教师。为了保证教师队伍的质量,有必要把住教师的进口关,引进的新教师应具有重实践的理念及其实践的经验。总之,要使从事本科教学的教师队伍能适应当前重实践的理念及其实践的需求。

最后,要使重实践的理念及其实践规范化、常态化。为了保证本科教学的质量,使重实践的理念及其实践也可持续发展,有必要使其规范化、常态化。这个规范化主要是使其成为法律、法规或规章制度的内容,以便作为各高等学校遵循的规则,大家都遵守的准则,保证实践内容在教学中的落实。这种常态化则要求教师和教学管理人员等与教学相关的人员都把实践作为一种经常性的教学工作,做到习以为常,熟练操作。要做到这个规范化和常态化,就要重视以下工作。第一,要使我们的立法者、制定规章制度者,充分认识树立重实践理念的重要性,这样才能确定符合本科教学需要的实践内容。第二,要对每门本科专业及其课程作深入的研究,根据不同的教学要求,确定实践的方式、时间、效果等,这样才能科学地设计有的放矢的实践。第三,要对当前本科学生的实践需要、能力和实际的实践情况等作个有目的的调研,摸清具体情况,这样才能确定适合本科学生的实践安排。总之,要用规范化、常态化的管理来推进重实践的理念及其实践的落实。第四,要加大开发实践性课程的力度。这类课程以实践为教学内容,直接有利于提高本科学生的重实践理念和实践能力。当前,这类课堂在许多专业中的比例都比较低,有大力开发的空间。自 2000 年起,中国有 7 所大学和法学院开设诊所法律教育的课程。① 这一课程就是实践性课程,是在教师的指导下由学生自己从事办案实践的课程。由于他们在法学院里有自己实践的房间、设备,像一个诊所的样子,故被称为诊所法律教育。这一教育产生于 20 世纪 20 年代的美国,60 年代的时候有了大发展,并传播到印度等一些国家。美国的法学院为攻读 JD 的学生开设这门课程,而且是选修课,一般安排在第二、三学年。学生在教师的指导下,要办理一个完整的案件,从会见客户收案开始,一直到审判结束,把案卷整理完归档为止。他们的办案过程就是一个理论联系实际的实践过程。这一教育的积极意义在于,在学校里就学习做一个律师应该做的事,就可以把在课堂上学到的理论知识直接运用到办案实践中去,并在这一实践中不断提升自己的职业道德水平和业务能力。中国引进这一教育以后,先在这 7 所学校开设这门课程,以后又不断扩大。经过几年的实践,师生反映的情况均较好,有可以进一步扩大的余

---

① 这 7 所大学是:北京大学、清华大学、中国人民大学、复旦大学、武汉大学、中南财经政法大学和华东政法大学。

地。法学教学中可以设置诊所法律教育那样的实践性课程,其他专业也可以根据自己本专业的情况开设一些实践性课程,以促进重实践理念的培植和教学实践的深入开展。

（原载杜志淳主编:《教育思想论集》,
上海人民出版社 2008 年版）

7. 为研究生授课

老师给学生上课,研究生指导教师为研究生授课,天经地义。我在担任硕士研究生指导教师(1998 年)以前,就开始为我们中国法律史(以下简称"中法史")的硕士研究生授课。2001 年,成为博士研究生导师以后,又开始为法律史的博士研究生授课。2020年,返聘结束,不再系统为研究生授课,只是客串上了少量课程。前后加在一起,我为研究生授课达 20 余年。其中,有些片段至今记忆犹新。

(1)博士研究生毕业回校任教后不久就为研究生授课

在这 20 余年中,我为中法史、刑法学的硕士研究生与法律史博士研究生授过课。

1993 年,我博士研究生毕业,回到学校任教。不久,就开始为中法史硕士研究生授课。当时的硕士研究生导师组组长是陈鹏生教授。他十分重视培养青年教师,而且有自己的工作章法。首先,让青年教师讲课,在讲课过程中,进行考查、锻炼,为担任导师做铺垫。当时,我与其他教师合作讲了两门课。一门是中国政治制度史,另一门是中外法制史比较研究。后一门课与陈鹏生教授合讲。我先讲前半部分,即古代中国与东方其他国家法制比较研究;陈鹏生教授讲后半部分,即中国与西方国家法制史比较研究。在授课过程中,我对研究生授课的特殊性有了认识,也对以后独立、系统为研究生授课充满了信心。其次,让青年教师先与其他导师联合指导研究生。指导研究生是项系统工程。从入学考试命题、面试、录取以后导师的确定、授课、考试、指导撰写论文特别是毕业论文到论文答辩等,都与导师有关。陈鹏生教授根据中法史的具体情况,于 1998 年先让我与另一位导师联合指导了一个研究生,熟悉导师的工作。从 1999 年开始,我就独立指导研究生。陈鹏生教授为我成为研究生导师奠定了扎实的基础。

(2)为不同层次、类型的研究生讲授不同的课程

2003 年,陈鹏生教授退休,我接任中法史导师组组长,同时也是一位普通导师,要继续为硕士研究生授课。

一是为中法史研究生系统讲授两门课。其中,一门是"中外法制史比较研究"。内容主要分两部分,原来后半部分由陈鹏生教授讲授的中国与西方国家法制史比较研究,也由我来讲授。另一门是"唐律精读与研究"。当时,我还担任学校的管理工作,授课时间通常是晚上,不影响白天的管理工作。2011 年,虽从管理岗位上退下来,但习惯成自然,仍坚持晚上授课。这两门课一直讲授到我返聘结束。

二是为刑法学硕士研究生系统讲授一门课,即"唐律研究"。苏惠渔教授任刑法学硕士研究生导师组组长时,确定了这门课程,把其作为中国刑法史的内容,要研究生学习、掌握。苏惠渔教授深耕刑法学,也十分通达唐律的重要性与在中国刑法史上的地位,十分英明地把这门课作为研究生的课程。我因此而讲授了这门课程多年。

2001年,成为博士研究生导师后,就开始系统为法律史的博士研究生授课,即"中国法制史研究"和"唐律与唐代法制"两门课,授课时间也都在晚上。这两门的讲课内容以我公开发表的论文为基础,把论文转化为授课内容,以讲专题为主,较有深度,也能体现我的学术专长与授课特色。

在我教授的课程中,有三门课都以唐律为主题,但因授课对象不同,讲授内容也不同。"唐律精读与研究"从讲授唐律文本开始,再用当代刑法理论进行分析。这对于中法史硕士研究生十分必需,可以帮助其系统学习唐律,为学习中国古代法制史打下基础。"唐律研究"则按照当代刑法结构与要求,讲授唐律内容,使刑法学研究生了解唐律与中国古代刑法,助力学好刑法学。"唐律与唐代法制"是一门专为法律史博士研究生开设的课程,把自己研究唐律的成果与心得,以专题形式进行讲授,帮助他们深刻理解唐律与相关问题,为进一步学习法律史打好前站。这三门课虽都聚焦唐律,但焦点不同,听课的对象也不同,大家可以各取所需,各有所得。

(3)把科研成果转化为研究生授课的内容

为研究生授课的内容与本科生明显不同,要更有创新,更有深度,绝非泛泛而谈。要做到这一点,比较靠谱的办法就是把自己的科研成果转化为研究生授课的内容。

在为中法史硕士研究生开设的两门课中,我首先作了尝试。由于我的博士学位论文是《古代东方法研究》,对古代东方法比较熟悉。在此基础上,讲授古代中国与其他东方国家法制比较研究,就比较顺手。还有,我在硕士研究生就读期间,就开始研究唐律,硕士学位论文也以唐律为主题。毕业留校任教后,没有放弃对唐律的研究。1993年,博士研究生毕业时,我的第一本个人专著《唐律新探》公开出版。以多年来的研究成果为基础,再讲授"唐律精读与研究"就比较顺当。

有了为中法史硕士研究生讲授的经验,再把其运用到法律史博士研究生的授课中,同样获得成功。开始为他们上课时,我除了在唐律、古代东方法领域有不少研究成果外,还在上海法制史、中国租界法制、中国法制史学史等方面有了积累,也有一些成果。以后,这类成果又有增多。于是,就把其中课程定为"中国法制史研究",内容涉及上海近代的区域法制建设、辛亥革命与法制、上海租界法制、中国租界法制、中国法制史研究的回顾与展望等。每次上课可讲一至两个专题。虽然,内容上似乎有些分散,但创新性与深度十分明显,而且都集中于中国法制史领域,是其中不同专题的组合,比较适合博士生的需求。

我的这些科研成果不仅都是公开出版、发表,而且论文一般发表在CSSCI期刊上,其中包括《法学研究》《中国法学》《中外法学》《学术月刊》等一些期刊,有些成果还获得过省部级以上科研奖,比如,有著作《上海法制史》《古代东方法研究》,有论文《论唐后对律的变革》《中国古代刑法与佛道教》《古代东方肉刑论》《甲午后中国区域法制的变化》等。从这一角度来审视,这种科研成果的转化有基础,又有质量。当然,这种转化还需有一定数量的科研成果作支撑,数量过少,形成不了一门课程,无法为研究生系统授课。

(4)授课过程中重视与研究生互动

研究生一般经过本科或硕士阶段的训练,又通过入学考试的遴选,专业基础比较好,更具备在授课过程中进行互动的条件。我就把握这一点,抓住授课的机会,与他们互动。这种互动既有我向研究生提问,也有研究生对我提问。

其中,我向研究生提问的情况比较多,主要是抓住一些授课的关键点,向研究生提出相关问题,引起大家思考。通常,他们会根据所学知识,自觉回答问题。如果无人应答,我也会提出让他们回应,以免冷场,浪费宝贵的课堂教授时间。研究生回答问题后,我会讲自己的看法。特别是当一个问题出现多个答案时,我会作些分析,给他们作参考。

研究生对我提问主要是对我授课内容中的不理解之处,希望我能展开,作进一步讲解。这时,我就会依据提问学生的需求,作更为详细的讲述。我想,一位研究生提出的问题可能不限于一位学生,可能会具有一定的普遍性,有必要加以重视,拓展自己的授课内容。在讲到上海租界法制时,多次遇到研究生提出关于上海租界的一些问题,包括租界的产生时间、地域、机构、孤岛时期、收回等一些问题。我一一作出回答。在回答中,研究生的相关知识也就更为丰富了。

在与研究生互动中,有时会出现他们的观点与我的观点不一致的情况。此时,就以充分说理为前提,注重自圆其说,提倡百家争鸣,不强求一定要接受我的观点。研究生可以不放弃自己的观点,我也可以坚持我的观点,但多数情况是研究生比较尊重我的观点,不会争得面红耳赤。在讲到中国古代最早制定的法典时,研究生的观点就与我的观点不同。他们说是吕刑、法经、秦律等的都有,而我则认为是禹刑。经过说理分析,他们也就不再坚持。

这种互动容易产生思想、学术的火花,常为平时所考虑不到。课堂上不同观点的碰撞,不仅使授课内容变得丰富多彩,也使研究生与我都从中受益。就我而言,从中思虑到一些以前所没有思虑的问题,并以此作为科研选题,进行研究,再撰成学术论文,公开发表。《论唐律的礼法关系》《唐律涉外犯罪之研究》《中国当今家暴的传统法律原因》《论唐律的补充条款》《论唐律规定的官吏言论犯罪》等都是如此。可以说,与研究生的互动,促进了我科研的发展,大家相得益彰。

(5)考试形式采用命题开卷形式

考试的形式多种多样,其中包括了面试、开卷考试、闭卷考试、撰写论文等。然而,适用研究生的考试则以撰写论文为多。这有多重好处,锻炼他们的思维能力、写作能力及检验知识的运用能力等。我在博士研究生就读期间,导师吴泽教授就用这种形式,我还从中受益。一方面,把论文作为考试交给老师,另一方面,则投稿到杂志社去公开发表,一举两得。从我的经验出发,开始也使用这一方式要求研究生,但效果非常不理想。

当时,出现两种意想不到的情况。一种情况是多数研究生都不能按时提交论文。只有少数研究生会在规定的时间内认真完成考试论文。有些研究生则一拖再拖,上半年的课在暑假过后不能提交论文,寒假过了还不能提交。极端的例子是一个研究生在毕业前夕,用一篇外法史的论文来顶替唐律课程的论文,一共拖了两年左右时间。另一种情况是提交论文的质量不高。绝大多数论文都达不到发表水平,内容东拼西凑,缺乏新意,论文作者有敷衍倾向,没有以充分研究为基础。这两种情况告诉我,对我们的研究生而言,用写论文形式来作为考试,达不到其初衷,不是最佳的考试形式。

对此,我作了些调研,听取不少研究生的意见,最后决定采用命题开卷考试方式。一份试卷中设两道题,都是论述题,共100分。考场上,研究生可以带书、带电脑,但不能交谈、交流,需独立完成。考题具有综合性,在现有公开发表的成果中,找不到现存答案。研究生需综合已学知识,通过分析,提炼自己的观点并作一定程度的论述,才能顺利完成考试。这有以下好处:一是可以按时交卷,不会拖延,我可以顺利完成整个教学任务;二是研究生在考试后,可以集中力量去做自己想做的事,没有了后顾之忧。这一考试形式先后用了近20年,深受研究生的欢迎,效果也比较理想。

我任教30余年,为研究生授课20余年,有三分之二时间与研究生存有教学关系。在教学过程中,结成了深厚的友谊,大家关系融洽,同时也教学相长。学生对我的授课比较认同。以"中国法制史研究"课程为例。有的博士生在上完此课后,给我的留言中讲:"很荣幸聆听了您关于《中国法制史研究》的课程,很感谢您曾经对我的关心和鼓励"。有的博士生则写道:"尊敬的王老师,由衷感谢您有深度、有情怀、有趣味的'中法史研究'课程,感谢您教我科研与做人的良法!"收到这些留言,我满怀成就感与兴奋感,觉得给研究生授课值了!

(原载何勤华主编:《风雨不惑——华东政法大学法律史研究生教育40年纪念文集》,法律出版社2022年版)

三、继续教育

1. 强化我校继续教育中的学历教育

科学发展观要求我们以发展、全面、协调的观点,来审视、指导我们的每一项工作,其目的是构建社会主义和谐制度。根据科学发展观的最基本的要求,我校(华东政法学院)继续教育工作有很多值得思考和探索的地方。

(1)我校继续教育工作的重要性

目前,我校要强化继续教育学院各项工作,是出于以下四个方面的需要。

首先,是我校自身建设的需要。华东政法学院要发展,继续教育也要发展,因为它是整个学校教育的一个重要组成部分。我校的教育是以本科教育为核心,研究生教育和成人教育为两翼。除了要搞好本科教育以外,还必须要搞好研究生教育和继续教育。继续教育学院每年向学校提供 2000 万元的资金收入,这是一笔可观的资金,我校如果少了 2000 万元,学校经费就会非常紧张。所以从学校的经济效益来看,继续教育也很重要。另外,在计算教师的工作量方面,继续教育也起了重要作用。我们在考虑师资情况的时候,已经把继续教育考虑在内了,如果没有继续教育,教师每周 6 节课就得不到保障,因为每个教师的实际收益是按上完 6 节课后才能拿到完整收入来计算的。所以,很多教师要上继续教育的课,没有这部分,有的教师的工作量就完不成,他的收入也要受到影响。可见,从我校的自身发展要求来看,我们要搞好继续教育工作。

其次,是扩大我校影响的需要。我校现在的毕业生占上海法律行业人员的 2/3,这个比例很大。在华东地区,我校的毕业生也非常多,而且在这些学生中,有非常优秀、突出的学生不断地涌现,所以我校的影响也在不断地扩大。今年全国评选十佳公诉人,其中一个就是毕业于我校,他为我校争了光。前几年评选十佳律师,有九个是我校毕业的,其中,也有继续教育毕业的学生。继续教育招收学生人数过去一直是多于全日制教育学生的,今年招生数刚刚少于全日制本科,今年全日制招生数是 3000 人,继续教育的招生数是 2900 多人,稍微少了一点,但在社会上我校学生中继续教育的学生要多于全日制的学生。上海的法院、检察院等系统中有许多领导是继续教育毕业的,我校影响的不断扩大和我们的这些学生是紧密相连的。华东政法学院的影响要不断扩大,要持续发展,需要有大量的继续教育学生。

再次,是为社会服务的需要。主要为终身教育服务。上海要建设成国际化大都市,终身教育不可缺少。我校要为上海的建设服务,为上海的终身教育服务,这一任务主要是由我们的继续教育工作来完成,而继续教育工作主要是由我们的学历教育来完成。这一教育已为上海的建设发挥了很大作用,以后还将发挥更大作用,以适应上海建设的需要。

最后,是法制建设和构建社会主义和谐社会的需要。中国正在建设社会主义法治国家,正在构建社会主义和谐社会,其中少不了公民法律素质的提高。现代的和谐社会就是法治社会,我们的继续教育要在其中发挥重大作用。现在全国法学院已经有 600 所,在校学生已经超过 40 万人,每年有 10 多万的法学专业的学生毕业,到底我们的学生是通识性教育的学生还是职业化教育的学生? 由于各个学校的师资力量情况不一样,学生的来源也不一样,所以培养要求也不一样。我校的定位就是职业教育,我校的历史就是职业教育,过去我们的学生毕业后几乎都分配去了司法机构,是职业化教育,尽管现在学生多了,但是我们在人才的培养上仍然是以职业教育为主。我校的全日制教育就应该是一种职业教育,但在继续教育中间还有相当部分是通识教育,因为这些人将来都不会成为法律职业者,我们只是通过对他们的教育,提高我们国家公民的普遍的法律素质。从这种意义上说,继续教育对于法治建设和构建和谐社会都是非常需要的。

（2）继续教育工作存在的问题

除了办学理念需要更新外，我认为在以下方面也存在比较突出的问题：

首先，专业发展不平衡。所谓专业发展不平衡，主要是指继续教育中的法学教育与其他的非法学教育发展不平衡。现在我们招生的重点仍然是法学教育，虽然我们在其他三个专业上（金融学、治安学和劳动与社会保障）已经开始在逐渐扩大招生，但仍然存在不平衡的状况。2005 年这三个专业招生人数总共是 112 人，2006 年扩大到 250 人，但是和法学专业相比，仍然相差甚远。我们的法学教育仍然是招生的主要来源，因此这三个专业要继续扩大招生，因为我校要成为一所多科性大学，继续教育也要有相应的发展。

其次，生源市场萎缩。由于各种原因，现在继续教育的生源萎缩得非常厉害，今年整个上海在前几年已经有很大萎缩的情况下又萎缩了 1 万人。最低录取分数线也随之大为降低，去年法学专业的录取分数是 218 分，今年降到 155 分，降得非常快。这样就造成录取进来的学生的素质与以往不同了。

最后，其他问题。今年我参加了第 27 次函授工作会议，感触很深，现在有的地方已经出现了我们过去没有预料到的情况，比如学生拿到我校录取通知书以后不来就读，有的地方这种情况的比例甚至达到 10%以上。这个问题在这些地方已非常突出，而这些问题对于继续教育的发展是不利的，都值得我们思考和解决。

（3）加强继续教育工作的对策

除了我们的办学理念、办学思维要与时俱进外，我们还要着重做好以下三个方面的工作。

首先,要进一步加强对继续教育中学历教育的研究。要把握好教学与研究的关系,我们对于继续教育的研究还很不够,我建议在继教院主办的《政法继续教学》上开设专栏,刊登有关这方面的教学科研成果。中国已经进入高等教育的大众化阶段,有的地方已进入高等教育的普及化阶段,继续教育怎么办? 针对继续教育出现的新规律、新情况,我们要以科学发展观为指导,从发展的角度、从全面协调的角度,加以全面研究。这种研究既要有专门的管理人员来研究,也需要我们的教师来研究,从不同的出发点来研究继续教育,以便我们更好地掌握新的教学规律,搞好继续教育。

其次,要进一步提高我校的名牌效应。我校开设了很多校外教学点,现在教学点越来越多,他们就是看中了我校的名牌效应。他们认为,我校办学认真,质量好,文凭的含金量高。这是我们应该做的,我们要做好这一点,绝不要让我校的品牌受到损害。为了提高品牌效应,我觉得首先要提高教学质量,老师要认真上课,管理人员要提高管理水平。刚才王庆成老师讲的一句话我很赞同,她说"好的管理可以带来好的口碑",我校要继续保持良好的口碑,就需要进一步加强管理,继续教育学院要负起这一责任,我校的老师也要负起这一责任,以使我校的名牌含金量越来越高。

最后,要进一步探索新的运作方式。近几年继续教育学院已经探索了许多新的教学办法,我们在校外特别是在华东地区之外设立了一些教学点,而且在一些课程中尝试请当地老师来授课。实际上,其他院校已经这么做了,但我们在探索,总体来看,效果很好,选用当地优秀教师参与我们的教学,我们的教学成本就会明显下降。

另外,在整个继续教育的学历教育中间,夜大占了2/3以上,函授占不到 1/3,我们要考虑夜大的招生情况,我校应该多招专升本的学生,少招专科学生。理由有很多条,但有几条是最基本的。第一,师资水平高。我校的师资已经可以培养博士甚至博士后的人才,我们应该提高我校的办学档次,专升本可以作为我校继续教育中学历教育的主打项目。第二,专升本的学生成本低、收益高。这对学校和社会的发展都十分有利,我们必须做对社会和发展有利的事,扩大专升本规模,相应缩小专科规模。第三,社会需求量大。其他学校专科毕业生,可以到我校来读专升本。同时,我们在招生及选用外聘教师、扩大函授点等各方面都可以做进一步的探索。相信我校继续教育工作中的学历教育工作,在广大教职员工的支持和帮助下,将会上一个新台阶。

(原载《政法继续教学》2007 年第 1 期)

2. 规范管理,科学发展

继续教育既要规范管理,又要科学发展。当前,要重点抓好以下工作。

(1)目前法学教育的发展规模和走向

我国高等教育自开始扩招以来取得了大规模的发展,截至 2008 年,我国高等教育毛入学率已从 5%发展到 23%以上,在校大学生人数超过 2700 万,是世界上最多的。举个例子:在 1998 年的时候印度在校大学生人数是中国的两倍,到 2008 年中国在校大学生人数是印度的两倍。就法学高等教育发展而言,中国现有法学院(系)651 所,在校法学专业大学生 76 万人,其中含硕士研究生 8 万人,博士研究生 1 万人。由此可见中国法学教育发展速度之快。

287

随着法学教育的快速发展,法学教育的职业化趋势已初见端倪。以下三个例子可以说明这个问题。首先,出现了职业化从事法律实务的学生。如我校西部政法班的学生。他们来自中国西部的检察院和法院,已经是检察院和法院的在编人员,但是他们尚未通过国家司法考试,就不能从事检察官和法官职业,所以他们的学习目标很明确,即必须通过司法考试。这些学生完全是职业化的,不具有学术性,而且数量有扩大化趋势。其次,法律硕士的招生比例增加。根据教育部的规定,我校今年法学硕士和法律硕士的招生比例各占一半,这表明国家限制了法学硕士的招生,扩大了法律硕士的招生,而法律硕士是职业学位,不是学术学位。最后,各校对本校学生司法考试通过率的关注。由于大四的学生可以参加国家司法考试,所以各校很重视本校学生司法考试通过率。它和就业直接联系在一起,所以一些学校采取多种方式,努力提高学生的通过率,包括举办辅导班等。

以前中国大量需求学术型人才,大力发展法学硕士及博士,这是一种必然的趋势。那时,我国的法学院发展很快,我们需要师资,需要从事法学研究的人员,所以当时我们关注法学硕士和博士的培养,这是有道理的。现在大量的法律专业学生毕业后,不可能都从事学术性研究岗位,而中国法制建设需要大量从事法律实务的人才,也就是职业化人才。所以,目前逐渐显露职业化教育的倾向,有其必然性。

在这里提这些问题有两个目的:第一,希望大家了解中国高等教育的发展及中国法学教育发展的基本情况;第二,更加明确我校继续教育学院的人才培养目标,就是培养职业化的法律人才。我们的学生将来绝大多数是走向法律实务岗位,或者现在就在法律实务的岗位上,所以我们必须对当前法学教育的走向有所了解,做到心中有底。

（2）抓好规范办学工作的重要性

在高等教育快速发展的背景下,规范办学的含义和重要性与以往的规范办学是有差别的。一方面,以前的法学教育还没有发展得这么快,规模没有这么大,人数没有这么多。另一方面,以前强调的规范办学主要是指校外办学,或者是和校外的某些机构联合办学。今天讲规范办学除了原来的意义外,还有校内继续教育的规范问题,规范办学的概念外延扩大了,有所延伸。规范办学的重要性主要体现在三个方面。

首先,只有规范办学,才能稳定继续教育的秩序。继续教育往往和经济收益联系在一起,如果在规范办学问题上处理不当,容易产生教学秩序不稳定。继续教育既要考虑经济效益,更重要的是要注重社会效益,因此,一定要通过规范办学来稳定我们的教育秩序。今天兴国教学点介绍他们的经验,他们做得比较好,比较规范,当然不仅仅是这个教学点,其他教学点也有比较好的做法,这些好的做法要坚持下去,发扬光大。

其次,只有规范办学,才能不断提高继续教育的水平。我们现在的制度设计是一种比较理想的设计,是根据继续教育能够不断上水平的目标进行设计的,所以只要制度可行,认真贯彻这个制度,做到规范办学,继续教育的水平就会提高。我们必须坚持规范办学,在规范办学中提高我们的水平。如果连规范办学都做不到,那管理肯定是有问题的,继续教育的发展也会受到影响。

最后,只有规范办学,才能适应包括法学教育在内的整个继续教育的发展。继续教育需要内涵发展,提高教学质量。上海要建设国际化大都市,上海市教委明确提出要进行全民教育、终身教育,这和继续教育关系很大,上海在继续教育问题上应该走在全国的前列。华东政法大学是上海法学继续教育做得比较成功的一所学校,如法学自学考试在整个上海的自学考试中是比较突出的,近年来报考人数没有明显下降,甚至略有提高,这在上海高校自学考试中并不多见。此外,我校继续教育这几年非学历教育也做得很有成就,我们要以更高标准要求自己,把继续教育工作做得更好。

(3)保证规范管理和科学发展的几项措施

首先,密切关注校内外的网站,特别是校外的网站。我们现在发现有一些不规范办学的苗子就是从网站上发现的,有的网站打着华东政法大学的旗号,本身和我们没有任何关系,有的网站虽然没有采用华东政法大学的名称,但是用的英语拼写和我校完全相同,所以外界就误以为是我校办的班。特别是这些网站都对社会开放,容易使人上当受骗,这就是校外的一种极其不规范的办学,对我们影响很大,我们要予以关注,及时发现和解决问题。同时,我们要倾听师生的报告,包括举报。过去有些问题就是通过师生的报告和举报发现的,有举报以后要认真查实。我们不希望不规范办学的情况在我校发生,否则后遗症是很严重的。我校虽然还没有发生这样大的问题,但仍然希望大家保持警惕,不要酿成大问题。

其次,严格执行校内办班的审批制度。我校早已建立这个制度,根据规定,凡是二级学院和相关部门要办班的,除了研究生类的办班外,都必须到继续教育学院办理相关手续。过去我们执行得不够好,通过规范办学检查,我校一定要把这条规定落实好。我们到黑龙江大学去调研,很受启发,他们长期都这样做,做得很好,而且证明黑龙江大学这方面的经验是成功的。所以从校外规范办学这个角度来看,既然我校已建立了这个制度,就应该很好地运作,所有的二级学院和相关部门,要办班首先要到继续教育学院去办理相关的登记和审批手续,没有得到审批的不能办班,归口管理制度一定要执行好。

再次,加强教学管理。上星期我们召开了教师座谈会,邀请了部分为继续教育学生授课的教师参加,老师们提出了一些做好继续教育工作的建议。当然我们也看到从事继续教育管理工作的同志比较辛苦,也确实做了很多富有成效的工作,但是问题还是存在。所以从提高继续教育管理的水平出发,有必要在以下几个方面认真做好工作。第一,硬件的管理要到位,包括教室、PPT 等硬件设备应做到统筹安排、落实到位。第二,要妥善安排好任课教师。现在华政的教学任务很重,师生比也不理想,所以,一方面人事部门要按照学校的要求不断引进师资。我们要本着对学生负责,对学校的发展负责的态度,妥善安排老师。另一方面,授课老师应该采取更加灵活务实的方法,要具有更高的沟通技巧和更加完美的人格魅力。硕士研究生距离这一要求还是有较大差距,而今年硕士生授课的比例已将近11%,这个人数太多,所以在这个问题上我再次强调希望各二级学院予以重视,同时也希望继续教育学院要把好关。第三,要加强教学督导。继续教育也要实行督导,而且是全面的督导,包括对老师教学的督导,对管理人员的督导,以及通过老师对学生进行管理和督导等。所以我们不能简单地把督导理解为去听听课,了解老师上课的情况,上课的内容对不对等。督导应该是全面性的,尽管继续教育学院的督导工作起步比较晚,但我希望起点能够高一点,使督导工作推出后就能取得成功。

最后,对校外教学点合作伙伴的几点要求。校外教学点是继续教育的一个组成部分,长期以来我们与校外教学点的合作比较成功,各教学点的同志尽了很大的努力,我们表示感谢。从校外教学点总体情况来看,发展水平参差不齐,应该不断加以改进和提高。根据教师座谈会上的反映和情况,对校外教学点今后的工作提三点要求。第一,同样要教书育人。就华东政法大学来说,首先应该是培养一个守法公民。根据党和国家的教育方针,我们培养的学生要德智体美全面发展,要成为社会主义事业的建设者。如果连守法这点都做不好,在读书期间或者说在读书以后成为了违法犯罪者,背离了我们党和国家的教育方针,成了社会主义建设的捣蛋者,这个问题就大了。所以,我们要重视对学生的培养,使他们能够在毕业以后,成为社会主义事业的建设者,起码是守法公民。在这点上我们决不能动摇。第二,要严格执行规章制度。我校的继续教育有一整套管理制度,刚才兴国教学点的老师介绍得很好,学生一入学先学习规章制度,按照规章制度办事。从目前实际情况来看,要全面落实规章制度,有两点要注意。一是要把握好学生的出勤率。老师辛苦上课,学生都不能坚持来上课,怎么考试?能学到什么知识?学校有规定,缺课三分之一以上的不能参加考试,所以点名很重要,应该实事求是。二是要严格监考。根据我校的经验,只有严格监考,学生才不会作弊,这对学生有好处。第三,要切实做好教学服务工作。许多教学点路比较远,教师去上课比较辛苦。刚才兴国教学点介绍说,有的老师开车去,他们预留空车位,给老师安排可口的饭菜,我很感动,大家要向兴国点和其他做得比较好的教学点学习,使我们老师能够在比较顺利、愉快的工作环境中完成教学任务。

(原载《政法继续教学》2009 年第 6 期)

3. 关于函授教育的几个重要问题

2004 年 7 月 12、13 日,上海召开了上海市教学工作会议。研究上海教育发展过程中的问题,这个会议非常重要,会议开了两天。接着这个会议,现在正好召开我们自己的函授会议,这是个巧合,但这个巧合是我们搞好函授工作的新契机。

(1)上海的办学思路

首先,现在上海办教育,思路是什么? 上海办教学要以"三个代表"重要思想和科学发展观为指导,这就要求我们要在新的情况下发现新的问题,找出新的规律,然后来指导我们的具体工作。

其次,在这个思想的指导之下,上海要推出综合的教育改革,也就是说上海要针对自己本身的情况提出一整套教学改革方案。这个方案是新的,比较适合上海的情况,在教学方案中间,提出了一些新的举措。上海市教委已经列出了综合改革的菜单,其中主要包括青少年思想政治工作、要减负和推进素质教育、推进基础教育的均衡发展、提升高等教育的内涵,构建完善的教育体系。如果这些新举措推出的话,上海的教育就会上一个新的台阶。或许有人会说,上海的综合教育改革已经讲了一年多了,但是这次可能要真正实施了。所以,这个综合改革是我们目前上海教育工作的一件大事,我们要马上落实。

最后,在教学综合改革的基础上,上海要建成新的教育体系,这个教育体系是要适合上海市场经济的发展,要满足各类应用型人才的需要,其中包括大力发展和创新继续教育,加快推进学习型城市的建设。我们现在的首要工作,就是要将教育体系建立起来。在这个基础上,上海提出的口号是上海的教育要率先进入现代化,即在整个上海的发展过程中,教育要新型,要率先进入现代化;同时在全国的教育中,上海也要花大力气,早一点进入现代化。上海率先进入了教育现代化以后,就能使上海的教育和城市持续发展,然后实现国际型大都市的目标,这个思想对于华东政法学院办学来说,也是一个指导性的思想,包括我们的函授工作。我们二级学院的相关领导要参加,要了解这个动向,同时我们函授工作也要有新的布局和打算。

(2)华东政法学院函授工作的新进展

从山西太原的函授工作会议以来,华东政法学院函授工作在大家的支持、帮助和参与之下,已经取得了进展。这个进展主要表现在三个方面。首先,在思想上更加重视函授工作。上次开会,我们函授工作面临很大的压力,也面临很大的挑战,主要是因为中国的高等教育发展得非常快,很快就要进入大众化的阶段。上海已经进入大众化阶段,上海今年的高中毕业生中间有80%左右的人可以读大学,所以现在上海的高等教育在全国处于领先地位,同年龄段的人中接受高等教育的已经接近50%。这个比例在15%以下是高等教育的精英化阶段,15%以上50%以下属于大众化阶段,50%以上属于普及化阶段。中国的高校像雨后春笋一样发展起来,上海现在的高校有50多所,过去只有32所。在三年中间新办了20多所高等职业高专学校(含民办高校)。所以我们的高中毕业生在高中毕业以后,大部分能够进入大学阶段的学习。这样我们成人教育包括函授的生源就少了,所以我们面临着很大的挑战,这就要求我们在思想上要重视这个工作,要有新的思路。我们大家一起商讨了这个问题,也形成了共识,在思想上要比过去更为重视函授工作。

其次,扩大了函授办学点。在讲这个问题的时候,首先要感谢大家的支持和帮助。今天出席会议的除了函授站以外,还有专门的点,这些点有的本身就不在华东地区,像云南、山西,这是我们的扩展,另外我们还扩展了一些在华东地区除了站以外的点,这是我们采取的一个新的方式。这段时间以来,我们增加了两个省级的函授站,建立了六个直属的教学点。函授点的扩大就意味着函授面的扩大,这是我们去年取得的第二项工作成绩。

最后,加强了内部管理。这一年以来,我们在内部管理中上了几个台阶,包括强化教材管理的流程,包括函授初步实现了教学管理电脑化等,而且我们去年在一些特殊情况之下度过了困难,非典和禽流感,我们还是根据当时的情况将工作做好,所以我觉得通过加强内部的管理使函授管理工作有新的进展,同时我们还应看到,尽管有进展,但是我们面临的挑战和压力仍然很大,今后我们的函授工作应该怎么办? 下面第三个问题就讲这一问题了。

(3)用国际的眼光去办上海的教育

我们要全面贯彻上海市教学工作会议的精神,要用国际的眼光去办上海的教育。要使上海的教育能够符合国际大都市的这种要求,这是一个总体思想,也是我们办学包括办函授的一个指导思想,实际上是对我们办函授提出了更高的要求。

首先,这次会议的精神,强调了要以科学发展观为指导思想,强调了综合改革,这个综合改革马上就要涉及函授。因为在座的各位都跟我们紧密相关,尽管华东政法学院的很多函授点不在上海,但都要按照上海的要求统一去做,这就要求我们大家互相合作,协同做好函授工作,光靠上海的几个人是绝对不行的。今后的函授工作要以上海教育工作的有关精神为指导,要全面贯彻和落实会议精神。

其次,重视德育教育,强调教书育人。这一点和我们的教师关系极大,也是这次会议要特别强调的。上海教育工作会议要求,我们在整个教育过程中间,要突出一个魂,这个魂就是热爱共产党、热爱社会主义;要突出一个根,这个根就是爱国主义、民族主义,要培养学生成为一个合格的社会主义建设者。所以,现在办教学,就要像会议上提出的,是为了育人不是为了育分,要提高我们学生的综合素质,首先要有道德素质。我们的函授学生尽管不在我们的单位里,组织关系也不在华东政法学院,但是我们必须在函授工作中间要体现出上海市教育工作的精神,要重视职业道德教育,这一点非常重要。

再次,坚持教育的公共性和公平性,使更多的人有机会接受教育,接受高等教育。就华东政法学院来说,要贯彻教育的公共性和公平性,使更多的青年能够接受高等教育,能够来华东政法学院就读。在这方面,我们的函授工作、我们的成教工作要在这方面形成新的思路,要有新的举措。比如,要进一步扩大函授点,除了在华东地区、在有些省市扩大函授点以外,在条件允许的情况之下更多地走出华东,使上海以外的青年能够接受高等教育。现在的问题是上海的大学入学率很高,但是西部的有些地方入学率却不高,中国要在两年以后进入高等教育的大众化阶段,我们还有扩大函授教育的空间。同时,要发挥各个方面的积极性,要发挥华东政法学院成人教育院的积极性,要发挥整个华东政法学院所有的教职工和二级学院的积极性,也要发挥各函授站和各教学点的积极性,要大家都重视这项工作,使函授工作能够真正做到公共性、体现公平性。实践证明,一年以来,成教院发挥了自己的积极性,已经取得了不小的成就,这和大家一起参与工作的积极性是分不开的。可见,发挥积极性很重要。

　　复次,可以考虑设置法学专业以外的函授专业。华东政法学院现在有 16 个专业,法学是其中之一,还有经济学、政治学、公共事业管理、社会保障、外语,还要申报 6 个,预计在年底专业要超过 20 个,达到大学的规模。现在已经有基础开设除了法学以外的其他专业的函授,在这个方面我们还可以再开动脑筋。成教院也已经有了一些设想,要落实。

　　最后,要以学生为本,因材施教。要以学生为本,就意味着不是以教材为本,也不是以管理人员为本,我们要有一种服务优先的意识,过去是强调管理,需要管理,但是更要从管理转变为服务,要提倡服务优先的管理。上海提出,在整个教育中间,要推出累计学分制。华东政法学院从去年开始,也就是从松江新校区的第一届本科新生开始,已经推出了这种学分制,但我们还仅仅局限于全日制本科教育,在研究生和成人教育中间也应采用这种学分制。这是一个方向,这是以学生为本,学生可以利用自己的时间根据自己的需要学到学分,然后累积到一定程度,完成了学分以后,学校发给文凭。学分制的核心不是让学生提前毕业,而是延迟毕业,使学生可以在学习期间完成其他一些工作或处理其他一些事而延迟毕业。所以学分制本身就要这样设计,如果学分制设计出来后,本科生两年就可以毕业,这个教学是失败的,说明这个教学的安排是错误的。美国的学分制实施以后,只有极少的学生可以提前毕业,这部分学生要在寒假和暑假期间读学分,累计学分。日本的法学院基本上是实施学年学分制。新加坡大学是亚洲的一流大学,他们不同的学院使用不同的学分制。不是说让学生早一点毕业,少交一点学费,实际上是为学生能够发挥自己的积极性,能够合理安排自己的时间提供一个方便。所以,这样一个学分制将来可以在函授包括成人教育中间加以考虑。

一年一次的函授工作会议很重要,学院非常重视。希望今年的函授工作会议开了以后也有很大的进展,使我们的函授面貌有更大的改观。

(原载《政法成人教学》2004 年第 5 期)

4. 用现代继续教育的理念 办好我校的函授教育

办现代函授教育需有现代继续教育的理念相匹配。

(1)函授教育是我校继续教育的重要组成部分

教育必须走现代化教育的道路。2004 年上海召开的市教育工作会议明确提出,上海的教育要率先进入现代化,在这种大背景下,华东政法学院也必须走现代化的教学道路。华东政法学院现在有一个新校区,即松江校区,有 824 亩土地,我们的长宁校区才 230 亩土地。新校区建成到现在,已经在迎接第三届学生,将来我们的本科生全部在新校区,规模是 12000 人,新校区的硬件以及校园环境都是一流的。

华东政法学院这几年在硬件上投了很多,为办现代教育打下了物质基础,同时在学科建设等一些方面也有很大的进展,比如专业互补性强。华东政法学院现有 22 个专业,法学是其中之一,还包括文、经、管、法、计算机等专业。也许在座的同行们会说,华东政法学院现在已经是一所带有一种综合性质的大学,情况也是如此。除了本科专业互补性很强以外,我校的法学教育已经形成了一条龙,包括本科教育和硕士、博士研究生教育,另有博士后流动站,这在中国非常少见,在华东地区也属独一无二。

华东政法学院不仅在法学教育上处于领先地位,对其他学科也非常重视,有的专业设有硕士点,有的专业是全国独一无二的。我重点介绍知识产权专业。这是教育部规定的目录以外的专业。上海现在一共有四个知识产权学院,但都是法学专业的知识产权方向,只有华东政法学院的知识产权学院是知识产权专业。这是教育部特批的,为了适应上海大都市的发展。我们要以法学教育为领先,其他学科、专业紧跟。我校的法学专业是上海市的重点学科。上海共有22所大学设法学专业,有法学院,但只有华东政法学院的法学是上海市的重点学科。另外,我校的政治学和法学被上海列入本科教学的高地专业。这是上海自己搞的,其他省市还没有实行。上海分两块进行教育投入,一是从学科上来说,从研究生教育科研上来看;二是本科教育,设教学高地,推进基础教育。我校这两块都很强,政治学发展得非常快,政治学成为上海的本科教学高地,意味着这个学科已经有了一定基础。随着国家的投入,这两个学科将有更大的发展前景。

我校的函授教育始终是我校继续教育的重要组成部分,这是我们的品牌,是华东政法学院的一张名片。我校的函授教育已经办了20多年,它和华东政法学院一起成长,经久不衰。我校的函授教育20多年办下来效果是非常明显的,第一届函授毕业生现在基本上已经是厅级干部。函授教育有一种优势,可以利用业余的时间,使他们在这种教育当中得益,使上海的法制建设的进程能够不断加快。当然,我们现在也面临挑战,也碰到一些新问题和困难,要有信心和决心把函授教育办好,把继续教育办好。

(2)进一步办好函授教育需要有现代的继续教育理念

现代的继续教育理念是在社会主义市场经济条件下,与现代社会联系在一起,它和中国传统教育和以前计划经济条件下的教育有明显的差异。中国的传统教育大量以私塾为主,家庭教育为主,中国传统上也有当时的"大学",比如唐朝有国子监,进大学学习的都是有身份、地位的人,大量的妇女、贫穷的孩子被排除在外。到了计划经济时代,我们的教育尽管有了大发展,但实际上也受很大的限制。这种限制本身和计划联系在一起。我们现在要在中国不断走向现代化的道路中,办好现代教育包括函授教育、继续教育。办好现代教育,要在理念上特别强调以下几个方面。

一是要有终身学习的理念。现在是知识经济时代,所以终身学习是必要的。就目前来讲,中国的法制进入了一个非常大的发展和变化阶段,继续学习带有终身性。国家已经明确提出,到2010年初步建成社会主义法律体系,这是第一目标,包括要制定民法典。第二个目标是到2014年,要基本实现依法行政,这是去年国务院已经讲的,要用10年的时间实现依法行政。第三个目标是到2020全面建成小康社会的时候,我国应该是初步的法治国家。如果这时还不是初步的法治国家,小康社会的实现困难就太大。中国在传统上不是法制社会,是德治社会,走了几千年的德治道路,就是搞150年的法制,和别人还是有差别,所以我们的道路不是10年、20年就能走完,要有一个过程。在这个过程中要不断学习,而且这种学习在经济发达的地区特别需要。所以,要使学生的思想理念和知识跟上时代发展,没有终身学习的理念是不行的。

二是要有市场的理念。现代教育是在市场经济条件下的教育,是社会主义市场经济条件下的教育,办教育必须要有市场的理念。我们要强调效率,要关注成本。当然我们现在办教育,还不是产业化教育,但是必须注意这两个方面。因为它有利于教育的发展,效率低下不利于现代教育的发展,要落后;不讲成本办教育根本办不起来,在现在的情况下要有市场的理念。

三是要有人本的理念。尽管现在讲市场经济条件,但我们还是要充分看到人。人是主体,所以在教学中,要强调以学生为本。在管理中间,要强调以学生与教师为本,这一理念不能动摇。我们要做好服务工作,要以人为本,提高我们的服务水平,使我们的学生感到在华东政法学院读函授是值得的,是有收获的。这几年,在大家的努力下,在这个问题上已经有很大的发展,还可以不断改进,使我们的学生感到读函授对他们来说比较方便,既能够学到知识,又能够不影响工作。上课和考试形式的衔接,也可以有一定的改进。还有,函授教育要重视因人制宜,也是以人为本。各个省的函授教育不一样,有的省人数比较多,有的比较少,要注意各省的情况,合理安排教学点。教材的发放等,也要因人制宜。

四是要有法制理念。办函授也要依法办函授。华东政法学院十分强调依法办学,上海市今年上报到教育部有两所学校,作为全国依法办学的典型单位,其中之一就是华东政法学院。教育部的同志说,在教育部确定的依法办学的典型中间,只有华东政法学院是地方性大学,其他全部是教育部的直属大学。我们发展到现在,更应该注意按照规章制度、规范性文件办学,这和中国走法治道路是吻合的。我校在全日制教育中比较强调这一点,在函授教育中也是需要的。因此,要发挥两个积极性:一是华东政法学院自己的积极性、校本部的积极性,要制定统一的规章制度;二是各个函授站的积极性,大家可以根据自己的情况制定规范性文件,有利于推动我们的函授教育规范化,减少矛盾,避免诉讼。这四个理念是我校办好函授,而且是在现代条件下办函授所必须具备的理念。

（3）办好函授教育应该重视的问题

首先，重视走改革的道路。我校函授教育所面临的挑战是前所未有的；中国的法学教育发展到今天，全国的法学院已经超过400所，在校的学生将近40万人，每年毕业生将近10万人。过去没有法学院的学校纷纷建立法学院，这样当地的政府就很容易依靠自己的法学院来办继续教育，这样就对原来的教学格局有了一个很大的冲击，华东政法学院的函授教育就面临着前所未有的挑战。如何面对挑战，最好的办法是改革。这不仅仅是函授问题，对于华东政法学院整个继续教育都是如此，这条道路要继续走下去，是根本解决函授教育问题的有效途径。

其次，要重视加强管理。通过管理形成比较好的函授秩序，提高函授教育的质量。函授教育如果有些地方搞得不怎么兴旺，出现种种问题，往往和管理有关系。比如，在四六级考试中，有的继续教育学生找枪手。教育部提出要抓考试纪律、考试秩序，华东政法学院采取新办法，要班主任去辨认是不是我们的学生。这一点也是我们办函授教育所不可缺少的。

再次，要重视树魂立根。树魂立根，是去年上海教育工作会议提出来的，要树爱国主义的魂，立社会主义的根，这在函授教育中同样需要强调。这实际上是要教书育人。现在的大学培养什么人？培养的是社会主义事业的建设者和接班人。我们的大学就是培养这样的人，这样的人对于我们法学院、学法学专业的人来说，底线必须是守法公民。所以，我觉得这一点不能忽视。所以，我们今天这个会议讲树魂立根，目的是培养我们的函授学生成为合格的学生，不能在德育上有瑕疵。

最后，要重视依法办学。对各个函授站来说，一方面要贯彻华东政法学院继续教育的相关规定;另一方面,各个函授站可以根据自己本地的情况制定一些规章制度,还是要做到有章可循、落到实处。在建设社会主义法治国家的大背景下,要强调依法办函授,把这个工作一起做好。每年一次函授工作会议,每年都有收获,每年与时俱进。最后,祝今年的函授教育工作能够圆满地成功。

（原载《政法继续教学》2005 年第 5 期）

5. 关于发展函授教育几个问题的思考

我对继续教育学院的工作充满信心,继续教育学院将来会取得更大的成就。下面就发展函授教育的几个问题和大家一起交流。

（1）关于函授教育培养目标问题的思考

这是个老生常谈的问题,在举办函授教育初始阶段我们就应该考虑这个问题。我国法学教育界对于中国法学院培养学生的目标问题一直争论不休,争论的焦点是这种培养学生的教育模式是精英教育还是普及教育,是职业教育还是通识教育。这个问题直到现在还在争论,没有统一的认识,现在再次提出这个问题是因为它和法学教育的大发展有很大关系。我个人认为,过去不存在这个问题,过去司法部有 5 所大学,我校负责华东地区,开始是每年招生 300 人,以后增加到 400 人,并逐年增多,培养的学生 90%以上甚至于 95%以上都能进入司法机关工作,毫无疑问,它是职业化教育。但现在出现了新问题,据最新统计,现在我国的法学院有600 所,就读法学专业的在校学生超过 40 万。上海现有 22 所法学院或法学院系,除了华东政法学院以外上海还成立了一所上海政法学院,它和甘肃政法学院成了我国除原来 5 所政法院校以外

303

又新增的两所政法院校。在这样的法学教育大发展的背景之下，法学院学生的培养目标问题就很突出。而且我国的情况还不同于发达国家，如美国的法学教育就很明确，就是职业化教育，其法学院培养的学生就是做律师，美国法学院的学生有 50% 以上都能通过美国的律师考试。我国现在不是这种情况，现行的司法考试去年是成绩最好的，是由我校批阅试卷，合格率仅超过 14%。记得第一次司法考试合格率是 10% 多一点，最低一次为 7%。这就有一个疑问，到底法学教育培养的目标是什么？每个学校要根据自己的情况来确定本校的培养目标。因为我国法学教育现在很不平衡，有的法学院法学师资缺少，大量的是由其他学科类兼的；有的学校连一个法学教授都没有，发展非常不平衡。在这种不平衡情况之下，我个人认为，我校培养法学院学生的目标就是以职业教育、精英教育为主。为什么说为主？因为我们还有专科生，但是我们的本科教育以上就是一种精英化教育，就是一种职业化教育。我们能够做到这一点，理由如下。

首先，我校过去是司法部直属大学，原来就有进行职业教育的传统。我们一直这样做，一直遵循这样的培养目标。我校从 1952 年开始办学，至今已经有 50 多年，已经形成了这样的历史传统。2000 年教育体制改革以后，变成由中央和地方合办，以地方为主的一所学校。中央的文件是这样规定的："中央和地方合建，以地方为主。"我校现在的情况和过去有些不同，我校的干部、经费都是由上海市管的，但我校和司法部仍然有很好的关系，司法部在很多方面仍然对我校的专业发展给予指导，这是其他许多学校所不具备的有利条件。

其次，生源情况比较好。我校录取的学生基本上都是在一本线以上，不仅是上海，全国绝大部分地区都是如此，只有极个别的地方将我校划在二本线以上。根据上海市教委给我校下达的招生指标,我校一半招收上海生源,另一半招收外地生源,现在外地招收的学生生源情况比上海还要好,很多学生都愿意报考我校。生源情况良好,与我校学生毕业后从事的工作有很大的关系,我校的学生能够接受这种职业化的教育。

再次,师资情况很好。华东政法学院是中国最著名的法学院之一,也是中国东部最大和最好的法学院,我校现在的师资已经能够完成从本科到硕士研究生、博士研究生的教育,现在还能够完成法学博士后流动站的工作,张梓太院长和我不仅是博士研究生导师,还是博士后合作导师,我校的师资已经能够胜任这种教育,这种研究工作目前在中国是不多的。在华东地区,有资格招收法学博士后的只有华东政法学院,所以我校的师资力量是非常强大的,而且我校对函授教育非常重视,我们请博导来上函授课,在校内也是这样,我校的教授都给本科生上课,所以我校在教学质量上有保证。

复次,华东政法学院法学教育的发展侧重点在于应用性,这是我校和许多学校进行竞争的有利条件。几年前,我校就确定了自己的方向,即不同于北京的大学。北京的大学生在理论上有很多长处,他们地处北京,和我国最高的立法机关、司法机关关系非常密切。但是,上海也有其优势。上海是中国经济发展最快的地方之一,是我国的经济、金融中心,很多的法律问题首先在上海出现,需要我们去解决,所以我们确定的应用型目标对于法学发展来说,有我们自己的用武之地,而职业化教育正好需要这种应用性。我校现在开设的很多课程包括很多措施,都是在应用性上下功夫,学校现在聘任的兼职教授大量来自实务部门,而且现在开设的很多课程也是其他许多学校所没有的。比如,“律师与案例”“检察官与案例""法官与案例",以后还要开设"检察长与司法实践""法院院长与司法实践"等一系列课程,这些课程和应用性都有很大关系,这也是我校的一项优势。

最后,看结果。司法部反馈给我校的信息说,自从有司法考试以来,通过司法考试比例最高的学校之一是华东政法学院,这对于我校培养学生从事职业化工作,也是非常有利的。所以我校的定位应是以职业化教育和精英化教育为主。

提起职业化教育和精英化教育,这不是我国本土的理论,是引进的理论,这种理论和西方国家在中世纪考虑设置大学有关。西方人认为,一个社会应该是有秩序的社会,应该是一个健康的社会,应该是有知识的社会。基于这种理论,他们认为大学应该有法学院,培养维持秩序的人员;应该有医学院,培养有利于健康的职业人员;应该有神学院,培养牧师,使人人有知识。所以西方的传统大学都有法学院、医学院、神学院,培养律师、医师、牧师,这三种人就是专门职业化的人,这是西方国家的理论。但随着法学教育的发展,大量法学毕业生走上社会,有的国家逐渐有所改变,日本是其中之一。它认为,法学教育应该具有提高公民普遍素质的教育功能,这种教育功能就是普及化、通识性教育。我国现在有这么多学生学习法学,有这么多法学院系,不能不考虑通识和普及化教育问题,但是我认为我校还是应该承担精英化和职业化教育,这一点非常重要,对于我校函授教育也有很大的影响。函授教育的落脚点在什么地方?通过反馈,我们发现,现在大量的司法部门需要专升本人才。这就是一种职业化教育,因为这些部门本身已经在从事这种职业,无非是要通过这种教育使自己更职业化、更精英化,所以我觉得我们的眼光要盯住职业化、精英化,要在这方面下功夫。

（2）关于发展函授教育出路问题的思考

大家都已经知道,目前的函授教育碰到了前所未有的挑战,挑战来自各个方面,对此大家已经形成共识。问题是函授教育要发展,出路何在?

首先,我认为函授教育仍然存在发展空间,很多地方需要我校的函授教育,包括新疆等地。其次,根据我们的实践,过去山西、云南这些都不是我校的函授点,当时司法部规定我校的函授招生范围是在华东地区,山西、云南以及新疆都不属于我校的招生范围,但是现在这些地区提出要我校去举办函授教育,他们愿意接受这种教育,需要这种教育资源,所以,我校函授教育还是有发展空间的。

既然有空间,那么如何发展? 两个字:改革。通过改革发展函授教育就是出路。实践证明,通过改革以后,函授教育的面貌会焕然一新。比如,现在进行的开卷考试,就是改革比较成功的一例。记得前不久有一个电视节目,曝光一个党校的入学考试,虽然有监考人员,考场秩序却十分混乱,即使有人来巡考,巡考老师一走又很混乱,所以我很担心函授教育的考试。但是继续教育学院的同事们开动脑筋,试行开卷考试,这样就能够避免很多弊端,加上老师的配合,一些问题很容易就得到了解决。所以改革是一个很好的途径,今后要用科学发展观来指导函授工作的改革。在这里,我提出一个思路,今后我校办函授点,有生源就办点,没有生源就撤点、不要办点。在这次交流会上发现,个别省司法厅承受不了这项工作,不再举办函授点,生源是办点的前提条件。对此我们要开辟新的办学途径,可以运用已经取得的经验来办函授点。经过实际运作,我们已经有了成功的经验,这个经验要扩大。

(3) 关于加强函授教育管理工作问题的思考

当前,加强函授教育管理工作重点有两个方向:首先,依照规定管理;其次,做好服务工作。函授管理已经形成了一整套规章制度,如果情况发生变化,这些规章就要修改。我校是全国高校中依法办学的示范单位。我们强调依法办事,有规定的根据规定,没有规定的根据形势发展可以进行讨论,可以增加规定。

同时我们还要做好服务工作,从继续教育学院来说,要为学生、为各个函授站做好服务工作;作为函授站来说,要为我们的学生做好服务工作,这是以人为本的一个很重要的表现,这实际上也是中国人的传统。我国传统文化中间的一个核心问题是什么? 是仁字,仁爱的仁,人字旁,两个人就有一个爱人的问题。这个爱人表现在家庭中间,子女对父母要孝,父母对子女要慈,这就是爱;在社会上,要求官吏做百姓的父母,要求老百姓对君主忠。现在情况不同了,但以人为本的思想仍然需要,做好服务仍然需要。要加强管理,非常重要的是要加强在新情况、新问题下的管理。我校函授在聘任当地教师工作中已经走出了新路,这在过去是没有的,在当地可以聘任一些教师来上基础课,发挥当地教师的作用。对于这些新情况以后要加强管理,不仅函授是这样,在我校全日制本科教育中也是如此。在全日制本科教育中我们采用了很多新办法,也聘任很多外来教师,用合同形式进行管理。所以管理要在新情况、新问题方面多花点精力、多花点功夫。

(4) 关于加强函授教育工作研究问题的思考

这是一个教学科研问题,教学科研问题在全日制本科教学中非常重要,它是教学评估的一个重要方面。在函授教育中也应该

加强科学研究,对函授教育中的一些问题进行思考、研究。不研
究,对很多问题不清楚,没有办法解决;只有进行研究,在理论上达
到深度,我们的思路才会更科学,所以我们今后要在这个方面共同
努力,要更加自觉地强调进行函授教学工作的科研。继续教育学
院有一本杂志,要重视发表进行教学科研的文章,除了一般的工作
交流经验以外,要交流有质量的函授教育、成人教育、继续教育的
科研文章。要进行科研,就要理论联系实践,要加强调研。

　　昨天我听到一个消息,觉得有必要进行调研,加以解决。我们
现在招收的函授学生,录取后,放弃指标,不来就读。而且,这不只
是个别现象,有的地方这一比例要占 10% 左右。这种情况过去没
有,全日制本科生中也没有这种情况。它的后果是不仅浪费了名
额,还浪费了国家的资源。所以我在思考,为什么过去没有,现在
却出现这种情况了呢? 函授是一种继续教育,学生在报考以前就
应该考虑成熟。就读我校继续教育的学生,时间上怎样安排,经费
上是不是能够保障,单位是不是同意? 对于这些问题我觉得要进
行调研、加以研究,找出原因。到底是因为我们广告没有做好,解
释工作没有做到家,还是学生考取以后又另有打算? 通过研究,寻
找正确的对策,促进函授教育的发展。所以我在这里呼吁,函授教
育除了要有经验以外,更要把经验提升到理性上来,使我们在理论
上有所提高,更理性地看待和发展函授教育工作。

（原载《政法继续教学》2006 年第 4 期）

6. 积极调整函授工作思路,加强函授工作

　　我就学校的函授教育工作谈几点意见,题目是“积极调整函
授工作的思路,加强函授工作”。

（1）加强函授管理工作的重要性

首先，教育部 2007 年的工作重点是抓高等教育的教育质量。今年教育部的第一、二号文件都是阐述抓教育质量的，我认为教育部提出的抓教育质量问题不仅仅是针对全日制本科教育，还包括函授教育。抓好函授教育质量，意义重大。要搞好这项工作，抓好函授教育的质量，这和学校规模、形成新的思路以及进一步加强管理都有密切的关系，今天在这里开会实际上就是要进一步落实教育部狠抓质量的一些基本要求。

其次，学校升格为大学，要求我们进一步调整函授教育思路，加强函授管理工作。2007 年 3 月 16 日教育部正式发文，将"华东政法学院"更名为"华东政法大学"。我校在 5 月下旬举行了华东政法大学的揭牌仪式。实际上，学校在几年前就已经在为发展成大学作准备，并已基本具备了一所大学需要具备的各项要求。比如，一所大学的本科专业要 20 个以上，我们现在是 22 个，即华东政法大学除了法学专业以外还有 21 个非法学专业，包括社会学、行政管理等。又比如，教授、副教授要达到一定的数额等。现在我校已经更名为大学，我们觉得压力更大。过去的压力是要把我们学校的层次提高，使它从学院变为大学，以后的压力是如何把学校办得更好。我校前一阶段分几组外出搞调研，我走访了中山大学和厦门大学，通过调研体会很深。中山大学和厦门大学的同仁和我都有同感，学校规模扩大了，不搞二级管理绝对不行。中山大学的许家瑞副校长就坦率地说，我们中山大学搞二级管理是逼出来。现在华东政法大学也面临着"逼"的问题，即要为办一所名副其实的大学积极做准备，其中包括函授教育。如何办好函授，使其成为名副其实的大学的函授教育，而不只是一个学院的函授教育，这就要求在教学管理上、模式上、质量上都要有进一步提高。这是我校更名后的大事,函授教育、研究生教育、本科生教育都一样。

最后,函授教育形势严峻,要求我们采取新思路、新对策。作为继续教育的一个重要部分,函授教育也面临着严峻形势,从学校的角度来分析,这是一种普遍现象,不仅是我校,其他学校也面临同样情况。其中原因众多,但有一个原因不容忽视:中国的高等教育从1999年以来有了突飞猛进的发展,过去高等教育的毛入学率才5%—6%,现在的毛入学率已经突破20%,上海更达到了60%以上,这意味着中国高等教育已经从精英化教育迈向了大众化教育。上海、北京等有些城市实际上已经进入了高等教育普及化阶段,和发达国家的距离非常小,相差无几。从比例上来看,大量学生进入全日制学习,就没必要到继续教育来学习;过去在高等教育毛入学率比较低的情况下,有一批学生因为进不了全日制教育而来继续教育学习,现在大量生源涌入全日制教育,继续教育就面临着生源萎缩的状况,这是正常现象。我们要研究在这样一种形势之下,如何发展继续教育,包括函授教育。有一点我们必须肯定,即从中国现有的情况来看,函授教育在若干年内还是需要的,因为即使在一些发达国家,函授教育还没取消。我们国家还没达到发达国家水平,函授教育作为一种教育方式是需要的。当前,我们要研究新的形势下应该采取什么新的思路和新的对策办好函授教育。

(2)开拓函授教育的新思路

根据以往的经验和了解的情况,要办好函授教育,必须有新思路。现在,就要坚持以科学发展观为指导,调整函授的规模,加强函授的工作管理。

从目前的情况来看,必须调整函授教育的规模,这里指的调整函授规模不仅仅是简单地缩小规模。要辩证地看问题,对一些生源不足的地方我们可以缩小规模,但对一些有生源的地方我们还应适当扩大规模,甚至建立新的函授教学点。例如海南及前几年新建的山西函授站,都是对此所作的初步尝试。

大家都知道,过去在计划经济条件下,华东政法学院的函授范围就在华东。司法部对其所属的几所大学的函授范围作了明确的安排,广西可能是西北政法学院的函授范围,山西可能是中国政法大学的函授范围。但是,这种安排实际上是有缺陷的,在市场经济充分发展的情况之下,这种缺陷就暴露得更加明显。现在打破了这种划分局限,我们可以在有些确实有函授生源、也确实需要函授的地方,可以扩大规模。所以,这个调整应该是辩证的调整。

另外在调整的同时,我们仍然要加强管理。加强管理是函授教育的生命力。我们的目标是提高教学质量,提高函授水平,最终是为了办好适应新形势的函授教育。也就是说,函授教育也要与时俱进,不断提高教学质量。如果在调整规模的同时忽视了教学质量,那我们就要失败的,也调整不好的。大家会认为,华政升了大学以后质量反而下降,一些人可能就不会选择到华政来读书。所以一定要提高教学质量,提高办学水平,这样才能适应在新形势之下办函授的需求。

(3)办好函授教育的新对策

首先,多做宣传,招收更多的生源。现在各函授站点的宣传力度不同,宣传的效果也是不同的。大家可以根据本地的情况,总结自己的经验和教训,积极开展宣传工作。刚才有的函授点反映,他们的宣传工作已经做了不少,但效果并不明显;而有的地方有的站点正在积极考虑进一步扩大生源,进一步做好宣传工作。所以说各地情况不一样,但总的来说要做好宣传工作,人家不了解华政的函授教育,怎么会来关心并加入函授教育呢。宣传的基本目标应定位在函授教育比较薄弱的地方、有生源的地方,像这些地区我们进行宣传以后可能会有更多的考生对我们华政感兴趣,从而进一步去了解华政。目前,仅仅宣传招多少学生、有什么专业是不够的,要把华政函授的优势,函授学生将来的出路,以及过去学生的成就,都加以宣传。福建函授站介绍的思路就很好。我比较熟悉上海的情况,上海的第一届函授生现在绝大多数都在厅一级的岗位上。今年6月,我校在举行揭牌仪式的同时,还成立了校友会,这次我校揭牌仪式的所有费用都是校友捐赠的,剩余的放在学校作专项奖学金,作为校友活动的经费。在福建、江西等地我们有很多校友在事业上非常有建树。江西函授现在存在很大困难,实际上我们在江西有很多事业有成的校友,包括江西高院的副院长、江西工商局的副局长等。在座的各函授站如果需要,可以和我们校友会各分会的会长联系。我们应该拓展思路,通过各种途径作宣传,利用更多的现有资源,来扩展我们的生源。

其次,发展新专业,适应新形势,扩展函授教育。我校的继续教育要在这方面下功夫,需要积极考虑发展新的专业。我校劳动与社会保障专业非常强大,董保华教授经常出现在上海的媒体上,他是在上海研究这个专业名列前茅的教授。这个专业对于我们一些经济发展充分的地区是非常重要的。最近出现的黑窑事件,实际上在各行各业中间,只要办企业,我想总会或多或少地出现一些企业的劳动者需要维护自己的劳动和社会保障权利。所以像这样的专业在现在的函授市场中间是会有一席之地的。另外,现在专升本比专科更受欢迎,上海就是这样的情况。上海专科招生的情况就不如专升本,上海地区要调整形式,专科招不足就招专升本。过去成人教育大量的是专科教育,专升本的教育相对比较薄弱,现在华政的师资力量非常强大,可以办好专升本,而且很多地方都需要专升本,比如检察院、法院,包括以后的律师,现在参加司法考试就要有本科以上的学历,本科将来的市场会很大。从这个意义上讲,采取新的形式再辅之以一些新的专业教育,是发展我们函授教育的一个有效途径。

再次,落实相关制度,加强规范管理。现在我校函授教育的规章制度已经比较完善,主要的问题是如何更好地贯彻执行这些规章制度。这里我专门重申要认真落实相关规章制度的问题。刚才叶萌老师已经在报告中讲到了补考问题、重修问题、考试作弊问题等,这些都要按照现有的规章制度严格执行。

我校全日制本科教育上个星期刚刚开会,研究学生重修补考的问题。专科生也存在这个问题,今年考试不及格,毕业考试以前还是不及格,要重修、延长学籍,有的学生就不愿意读了,有的学生要拿毕业文凭,就再读,一直到考出来为止。这实际上是学分制中的一个基本的制度。哪门课不合格,可以重修。在国外,重修需另外付钱。现在中国规定重修不可以增加学费,但是要延长学籍。这说明制度在发生变化,我们的管理及规章制度在不断发生变化。从函授教育工作来说,规章制度已经比较完善,在落实相关制度时,要有福建函授站介绍的这种精神和办法。这就是要严格,要认真。福建函授站对于工作十分认真,学生每次上课要考勤,缺课达到一定时间不能考试,考试中间进行严格的管理,班主任每次上课都要到位,等等。这就是认真,毛泽东关于认真问题有专门的说法,他的意思是说世界上最怕认真二字,有了认真事情就做得好。我觉得华政做事情也是一样,如果不认真,事情就做不好,认真了华政的事都能做好了。

最后,集思广益,着重解决当前的一些突出问题。在这个突出问题中间,首先要考虑新思路。函授教育也要有思路,没有思路根本做不好事情。要有创新函授教育方式的新思路,过去长期是在计划经济条件下办学,如何在现在市场经济体制下办好函授教育,以前做了一些尝试,还要进一步尝试,要有创新精神,要强调创新。一些具体问题,比如和函授站的分成比例问题,函授对学生收费多少的问题,实际上都应该考虑。我这次来还有一个任务,就是通过调研来集思广益。桂林有一个高等学校,他们那里的函授教育办得不错,我要去听取他们的意见。所以要通过调研来集思广益,做好函授调研工作。

我校的函授教育工作会议每年都举行,每年有一个主题,这个主题通常都是我们急需解决的问题,今年的主题为"调整函授规模,加强规范管理"。通过今天的会议,各个函授站要把会议的精神落实在具体的函授工作中,使明年再来召开这个会的时候,大家觉得过去是有收获的,觉得函授管理工作正在不断向前推进。

(原载《政法继续教学》2006 年第 4 期)

7. 以党的十七大精神为指导, 用创新思维办好继续教育

当前,全国都在学习、贯彻党的十七大精神。办继续教育也要以党的十七大精神为指导并用创新思维,才能成功。

(1)认真分析继续教育的形势

当前,我们的首要任务是学习党的十七大报告。党的十七大报告把教育作为民生问题来阐述,这说明党和国家对教育更为重视了,作为办学单位我们要充分认识到这一点。同时,我校的继续

教育又以法学教育为主，因此我们还要认真学习党的十七大报告中专门提出的要加快社会主义法治建设的理论，以报告中的相关内容作为我们办学的指导思想，从思想上重视办好继续教育。具体来说，我们要以科学发展观为指导，用全面发展、可持续发展的理念来办好我们的继续教育。分析当前的形势，要注意以下三个新动向。

首先，非学历教育的需求量比学历教育大。从继续教育的角度看，现在的非学历教育市场已经大于学历教育市场，《上海终身教育发展"十一·五"规划纲要（初稿）》提出上海每年要培养200万的继续教育学生，这大大超过上海的高等教育中学历教育的学生人数。从我校的具体情况看，今年我校举办的非学历教育培训人数已经达到5000人，学生上课的门次已经超过1万，收入超过300多万元，这从一个侧面说明非学历教育市场非常大。过去我们对这个市场不够重视，现在要更加重视，以非学历教育为切入口，带动整个继续教育的发展。

其次，非学历教育的学生素质整体高于学历教育学生。非学历教育的学生中大部分人已有过高等教育的学历，而且还有工作经验。其中不乏优秀的党政干部，有大量的法官、检察官，他们的素质普遍比较高。他们是因为工作需要，到继续教育学院来接受培训。而学历教育由于受现在高等学校扩招等的影响，有些学生的素质有所下降，对此，我们应该加以重视并采取相应措施。

最后，非学历教育的教学管理队伍比学历教育的教学管理队伍力量强大。非学历教育学生通常由两支队伍进行管理，一支是继续教育学院，另一支是负责培训的单位，所以学生的出勤率比较高，与老师的互动也比较理想，这使得非学历教育的管理效果较好。而学历教育的学生虽然管理时间比较长，但是情况还是不太理想,缺课、迟到的学生比较多,违纪的情况也相对比较严重。对此,要创新思维,加强对这部分学生的管理。

(2)要开创新的继续教育工作思路

今后,我校要对继续教育工作形成和贯彻更适合新形势的工作思路,我把其表述为:我们要以党的十七大精神为指导,贯彻落实科学发展观,在做好学历教育的同时,更多地从非学历教育着眼,扩大工作视野,看到非学历教育的巨大发展潜力,要使我校继续教育学院在上海的继续教育市场中取得更多的份额,为学校和上海的发展发挥特有的作用。这一工作思路的落实还要靠大家的共同努力,同时关键还在于取得实效,希望它能推动我校的继续教育工作更上一层楼。

(3)应该采取新的继续教育工作措施

首先,要开展有目的的调研,取他人之长补自己之短。可以借鉴其他学校的一些办学新思路,因此需要加强调研工作。建议继续教育学院在明年的工作中专门安排一次如何开创继续教育新局面的调研,同时在调研的基础上要制订工作思路和进度。

其次,要开拓新的继续教育市场,争取更多的生源。在这方面,可以学习研教院的一些做法。继续教育学院应该去寻找一些比较长期的合作伙伴,并扩大在其他方面的联系,这样有利于固定和不断扩展生源。

再次,要以人为本,做好管理工作。一方面,继续教育作为我校的一个窗口,一定要管理好。另一方面,要加强校外教学点的管理。对于存在问题的教学点,要进行整改,如果整改后还是没有效果的,应该取消,只有这样,才能进一步提升我校的良好形象和继续教育的水平。

最后,要制定和修订规章制度,做到依法办继续教育。随着国家相关规定的变化,我校校一级的规章制度也在修改,继续教育学院制定的规章制度也要相应跟上,而且速度要快。继续教育学院要认真及时地抓好这项工作,使新生入校时能拿到新的规章制度。

党的十七大精神对于我校继续教育的开展具有非常重要的意义,我校全体教职工和相关教学点的管理人员都要认真贯彻党的十七大精神,用科学发展观指导我们的具体工作,以创新思维去开创继续教育的新局面,相信在 2008 年,将把继续教育工作做得更好。

(原载《政法继续教学》2008 年第 1 期)

8. 做好新形势下的函授招生工作

每年一次的函授站长工作会议都有不同的主题,2008 年的主题是关于招生工作,因为我们在招生问题上遇到了比较大的挑战,所以这个问题有必要和大家一起商量、一起研讨,以取得共识,争取把今后的招生工作做得更好。

(1)今年召开函授站长工作会议的教育背景

这个教育背景主要是以下几个方面。

首先,中国正在建设高等教育的强国。中国现在已经是高等教育的大国,我们正在向强国的目标发展。改革开放以来,我国的高等教育有了大发展,已经从以前的毛入学率 5% 左右,增长到现在的 23% 以上,这说明中国的高等教育已经从精英化教育阶段进入到大众化教育阶段。同时,中国大学的在校人数是全世界最多。另外,有一个数据也很能说明问题:1998 年时,印度的在校大学生人数是中国的两倍;但是,到 2008 年,中国的在校大学生人数是印度的两倍。中国现在已经有条件把自己高等教育的发展目标定位在强国。从今年开始,我国已经开始实施这个强国的战略目标,强国的战略目标除了要加强内涵建设,要提高我国的教育质量,也包括要做好我国的继续教育、全民教育。我们看到世界上所有的教育强国,都在继续教育、全民教育上下大功夫,有明显成效。所以,为了实现高等教育强国这个目标,也必须要做好我国的继续教育工作,做好函授工作,包括函授的招生工作。

其次,上海的继续教育有了大发展。过去一直说,因为全日制高等教育的扩招,大量的生源都被吸引过去了,继续教育的生源很有限。但是,实际上我们还面临着另外一种挑战,就是继续教育本身的空间也越来越小。我看到一个材料说,上海的继续教育有了大发展。从一些数据上来看,上海市政府对继续教育的投入在大量增加:2006 年投了 1500 万元,2007 年一下子增加到 2500 万元。投入增加以后,上海市继续教育的整个面就铺得很开,先后在 16 个社区建立了学院,有 22 所社区学校,将近 5000 个分校和教学点,开设了 600 多门课程,覆盖了全市 19 个区县的 220 个街道、乡镇,四年来共有 124.4 万人次参加了老年大学的学习。它从另一方面填补了继续教育的空间,因为继续教育、全民教育的发展对于上海城市发展至关重要。于是,像我们这类有继续教育任务的学校,便面临了新的挑战,因此有必要研究这一情况,做好自己的选择。

再次,我校自改校名以来又取得新的成绩。我校从改校名以后,已经从一所单科性的学校向一所多科性的大学发展。我校现在有 22 个本科专业,有本科生 12000 人,研究生超过 3000 人。我校在过渡为多科性大学以后的一年里,取得不少新成就。主要表现在：取得了一个国家级重点学科，在上海市是唯一的；取得了一个国家级的教学团队称号，在上海市也是唯一的；又取得一门国家级精品课程，这在上海同样也是唯一的。另外，我校增加了 2 个新的博士点，即司法鉴定和知识产权。今年的 5 月 18 日到 5 月 23日，我校迎接了本科教育水平的评估，这是教育部对我校的评估。评估专家在离开学校前提出一个评估意见，其中用了四个字，这四个字是说华东政法大学的本科教学具有"鲜明特点"，这四个字只能对优秀的学校使用，是优秀学校专属的四个字。我校在 2002 年的时候已经接受过这样一次评估，结果是优秀。从 2002 年到现在为止，我校又有了明显的进展，教育部专家对我校的本科教学给予了充分肯定。现在，我校全日制的办学已经办得比较好，我们更应该把继续教育做好，因为继续教育更多的是回报社会。

最后，我校的继续教育工作有了进一步的发展。继续教育学院在本次函授站长工作会议的报告中已经讲到了，这一年来我们继续教育所取得的成绩。总的来说，继续教育的发展主要体现在以下这三个方面：第一，设置了新的函授教育专业；第二，有了新的合作伙伴，包括新的函授点；第三，非学历教育规模在扩大。综合起来，大概是这么几个教育背景。

（2）重视函授招生工作的重要性

我校函授招生工作的重要性主要表现在以下四个方面。

首先，与发挥继续教育的作用关系密切。我校现在的继续教育处在一个转型期。这个转型期是指，正在由学历教育为主逐渐向以非学历教育为主的转型。建设教育强国，就应该在继续教育、全民教育上下大功夫，因此，将来我校非学历教育将有更重的任务。我校现在的学历教育还是非常重要的一项工作，如果今天，我校继续教育学院没有学历教育的学生,继续教育学院这块牌子也就不要挂了。到目前为止,我校继续教育工作的重心仍然在于学历教育,包括函授、夜大学等。尽管在转型期,但是学历教育这一块实际上仍然非常重要。在学历教育中,除了上海地区大量的是夜大学以外,上海地区以外的主要就是函授,因此函授教育对华政的继续教育至关重要,而招生工作又是函授教育工作中非常重要的环节,如果没有学生就没有办法进行教学,继续教育在当前就必须把函授工作,特别是函授的招生工作做好。

其次,与建设高等教育的强国关系密切。中国正在建设高等教育的强国,其中,继续教育、全民教育都是一个重要的组成部分,必须把这部分工作做好,才能使中国的高等教育强大起来。我们的教育现在已经很大,但是和发达国家相比还不够强。除了全日制教育以外,在继续教育和全民教育上还处于弱势,必须把这个弱项做好,使它由弱变强,这要靠大家的努力,包括华东政法大学及各个函授站的努力。今天把函授的招生工作做好、把函授教育做好,实际上是在为建设高等教育的强国做我们应该做的努力。

再次,与提高国民的素质关系密切。现代社会需要有比较高的国民素质,但国民素质的提高光靠全日制教育远远不够,全日制教育以后还有不可替代的继续教育和全民教育的问题。国民素质的提高还需要有继续教育和全民教育作支撑。现在公民的法律素质、科学素质都不是很高,特别是在科学素质方面,懂得一般科学知识的人数据统计不到5%,女性的科学知识水平比男性还要更低,所以我国要提高国民素质,继续教育和全民教育是一个很好的途径,而国民素质的提高对于建设现代化国家不可缺少。

最后,与加快建设社会主义法治国家关系密切。中国现在在法治建设中间有三大目标:第一,我们要在2010年建成社会主义法律体系,这是党的十五大提出的,这是一个法治目标。第二,到2014年基本实现依法行政,这是有依据的,因为2004年国务院颁布了一个专门依法行政的纲要,这个纲要说用十年时间基本实现依法行政。第三,到2020年我们要全面建成小康社会,这个时候的全面小康社会,是一个法治社会,如果没有法治作支撑,发展也会非常难。我国要实现这三个法治目标,需要大量的法律人才,但是目前我国法律人才的分布极其不均衡。比说上海,现在进法院,就是基层法院也要研究生学历,因为研究生太多了,华东政法大学每年毕业的研究生要超过1000人。我国有些欠发达地区,人才很缺,连自然淘汰的检察官、法官补缺都不够。而且通过司法考试的人也不一定愿意做法官、检察官,他们愿意做律师,所以人才是相当紧缺。我们应该通过多种途径为我国欠发达地区培养大量法律人才,这和法治建设关系密切。综合起来,有这么四个重要性。所以,大家要共同努力,重视函授的招生工作。

(3)做好函授招生工作的几点思考

首先,进一步解放思想。现在正处于函授工作发展的一个很好时机,即中国要建设高等教育的强国,要大力发展继续教育和全民教育,机遇很好,这是一方面。另一方面,又要看到,现在举办继续教育的单位很多,市场面临着极大的挑战。即使如此,还应该看到,继续教育还是有市场,特别是这几年来,我校继续教育学院举办了非学历教育班,办过云南班,现在在办山东胶南班,办班不断,说明继续教育还是有市场,关键问题是要解放思想,要看到现在函授教育招生工作的重要性,看到招生还有许多工作可以去做。今天介绍的两个单位以及书面的交流,都讲到了如何身体力行去做好函授招生工作以及所采取的一些办法。能够采取这些办法,前提是思想重视,有了进一步解放思想,才能突破原来的框框,有所创新。

其次,进一步研究招生工作中的一些实际问题。比如说,我们的合作伙伴、我们的成本分成、我们设立的函授站点、我们的宣传、学生的报到率等,这些问题都值得研究。在去年的讲话中,我就讲到如何提高学生报到率的问题。现在就发生这样的问题,学生考好了,我校录取他了,录取通知书拿到了,他却不来报到,把我校的名额浪费了,最多的地方10%的人不来读书,令我们很被动,使我们的招生计划实际上没有完成。要进行一些研究,不但继续教育学院的相关人员要进行研究,各函授站根据自己本地区情况也要进行。招生工作做得好,一般都是进行过研究的。另外,研究后要出成果。华东政法大学的继续教育那本杂志,有成果可以发表。我们今年本科教育出版了5本书,基本上都是对于教学问题研究的书,质量比较高,由上海人民出版社为我们公开出版。继续教育也应该有一批热心于研究的人员,在我们继续教育的杂志里面,应该辟出一个栏目,专门让大家来写关于如何做好继续教育工作的论文,不是简单的工作总结,要写一些论文,学术论文。有了研究,工作就会发生变化。

最后,进一步做好成功经验的推广工作。今天书面交流的实际上是三个单位,这三个单位各有自己的经验。山西函授站及时找准毕业生最为集中的时段,设摊设点,现场咨询解答,紧紧围绕依托在读学生的社会接触,扩大宣传;福建函授站大力加强宣传活动,包括召开专题会议,充分利用网络,寻求重点突破,借助社会力量等;石狮教学点在局干部职工内部进行宣传发动,进一步统一思想,提高认识,明确责任,利用各种会议、培训及下基层检查工作的机会进行招生宣传,还有利用媒体宣传等。大家已经有了成功经验,这种经验要推广,大家要根据自己本地的情况,寻找自己本地的结合点和工作点,加以研究并作出打算,对本地的招生工作采取新的办法、新的要求,当明年再举行函授站长工作会议时,大家就会对招生工作有新的体会。这样,每年一次的函授工作会议,都有新的体会,有新的工作起点。

(原载《政法继续教学》2008 年第 4 期)

第五章
国外见闻与法治

国外见闻与法治部分是对外国的见闻与所思所想,由总述、德国、俄罗斯(苏联)、美国、其他国家五个方面内容组成。每个方面的内容都体现出各国社会与法治的一些情况。

一、总　述

1. 欧洲的高速公路

在德国讲学期间(1994 年 11 月至 1995 年 11 月),利用放假的机会,我游览了德国、比利时、卢森堡、荷兰、法国和奥地利的许多城市,主要的交通工具是汽车,因而对欧洲的高速公路有了初步的认识。

欧洲的高速公路已经联网,四通八达,星罗棋布的城市总在公路的网点上,外出旅行十分方便,所以汽车也就成了旅行的主要工具。欧洲的高速公路以四车道为多,车速常在每小时 120 公里左右。路面多是柏油路,亦有少部分是混凝土的。而且,现在正在推广运用新型的柏油材料,我在比利时看到,凡铺上这种材料的路面,即使在大雨中高速行车,车轮后也不会水珠飞溅。

欧洲的高速公路也因各国的情况不同而有参差,其中比利时的为最佳。主要有三大特点:公路两旁均有路灯,夜间灯火通明,各种车辆一目了然;全国的高速公路全为六车道,路面宽广,车流量很大;行车途中没有高速公路收费处,无需另交路费。其他欧洲国家的这类公路没有能与其相提并论的。

东欧的高速公路我见得不多,但仅从原东德段的来看,不及西欧的,存在如道路狭窄、路面不平、公路覆盖面少等缺陷。不过,这种情况现在正在改变,大规模的改建工程已经在该地区如火如荼地展开。相信数年以后,那里的高速公路将会有很大的改观。

(原载《上海法制报》1996 年 6 月 21 日)

2. 欧洲旅游新感受

在德国的帕骚(Passau)大学讲学期间,我利用节假日旅游了很多地方,开了眼界,长了见识。

帕骚大学经常利用周末组织旅游,我因此而游玩了柏林、罗根堡和国家公园等一些地方。根据德国的有关规定,学校组织在国内的旅游可以得到经济上的补贴,因而每人所交的费用不多。如到罗根堡的旅游,坐全封闭的空调车,来回近 4 个小时,只需付 4 马克,比买一包进口烟还便宜。在德国,一包美国进口烟的开价是 5 马克。

德国的暑假、寒假等集中放假有半年之多,我便利用这些机会到其他国家去旅游。先后到过比利时、荷兰、卢森堡、法国和奥地利。到这些国家去旅游有两大有利条件。一是申根条约生效,德国、法国、比利时、荷兰、卢森堡等一些国家参加了这个条约。根据这一条约的规定,凡取得其中一个条约参加国的签证,便可到其他条约参加国去旅游而无需再签证。二是德国推出周末火车票新价,规定凡周末乘慢车者,只需买一张 15 马克(后改为 20 马克)的火车票,即可到任何城市去。一下子几百马克的火车票只需付

15马克就可对付,这对一个不富裕的中国学者来说,无疑是个福音。所以,我便利用周末时间,乘德国火车到边境,再换乘旅游国的火车,因此省去了一大笔钱。

我去的那些国家的地理条件相差不大,以丘陵为多,山坡上种满了牧草。远远望去总是绿郁郁的,只是颜色上有深浅的区别。秋冬季节草是深绿色的,春夏季节则呈浅绿色。欧洲的草在冬天也不发黄枯谢,雪化了以后,山坡依旧是绿绿的一片。欧洲的城市里,保留着大量的20世纪三四十年代的楼房,二三层楼的居多。尽管已经数十年,但粗看仍如新房,因为它们常被彩色涂料粉刷。从远处看去,五彩缤纷,十分漂亮,这似乎是欧洲的共同之处。

欧洲的许多著名城市都有它的特点和值得炫耀之处。德国科隆的大教堂、柏林的欧洲第二电视高塔、慕尼黑的啤酒节,法国巴黎的埃菲尔铁塔、凯旋门,比利时布鲁塞尔的欧共体大厦,荷兰阿姆斯特丹的河流,卢森堡国卢森堡市的大峡谷,奥地利维也纳的歌剧院,等等。它们都给我留下了全新的感受。

在欧洲旅游还须注意一些规定,必须随身携带身份证件,因为这些国家都规定,不带身份证件本身就是种不作为的违法行为,要被制裁。

(原载《上海法制报》1996 年 7 月 5 日)

3. 欧洲各国的首都

我曾利用在德国讲学的机会,趁假日巡游了 6 个欧洲国家的首都,它们都有相当的知名度——德国的柏林、奥地利的维也纳、法国的巴黎、比利时的布鲁塞尔、卢森堡的卢森堡、荷兰的阿姆斯特丹和海牙(荷兰有两个首都)。

这些首都都有其著名的景点。在旅游中,各地美丽的风景使我陶醉,然而我也看到了这些首都的另一面。这一面不似宣传上那样辉煌而且往往易被人们忽视。这些国家为了表现自己的高度文明,大量宣传其成功和著名之处,同时也掩盖其不那么辉煌,甚至是黑暗的一面。然而,只要一到实地,它就暴露无遗了。比如,布鲁塞尔的贫民区破旧不堪。那里的房屋失修,门窗油漆掉落,街道十分肮脏。许多马路中间的草坪上堆积着狗屎。一位华侨曾对此作了解释。他说,这些贫民区的居民大多是来自第三世界的穷人,富人们早已搬到自然环境较好的农庄、海边去居住,不在市内安家。因为穷人们交付的税少,政府得到的税收也少,所以管理和维修的费用就非常短缺,以致很难维持旧貌,更不用说是改造旧区了。还有,比利时政府虽然也颁布了养狗者不可让狗在街道上乱排泄的规定,违者至少要被罚 2000 比利时法郎(约等于 500 元人民币),可这一规定形同虚设。养狗者放狗散步,狗特别喜欢到草坪上漫游,甚至拉屎撒尿,污染草坪,也不见有违反者被罚。另外,巴黎的破屋、柏林的旧房也都不鲜见。所以,有位定居在比利时多年而且也游历过许多欧洲国家首都的中年华侨跟我说,欧洲国家的首都并不似想象中的那样美好。

到这些首都旅游,英语是基本语言。尽管这些国家都有自己国家的语言,而且都不是英语,但英语却能在那里通行无阻。主要原因是这些首都都是旅游区,为了便利游客,那里的警察与车站、商店、银行、餐馆的工作人员都会说英语。另外,街上行走的许多人都是外国旅游者,他们来自四面八方,英语是他们主要的交流语言。我在巴黎遇到过德国人、日本人、奥地利人等,他们都会用英语交谈。况且,有些国家首都的居民都会说流利的英语,荷兰两个首都的居民都是如此,他们十分重视英语教育,把英语作为本国的第二语言,所以这个国家的整体英语水平很高。从这种意义上说,英语的作用真是太大了。

漫游这些首都时常能遇见华人,其中包括上海人。我在维也纳的一个公园里,遇到一位来自浦东的上海女士。她在出售维也纳风景画。能在异国他乡碰到上海老乡,大家都用上海话交谈,有一种特别的亲切感。交谈中,她告诉我,她是随她哥哥来维也纳的。她哥哥作画,她卖画,以此为生。从她那里还听说,像他们这样的情况并不少见。

(原载《上海法制报》1997 年 11 月 7 日,原题"欧洲游")

4. 乘车观光欧洲

在德国讲学期间,我利用节假日,乘轿车或大型客车,观光了欧洲的一些国家,因而对过去比较陌生的欧洲大地有了初步的认识。

从整体上看,欧洲以平原和丘陵为主。公路两旁多为宽广的绿色草地或庄稼,也时有起伏。如在高处,眺望远方,那是无边无际的绿洲,令人心旷神怡。在一望无际的绿洲中,常有一些村庄出现。村里的房屋基本是红瓦尖,一层楼高。村中的最高处往往是教堂,高高耸立的屋顶总比一般民居要高出大半个头,给人以一种鹤立鸡群之感。村庄内外常有各色轿车穿梭。其景象确与我国的大不相同。

不过,不同的国家亦具有不同的特色。荷兰的大地上常可见到风车和大量乳牛,其田野上,许多是牛吃的肥草,不种庄稼。比利时公路两旁的村庄密度比较高,远近处的农庄星星点点。法国则是另一番景象,一望无垠的绿野中,色调比较单一,以红瓦为特征的农庄不多见。卢森堡的许多地区处在起伏较大的丘陵地段,所以汽车常在波浪形的高速公路上行驶,远眺前方,其景象往往是由汽车组成的彩色起伏式长龙,十分壮观。奥地利与德国接壤处是大片山区,车外的景色经常是崇山峻岭,在冬天便是滑雪的好地方。德国的田地上,常可见到一些工厂,相对乳牛则较少。

以上特色也反映了这些国家的一些基本特点。比如,法国较大,人口密度较低,所以田野空旷;比利时则国小,人口密度相对较高,因此可见房屋较多;荷兰与德国又不同,荷兰以农业和畜牧业为主,德国则以工业为主,故荷兰以乳牛为多,德国则以工厂为多。欧洲虽地方不大,但国家林立,而且各有特色,乘车观光,增加不少感性认识,实在值得。

(原载《青年报》1996 年 5 月 11 日)

5. 来自欧洲的"收藏品"

我不是个收藏家,也没有太多的专门收藏知识,对于收藏仅是凭兴趣。我曾被派往德国讲学一年,就是在那里,我萌生了收藏的念头,并立即付诸行动。

我最初收藏的是一些欧洲国家的硬币。欧洲国家小而多,硬币也五花八门,很有趣。回国前,我已收集了德国、法国、意大利、英国、瑞士、比利时、荷兰、卢森堡、丹麦、芬兰、奥地利、罗马尼亚、克罗地亚、西班牙和捷克等十余个国家的硬币。我收藏硬币主要通过三个途径。一是自己到银行去兑换。二是与到德国的旅游者兑换。德国有许多欧洲其他国家的旅游者,常能在火车、餐馆等一些公共场合遇见他们,我就主动用德国马克兑换他们国家的硬币。三是向德国朋友兑换。我与十余位德国朋友同住在一所公寓,他们喜欢到其他欧洲国家去旅游,回来后往往带有少量剩余的硬币,这些硬币也就成了我兑换的对象。

欧洲国家的硬币多为镍、铜质,只有少数国家用铝质(如奥地利有铝币），而且一个国家的硬币往往有镍、有铜，铜中还有黄铜、紫铜之分。德国的马克，1 分和 2 分为紫铜，5 分和 1 角为黄铜，5角至 5 元为镍。比利时、卢森堡的硬币均如此。还有少数硬币是铜、镍合币，即内圈是铜，外圈则是镍，一块硬币有 2 种颜色，10 法郎和 500 意大利里拉就是这样。

我的第二类收藏物是欧洲邮票。一般可直接到邮局去买，买的是新票，而且成套。但这不是我主要的收藏办法，因为新票贵，而且以最近出版的为主，过去的较少，我主要是向德国朋友交换。德国人对外通信很多，因此从他们那里得到欧洲邮票不困难。我用从中国带去的中国新票与他们交换盖销票，一张能换几张，常有大收获。有些德国朋友听说我要集邮特别是收集德国邮票，很高兴，常常半换半送，其中不乏有一些老票，如东德票。回国以后，我整理了一下，收藏的欧洲邮票竟涉及欧洲十余国家。

我的第三类收藏物是异国纪念品。如在德国柏林游览柏林墙遗址时，我便顺手拾了几片柏林墙的残片；在海牙观光海滩时，我又随手掠起几块美丽的小贝壳。这些收藏品得来全不费功夫，但倒也有收藏价值，并常使我在其中"流连"。

（原载《上海法制报》1998 年 8 月 28 日）

6. 西方国家公务员的"中立"

西方国家普遍要求其公务员在政治上保持"中立"，禁止或限制他们参加与政治有关的组织或活动，并作了一些相应规定。

第一，不得参加政党、政治团体或在其中任职。避免因此偏向自己的政党或政治团体，在履职中失去公正。英国曾规定，公务员均不得加入以提高工资为目的的任何团体。日本规定，公务员不可作为政党或政治团体中的负责人、顾问或评议员。

第二,不得参加政治活动。参加政治活动本身就已具有了一定的政治倾向,这不符合西方国家对公务员的要求。日本规定,公务员除依法享有选举权外,不得参加或间接参加、赞助任何具有政治目的的活动。英国也规定,禁止行政级、部分执行级以及情报、劳工部等公务员参与全国性政治活动。

第三,不得参加罢工。罢工往往是一种针对政府的行动。站在政府立场上的公务员不能参加不利于政府的活动。日本规定,公务员不得以政府雇员的身份搞罢工、怠工等有争议的活动。法国则规定,公务员如要加入罢工队伍,必须事先通知治安当局,实是变相地禁止公务员参加罢工。

西方国家作出以上规定的目的是使国家公务员处在不偏不倚的立场上,即保持"中立",并忠实地为国家服务。同时,这也可为国家赢得一种舆论,即自己完全是处在一种公正的立场上,为全体国民谋利,以此来取得广大民众的支持,维护国家的安定。

(原载《青年报》1994 年 7 月 21 日)

7. 西方国家公务员的纪律

为了驱使公务员全力效忠国家,西方国家都制定了他们必须遵守的纪律。由于各国的情况不同,纪律的内容也不尽相同,但以下这些方面带有普遍性。它们是:必须忠于国家和职守,尽力为国家效劳;必须严守国家机密;不得公开发表意见,特别是对政府的施政进行批评,使政府难堪;必须廉洁奉公,不可从事营利、经商活动;在任职期间必须向政府指定的有关机关申报自己的财产及其变化情况。

在以上的每个方面,均有较细的具体规定。如在关于必须严守国家机密方面,法国在《公务员总章程》内规定,公务员有义务对他在任职期间所了解的事实和情报严守秘密,严禁把字据和公务文件挪用或转告给第三者。瑞士的《联邦公务员章程》规定,公务员不论是在职或离职,皆有严守国家机密的义务。日本的《国家公务员法》规定,公务员不得泄露自己掌握的任何国家机密,即使依据法律须出任证人或鉴定人的,亦须事先征得行政长官的同意。在其他几个方面,也都有类似的规定。

公务员如违反了纪律,要根据情节受到不同程度的处分。法国的处分为:警告、训诫、取消晋升资格、减薪、降职、调动工作、降级、强制退休、撤职等。日本的处分为:警告、减薪、停职、免职等。据统计,自 1977 年至 1978 年,法国行政法院受理的公务员案件达 900 起。

公务员违反了纪律,达到了触犯刑法程度的,还要刑事处罚。有的国家还在刑法典中设专章,打击公务员的犯罪行为,法国刑法典里设有的此类犯罪就有:侵吞和盗用公款、贪污受贿、玩忽职守、滥用职权、渎职、泄密等。

（原载《青年报》1996 年 7 月 7 日）

8. 外国监狱点滴

外国的监狱五花八门,情况不一。监狱从某种角度反映了各国法制中的独特之处。

最大的监狱:苏联的哈尔可夫监狱,可容纳囚犯 4 万多人。

最小的监狱:益格鲁诺曼群岛中的海姆岛监狱,其狱内的直径仅为 4 米。

外国旅游者监狱:它靠近美丽的地中海海岸。西班牙政府禁止携带、运输毒品,违者要被追究法律责任。可是,有些旅游者却因禁不住毒品的诱惑,屡屡以身试法。这些人或进行毒品走私,牟取暴利;或难解吸毒之瘾,自己享用。可一旦发现,即入此狱。由于现在吸毒的旅游者越来越多,所以此监狱常常"客满"。

没有看守的监狱:在北大西洋中部亚速尔群岛的科尔乌岛上。该岛有1000多居民,居民彼此尊重,互相帮助。一旦有人做了错事,就会遭到谴责。打架、拿他人的东西,就被视为"犯罪",犯罪人会被送至岛上监狱。但这座监狱没有看守,"囚犯"也不会离开监狱,否则将受到重罚。至于被禁囚犯将被关押多少时间,这取决于当地的习惯。

禁止说话的监狱:它被认为是日本最为严厉、苛刻的监狱。狱中囚犯每天工作8小时,工作期间不得说话。吃饭的时候,也同样如此,囚犯们只能以眼神交谈。这种规定在世界上绝无仅有。

"水上监狱":纽约州政府为了节省昂贵的监狱建造费,廉价买下了三艘退役军舰作为监狱。这一监狱除了比较经济之外,还比较安全。挪威也打算仿效建造100余座这样的监狱。

(原载《青年报》1994年5月19日)

9. 外国越狱轶事

在国外,越狱之事并不鲜见,而且方法多种。

美国的强盗罪犯特列德维尔被誉为世界上最成功的越狱者。他被关押在堪萨斯州埃姆波利亚一个监狱的单人牢房里,尽管戒备森严,但他借助一把自制锉刀得以成功越狱。每到夜晚,他就用自制锉刀锉窗户上的铁条。最后,锉断铁条,从窗口越狱逃走。当警察发现这一越狱方法后,都大吃一惊。

法国的纳迪娜女士用直升飞机在众目睽睽之下帮丈夫沃儒尔越狱,被"永远载入了法国著名劫狱案的史册"。当时,沃儒尔已35岁,是名偷窃、抢劫的老手,先后10次被判入狱,且已有3次越狱成功的记录。这次是第 4 次越狱,那时他被关押在巴黎的桑特监狱。事前,这对夫妇利用探监的机会作了周密的安排和必要的准备。1986 年 5 月 26 日清晨,纳迪娜驾驶的直升飞机突然出现在监房顶上,早已等待着的沃儒尔迅速爬进飞机。这一过程在几分钟内即完成。又过了 3 分钟,这架飞机降落在巴黎南部的一个足球场上,待警察赶到,他们已逃之夭夭。

　　20 世纪初,被囚禁在德国吉拉城一座监狱里的罪犯夏尔施密特,不用任何工具,也曾逃离监狱。他是个抢劫罪犯,为人凶蛮。监狱用石砌成,只是窗栅栏是木质的,但很粗。他就看中了这几根木栅栏,每天用牙齿啃咬,3 个月后的某个夜晚,他终于梦想成真,成功越狱了。

　　当然,越狱不都是成功的,失败者也不乏其人。其中,最糟糕的要算 1975 年墨西哥犯人的一次越狱了。这监狱在墨西哥北部的斯特提勒。那年,有 75 名关押在那里的罪犯经过几个星期的商量,准备用挖隧道的方法越狱。经过 5 个月的艰苦努力,隧道终于掘成了。但是,当越狱者爬出隧道口时才发现,自己到了监狱中特设法院的一个审判室内。原来,他们设计的逃跑方向有误。很快,这批人就被一网打尽了。

(原载《青年报》1994 年 6 月 2 日)

二、德　国

1. 马克思第一故居

　　马克思的第一故居在德国靠近卢森堡边界的特利尔城内,现在的地址是布吕肯大街 10 号。这是一栋特利尔市民阶级典型巴洛克式的三层楼房,建于 1727 年。1818 年 4 月 1 日马克思的父母从纽伦堡迁至特利尔,并正式租赁了这栋房子。同年 5 月 5 日,马克思诞生在这里。1819 年 10 月马克思全家迁入特利尔西迈昂大街 8 号。

1904 年,一位德国社会民主党人确认布吕肯大街 10 号为马克思的第一故居。1928 年,社会民主党用近 10 万马克从私人手中买下了这栋房子及其地产;1930 年,又花费了 20 万马克把此房子按原样进行了装修,准备在 1931 年 5 月 5 日作为马克思故居纪念馆对外开放,可是由于当时政治和经济情况的恶化,不得不推迟这一计划。1933 年 5 月,此房又被纳粹占领,成了特利尔法西斯党部的所在地。第二次世界大战结束后,社会民主党又收回了这栋房子。

1947 年 5 月 5 日,在马克思诞生 129 周年的纪念活动中,马克思的第一故居作为纪念馆对外开放。至 1982 年 3 月,从世界各地来这里参观的人数已超过 20 万。纪念馆分三层。第一层是接待室。第二层保留着马克思出生的房间,以及马克思和恩格斯的生平与事业展等。第三层展出了马克思一些重要著作的手稿和早期版本。

(原载《新民晚报》1996 年 1 月 15 日)

2. 布吕肯大街 10 号

在德国讲学期间,我曾向多位德国朋友询问有关马克思纪念馆之事,他们都认为在特利尔城的"卡尔·马克思故居纪念馆"比较著名,值得一看。于是,放假期间,我坐了十几个小时的火车,赶到那里,怀着崇敬的心情,参观了这个纪念馆。

特利尔城靠近德国与卢森堡的边界。它不大,可十分美丽。

马克思故居纪念馆就在市中心,下了火车以后,很容易找到。这是一栋三层典型的巴洛克式房子,建于 1727 年,门牌上写着"布吕肯大街 10 号"。1818 年 5 月 5 日,马克思就诞生在这里。纪念馆分三层,每层均有相应的展品。

底层是接待室、问讯处、纪念品出售部以及为纪念马克思逝世一百周年而举办的专题展览和放映室。第二层保留着马克思出生的房间,那里展出了马克思和恩格斯生平与事业。这一层中展出的还有:马克思和恩格斯从事的科学研究活动、共产主义者同盟的情况、第一国际和德国社会民主党的历史等。第三层陈列了许多珍贵的文献,其中有:《共产党宣言》第一版的早期译本、《资本论》第一版的早期译本和马克思的书信草稿、诗集手稿以及一些照片等。它们全面反映了马克思和恩格斯的活动与贡献,介绍了马克思主义的发展过程和影响。参观这个纪念馆后,人们可以对马克思和马克思主义有个初步了解。

这栋房子作为纪念馆开放是在 1947 年 5 月 5 日。1968 年 5 月 5 日纪念马克思诞辰 150 周年以后,在此纪念馆不远之处,还另外建立了马克思图书馆和研究所。至 1982 年 3 月,从世界各地来这里参观的人数已逾 20 万。如今,每天仍有不少参观者络绎不绝地赶到这里,追寻这位伟大思想家的足迹。

(原载《上海法制报》1995 年 12 月 29 日)

3. 马克思故乡记

马克思的故乡在德国的特利尔城。它在德国的西部,紧靠卢森堡。从德国乘火车到卢森堡去,特利尔是个必经城市。这个城市尽管不大,但也颇有名气,因为那里有德国现存最早的建筑物——罗马时期的一段城墙。

马克思自 1818 年 5 月 5 日出生起,就一直住在这个城市,直至 1835 年高中毕业,先后共有 17 年之久。现在,在特利尔城还能看到马克思的两个故居。

马克思的第一故居在城内的布吕肯大街 10 号,这是一栋特利尔市民阶级典型的巴洛克式三层楼房,建于 1727 年。1818 年 4 月 1 日马克思的父母从纽伦堡迁到特利尔,并正式租赁了这栋房子,不久马克思便诞生在那里。

马克思的第二故居在城里的迈昂街 8 号。1819 年 10 月马克思全家迁到了这里。这栋房子是马克思的父亲用 10 年付款形式买下的,比原先那栋小。马克思在此一直住至高中毕业。

马克思的第一故居现在成了马克思故居纪念馆,向社会开放,门票是 3 马克一张,学生只要 2 马克。纪念馆分三层,每层都有自己的展品。底层是接待室、问讯处、纪念品出售部以及为纪念马克思逝世一百周年而举办的专题展览和放映室。第二层保留着马克思出生的房间,还展出马克思和恩格斯的生平与事迹。第三层陈列了许多珍贵的文献资料,其中包括:《共产党宣言》第一版的早期译本、《资本论》第一版早期的译本和马克思的书信草稿等。

1995 年在德国期间,我专程参观了马克思故乡,认为它是我所参观的近二十座德国城市中最有意义的一座,至今还留有深刻的印象。

(原载《劳动法》1996 年 9 月 23 日)

4. 到科隆看大教堂

1995 年,我在德国讲学的时候,就听德国朋友说有必要到德国的第四大城市科隆去看看大教堂,甚至还有"游德国不游科隆(大教堂)不成游"之说。

　　我就利用第一次放假的机会去科隆看大教堂。那天,天公不作美,整天都下着蒙蒙细雨。可是,当火车还在莱茵河对面,远离大教堂时,就能清楚地看到它的雄姿。两个高高的塔尖直插云霄,与周围的建筑相比,真可谓是鹤立鸡群。后来,听德国朋友介绍说,它占地1.2万多平方米,主体部分高135米,两个塔尖高达157米,至今仍是世界上最高、最完美的哥特式教堂。至于它的建筑史也令人感叹。它动工于1248年,1560年工程因故停顿,庞大的建筑摊子和巨大的起重机系统影响市容达300余年,以后再断续建造,直到1880年才完全告成,前后历时630多年。大教堂为石结构,用掉半座山峰的石料,在建筑史上也属旷世之作。因为这个原因,它还被列入吉尼斯世界纪录大全。

　　走进教堂,光线顿暗,更增加了几分神秘色彩。其中的石柱有三人合抱之粗,而且顶天立地,令人目眩;玻璃窗五颜六色,绘制着圣经故事,十分生动;硕大的管风琴时而奏响,沁人心灵。大殿里还收藏着一些珍贵的宗教文物,如金制楼阁式的三王圣龛内保留着朝圣耶稣的三位东方博士的遗骨,洛赫纳的祭台画,等等。

　　走出大教堂,天色已暗,我又匆匆赶路。一路上我想,对我这个不信教的人来说,大教堂如同一件艺术品,也是全人类的共同财富,确有参观的价值。

（原载《新民晚报》1996年5月10日）

5. 天然游泳场

　　德国的城市里,都有较好的游泳条件。那里有长年开放的室内温水游泳馆,也有仅在夏天开放的露天游泳池等。而许多德国青年最喜欢的却是到天然游泳场去游泳,因为那里有许多优越之处:地方大,可以长距离游泳;不收费,可以节约支出;游泳场又与山坡、草地连在一起,更具自然气息;还可把游泳与球类等其他活动结合起来,更富有浪漫色彩。

那次,我在德国帕骚大学讲学期间,有几位德国学生邀请我到靠近市区的依尔兹河的一个水库去游泳。这个游泳场在伊尔兹河下游一个水库里,由于有大坝拦截河水,所以水位比较高,是个较为理想的免费游泳场。德国非常重视环境保护,所以河水非常清澈,看不出有污染。河的西边上岸来,是一个小山坡,坡上全是修整过的短草,河的东边是一片小树林,林中的鸟叫声不绝,周围环境十分优美。游泳场的配套设施主要有三:一是露天的免费清水冲洗处;二是饮料、食品小卖部;三是挂着红十字旗的卫生室。它们向每位游泳者开放。

我的这些年轻同伴的游泳活动分三部曲。首先,跳到水库中游泳,约 30 分钟以后,便爬上岸来,用清水冲洗身体。然后,用浴巾擦干身上的清水,走到山坡的草地上,垫着浴巾睡在草地上晒太阳。最后,再在草地上进行球类活动,这样一个轮回约为 1 小时。经过 3 个轮回后,他们便回家了,游泳活动也到此结束。

(原载《青年报》1996 年 8 月 24 日)

6. 寻找柏林墙

柏林墙在存续了 28 年以后,在德国统一浪潮中被推倒了。那么它现在的去处是哪里? 我带着这个疑问去了柏林。

据我目睹,现在还有三处保留着原有的柏林墙,短则十几米,长则几十米。墙为钢筋混凝土结构,3 米左右高,10 厘米左右厚。墙的两边均画有各种彩色花纹或图案。由于这些花纹或图案没有统一规划,所以显得十分凌乱。据说,西柏林那边墙上的花纹或图案是原来就有的,而东柏林那边则是统一后才有的。因为在过去,东柏林人不能随意靠近它。柏林墙的大部分已不能在原址上见到,即已被拆除。

在靠近柏林墙的东柏林那一侧,现建有一个柏林墙博物馆,介绍它的历史及有关的一些问题,其中有一些大块柏林墙碎片陈列在那里,作为历史的一部分而被保存着。同时,在这个博物馆的出口处,还有柏林墙的碎片可买。碎片约为2个大拇指指甲大小,装在一个四方的有机玻璃盒子里,价格是10马克(1马克约为6元人民币)。想不到,柏林墙还那么值钱呢。

无独有偶,当我逛街时,竟然在小贩的摊头上也发现有同样的柏林墙碎片卖,但价格只有博物馆里的一半,即5马克。可见,在市场经济社会里不仅值钱的都能卖,而且竞争还十分激烈。

综我所见,柏林墙作为一个隔离东西柏林的整体已被摧毁,它的剩余部分散于各处。有的保留在原处,让人参观;有的被搬进博物馆,作为历史而被保存着;有的则进入市场,作为商品在流通。这就是它的去处。最后,还要提及的是,作为游览柏林和参观柏林墙的纪念,我在柏林墙的存留处,拾取了数块它的碎片,尽管只是一些普通的混凝土块。

(原载《青年报》1996年2月3日)

7. 德国的国家公园

到德国不久,我去了国家公园游玩。帕骚市的国家公园设在巴伐利亚州的森林中,充分利用这一森林资源。这个公园在丘陵地带,高低处的落差是100米,面积约为20多平方公里。与中国的许多公园相比,它在以下一些方面有特色。

进公园不向个人收费,只向汽车驾驶员收取停车费。其中,大型客车每辆10马克,轿车每辆1马克。停车时间为一天。

公园集观赏性与知识性于一体。它有一个博物馆,这是一个游览者均可免费进出的现代性博物馆。通过大型幻灯、电视、显微镜等设备,向人们介绍公园中的有关情况,宣传保护森林的重要性,科普各种动植物的习性,等等。使人们从中更了解与森林有关的一些知识。而且,所有设备都由游客自己操作,一切展品皆可触摸,不同于一般的博物馆。

公园的动物是放养式的圈养,有狼、野猪、熊、海狸以及各种马类等。它们都被铁栅栏或铁丝网圈养起来,不得离开限定的范围,以保护游客的安全。但是,这种圈养带有放养性质。因为,它们被圈养的范围很大,往往是整个山坡,而且其中的树、草、石等环境均为自然形成,很少有人工加工的痕迹。所以,尽管这些动物被围圈起来,但仍与野生的条件基本相同,人们对它们的认识也更具真实性。

(原载《青年报》1995 年 6 月 12 日)

8. 莱茵河畔的动物

我在德国住在人口 5 万多的帕骚市,每天都要沿着莱茵河去帕骚大学,那是一条美丽的河,河畔的各种动物无疑又是一幅流动的美丽画面。

莱茵河的水四季清澈,没有污染。这给河畔动物的栖息创造了良好的生态环境。河边游弋着数量较多的白天鹅、野鸭和像海鸥一样的鸥鸟。它们虽群居一地,异常友好,但习性大相径庭。白天鹅个子最大,整天伸长着脖子,但游动的幅度不大,似乎十分高贵。野鸭像鸳鸯一样,双双成对,个子较小,游动的速度也较快,有时还跃出水面飞翔。鸥鸟最为自由,它们有时在天上飞翔,有时一下子栽入水中,当然也可在岸上行走,自然界造就了它们一种水、陆、空通行的本领。即使在秋天,只要河里不结冰,这些动物也同样戏水、玩耍。我想刚到那里的人们会怀疑这里是否是动物园,其实不然,一切都是自然的。

岸上有成群的鸽子来回走动、觅食。那里的鸽子与上海的差不多,大多为灰色,也有白色和褐色的。但是,它们不怕人,即使有人靠近,它们也不会慌张飞走,似乎若无其事。除了鸽子外,间有大黑鸟、麻雀等其他鸟类加入鸽子行列,在河岸上行走。它们也都和平相处,没有排斥和争斗。有这些动物衬托,莱茵河变得更为美丽。水、动物和岸边的树、草、花结合在一起,动和静组合成一体,别有风味。看到这一切时,我就想到有朝一日待苏州河治理后,也会让这种美丽展现在上海人面前,那该是多诱人的场面啊。

(原载《青年报》1995 年 4 月 17 日)

9. 德国的节假日

德国的节假日颇多。除了一年有 100 多天的双休日固定假以外,还另有两部分节假日:一部分是世俗的,如统一日、改革日;另一部分则是宗教的,如复活节、降灵节、圣诞节等。它们都是国家的法定节假日,任何人都可享受。这两部分节假日在 1995 年的日历上就有 13 天之多。

凡是节假日,就是人们的休息日,无需上班。因此,工厂停工,商店关门。在有些节日里,如圣诞节,连邮局、报馆等机构也都停业。这时,整个城市十分萧条,人们买不到东西,看不到报纸,只得名副其实地休息。人们虽然在节假日不上班,但仍可照样拿工资,如需加班的,另应得加班工资。因此初到德国的外国人,一定要在节假日前备足食品,以防断炊。

(原载《青年报》1995 年 5 月 22 日)

10. 德国的圣诞节前夕

圣诞节在德国当然是热闹非凡。在圣诞前夕,就已是一派节日景象。

在圣诞节前的一个多月,马路、商店已开始装点,圣诞老人像、圣诞树、彩灯等"走上"街头。各种圣诞物品,如圣诞卡、蛋糕、糖、酒等也争先恐后"来到"柜台前。特别引人注目的是为圣诞节而暂时建成的圣诞集市,它专卖各种圣诞物品,并集吃、买、玩于一体。这种集市在每个城市里都有,而且有的还闻名德国,以至于吸引不少旅游者前往,纽伦堡的集市都是如此。集市里专卖以瓷、木、玻璃、石等材料制成的各种圣诞商品,还配以小吃、饮料,能满足旅游者的各种需要。

为了方便市民购物,各城市都采取了一些相应的措施。德国的商店在周六、日都要关门,但在圣诞节前的四个周六皆照常营业。同时,在这四个周六里,公共汽车还免费提供服务,乘客一律不必买票。

教堂在圣诞节前夕自然也要忙碌起来,举办各种活动,这种活动具有明显的宗教色彩。如在圣诞节前的第二个星期日,教堂一般都要举行歌唱会,而歌的内容都与《圣经》有关。人们可以自由参加歌唱会。参加者除了可享受歌声外,还可免费得到饮料和圣诞蛋糕。

家庭里的节日气氛同样十分浓厚。人们买来圣诞树,做圣诞蛋糕,挂圣诞老人像……而且,在圣诞节前的四个周末里,家人都要相聚在一起,谈谈笑笑。一些在外地学习、工作的家庭成员,也要想方设法回家团聚,过起小圣诞节。在这个时候,学生宿舍里往往是冷冷清清的。

（原载《青年报》1995 年 12 月 23 日）

11. 在德国过圣诞节

我第一次出国,第一次在国外过圣诞节的情景至今还历历在目。

德国人普遍信仰基督教,因而圣诞节便成了他们最为重要的节日。其中较为突出的是,从圣诞节前三个周的周末开始,德国人就制造过节气氛。也就是说,从那时开始的三个周末里,人们开始过节前节。家庭成员都要聚在一起,谈谈笑笑,一些在外地学习、工作的家庭成员会设法回家过周末。我住的公寓里,有许多德国大学生,每逢这些周末,就纷纷回家团聚,此时的宿舍变得一片宁静。圣诞节来临的一个多月前,德国已到处呈现节日景象。马路、街道、商店都开始装点起来,圣诞老人像、圣诞树、彩灯等都纷纷上市。各种圣诞物品,像圣诞卡、蛋糕、糖、酒、饼干等也争先恐后地"来到"柜台前,因为这些都属时令商品,所以价格也比较贵。而圣诞节一过,价格便会直线下降,有的只剩原价的一半。

特别引人注目的是,圣诞节前,各城市还专门建成圣诞集市,专卖各种圣诞物品。它集买、吃、玩于一体,往往吸引许多游客。其拥挤程度与上海的城隍庙差不多。我在圣诞节前参观了纽伦堡的圣诞集市,那里的摊位也是临时搭建的,商品五颜六色,琳琅满目。集市还出售各种饮料、小吃,以满足参观者的需要。

为了方便市民在节前购物,各城市都采取了一些措施。德国的商店一般在周六、周日两天要关门,但在圣诞节前的三个周六却破例开门营业。我所在的城市还在这段时间里免费提供乘公共汽车业务,凡乘车者都不需买票。

圣诞节前夕的教堂更是忙碌异常,要举办各种活动,当然这种活动具有明显的基督教色彩。记得在那年圣诞节前的第二个星期日,一位教授安排我去教堂参观那里举行的歌会。他告诉我,每年的这个时候,教堂里都要举行那样的歌会。唱歌的形式是大合唱,歌唱者都是全地区的市民,歌的内容都与《圣经》有关。连唱几个歌后,大家便品尝免费提供的饮料和圣诞蛋糕,并互相交谈,然后结束。前后不到两个小时。

圣诞节的正式时间是 12 月 25、26 日两天,像中国人春节那样,全家人团聚。此时,家家都披上节日的盛装,买来圣诞树,挂上彩灯,摆上圣诞礼物。就连吃饭都讲究"正规化",因为平时大家上班,吃饭比较简单,而这两天就不同了,大家像模像样地吃西餐。那年的 26 日晚上,一位德国教授邀请我到他家过节。吃饭从开胃酒、汤开始,到最后的烈性酒、甜点、水果结束,一道都不少,我也第一次尝到了火鸡味。

(原载《上海法制报》1997 年 12 月 26 日)

12. 顾客盈门的廉价商店

德国的各城市都有廉价商店,但在商店的招牌上并无"廉价"两字,这只是人们对它们的称呼。廉价商店有的还有分店,因此,买东西十分方便。

德国的廉价商店不同于跳蚤市场,它不卖"二手货",全是新商品。廉价商店的布局如同"超市",一是卖综合商品,二是挑完东西后到门口总结账、付款。

就同类商品而言,廉价商店总比其他商店的要便宜一些,而在质量上却没有太大的差别。同是 200 克一听的熟花生米,廉价商店卖 0.79 马克,其他商店则卖 1.89 马克。它们的差别在于,前者的颗粒大小不一,后者的颗粒大小较为整齐,但是味道却基本相同。正因为如此,这些廉价商店总是顾客盈门,生意不断,薄利多销照样可以获得高额利润。

(原载《青年报》1995 年 6 月 5 日)

13. 德国居民倒垃圾

德国居民倒垃圾,除了不是随地乱倒以外,还另有一些习惯,归纳起来是分类、定期和洗净。

分类是指各种垃圾入箱时都分门别类,而不是各种垃圾都倒入一个箱内。一般来说,德国居民的垃圾分为四类,即纸、食品、塑料制品及其他。每类垃圾都须倒进不同的箱内。因此居民家里往往不是一个垃圾桶,马路上也不是只有一只垃圾箱。甚至有些地方还有分得更细的。我曾见到过废瓶还要分为透明与有色分类入箱的事。

定期是指有些大件垃圾定期由专人集中收集、处理,而不是每天都可扔掉。这些大件垃圾一般是不易处理、体积较大者,如旧大衣、坏电视机等。到收集这些大件前,预先通知居民,大家早作准备。据我知道,帕骚市每年一次集中收集的时间。所以,一位中国留学生曾跟我说,在德国倒垃圾也是件困难事。此话确有其道理。

洗净是指有些垃圾在倒入垃圾箱前先要洗净,而不是一扔了事。这类垃圾主要是留有食品等易腐物品的器具,如果酱瓶、牛奶盒、酸奶杯等。这样做的目的是防止残留物变质发臭,影响周围的环境卫生。德国人不仅自己遵循这些习惯,见到外国人还会主动作解释,让你也按他们的习惯去做。记得我第一次扔酸奶杯前,就有个德国人主动上前,说明情况,使我深受感动。

(原载《青年报》1995 年 2 月 20 日)

法苑内外

14. 德国人骑自行车

德国是个比较发达的国家,轿车普及率很高,但仍有许多人骑自行车。我到过德国的十几个城市,无论城市大小,都见到有人骑车。特别是其中的明斯特城,它靠近荷兰边境,有十几万人口,被称为德国骑车人最多的城市。我的一个德国朋友住在那里,全家五口人都会骑自行车。到这个城市一看,自行车也确实多,有点像中国城市的味道:街上自行车来来往往,停车点上自行车密布。一时间,真让人感到似乎又回到了中国。

为什么德国人也喜爱骑自行车? 我注意到了这个问题。根据德国人的回答,主要是:可以锻炼身体,调节生活,增强体质;可以节省开支,因为德国的汽油价并不便宜;可以避开拥挤的市内交通,自由、快速地到达目的地;等等。因此,目前德国骑自行车的人数还有不断增加的趋势。但是,德国人骑自行车的观念与中国人的有所不同。他们认为自行车只是代步的工具,不必载人驮货,而载人驮货应是轿车、卡车的事。所以,他们的自行车都像跑车式样,非常轻便,也不能负重。中国的自行车常被作为一种运输工具,要装货、带人,因此有的自行车就比较结实,在设计时就考虑到这种因素。这是一个很大的区别。

我在出国前听说,在西方国家,自行车不用上锁,也没人会偷。事实恰恰相反。我在德国见到的停泊的自行车,没有不上锁的。德国人自己也承认,上锁是为了防盗。商店里也大量供应各式自行车锁,其中有的与中国的相同,有的则不同。尽管如此,还时有听闻自行车被偷事件。在我所在的帕骚大学里,就有两位学生的自行车被盗,而且都是上锁的。

虽有不少德国人骑自行车,但是那里没有专修自行车的摊头。

348

车坏以后,要么自己修理,要么扔掉算了,因为修车的费用太高,也很少有修车商店。德国有专门出售自行车的商店。

德国自己产的自行车很贵,价格一般在 2000 马克左右(1 马克约为 5.4 元人民币),而用 1000 马克即可买到一辆旧轿车。还有从韩国、日本、东南亚等一些国家进口的自行车,它们的价格较为便宜,一般在 1000 马克左右,也有更便宜的。遗憾的是,我在德国从未见过中国产的自行车,也不知其中的原委。

(原载《新民晚报》1996 年 10 月 28 日)

15. 在德国骑自行车

德国是个比较发达的国家,轿车的普及率很高,但仍有人骑自行车。在街上,常能看到有人骑着自行车或停靠在商店门口的自行车。有位德国朋友告诉我,在德国骑自行车的人数还有增加的趋势。

在德国骑自行车,骑车人无需执照,晚间行车一定要开启车前车后的灯。当然,也要让机动车先行,不能争抢车道等。由于德国的马路上没有专为非机动车设立的慢车道,所以在马路上骑自行车必须十分小心。而且一定要靠边行驶。不过,有的人行道专门留有一条自行车道,用线画出,而且还专门用白色画个自行车样作为标记。在这样的道路上行车比较安全。

德国人骑自行车有各种目的。有人是为了锻炼身体。他们把骑自行车作为运动,调节自己的生活,增强自己的体质。有人是为了方便。像我居住的帕骚市,有许多小胡同都不能开车,所以还不如骑自行车上班方便。有人则是为了省钱。与我一起居住的一些德国学生就是如此。他们有轿车,同时还备有自行车。开学时,从家乡到帕骚市来读书,开着轿车来。但是,从宿舍到学校上课时,则骑自行车。他们说,这样可以省去一些汽油费。

德国的自行车大多是轻便式调速自行车,车前车后有灯,价格大多在700马克至2000马克之间。其中,德国产的较贵,而从日本、韩国进口的则较为便宜。为了方便人们买车,德国也有专门出售自行车的商店。遗憾的是,我没有在商店里发现来自自行车王国——中国的自行车,也不知其中的原委。

(原载《青年报》1995年6月26日)

16. 嫁到德国后

在德国,我接触了不少来自国内的华人,了解了一些中国姑娘嫁到德国后的情况。

她们嫁到德国后,便充当起家庭主妇的角色,生活发生了很大的变化。由于家务不多,加之每家每户又是独门独户,各自为政。所以,她们就觉得生活十分清闲和单调。时间一长,便产生了无聊之感。为了摆脱这种状况,有人宁可外出打工。也有人不甘心,我碰到一位北方姑娘,她在国内大学毕业,在德国成了家庭主妇后,感到太空闲,于是到一家餐馆打工,期间还到学校读德语打算以后再读学位,实现自己的价值。但这样的人为数不多。

嫁到德国两年后,她们一般可以取得德国国籍。但是,她们与德国丈夫的语言障碍仍是一个问题。我发现,德国丈夫的汉语很好,或中国姑娘的德语很好,以致在生活中没有语言障碍的情况很少见。基本是在结婚前,双方都没有或者只学了很少对方的语言,家庭中的通用语言常是英语。不过结婚后,他们都开始重视学习对方的语言。但这需要时间,不是一蹴而就的事。

中国姑娘的德国丈夫以这样两种情况为多:一是年龄较大,相差20—30岁不足为奇。其中,不乏有些德国丈夫曾有过家庭,后因离婚而成了单身。二是文化程度较低。多数人未受过高等教育,工作以"蓝领"为主,少有"白领"。

由于种种原因,有些中国姑娘远嫁德国以后,便又产生了回国干事业的想法,不打算一辈子待在德国。有位中国姑娘跟我说,她不愿改换德国护照,准备过几年后仍回中国,在自己的国家干一番事业。她念念不忘自己的祖国。

(原载《青年报》1995 年 11 月 11 日)

17. 我所见到的德国秩序

德国的城市相当清洁,在马路上难得见到纸屑、痰迹、杂物等脏东西。人们如需扔废物、吐痰,会自觉寻找废物箱。会把痰吐在纸上,连小学生都是如此。而且,这种清洁不是靠法律维持的。因为,在德国的法律里,没有规定不可随地吐痰和乱扔杂物。

德国的交通十分井然。汽车的速度很快,但都严格遵守交通规则,碰到红灯时,即使无车、无人,也自觉停下。行人也是如此。他们只走人行道,过马路也等绿灯。遇到红灯,不管是否有车,都驻足等候。而且,这一切并不是由警察来强制实施,相反是人们自觉遵守的结果。我在柏林市待了一段时间,从没见到过一位交通警在指挥交通,甚至在街上也很难见到一位警察。红绿灯都是自动控制的。

在大学的食堂里,大家吃饭时也非常有序。不论是买饭时,还是吃完后送还盘子时,都一样。当然,学生们的这种习惯,也不是因为有学生"纠察"而形成的,那里也根本没这种"纠察"。

德国良好的秩序建立在人们的自觉行为之上,这是我的印象。当然,也不可否认有不遵守秩序的情况存在。在马路边的墙上偶尔可以见到乱涂的字样;在莱茵河畔的长凳上,也可看到乱刻、乱写的文字;还有,在一些小路上有时也会看到少量狗屎。

(原载《青年报》1995 年 4 月 24 日)

18. 德国人了解中国吗?

德国人了解中国吗? 不可笼统地回答这个问题,而需具体分析,下面以我亲身经历的几件事,来讲点体会。

一般的德国市民对中国几乎不了解。一天,我在饭后散步时遇到一位德国中年妇女。大约因为我是一个外国人,她客气地问我来自什么地方。我回答来自中国,她点点头走了。几天后,我又碰到这位妇女,她显得很高兴并对我说,我知道了中国就是北京。此时,我才恍然大悟,因为上次我回答中国时,她还不知中国是哪个国家。估计她根本不会知道上海是什么城市。

许多大学生知道世界上有个中国,但对中国了解甚少。一位大学生曾这样问过我,他说,你们中国有许多省,各省的人可以自由地跨省走来走去吗? 这个在中国人眼里根本不成问题的问题,可在他们看来却是个大问题。

在较高层次的知识界人士中,有人虽了解中国的某些情况,但理解却很片面。一位曾在上海的一所著名大学学习过的德国博士对我说,他不赞成上海批租土地和拆迁旧住房的做法,他认为应保留、保护这些旧住房。真是饱者不知饥者苦。他用那种德国人嗜古的传统来看待上海的城市建设,不知道上海批租土地和拆迁旧房的做法,对改变城市面貌和解决住房困难都有重要意义。

德国人对中国不够了解,与我们的宣传不够不无关系。在德国,我用一台 9 波段的收音机都收不到任何中国广播电台的广播。相反,在中国我则能收到国外的广播,在德国我又可收到德国之外国家的英语广播。可见,就是一个中国人,在德国也会感到消息十分闭塞,何况是一般的德国人呢。

(原载《青年报》1995 年 4 月 10 日)

19. 赴德学习花费几何

到德国读公立大学,可以不交学费,这对一个到国外去读大学的中国学生来说是个有利条件。因为这样可以少交一笔昂贵的学费。这比到美国去读书更为优越。但是,即便如此,一个中国学生到德国去读书的花费仍不少。

首先,每个学生每月的固定支出至少 400—500 马克。其中,房租要 200—300 马克,健康保险要 100 马克左右,还有伙食费 100 多马克。这都是以最低水平加以匡算的。

其次,德国的书籍较贵,一般每个学生一个学期要用 200—300 马克在教科书上,包括买些书、复印一些资料等。在德国,一年有两个学期,共要用去 400—600 马克。

再加上其他一些费用,如邮票、乘车、理发等,估计每月平均至少需用将近 600 马克。折算成人民币就是 3300 元左右。另外,德国有个规定,学生在学习期间不能打工,只能在放假时候打工。每年的放假时间大约是 5 个多月。也就是说,要在 5 个月里把一年的花费全部挣出来,这个任务是艰巨的。为了生活,有些中国学生不得不在学习期间也去打点工。但这有风险,一旦被有关部门发现,那就得不偿失了。而且,经常性打工会影响学业。德国规定,一个学生在学期间,只要有两次经过补考仍不及格的,就不得在德国所有学校再学此专业。其出路只有改换门庭。

(原载《青年报》1995 年 5 月 8 日)

20. 德国青年不爱当兵

在我国,有"一人参军,全家光荣"之说。但是,在德国却是另一种情形。

根据德国的法律,适龄男青年都要当兵一年,只有特殊情况可以例外。如在兄弟 4 人中,只要有 2 人当兵即可,或身体不合格等,但这类情况不是很普遍。法律同时还规定,应该当而不愿当兵的男青年,如有合适的理由,可以用为社会服务的形式来代替当兵,但服务时间相对延长一些。结合这一法律规定,我询问过许多德国青年,他们均直言不讳地说,自己不爱当兵。就是一些已经穿上了军装的现役青年,也称当兵不是自己喜爱的职业,只是出于义务而已。

他们不愿当兵的理由,不尽相同,归纳起来,无非有这么几种。兵营的生活比较艰苦,尤其是军事训练,会让人疲惫不堪;收入较少,开始时每月才 100 马克左右的零用钱;有危险性,尽管冷战已经结束,但仍不排除有被派往国外执行军事任务的可能性。于是,有些青年便以种种借口作为不当兵的合适理由,如看到血会头晕啊,不愿用武器杀人,等等。这些"合适理由"在德国也确能成立,因此他们也能真正过应征关。

不愿当兵者必须为社会服务,其具体工作有许多。如到慈善机构打工,去医院帮助护理等,服务时间均在一年以上。服务期内,每月可得 1000 多马克的收入。这一收入不算丰厚,但比当兵的要多。

（原载《上海法制报》1996 年 3 月 15 日）

21. 德国大学生婚恋 ABC

　　婚姻问题是德国大学生关注的问题之一。有些学生会主动与人交谈这个问题，而且并不隐讳自己对这个问题的看法。

　　对于结婚年龄，他们认为这与人们的处境有很大关系。如果一个青年没上大学或上了大学后没能完成学业就走上工作岗位，那么他或她就可能在 25 岁前就结婚，甚至更早。根据德国民法的规定，法定的结婚年龄为 18 周岁以上。如果一个青年在大学毕业以后才结婚的，那么结婚年龄便在 25 岁以上，甚至达 30 岁以上。德国大学生一般不在读大学期间结婚。有少数女学生在读书时结婚的，她们会自动离校，不再继续学业。因为结婚后，有了家庭，要操持家务，生育孩子，没有精力再去读书了。

　　德国青年有没有趋向单身生活的意向，倾向单身的人数有没有逐渐增加的趋势？近几年来的统计数字表明，这种趋势是存在的。据说，目前居住在慕尼黑的人中，有一半是单身，其中有相当部分的人是主张单身生活的青年。但同时也有人指出，单身还未被大多数德国大学生所接受，他们认为婚姻仍是一种较为理想的生活方式。甚至还有人认为，主张单身者中，有些人是为了逃避社会责任，不愿承担社会义务，只图自身的轻松和快乐。

　　结婚成立家庭后，是否应生儿育女？大多数的大学生都作了肯定的回答。他们说，孩子是家庭成员，没有他们就好像少了什么东西。有的学生还主张要多生些孩子，因为国家鼓励人们多生孩子，并给予相应的经济补贴。

　　德国大学生还把结婚与性生活分开而论，认为这两者之间不能画等号。他们的行为也证实了这一点。大学生几乎都有关系十分密切的异性朋友。他们常带着自己的异性朋友到自己的宿舍过夜,而且非常公开,遇见熟人还会主动介绍。尽管如此,他们与异性朋友在经济上仍你我分明。如果两人同上餐馆吃饭,还是各付各的钱。

(原载《青年报》1996 年 6 月 15 日)

22. 德国学生宿舍里的自动化

在德国期间,留心注意了解了一下当地学生的情况,发现德国的学生宿舍里有一些自动装置,值得玩味。

每个房间里都有个卫生间,它的四周没有窗,不能采光,因此进入卫生间必须开灯,而开灯后,抽风机便很快启动。当人们离开卫生间并关灯后,抽风机还会工作一段时间,然后自动停机。这样,卫生间里的各种气味都被排到室外,室内没有异味。

走廊的灯也是自动化的。只要打开走廊里的灯,人们就可不必再去关闭。几分钟后,它们会自动熄灭。无论是开本层楼的灯,还是楼下开楼上的灯、楼上开楼下的灯,都是如此。

大门口那盏灯的自动化程度就更高了。天黑后,只要有人一站到门口,它就自动开启,走后又自动闭熄。在德国这样一个拥有大量能源的国家里,想不到还用自动装置来节约用电呢。

打电话的自动性如同其他国家一样。只有把硬币投入电话箱后,才可使用电话。到了时间,不管打电话人是否已经通完话,都会自动停机。打电话人如果还想使用,就得继续投币。在德国,市内电话是 0.3 马克打 3 分钟(0.3 马克相当于 1 元 6 角左右人民币),打到中国是 3 马克 1 分钟。

我国的学生宿舍是否也可安装一些自动装置来节约能源或方便学生呢。

(原载《青年报》1995 年 2 月 15 日)

23. 德国大学生做饭

德国的大学生都是自己租房,散居在各处,所以需要自己做饭。平时,为了节省时间,只是喝点饮料,如咖啡、牛奶或果汁等,加上奶油、果酱等,以及香肠、鱼等肉类和主食面包。吃完便匆匆上学,尤其是早上有课时更是如此。但是,在周末或节假日时,他们就会像模像样地做起饭来。而且,其认真程度是我出国前所料想不到的。

首先,他们先找来烹调书,找到自己想要做的种类。这种书在德国较为普遍,而且种类很多,有做面包、菜肴、点心等各类。

然后,根据书中的要求配料。如果缺少的,还要专程去买,配齐。在德国,食品大多是成品或半成品,买来后一般即能直接使用,无需进行太多的加工。就是蔬菜也十分干净,没有什么黄叶、泥土等。

接着,便是准备各种工具,其中包括计量工具、加工工具等。凡是各种原料,原则上都要经过计量,以确定准确的数量。这种计量工具常用的有秤、有刻度的透明容器等。凡需加工的,都要配用相应的专用加工工具,常用的是打蛋机、切片机、压蒜器等。

然后是烤、煮、烧等程序。这一程序亦严格依照书的说明进行。为了准确控制时间,还用专门的计时钟定时。计时钟铃响后,就可准备餐具吃饭了。

饭毕,他们用洗洁剂洗完各种用具后,用毛巾擦干,不用清水冲洗。理由是,洗洁剂无污染,对人体无害,无需用水冲洗。这与我们在上海的做法完全不同。

（原载《青年报》1995 年 2 月 27 日）

24. 旅游暴热门　周末新车价

德国的火车票票价比较贵,在欧洲也属名列前茅。一般的慢车,每百公里要在 20 马克以上。这使乘客大量减少,以致在周末的慢车车厢里和晚上的快车车厢里,乘客寥寥无几。铁路运输部门的经济效益因此而大受影响。

为了改变这一状况,德国铁路部门抓住乘车人员最少的时刻这一环节,首先进行改革,推出新票价,作出新规定。其基本内容是:凡在周末乘慢车的,不论到国内的哪个市,票价均为 15 马克而且 5 人以内(含 5 人)同为一个目的地的,也只需付 15 马克;凡在晚上乘快车的,不论到国内的哪个城市,票价均为 49 马克。

这么便宜的火车票票价出乎许多人意料之外,尤其是那 15 马克的火车票,一时成为人们饭后茶余的话题。一个德国人为此专门去买一张这样的火车票。他对卖票员说,要买一张周末的慢车票,付了 15 马克。事实使他信服了。

大学生们得到这一消息后,十分高兴,因为 3、4 月是假期,他们可抓住这一时期痛痛快快地旅游一番。几位德国学生听到此消息后,便积极筹备纵跨德国的旅游,从南部的帕骚市出发,到北部的一个岛上。他们说,这个岛是德国最美丽的地方,很早就想去,现在有了良机。另一个德国学生捷足先登,在 2 月就约集了其他 4 位同学,每人花 3 马克,到原来要花 90 马克的慕尼黑旅游了一次。回来后,这位学生喜形于色。

不过,德国慢车的车程较短,如果是长途旅行,要换车多次,因此出发前一定要掌握它的行程和换车时间,以免误车。因为过了周末,票价又将是十分昂贵的。

（原载《青年报》1995 年 5 月 15 日）

25. 德国帕骚市监狱见闻

德国帕骚市监狱位于市中心,离繁华的步行街才几十米远,周围全是住户和商店。它与周围的其他建筑差不多古老,都建于20世纪以前,但由于与德国的其他建筑一样,经常被粉刷,所以粗看不是很古旧。而且,它的浅黄色与周围房子的色调还十分相配。

监狱的主建筑是二幢三层楼房,石结构,大部分是囚室,此外还有医务室、劳动室、探监室和教堂等。我见到的单人囚室不到10平方米,里面有床、衣柜、书橱、椅子、写字台、洗脸盆和抽水马桶各一。洗澡间不在个人囚室内,供十余人共用。由于德国的冬天比较寒冷,故室内均有暖气。医务室不大,也只有20平方米左右,而且只有少量常用药品和诊疗器,医生每周定期来监坐诊2次,如遇急病则须送往监外就医。劳动室也不大,20多平方米。我看到囚犯们在做小木盒,室内只有一些简单的电锯、电包之类的工具。探监室里只有两排桌子,每排桌子的两边均有两排椅子,全是木结构。探监时,囚犯坐一边,探监人坐另一边。

教堂是这个监狱里比较大和漂亮的房间,可同时容纳百余人。地板、木椅都十分光亮,像新的一样。这个教堂为天主教、东正教和伊斯兰教共有,每周分期开放,所以室内摆设着各自的雕像和图案。介绍人说,到时囚犯们会来教堂听讲,但听讲人不都信教。我想,这实际成为一种政治教育的形式。听完了介绍人的解说后,我觉得关于文化教育问题没有提及,就问了这一问题。回答是:原来曾安排过文化教育,开设了一些课程,也有些人参加,但当他们得知参加学习者要参加考试后,学习之兴一扫而光,于是课堂上便无一学生。文化教育无法进行,所以也就取消了。

由于帕骚市只是个5万余人的小城市,所以这个监狱也不大,只能关押 200 余人,而且刑期都很短,一般只在二年以下。如果超过这刑期的,犯人就要被押往慕尼黑监狱。它的规模比帕骚监狱大得多,可容 1000 人以上。令人感到新奇的是,在帕骚监狱关押的囚犯中,大多数是外籍人,即非德国人。从中似乎也可反映出德国存在的一些社会问题。

(原载《上海法制报》1995 年 7 月 14 日)

三、俄罗斯(苏联)

1. 列宁反腐三措施

"十月革命"胜利后,列宁从巩固国家政权的高度出发,十分重视反腐问题,并采取不少措施,这里简述其中的三个。

重视用法律来规范国家官员的行为和打击腐败行为。1917年 11 月 18 日,在列宁主持下,通过了《人民委员会关于高级职员和官员的薪金额的决定草案》,规定有成年子女的人民委员的月薪为 500 卢布,住房每人不得超过一间;否则,要受到制裁。之后,在列宁关于要"惩治贿赂行为"的指示下,又制定了《关于贿赂行为》《关于肃清贿赂行为》等一些打击贿赂行为的法律,使反腐有法可依。

重视发挥监察机关的作用。为使反腐经常化、制度化,列宁不仅建立了具有反腐职能的监察机关,还重视发挥它的作用。他曾对监察机关提出三个基本要求:一是建立一套独立、垂直的领导系统,坚决摆脱地方主义、本位主义和部门主义的干扰;二是要有高质量的监督,宁可监察机关的数量少些,但工作质量一定要高;三是既要秉公行事,又要熟悉业务。这是反腐的组织保证。在列宁的关心下,苏联建立了党的监督、国家权力机关的监督、法律监督、社会团体监督和审计监督等一整套监督机制。

重视对大案重案的审判。大案重案特别引人关注,代表了一种司法倾向,反腐案件也是如此。列宁重视对这类案件的审判,纠正了一些畸轻案件的审判结果。1918 年 5 月,莫斯科革命法庭审理了莫斯科审计委员会 4 名干部的受贿案,结果只判 6 个月的徒刑。列宁对此十分生气,立即指示,不枪毙这些罪犯,只判个如此轻得可笑的刑罚,这对共产党员和革命来说是可耻的;这样的审判者应受到舆论的谴责,并开除党籍。之后,此案得到了纠正,并引起震惊,人们拍手称快。

(原载《青年报》1994 年 10 月 20 日)

2. 俄罗斯末代沙皇幼女悬案

1920 年 2 月的一个晚上,德国柏林市警察鲁波尔从河里救起了一个漂亮的投河女子。她被送进医院治疗。一个偶然的机会,一位看过俄罗斯末代沙皇家族照片的女病人发现,这个投河女子很像照片中沙皇的幼女安娜斯塔西娅,并好奇地问了她。对于这个突如其来的发问,此女子表现出极大的惊慌,还恳求这位女病人千万别把自己的真实身份告诉其他人。

出院后,这位女子随着成千上万的移民来到了美国,不久成婚。婚后的生活并不幸福。当她得知梅克伦堡的巴巴拉公爵夫人要求继承沙皇在英国银行的财产时,便毅然重返欧洲。1923 年圣诞节前,她走进柏林赫尔姆特·索沃洛夫的律师事务所,声称自己就是末代沙皇的幼女安娜斯塔西哑,并要求律师为她验明身份,以取得沙皇的遗产。

这使律师大为震惊和为难。因为,沙皇家族的成员包括安娜斯塔西娅,在 1918 年 7 月 16 日晚于叶卡捷琳堡全被处死,这已是公认的事实。要推翻这一事实,证明安娜斯塔西娅是死里逃生,要有非常有力的证据,但是,这位女子只是陈述了当时死里逃生的经过:那天,苏维埃的尤洛夫斯基和几名红色卫队队员把沙皇及其家族成员召集到叶卡捷琳堡的地下室,然后首先枪决了沙皇。枪响后,自己就昏倒了,掩埋尸体时,两个波兰收尸人员发现安娜斯塔西娅还活着,便带着她逃走了。出逃的路上,她被其中一波兰人强奸,还有了身孕,最后不得不嫁给他。之后,这个波兰人在一次巷战中被打死。失去了生活依靠和无法忍受孤独的她,企图以投河了却余生,可偏偏又被柏林警察救起……

律师似乎信以为真,全力以赴办理此案,诉至法院。同时,舆论也大肆渲染,一时,广为西方世界所注目,其后,终因证据不足,那个自称是末代沙皇幼女安娜斯塔西娅的女子的身份未被法律所确认。20 世纪 80 年代初,这位女子去世了,此谜一直悬了 60 年也没有最后结论。

(原载《青年报》1994 年 3 月 24 日)

3. 勃氏总书记女婿入狱记

1982 年 11 月 10 日,苏联勃列日涅夫命归西天。1986 年 9 月,他的女婿、曾任内务部第一副部长的丘尔巴诺夫被拘留审查,第二年 1 月正式被捕。经过一年多的调查,他的罪行大白于天下,并被最高军事法庭以受贿等罪判处 12 年徒刑。

丘尔巴诺夫出身于一个干部家庭,父亲是莫斯科一个区的党委书记,母亲是家庭妇女。他在技术学校毕业后,当过工人,参过军。1970 年,被调至内务部工作。一个偶然机会,他认识了比他大 7 岁的勃列日涅夫的女儿加丽娜,不久便成婚了。此时,他的军衔是中校。

这位颇有心计的"乘龙快婿"很快便飞黄腾达,仅几年内便从中校直升为内务部第一副部长。有了地位的丘尔巴诺夫,对金钱的贪婪之心也同时膨胀起来。一次,他到乌兹别克的布哈拉州视察,得知那里商品短缺,表示要向莫斯科反映。州长为了保住面子和官位,当即设宴并塞给他1万卢布,供作"零花"。他泰然受之。乌兹别克部长会议主席为了讨他喜欢,除平常送上茶具、名酒外,还奉上5万卢布现钞。纳卡伊州州委书记为了求他帮忙,送给他一件镶金的长袍,衣兜里还有3万卢布现金。这一切他都照收不误。在1976年至1982年的短短几年中,他已受贿65万卢布。但是,由于他的岳父大权在握,无人敢冒险去揭露此事。

勃氏总书记命归黄泉后,勃的儿子尤里和女儿加丽娜的朋友纷纷入狱。丘尔巴诺夫的第一副部长职务也被革去,改任政治部主任。几年后,他便被押上囚车,送上了审判台。如今,他正饱受铁窗之苦,昔日的奢侈生活都已烟消云散了。

(原载《青年报》1994年10月6日)

4. 莫斯科国际机场见闻

为了准确地把握到达慕尼黑的时间,我于1994年11月乘坐了从北京到慕尼黑的俄罗斯航班,并因此而在莫斯科国际机场逗留了一段时间,颇有感想。

莫斯科的国际机场比北京机场大,一天起飞的国际航线也比北京的多。我估算了一下,白天大约每小时有4—5次国际航班起飞。有些往世界大城市的航班,在早上就有2—3次,如到伦敦、纽约、华盛顿等地的航班,都是如此。我想,北京也该有个专门的国际机场了,而不是国内、国际的都混在一个机场里。

莫斯科的国际机场虽比北京机场大,但卫生情况却不及北京。就以厕所为例,一走进那里的厕所,就有一股臭气冲鼻,究其原因,与小便处的冲洗系统失灵有关。这种小便不冲的厕所怎会没臭气? 还有大便处的小门也有失修情况。相反,北京机场的厕所则可与德国机场的厕所媲美,十分卫生、干净。

这个机场供应的早餐也有特色。先用餐的人,有一份面包、一只煮鸡蛋和一杯甜红茶,但晚用餐的人,却没了煮鸡蛋。好在旅客也都知道俄罗斯的情况,看到了也只是嘀咕几句就算了。

机场内的商店,可算是五光十色,商品琳琅满目,而且基本是从西方进口的,名牌占有相当大的比例。可是,光顾者稀稀拉拉,不仅东方人去得少,西方人也很少见。我问了一下才知道,这里的商品价格不比市场的便宜。如果这样,为何要在这里消费呢。这个道理谁都明白。

(原载《青年报》1995 年 2 月 13 日)

5. 到俄罗斯看大学

因中国国际教育交流协会举办的"21 世纪中国大学展暨中俄大学校长研讨会"(2002 年)来到俄罗斯,有机会看看俄罗斯大学,并产生了一些感性认识。

俄罗斯大学的学制和学位与中国的有所不同。在俄罗斯的大学里,学制可分两类,适用于不同的学生。对本国学生而言,5 年本科,毕业后相当于硕士;然后,再读 4 年,毕业后就可获副博士学位。对外国学生来说,4 年本科毕业,接下来再读 2 年硕士研究生,再往上念的是 4 年副博士。获得副博士学位者,不论俄罗斯人还是外国人,都是不可再读书,而要走上工作岗位,待取得一定成果和完成博士论文后，才可参加博士论文答辩，通过者才可获博士学位。在中国，硕士研究生要读 2—3 年，博士一般为 3 年，毕业后均可获学位，与俄罗斯有明显差异。

俄罗斯的大学与俄罗斯的经济一样有不少困难，其中较为突出的是在经费上。从外表上看，俄罗斯的有些大学仍宏伟壮丽，莫斯科大学就是如此。它是俄罗斯最好的大学，曾一度在世界排名前 10 名，以基础理论研究而闻名于世。可近年来，由于俄罗斯的经济不景气，大学直接受到影响，国家拨款无法满足大学的开销，所以大学需要自己创收。它有 40000 名在校学生，9000 名在职教职工，其中 7000 名为副博士和博士。可是，国家的每年拨款为 10 亿卢布（31 卢布相当于 1 美元），自己筹款 10 亿卢布，这一经费规模还不如中国的许多普通大学。因此，学校的设施陈旧，许多已经年久失修。

俄罗斯大学教授的收入不高，生活也不富裕，这与国家对大学的投入有限有关。莫斯科一个著名大学校长的工资每月是 100 美元，因为他是院士，故另有 100 美元的院士津贴，即国家给这位院士校长每月 200 美元。一般教授每月的工资也只有 100 美元。不过我听说，圣彼得堡大学教授每月可得 150 美元，稍高于莫斯科大学。这一工资已明显高于 10 年前教授的收入，那时教授的工资每月是 40 美元。然而，这点工资还是低的，因为俄罗斯的物价并不低。莫斯科的房价是每平方米 1000 美元。这样的低工资成为俄罗斯流失一批大学教师的重要原因。当然，这些工资都是国家给的，教授可以从事第二、第三职业以增加收入。

不过，俄罗斯的大学也在改革，其改革内容与中国前几年的改革十分相近。比如，办学体制的改革。俄罗斯已改变了仅有国立大学的体制。俄罗斯自 1992 年开始，允许举办私立大学，于是一些私立大学快速发展起来。莫斯科经济与法律学院自1993年成立至今,已在全国有10所分校,学生数万人。又如,向部分学生收学费。现在的俄罗斯国立大学都对考入的本国大学生收学费,收费学生的比例,各校不等,有60%,也有40%。学费一般在每年1000美元左右。但外国留学生则要交全额学费,每年达2500美元。尽管如此,也明显低于英、美的留学学费。

俄罗斯的大学也开始注意运用市场规律,在专业设置方面就是如此。有些大学把目光投向受市场欢迎的一些专业上,以吸引更多的学生。比如,近几年来增加的艺术、计算机、材料工程、生物工程等一些专业,实用性均很强,可见,俄罗斯的大学在向市场靠近,并以此来求生存和发展。

中国留学生在俄罗斯已形成规模。比如,莫斯科大学已有中国留学生近千人,比过去任何时期都要多得多。这些留学生多数来自中国的北方,也有少数人来自南方,我还碰到过一位来自上海的留学生。到俄罗斯留学的原因有多种,有人觉得俄罗斯的学费低,有人觉得俄罗斯大学的教育不错,也有人觉得可到俄罗斯开眼界,等等。这些留学生中的多数人都表示毕业后会回国工作。

俄罗斯的有些大学有与中国大学合作的愿望。在代表团访俄的短短几天中,就已有10余所中国大学与俄罗斯大学签订了合作协议或意向书。其中,包括我们华东政法学院。

这是我第一次访俄,也是我第一次走进俄罗斯大学,但印象极为深刻,收获也不小。

（原载《劳动报》2002年7月29日）

四、美　国

1. 旅行离婚

你常会听人说起"旅行结婚",但也许没有听人说过"旅行离婚"吧。

在美国,法律规定需要离婚的夫妇,必须是在美国居住一定时间的合法居民。不过,美国是个联邦制的国家,对居住多长时间才能合法离婚,各州的法律规定很不相同。马萨诸塞州规定,必须居住五年以上,而内华达州只要求居住满六个星期就行了。奇怪的是,人们只要租借内华达州的一间房间,即使人不住入,也照样可将租房时间算作居住时间。因此,许多要求离婚的夫妇纷纷前往内华达州"旅行离婚"。于是,离婚费及旅游费等,也就成为该州的主要经济来源。

(原载《青年报》1984 年 4 月 13 日)

2. 美国电视新闻里有假货

人们喜欢看电视新闻,这不仅是因为它能及时反映最新发生的各种事件,还因为它具有真实性,可以通过电视图像客观地表现出事件发生的事实。然而,善良的人们应清醒地懂得电视新闻里也可以掺入假货。美国的电视新闻里就不止一次地有这样的假货。

1989 年,美国广播公司电视网在新闻节目里播映了一个事件:镜头里,在美国国务院任职的布罗克,于巴黎街头把一个公文包交给了一名苏联情报人员。这则新闻向广大观众说明布罗克确是一个出卖国家情报的间谍。这使许多电视观众惊喜，并对记者的这一"成就"表示赞叹。但是，在惊喜和赞叹之余，人们觉得电视的场景中有蹊跷之处，于是纷纷提出质问。在观众的紧追之下，广播公司不得不承认这组镜头不是在巴黎，而是在国内"后期制作"的。

　　不久，美国哥伦比亚广播公司又播放了一组阿富汗游击队炸毁高压线铁塔的镜头。可是，《纽约邮报》很快揭发这组"现场报道"的镜头是虚假的。最后，该广播公司只得承认，炸毁高压线铁塔时记者并不在现场，电视画面是事后补拍的，是为了满足观众的视觉要求。

　　以上只是美国电视新闻里假货中的两则，实际数字要比这多得多。这种玩弄观众、亵渎新闻的劣态，引起了广大观众的不满，同时对一向标榜美国式"新闻自由"和"客观公正"的新闻媒体表示了怀疑。一些原本出尽风头的节目主持人，也因参与造假而失去昔日的光辉。

　　美国广播公司的新闻节目主持唐纳德逊，曾被认为是"遨游于新闻海洋中的一条大鱼"，因多次对总统作单独采访并敢于提出一些尖锐问题而名声大噪，可由于也参与了制造假新闻而声名狼藉。英国《经济学家》杂志还为此发表了评论，表示惋惜。

（原载《青年报》1994 年 12 月 22 日）

3. 第一个五一节后的秣市广场案

　　五一节源于 1886 年 5 月 1 日美国工人阶级争取八小时工作制的罢工运动。同年 5 月 4 日，在美国芝加哥发生了秣市广场案，同样在世界上产生了巨大的反响。

1886 年 5 月 1 日的罢工后,美国老板随即进行了报复。5 月 3 日,芝加哥麦考米克收割机制造厂的老板解雇了 1400 名罢工的工人。接着,300 名罢工破坏者在 350 名警察的保护下,冲入工厂,镇压其他罢工工人。当工人们对这种做法表示抗议时,警察在事先未作任何警告的情况下,向手无寸铁的工人开枪射击,当场有 4 名工人被打死,许多人受伤。这一暴行激起了广大工人的更大愤慨,大家决定第二天在市内的秣市广场举行抗议集会。

5 月 4 日,罢工人数为 3000 人的集会结束时,180 名全副武装的警察以战斗队形逼向剩余工人,突然,一枚炸弹在警察中爆炸,先后有 6 名警察死亡、50 多名警察受伤。警察当即向工人们扫射,当场有 200 余人死、伤。接着,警察逮捕了几百名工人。不久,又对其中的 8 位工人领袖进行审判,要追究他们的刑事责任。

参加审判的陪审团成员均由州检察官提名,全是些工头或监工。证人已被告知 8 位工人领袖是一定会被绞死的。法官也完全站在老板的立场上。事实也是如此,毫无公平可言,尽管事实证明炸弹是一个被警察雇佣的破坏分子投掷的,但法院还是强行判决 8 个工人中的 7 人绞刑、1 人 15 年徒刑。上诉后,仍维持原判。

这一冤案震惊世界,许多国家的正义团体、人士纷纷加以谴责。1887 年 10 月,伦敦工人举行集会,并通过了声援美国工人的决议。在强烈的世界舆论下,奥勒斯比州长不得不稍作改判,把其中的两个工人改判为无期徒刑。

至 1893 年 6 月阿尔盖德任州长时,才赦免了服刑的 3 人,并宣布此案有错。同月,一座为殉难工人建立的纪念碑建成了,它同时成了五一节的标志。

(原载《青年报》1994 年 4 月 28 日)

4. 含口香糖亲吻致死的秘密

至今,美国还流行着未婚夫含着口香糖亲吻自己的未婚妻的风俗。但在1910年左右,发生了一起亲吻致命的案件,颇引人注目。

1911年元旦前夕,美国弗吉尼亚州坎伯兰城的爱德华来到未婚妻格雷斯的家里,不久,两人便高兴地坐在沙发上亲吻。由于天气寒冷,沙发边上燃着火炉。一个小时以后,格雷斯的母亲发现他俩都已死亡,且面部表情轻松,带有微笑,像是在亲吻中死去。

事发后,警方进行了侦查,没有发现他杀的迹象。但是,在尸体解剖后,有两个细节引起警方的注意。一是爱德华口中含有口香糖;二是死者的胃中均有氢氰酸成分,而且爱德华的含有量比格雷斯多。于是,根据这两个方面进行了实验。先把两只猫放在这个房间里,结果它们都因煤气中毒死亡,但在胃中没有氢氰酸成分。后又把放有氢氰酸的胡萝卜给兔子吃,兔子也死亡了,但情形与猫、死者皆不同。实验的结果和死者均不吻合,于是此案难以定夺,被搁置起来。

两年过去了,此屋搬来了两位老太太,她们也把椅子放在火炉边。一个严冬的晚上,两人忽然都不省人事。医生来了,首先打开所有的门窗,接着把两位老人抬到屋外。一刻钟后,老人们苏醒了,她们昏厥的原因是煤气即一氧化碳中毒。原来,此火炉烧的是煤气,而且前面的一块石板上有一条细缝,由于此炉通风不好,所以煤气在距地面高80厘米的地方弥散,只要把所有门窗全都关闭,房中人就会中毒致死,而且首当其冲的是在离这个火炉120厘米以内、高80厘米范围者。两位老人正是处于这一范围内。

这样,爱德华和格雷斯的死因也就真相大白了。至于他们胃中的氢氰酸,人的唾液里本身就有这一成分,只是因为他含有口香糖,因而也就比正常情况的多了一些。

(原载《青年报》1994 年 8 月 18 日)

5. 借尸还魂得真情

早在宋代,包拯就曾借尸还魂破案。无独有偶,20 世纪 80 年代,美国警方又借此计收效。

1988 年,在美国波士顿的一座豪华住宅里,归国生子的女主人美国驻日领事夫人被人杀害。警察在勘查现场时,发现其 6 岁女儿贝茜因躲在落地窗帘后面,没被凶手发现。她说,杀死自己母亲的是个大胡子男人。警方经过一番侦查,发现戈菲尔有重大嫌疑,并把他拘捕起来让贝茜辨认。当贝茜见到戈菲尔时,当场大叫:"警察先生,凶手就是他。"但是戈菲尔并不认罪,理由是警方拿不出什么有力的证据。站在一旁的侦探切伦暗暗决定用借尸还魂的办法,让戈菲尔自己招供。

首先,切伦收集了领事夫人生前的近照,利用最新科技手段把它们制成影片。领事夫人竟在银幕上栩栩如生地再现出来。然后,在戈菲尔的囚房里秘密地钻了两个小洞。一个安上微型窃听器,另一个装上小型电影放映机。最后,还在囚房内灌入了一些对人体无害的镁气,以便在电影放映时形成一种神秘的气氛。一切都准备就绪。夜深人静之际,戈菲尔在沉睡中发现一种特别的噪声,睁眼一看,不好! 被自己杀死的领事夫人正向自己走来,而且口中还说着:"你为什么要杀死我? 我肚子里还有孩子,上帝是不会饶恕你的!"对于这突如其来的一切,戈菲尔惊恐万状,一下子跪倒在地上,口中连连求饶:"上帝,饶了我吧。我全说。"窃听器如实地记下了他的全部自述,此案也就圆满地终了了。

(原载《青年报》1994 年 8 月 4 日)

6. 美国的总统律师

美国总统要负责处理国家的日常行政事务,因此必然会涉及许多法律问题,需得到律师的帮助。福兰特·菲尔定曾任尼克松和里根两位总统的律师。他先在 1970 年进白宫任尼克松的律师。1974 年"水门事件"爆发,尽管与此事无关,但他还是离开了白宫。里根上台后,重新把他请回白宫。这次他的工作范围比以前更为广泛。凡里根所需知晓的法律问题都问他,他自己也承认这个时候才是"真正的律师"。

美国总统的律师直接或间接地参与美国的政治、经济等活动,如关于国家的预算问题、税收问题、国家官员的任命问题等都有他的发言机会。律师主要从法律的角度论证这些问题的可行性,甚至还可掩饰总统工作与法律之间的矛盾。菲尔定的卓越贡献就在于:在最后 5 年的任职期里,为里根解决了 4800 个问题,其中 2500 个在实施前就得到了解决。

总统律师的任职期限没有明确规定。菲尔定每天要工作 12 小时,他认为自己在白宫工作时期最大的困难是"无法照顾自己的家庭"。1986 年 2 月,菲尔定离开总统,到律师事务所去工作。当有人问他是否准备写一本回忆录时,他作了否定的回答。

(原载《湖南法制报》1988 年 3 月 26 日)

7. 韩裔记者被骂"黄毛狗"以后

1990 年 5 月 3 日,美国《纽约新闻日报》的专栏作家、曾在 1966 年获普利策新闻评论奖的布士林,在他撰写的一篇有关论述妇女职业问题的文章里公开声称,他最讨厌担任社会公职的妇女,还说自己的妻子就是因为担任了纽约市议员而没有时间从事家务。

这篇文章明显地具有歧视女性的性质,与当时美国社会主张人人平等尤其是男女平等的舆论背道而驰,因此有不同观点是必然之事。该报的韩裔女记者吕智妍不同意布士林的做法,并通过报社的电脑系统向他及主编作了陈述。想不到布士林看到了吕智妍的文章后竟恼羞成怒,大肆谩骂,说什么黄毛狗不应汪汪叫,也不该指手画脚地干涉别人的工作,相反应像哈巴狗一样俯首帖耳地听话……吕智妍得知布士林的谩骂之事后,十分气愤,认为这是针对整个亚裔黄种人,而不只是对自己一个人的。亚裔各组织得知此事后随即作出反应,要求《纽约新闻日报》严惩布士林。

面对强烈的反应和对自己不利的舆论,布士林不得不于5月7日派人给吕智妍送去一封道歉信,还在同日的专栏里发表了一篇名为《这一次我的朋友"愤怒"指责了我》的文章,对吕智妍表示歉意。然而,这些还不是全部。5月8日,布士林在与电台记者的谈话中,表明他并无真正道歉的诚意。

该报主编福斯特对布士林的表现也表示了不满,并决定给他以停职停薪的处分。但是,美国社会对这一决定的反应并不一致。纽约第7频道的电视节目对此作了调查,结果是:54%的电视观众认为布士林该罚,而46%的观众则不这么认为。

(原载《青年报》1994年12月29日)

五、其他国家

1. 东条英机谋杀案

提起东条英机,人们不会陌生,他是个双手沾满人民特别是中国人民鲜血的日本战犯。但是,人们大概对东条英机谋杀案知之甚少,这里简要作个介绍。

1944 年夏天,世界反法西斯战争的胜利已成定局。面对末日的来临,日本法西斯集团内部也分崩离析,日本国内一些少壮派军人开始策划谋杀东条英机。在军内任职的石原、津野田、今田、浅原等军官和在警视厅任职的武术教师牛岛等人直接参与了这一事件。他们认为应该尽早结束战争,并迫使东条英机下台。为此,津野田少佐还在秘密起草的《对大东亚战争时局的看法》意见书里作了详尽的阐述。

但是,考虑到东条英机自动下台的可能性很小,于是便在 1944 年 6 月由津野田拟订了暗杀方案,其主要内容是:暗杀地点在东条英机出席内阁会议必经的祝田桥附近;使用的武器是一种叫"茶壶"的氯酸毒气,它在 50 米内具有绝对的杀伤力;为预防不测,由牛岛再带人进行阻击。此方案确定后不久,津野田便被派往中国的桂林作战。临走前,他关照牛岛待自己回国再行动。此事也得到了天皇的弟弟三笠宫等皇族成员的支持。

然而,不久情况突变,一是三笠宫等人生怕皇族也牵连进此事,改变了主意,派人急忙召回在中国的津野田,命其放弃谋杀计划。二是东条英机内阁 1944 年 7 月 18 日突然总辞职,谋杀已没有必要了。辞职的主要原因是日本人民的普遍厌战情绪及对此内阁的强烈不满。因此,这一谋杀最终未发生。

尽管东条英机已下台,但由于在调回津野田的过程中泄密和东条英机亲信的坚持,一些谋杀的策划人还是被追究刑事责任。其中,津野田被判处有期徒刑二年,缓刑二年;牛岛被判处有期徒刑一年,缓刑二年。罪名都是"紊乱国朝,阴谋杀人"。判决后不久,日本便宣布无条件投降。东条英机在战后被远东国际军事法庭以战争罪判处绞刑,1948 年 12 月 22 日晚,在日本东京市的巢鸭狱被执行刑罚。此案也就隐入历史之中。

(原载《青年报》1994 年 5 月 5 日)

2. 新加坡反腐败的招数

新加坡在经济快速发展的同时,反腐败措施也没有滞后,并为进一步促进经济的腾飞创造了一个良好的环境。那么,它有哪些招数呢? 本节稍作介绍。

新加坡规定,政府官员在被聘后,有申报自己财产的义务。申报的内容包括:股票、房地产及其他的利息收入等。他们的申报情况要被严格审查,以了解是否属实,是否有不法行为。

政府官员不可以自己职务为名向他人借钱。每个官员于每年7 月都要填写一份个人财务报表,申报自己的财务状况。如该官员的负债总和已超过 3 个月工资的总和,就被认为有"债务麻烦",应受审查。如有谎报,则受处分。

新加坡法律对政府官员接受礼品的金额也有明文规定。他们所收礼品的金额不可超过 50 美元。如是接受下属人员款待活动,必须报告这种活动的时间和地点,而且所花费用不能超过每人月工资的 2%。若是政府官员不便于当场拒绝收礼的,可事后上交。本人确需这一礼品,可核价买下。另外,任何官员都不准收受下级人员赠送的任何礼品。

为了防止政府官员贪污,政府采用高薪手段,给予官员高于一般平民的收入。他们也承认,自己的薪金是"世界上较高国家之一"。同时,还采用突击检查方式,及时掌握反贪污措施的落实情况,在制度上防止贪污行为的产生。

新加坡政府还不允许政府官员用自己的职务来帮助任何人签订业务合同或阻止合同的签订,也不允许通过自己的行为来索取酬金。与反腐败的需要相适应,新加坡还建了相应机构,反贪污调查局是其中之一。它是总理署的下设机关,拥有反贪污的权威,对任何官员都铁面无私。1986年底,该局发现原社会发展部部长有受贿嫌疑,对其进行调查,结果此部长畏罪自杀。

(原载《青年报》1994 年 4 月 14 日)

3. 法国错案种种

法国当代著名律师勒内·弗洛里奥曾做过一项统计:在法国的第二审判决中,有四分之一的第一审案件被宣布无效或得出完全相反的结论。也就是说,在这些案件中,一审判决是不正确的,甚至是错案。那么错案频生的缘由究竟为何呢?

审判前未作周密调查是造成错案的一个原因。有这么一位诚实的妇女,只是因为她的亲属相继死去而得到了一大笔遗产。然而,这却引起了周围邻居的惊动和怀疑。后来,在这些死去亲属的尸体上发现了大量的砒霜。于是,这位妇女被判重罪入狱。五年后,有关部门发现埋尸墓地周围的地下水含有砒霜,正是它才使这些尸体上留有砒霜。就因为少作了这一调查,这位诚实的妇女错蹲了五年牢。

过分地轻信被控告人家庭成员,也是造成错案的一个原因。

法国有些少女受家人的指使,诬告父亲侮辱自己,以使他们受罚。有个生活放荡的妻子带着十五岁的独生女儿离开了丈夫,去跟情夫同居。在正式离婚前,她为了得到自己的女儿,要女儿控告父亲侮辱了她,迫使他放弃抚养权。这位无辜的父亲因此而入狱一年多。法国农村还常有这样的事:在漫长的冬季里,孩子们受家人的唆使,到法院状告自己的父亲,至春暖花开时再撤诉,让父亲回家种地。

刑讯则是造成错案的又一个原因。法国警察使用暴力,迫使被刑讯者承认所谓的犯罪事实,这还不是个别情况。雷斯地区一度曾连续发生纵火案,警察虽四处搜寻,但罪犯就是没有归案。与此同时,当地居民对不能及时侦破此案的警察表示了强烈不满,指责他们无能。焦头烂额的警察一天收到告发材料,便逮捕了那些嫌疑犯。为了迫使他们认罪,警察使用了暴力。结果,他们的口供里都是:"我要向你们说实话,我承认我是罪人。我要讲我是如何作案的……"直至最后入狱时,监狱医生才在体检中发现了刑讯的严重后果。"瘀斑、伤口,甚至有一个人的衬衣上满是血迹。"由此,这批人才算被证明无罪。法国虽对警察有严格的训令,但使用暴力刑讯仍禁而不止,以至铸成错案。为此,弗洛里奥呼吁"要深入研究错案",以便从中吸取教训。

(原载《青年报》1994 年 3 月 10 日)

4.20 世纪最大的新闻诽谤案

1986 年英国的《明星报》刊登了一篇名为《妓女莫妮卡谈阿切尔——她认识这个男人》的文章,文中称英国保守党副主席阿切尔曾出 70 英镑与莫妮卡姘居。这一丑闻使这位资深副主席不得不含冤辞职。

阿切尔于 1940 年出生在英国的一个中产阶级家庭里,毕业于牛津大学。29 岁那年,便被补选为下院议员,这在英国不多见。1985 年撒切尔夫人任命他为保守党副主席,成为又一叱咤英国政坛的人物。想不到,一篇文章逼着他落入万丈深渊。

文中内容是有关阿切尔与妓女鬼混之事,但是真相却大相径庭。1986 年 9 月 8 日午夜,妓女莫妮卡在伦敦红灯区遇到一个名叫库尔萨的男人,后共同进了一家旅馆。当他们走出旅馆时,库尔萨发现有一辆停在门口的轿车里坐着"阿切尔",并把他介绍给莫妮卡。接着莫妮卡又与那个"阿切尔"再次进了那家旅馆。事后,那个"阿切尔"付给她 70 英镑。这件事引起了任电视节目主持人的库尔萨的兴趣,认为这种桃色新闻可为他赚得一笔大钱。于是,在"阿切尔"与莫妮卡有染之后的几个小时内,他便写就了一篇文章。接着,他就开始选择买主。几经周折,最后《明星报》刊出这一文章。

一年以后,撒切尔夫人在大选中获胜,连任首相,阿切尔立即向法院起诉,状告《明星报》诽谤,要求恢复名誉,并赔偿损失 100 万英镑。在法庭上,阿切尔的妻子几次作证,称她与丈夫的婚姻是美满的,不相信他会干那种不光彩的事。阿切尔大量举证,说明出事的那段时间里他始终与家人、朋友在一起,并否认见到过莫妮卡。阿切尔的律师则从莫妮卡的卖淫职业及其不良品行角度,论证她的话不可信。

1987 年 7 月 24 日,法庭作出判决,宣布阿切尔与妓女鬼混之事纯属捏造;《明星报》应对它的诽谤行为负责,赔偿 50 万英镑。这一金额是当时英国历史上最大的一笔诽谤赔偿金。

(原载《青年报》1994 年 12 月 5 日)

5. 蚂蚁线索

1978 年 8 月,希腊某市一位名叫皮克得的私人侦探在蚂蚁的活动中发现线索,并因此而侦破了一起盗窃案,为侦查史又增添了富有意义的一页。

此月的一天夜里,该市一家糖果厂的仓库被盗,其中的所有芝麻都不翼而飞。厂主无奈,只得请警方帮忙。可是,经过 10 余天的侦查,没有发现任何有价值的线索。后来,警察考虑到盗窃者可能会在市场上销赃,于是便到市场搜寻,但也一无所获。焦急万分的厂主只得求助于私人侦探皮克得。

皮克得接受此案后,到有可能隐藏这些芝麻的地方细心观察,期望从中发现可疑之处。不出所料,一天他在一个村子入口处的大树下发现一队蚂蚁,而且每个蚂蚁均驮着一粒芝麻。他对这一发现惊喜不已。通过这一线索,这位侦探顺藤摸瓜,终于找到了藏匿这些芝麻的地方,它是一个村舍的地下仓库。皮克得认定这就是他要侦查的地方,根据是蚂蚁所驮的芝麻与被盗的芝麻相同,而且这个村的村民根本不种这种芝麻。此时只距他接受此任务半个月。

皮克得当即电告厂主,厂主欣喜万分,立即与警方联系。警察在这个地下仓库里确实发现了工厂主的芝麻。经过对仓库主人的审讯,真相大白。原来,仓库主人勾结糖果厂的一个雇员与另外两个窃贼,趁夜色里应外合,盗走了芝麻。警方在得知皮克得的破案经过后,赞叹不已。这位侦探也因此而名声大噪。

(原载《青年报》1994 年 9 月 15 日)

6. 布里斯班感恩节的冰雹

2014 年 11 月 27 日是感恩节,我与 3 位同事出访澳大利亚的布里斯班市,正好遇到了一场大冰雹。

布里斯班属昆士兰州,而且是个"阳光州",每年有 300 天左右时间都充满阳光,天气晴朗,雨水不多。11 月正是初夏季节,最高气温在 30℃以上,人们都穿上短袖衣服。那天中午以后,天上多云,云团大块移动,天气逐渐变阴。这样的天气不常见。当我们走进街区后不久,突然大风骤起,雨水和冰雹同泻。

大风把大片树叶刮下,把一些轻质棚顶吹翻。冰雹有乒乓球那样大小,乳白色,随雨水直下,借助风力,加大冲击力,打在顶棚上发出咚咚的响声,掉落在地上还会反弹起来。很快地上一片白色,有点像刚下过雪似的。

街上的人们迅速躲进商店或商铺,在门口观看这场突如其来的冰雹。有人表现出惊讶,有人顺手捡落在地上的冰雹,也有人显露出兴奋,千姿百态。商店、商场的管理人员则开始繁忙起来。穿制服的人员大声疾呼,要人们远离门口的积水处,小心地滑,防止摔跤。清洁工则不停擦干地砖,清除积水。他们无暇观看冰雹景色,忙碌于本职工作。

冰雹持续了半个小时左右。此后的情景让我意想不到。一些商场的顶棚被砸,开始漏水,导致商场里出现积水;落下的许多树叶充斥道路,与积水混杂在一起,堵塞下水道,马路也积水。最令人意想不到的是,冰雹对路上的汽车造成了明显损伤。小轿车、大客车的车体被冰雹打瘪,防风玻璃被打碎,留下一个个大窟窿。我们乘坐的那辆丰田牌小型客车,车顶、车身都有不少瘪洞和划伤的痕迹;车后的那块大玻璃也被砸碎,露出一个大洞。驾驶员只好叹息,他说,我来布里斯班市 20 年,这是遇到的第二次大冰雹。

冰雹洗劫之后,城市秩序基本正常。下班时,尽管车辆出现拥堵,可人们还是开车或坐车回家。有些人在餐馆里照样过感恩节,大口喝酒,高谈阔论,餐馆里熙熙攘攘。第二天早上,积水退去,可马路上还是堆聚着许多树叶,一片没经打扫的样子。

这场大冰雹可以算是上帝给布里斯班感恩节的礼物。那里缺少雨水,冰雹可以滋润大地,缓解夏日的干燥,洗刷城市的尘埃,好处多多。可是,上帝也有过错,下手太猛,以致冰雹闯了点祸,给人们带来不便。这礼物的两重性十分明显。

（原载《新民晚报》2015 年 1 月 1 日）

7. 在澳大利亚感受法治

2014 年 11 月,有幸与 3 位同事一起出访澳大利亚,也感受到其法治,有了点体会。

澳大利亚是联邦制国家,每个联邦都有自己的立法权,所以每个州的法律不尽相同。我们去了两个城市,即悉尼和布里斯班。其中的悉尼市属于新南威尔士州,布里斯班市则属于昆士兰州。这两个州的法律就存有差异。比如,它们都有限制吸烟的规定,但具体内容有所不同。在悉尼,只要在露天吸烟就算合法。可是,在布里斯班,不仅要在露天吸烟,还要离开有顶棚之处 4 米以外,才算合法。另外,新南威尔士州规定,在夏季实行夏令时,有 1 小时之差;昆士兰州则没有这一规定,没有这 1 小时之差。于是,我进出布里斯班市时,两次调拨手表,以免因搞错时间而误事。还有,在税收等方面也有差异。难怪有个澳大利亚的律师就说,这给居民带来不便,特别是住在各州边境地区需要经常来往于两个州的居民。

形成这种差异的原因有多种,其中就有部分原因与各州的经济有关。一位澳大利亚律师解释说,新南威尔士州农业不发达,以工商业经济为主,实行夏令制可以节约一些能源;昆士兰州则以农业经济为主,农民对夏令时没有需求,也就没有规定实行夏令制了。

我在感受澳大利亚法治时,常常将之与中国的法治作比较,发现存在诸多不同。

第一,高速公路上限制行驶的车辆有所不同。在澳大利亚,没有规定摩托车不可在高速公路上行驶,因此可以看到不少摩托车在高速公路上与汽车一样向前急驶,速度也不比汽车慢。那里的最高时速为110公里,摩托车可以达到这一时速。在中国,摩托车就不能在高速公路上行驶,与澳大利亚的规定有些不同。

第二,对在餐馆用餐剩下食品的处理有所不同。我们一行人曾在悉尼的一个餐馆用餐,用完后有剩余食品,希望能给导游带回家,以免浪费。可是餐馆服务员禁止这种做法,明确告知这些食品不能带走,还说这是公司的明确规定。后来听说,这是餐馆生怕有人吃了带走的食品后生病,去找餐馆的麻烦,发生纠纷。即为了避免纠纷,宁可浪费,禁止把剩下的食品带走。在中国则不然。大家提倡清盘行动,减少、避免浪费食品,没有这种不可带走剩余食品的规定。

第三,法学专业毕业生的执业考试有所不同。澳大利亚法学专业的学生毕业后只能执业成为律师,这与英美法系国家的规定一致。而且,律师考试的通过率很高,考试的试题十分简单,毕业生无需担心通不过考试。中国实行的是司法考试,从事司法职业者都需通过这一考试,不管是律师还是法官、检察官。而且,考试的通过率不高,不到30%。可见,澳大利亚与中国的规定有诸多方面的不同。

澳大利亚自称法治国家,可是有些公民的法律素质往往跟不上,违法行为时有发生,而且还不是个别人,违规闯红灯就时有发生。澳大利亚城市的人行道两旁都有红绿灯,红灯停、绿灯行,这与中国的规定相同。可是,当红灯亮起时,经常有当地人不遵守规定,违规过马路,也不见有执法人员管理这事。那里的马路上见不到有交通警察在执法。我们一行人在路旁等待绿灯出现,很遵守交通规则。此时,我便感慨地说:"在澳大利亚,华人守法,'洋人'不守法。"同事们大笑,表示有同感。

当然,澳大利亚有些法律值得我们借鉴。悉尼和布里斯班都靠海,海洋资源十分丰富,海鱼非常多。我们在码头边上看到很多大鱼、小鱼。然而,去抓鱼就不行了,因为法律规定码头附近不得抓鱼。即使不在码头附近,也不能抓幼鱼,抓上来也要放回水中。从此规定可以感受到澳大利亚法治的科学一面。

（原载《上海法治报》2014 年 12 月 10 日）

第六章
家人与老师

此部分由我对家人与老师的回忆、纪念构成。每个方面都有自己独特的内容。

一、家　人

1. 母　亲

母亲徐耐秋（1922.8.30—1997.7.6）离开人世已整整一年了，可是我感到她似乎还活着。

母亲是个平凡的妇女，具有一般传统妇女的品德。慈爱是其中之一。她认为，作为一个母亲，其天职就是要把孩子抚育成人，并使他们成为有用之才。她是这样想的，也是这样做的。对于我们3个孩子，她倾尽了自己的爱心。记得在3年困难时期，国家困难，家里也困难，大家都吃不饱肚子。为了保证我们孩子的营养，母亲把家里最好的饭菜留给了我们，自己则吃最差的，常用豆腐渣、菜皮充饥，日子一久，便得了营养不良造成的浮肿病，我们家里就她一个人得这种病。还有一次，家里买了块新面料，母亲很喜欢，原打算为自己添条新裤子，可考虑再三，还是为我做了。她对我说："你要上班，应穿得像样一点，我在家里，穿旧的没关系。"至今，这句话仍萦绕在我的耳边。

　　母亲还有勤俭持家的品德。新中国成立以后,母亲为了抚养我们3个孩子,辞去了原来的工作,没有了收入。父亲在20世纪60年代初也病倒了,之后就长期病假,家里就靠父亲的"劳保"工资为生。可是,一家人却很和睦美满。这与母亲的勤俭持家是分不开的。她认为,勤俭是持家之本,持家必须勤俭,只有这样,一个家庭才会美满、幸福。所以,家里从不买价格昂贵的时鲜食品,孩子的"新"衣服是大人的旧衣服改作的,用旧布切成鞋底,等等。这样,家里花费不大,却还营养丰富、人人衣着整洁,像模像样。但是,这却苦了母亲,她学会了从做衣、做鞋到烹饪的所有家务活,一切都"自力更生",难怪邻居们羡慕母亲有这一手呢。

　　母亲除了有传统品德,还具有许多传统妇女所不具有的思想。她不迷信,也不信宗教。她认为世界上没有鬼神,也没有其他超自然力量,因此没有相信这些东西的必要。在母亲思想的影响下,我们家从不烧香拜神、点烛祭鬼。这对一个从旧社会过来的妇女是多么不易啊。

　　她还不断学习新事物,接受新思想。母亲生前经常称赞周总理把骨灰撒海的做法,并多次关照说,自己死后也要这样做。病重前后,她就反复嘱咐我们:"我活着的时候,你们都待我好,我知足了。我死后,骨灰不要保留,也去撒海。"母亲的这一遗嘱使我们做子女的十分感动,我们为有这样一位好母亲而自豪。

　　是良好的家庭环境培育了母亲的思想品德。新中国成立时,母亲已28岁,世界观已经形成,家庭环境对母亲思想的形成起了决定性作用。她出身于一个知书达理的家庭,她的父母均不拘泥于旧思想,不信鬼神,却重视教育,设法让孩子们上学念书。所以她和她的弟妹们都上过学、念过书,有文化、有知识。良好的家庭环境和教育影响了母亲一辈子。

而今,母亲虽已逝世,可她的思想品德正在并将继续影响着我们……

（原载《上海法制报》1998 年 7 月 10 日）

2. 剪　报

四年前的一个秋天,我照例去看望已退休在家的父亲王联群(1920.3.15—2000.5.15)。以往父亲见到我,总是热衷于关心我的工作,问长问短,似乎什么都有兴趣,还常为我取得的一点进步而高兴不已。可这天,所谈的主题是关于捐献遗体问题。

他开门见山地说:"我决定把自己的遗体捐献出去。"

我觉得有点突然,愣了一下以后便问:"为什么?"

"因为捐献遗体有许多好处。"接着,父亲把这些好处一一告诉了我。父亲可是第一次提起此事,他怎么会知道这么多? 我有点困惑不解,就问:"您怎么知道这些好处的?"

"从报上看来的。"说着还拿出几张有关捐献遗体的剪报。

我早就知道父亲喜欢看报、剪报,可剪报会对父亲的生活产生这么大的影响,令我始料不及。父亲谢世后,在整理他留下的剪报时,我终于恍然大悟。可以说,父亲的后半生与剪报结下了不解之缘,剪报成了他每天生活中的一个组成部分。不仅如此,剪报还对父亲的人生产生了积极影响。

父亲自 1963 年病倒以后,行动一直不便,很少外出,房间成了他日常活动的"地域"。平时怎么度日? 经过一段时间的摸索,他渐渐找到了一种自得其乐的办法——剪报。他每天都要看《解放日报》《文汇报》《新民晚报》等多种报纸,当发现有感兴趣的内容,便剪下保存。日积月累,存下的剪报便有了一大袋。

父亲的剪报分门别类,整齐地粘贴在空白的练习本上,有政治学习资料、人生哲学名句、养生之道、各种图片等。这些剪报都曾在他的人生道路上产生过很大作用。他十分喜爱人生哲学名句，剪报中有许多属于这类，如"宽容为怀""坚信是治疗之本""对己糊涂,对人热心""遇事不愁,顺其自然"等。以这些名句为座右铭,他不断提高自己的修养水平,与家人、邻居和睦相处,邻居们都称赞说:"王家伯伯是好人。"养生之道类的剪报也是他十分喜欢的。剪报的栏目有"卫生与健康""医生的忠告""医药顾问""老人天地"等,内容涉及最新的医学动态、时令保健常识等。父亲从中吸取了许多养生知识,并为自己所用,因此尽管他生病达30余年,可生活质量依然不低,病情稳定了很长时间。各种图片是留作自己欣赏的,有上海浦东全景、都江堰鸟瞰、开口笑、牧笛等。他从中寻找乐趣,陶冶自己的情操。

剪报伴随了父亲后半生,同时又折射出他的人生。父亲已逝,剪报仍存。每当我看到这些剪报,就好像见到父亲一样……

（原载《劳动报》2000 年 9 月 10 日）

3. 父亲与母亲

父亲与母亲都已谢世十余年,可他们的身影仍常萦绕在我的脑海中,关于他们的许多往事还是记忆犹新。

在我的记忆中,父亲与母亲的一个很大差异是他们的性格脾气。父亲是个慢性子,讲话慢条斯理,做事不急不躁,尽管效率不高,但质量蛮好。母亲是个急性子,讲话做事都风风火火,效率很高,立竿见影,让人感觉很爽。他们分别做自己的事,相安无事;如果要搭档做什么事,母亲常嫌父亲太慢,催着要快一点,为此,还会发生口角,甚至面红耳赤。

然而,父亲与母亲还有一些相似之处,都拥有相似的品格,这些更值得我怀念。这些品格又外化为一些具体事情,在我的记忆中,以下这些事情印象特别深刻。他们都感恩新社会。这是他们经过新、旧社会的对比而切身体会到的。父母亲出身的家庭都是工薪阶层。旧社会常有失业风险且无社会保障,一旦失业,家里就经济拮据,还会揭不开锅,要愁生存问题。新中国成立后,家里的工作、收入都有保障,不愁生存问题。尤其是父亲在 20 世纪 60 年代后身体不好,长期病假,可生活仍有保证,家里从没有因为生存问题而发愁过。对此他们深有感触,也常对我们 3 个孩子说,还是新社会好,要感谢共产党;要是在旧社会,早就家破人亡了。

他们都善于接受新事物。改革开放以后,中国的新生事物层出不穷,他们都善于接受这些事物。年事渐高后,父母亲都考虑了自己的后事。他们都表示不要买墓地,愿意采用新的处理方式。最后,父亲选择了遗体捐献,母亲选择了骨灰撒入大海。对此,他们还专门作了解释,认为这样的处理好处多多,既利国利民,也利于我们后代,省去每年扫墓的时间和精力。他们最后也如愿以偿。我们对父母亲的这种选择都非常佩服。在 20 世纪 90 年代他们就作出这样的选择,对从旧社会过来之人,实不容易,可他们做到了。

他们都对家庭十分负责。父母亲对家庭事务有所分工并共同对家庭负责。父亲有份比较稳定的工作,尽管工作岗位有所调动,但都在上海的企业和机关,收入稳定,而且不低,可以扶养一个五口之家。养家糊口是他的重要责任。母亲为了抚养我们 3 个孩子,虽也曾上班工作过,但多数时间在家里操劳,是个称职的家庭妇女。她勤俭节约,不仅自己做饭烧菜,还会裁衣做鞋,把家里打理得有条不紊,使父亲的收入发挥最大的效用。我们 3 个孩子除了穿的皮鞋等少量用品是买来的,衣裤全是母亲自己缝制,式样也会赶上潮流。为此,邻居们常会称赞母亲的手艺,说她聪明能干。

父母亲的负责与分工使我们孩子受益。从童年开始,便幸福地成长,在生活上没有遭受过大的坎坷。

他们都重视教育孩子。父母亲都重视家教,教育我们走正路,不走邪道,使我们从小就接受比较好的家庭教育。记得在很小的时候,他们就教育我们见人要有礼貌,主动打招呼,叫声"阿姨""叔叔"或"外公""外婆"等;别人送给我们东西,不能轻易接受;就是接受了,一定要说"谢谢"。我们长大了,他们又教育我们要学习模范人物,追求上进,董存瑞、黄继光、雷锋、王杰等都是我们学习过的榜样。这种良好的教育对我们以后的发展都非常重要,我们受用一辈子。

我出生于1950年,从小耳濡目染于父母亲的一言一行。他们虽不是什么大人物,但他们的一些优良品格却深深烙印在我的脑海中,成为我处世待人的一个重要参数。那个时代不是法治时代,大家也不具备法律素质,可这些品格都属于法治的基础性品格。如今,中国正在全面推进依法治国,加快建设社会主义法治国家,父母亲的这些品格仍不可或缺,而且还会有利于转化、提升为公民的法律素质,做一个守法公民。我想,父亲母亲今天还在人世的话,肯定都会是合格的守法公民。

(原载《上海法治报》2015年6月1日)

4. 一位受人尊重的火车司机

30余年前,我幸运地结识了一位火车司机,受人尊重的火车司机。

他属于新中国自己培养的最早一批火车司机。新中国成立以后不久,他就背井离乡,到东北读书、培训。毕业后,调回上海工作,长期供职于上海铁路局机务段,驾驶的是货车,蒸汽机头的货车。他在一生中,都受人尊重,这给我留下的印象特别深刻。他不仅受到家人的尊重,还受到同事、同行的尊重。

严守工作规则是大家尊重他的重要原因。蒸汽机头车较难控制,稍有疏忽,就易出事故。火候的调控、锅炉的水位、行车的速度、到站的时间、停靠的位置等,都容不得有一点马虎,唯有严格遵守工作规则,方能避免不测。他严守这一规则,行车几十年如一日,从不出事故。为此,多次获得荣誉称号,成为安全行车的标兵、同行学习的榜样,受到大家的尊重。

安全行车除了要严守工作规则以外,还需有过硬的技术,这是他受人尊重的又一个原因。任火车司机前,他曾接受过专门的学习、培训,专业知识比较扎实。工作以后,又善于琢磨和研究,技术水平提升较快。长年的技术积累和提高,使他驾轻就熟。不管天气情况怎么恶劣,工作任务多么艰巨,行车路线怎样复杂,他都能一一应对,游刃有余。按时停靠车站是他每天都需做的功课,也是必须认真做好的功课。他成功了。既令人羡慕,也受人尊重。

驾驶蒸汽机火车是一个小团队。除了司机外,还有副司机、司炉工。只有大家各司其职,又协调一致,火车才会按时启动,正常运行,准点到达。其中,司机的工作最为辛苦。他要启动车头,掌控速度、观察前方路况、准确停靠站台……就是刮风下雨也要坚持,不可三心二意。蒸汽机头没有前方的玻璃,观察窗在车头的两边。为了要看清前方的道路,必须伸出半个身子,侧身露头。长年累月,身体要经受住阳光暴晒、风吹雨淋的考验,肩痛等职业病往往不可避免。不仅如此,司机还要协调好与副司机、司炉工的关系,如同船长、机长与船员、乘务员一样。这位火车司机不仅自己以身作则、身先士卒,还能带好一个团队,这是他安全行车几十年如一日的重要原因,也是他受人尊重的一个方面。

退休前,这位年迈的火车司机被调到培训部门工作,当起了教师,培训新学员。由于专业知识扎实,行车经验丰富,技术过硬,再加上思路清晰,语言生动,他的讲课深受学员的欢迎,也得到同行的首肯。驾驶火车中,十分关键的一个程序是准确停靠站台,货车也是如此。停靠位置不准确,装货、卸货都会成问题,甚至被搬运人员埋怨。蒸汽机火车要准确停靠站台比较困难,因为车头本身不易控制。这位火车司机结合自己长年积累的经验和技术,把这一程序讲得特别精到,减速、慢行、刹车等每个过程都讲述得通俗易懂,便于操作。这种精辟的授课使学员们受益匪浅,他自己也十分高兴。能把几十年来积累的驾车体会传授给学员,使大家受惠,他也有成就感。

这位受人尊重的火车司机就是我的岳父陈祖绳先生。他已于2012年7月7日谢世,终年84岁。他那音容笑貌和受人尊重的印象,将永远铭刻在我的心中。

(原载《上海法治报》2012 年 8 月 29 日)

5. 女儿与自学考试

女儿王胤颖在 2000 年考入上海的一所著名政法学院,学习法学专业,方向是国际经济法。

从高中进入大学以后,学习方式变了,课也少了,不像高中那样每天的课都安排得满满的,一般一天中只有半天的课,另外半天则是自修。这时,她就有点不习惯,往往不知干什么。其实,这半天对一个本科生来说十分重要,因为学生可以充分利用这一段时间学到许多在课堂里学不到的新知识,几年下来,学生之间的知识差距就会因此而拉大。

于是,我就找她谈,告诉她,在激烈的竞争面前,复合型人才往往具有优势,应该充分利用课余时间多学点新知识,成为这种人才,而自学考试是一种好办法。它既可以使人通过自学的途径学到新知识,又可以通过国家考试的形式来检验自己的学习结果。她赞同我的看法,于是便选择了对自己学习专业较为有利的英语专业。

从那以后,她非常关注自学考试的情况,把报名时间、考试时间、考试科目、教科书等都牢记在心。经过一段时间的准备,她先后考了两门,而且都是一次就通过。看着自己的单科证书,女儿喜形于色,万分高兴。自学考试给了她额外的乐趣。

自学考试也促进了她在学校课程的学习,英语的四、六级考试,她都顺利通过。而且,自学考试还有补充作用。在自学考试中有一门是口语课,而在学校和国家组织的考试中则没有这门课,所以她就利用各种机会练习口语,提高自己的口语能力,弥补学校学习的不足。关于这一点,她深有体会,常说自学考试可以与自己的在校学习互动。不仅如此,外语水平的提高,也帮助了她增强实践能力。去年,学校举行了五十周年校庆,来了五十多位外国法学院的院长和教授,其中绝大多数人会说流利的英语。她作为志愿者参加了这批外国客人的接待,用较为熟练的英语为他们服务。接待以后,她还常给我讲一些接待中的趣事。经过与她的交谈,我发现她的英语水平确实长进不少。这与自学考试密切相关,是自学考试助了她一臂之力。

女儿已是一位在校本科生,不存在文凭与学历问题,她参加自学考试完全是为了求知,为了学到更多的知识,把自己培养成为一个复合型人才,以后可以更好地为社会服务。这与社会上许多参加这一考试人员的目的不完全相同。她把自己的这一想法写成《寻找另一片蓝天》一文,发表于上海的一家报纸。不久前,在庆祝全国自学考试二十周年之际,上海人民出版社出版了《春华秋实二十载》一书,来纪念这来之不易的二十年。此书也把她的《寻找另一片蓝天》收录进去,作为"甘苦篇"的一部分。上海一家电视台还因此采访了她,并播出了采访的内容。她看到自己在电视中的形象,成就感大增。

有了成就以后,她参加自学考试的积极性更高了,最近她表示要加快自学考试速度,争取多考几门课,多学点英语知识,把寻找另一片蓝天变成得到另一片蓝天。

(原载《新民晚报》2003 年 5 月 28 日)

6. 女儿支教回来

2012 年 6 月底,女儿支教回来,全家团聚,由衷高兴!

女儿读书还算可以。既在华东政法大学学完法学学士和法学硕士,又在美国威斯康星大学麦迪生分校攻读完法学硕士和法学博士(J.S.D)。2011 年 12 月,学成回国,我们家有了洋博士、小海归。我和她妈妈都希望她能找到一份理想的工作,安顿下来,有所作为。可是,想不到她竟提出要去支教,我们真的感到意外,随之而来的是担心。

这种担心不是没有道理。第一,担心安全。支教的地点在湖南西部,也就是湘西。这地方过去土匪出没,治安混乱,尽管现在已解放 60 多年,可我们心里还是有点发怵,生怕一个女孩子在那里不安全。第二,担心生活。支教的地方远离城市,穷乡僻壤,生活艰苦。女儿长期生活在上海这样的大城市,回国前还在美国生活过 4 年,条件都非常好。支教的地方可是在农村、山区,生活条件怎能与大城市、美国相比,生怕她过不惯。第三,担心工作。女儿从小学开始,读书不断,一直到博士,虽有过实习经历,可从来没

393

有教过书,没有当教师的经验。而且,这次支教的对象还是小学生,真担心她会受挫。我们把这些担心向她坦露了。

可是,她支教的决心很大,这些担心都动摇不了她的决心。她也向我们讲了自己的想法,与我们交流,认为支教是社会的公益事业,应该为大家所关心、支持,这好比是一座大厦,人人都可为之添砖加瓦;自己可以利用还没有找到工作的这段时间去支教,而且时间上正值一个学期的开始,支教一个学期没有问题;支教的过程也是自己了解中国农村乃至全面知晓中国社会的一个过程;还让我们不要为她的安全、生活和工作问题担心,任何困难都可以克服;等等。在交流中,我发现她的价值观已有所变化,更多考虑的是解决社会均衡发展的问题、公益事业;更多着眼的是个体为社会的付出和贡献;更多的是去发现自己可以为社会干什么,而不求回报。支教的事实证明,她的这些想法是正确的。

我们对她去支教的态度也从开始时的尊重她的选择,转为支持她的支教工作并当好后援队。一旦她需要什么帮助,我们及时提供。为了不使她分心和担心,我前不久动了一个不小的手术,在医院住了 20 余天,也没告诉她。这也算是对她支教的一个支持吧。

在她支教期间,我们经过通信,逐渐对她支教的情况有了一些了解。那地方在靠近广西的湘西农村,上海过去单程路途要花 2天。先从上海坐飞机到广西桂林,再从桂林坐大巴 4 个多小时到达县城,然后换乘小巴加步行,也要 2 个多小时才能到达那所小学。这是一座希望小学,在山上,学生不寄宿,每天来回走。女儿住在学校,条件十分艰苦,房屋是用木板钉的,四面通风;厕所简陋,十分不便;很长时间没有热水器,无法洗澡。一天三餐要与其他教师合做,能够保证的是"三白"即白米饭、白菜、白萝卜。女儿想方设法挺过来了。

女儿的教学任务有主课和辅课。主课是英语课,为一个年级的学生上,每天都有课,内容包括单词、语句、语法等,反正一人全包了。这座小学特别缺英语老师,女儿正好补缺。如果没有英语教师,那里的英语课就不开了,受损失的是学生。她从小英语学得不错,成绩也蛮好,又在美国4年,学完法学硕士、博士,教英语不在话下。辅课是音乐课,不分年级,大家娱乐快乐。功夫不负有心人,女儿尽心尽力地教学,总算有了个好结果,期末英语考试,她带的班考上全乡第一。听到这个消息她很高兴,我们也为她而高兴。

想不到的是,女儿这次支教过程中还出了个副产品,为此她有了点小名气。2012年5月,浙江卫视的中国梦想秀节目,邀请她与其他老师、学生一起去做了档节目。节目中,她表达了希望有更多人士来支教的梦想。主持人还专门介绍这位是留美法学博士,回国后放弃优越的城市生活到艰苦的地方去支教。这得到了在场观众的首肯,300人投票,中了298票,高票晋升。之后,又得了公益快乐奖的提名奖。在做这个节目期间,浙江电视台的另一个频道还专门采访了她,请她讲讲支教的感受。三次在浙江的电视节目露面,女儿一时有了点小名气,与她联系的电话也多起来了。回到上海后,东方卫视也找她去录节目,影响又有了点扩大。这是她在支教前所万万没有想到的。不过,她很坦诚,觉得为支教、公益事业作点宣传也是件有意义的事。

女儿支教了一个学期,经历特殊,故事不少,在她人生中可算是不平凡的一页,在我们家中也算是件不大不小的事了。

(原载《上海法治报》2012年7月18日)

二、老　师

1. 感谢恩师的接纳和栽培

王召棠教授是我的硕士研究生导师,也是恩师。他接纳了我这个学生,使我有机会到华东政法学院(2007 年改名为华东政法大学,以下简称华政)攻读中法史硕士学位,成为一名真正的硕士研究生,再加上进校后的栽培,从此人生发生了重大转折,才有今天的成绩。我要衷心地感谢王师的接纳和接纳后的栽培。

我喜欢读书,可是在进入华政以前,一直未能入轨,所接受的教育,要么是非高等教育,要么是不完全的高等教育。而且,这一切都没与中法史沾边,王师能接纳我这个学生实不容易。我是"老三届"中 66 届的初中生,初中毕业那年正好遇到"文化大革命",没有了进入高中学习的机会。两年以后,即 1968 年,我被分配到上海热加工机械厂,作为一名钳工,每天与榔头、锉刀等工具打交道。那时,虽然没有进一步读书的机会,可追求读书之心不死。1972 年开始,我便离开工厂到上级公司的团委工作,之后又有工作调动,都从事管理工作。虽然离开了做工的第一线,但仍然无法上学读书。1977 年初,总算有机会到华东师范大学政教系的哲学研究班(试点)读书,当上了一名工农兵研究生,可这仍是"文化大革命"时的教学,专门学习马克思主义哲学的原著,导师也认真教学,收获不小,不过这还是一种不完全的大学教育。学习期间,没有外语课程,也不安排除了哲学以外的其他课程,实际是一种片面、不科学的大学教育。而且,当时把工农兵大学生和研究生都认定为大专,毕业以后的安排和待遇都以大专来论。

1979 年春天,从华东师范大学毕业以后,我被分配到华东师范大学分校教马克思主义哲学课程。那是一所工科学校,学制是 4 年制本科,学校把这门课当政治理论来安排,每周上 4 节课,一个学期学完。由于在毕业前我已整整学了两年的这门课程,所以要完成教学任务不成问题,工作也能胜任。可是,我戴了一个"工农兵"的帽子,又是一个大专学历,在恢复高考后大量招生的情况下,每天都面对本科学生,压力不小。于是,要改变这一状况,使自己成为一个没有"工农兵"帽子研究生的愿望十分强烈。

要改变这一状况,对我来说不容易,主要是因为报考研究生的竞争对手以恢复高考以后的本科生为主。与他们相比,我的底子薄,竞争资本不足。可是,要再读书的愿望成了我报考研究生的动力。在这种情况下,有得有失不可避免,于是集中精力自学、补课,妻女也都很支持,减轻我的家庭负担。另外,我婉言谢绝了一切管理工作,包括担任校团委书记的工作。1982 年的入学考试还算顺利,在华政向全国招收的所有学科加起来的 8 人中,我考了第 3 名。可是中法史仅招取 2 名,3 名考生过了分数线,我是其中的第 2 名,即有 1 名需转学科。与其他 2 名考生相比较,我没有优势,他们都是高考恢复以后读的大学,而且都是中国史专业,与中法史十分接近。他们被录取为中法史硕士研究生顺理成章。

对于这一切,王师心知肚明。从以后发展的角度来考虑,他首先听取我的意见,告诉我宪法学科还有 1 个名额没招满,需要从中法史转 1 名考生过去,考虑到我过去学的是哲学,教的又是政治理论课,比较对口,是否愿意转到宪法学去攻读硕士学位。这时,我对中法史却有了一点基础和爱好,于是便很快回答仍愿意读中法史。在这一关键时刻,王师还是接纳了我,把考第 3 名的那位考生转到了宪法学。现在回忆起近 30 年前的这段往事,感慨万分。正是因为王师的这次接纳,这年我终于如愿考入华政,开始攻读中法史硕士学位,成为一名法学研究生,真正的硕士研究生,不戴"工农兵"帽子的研究生。这可是一次入轨的研究生教育,为我以后学术上的发展奠定了坚实的基础。如果没有王师的接纳,我便会受到挫折,学术研究的道路也不会这么平坦。我从心底里感激王师的接纳。接纳我以后,王师没有歧视我这个中法史基础较差的学生,而与其他学生一样对待。在上课安排、考试、论文指导等方面都一视同仁,使我能在读研究生期间不断有长进,能独立完成中法史的学术论文。中法史是华政首次可授予硕士学位的学科之一,自1981年招收研究生,至1983年王召棠教授已招收研究生满3届,在校学生已有近10人,教学任务已不轻,另外还兼有校工会主席等工作,比较繁忙。可是,他在百忙之中关心每个学生,包括我,使我能在3年中完成学业,与其他同学一起毕业。我要万分感谢王师接纳后的栽培。

毕业后,我与其他同学一样留在华政的法制史教研室任教。此后,王师仍关心我的发展。1990年初,我将年满40岁。根据当时的规定,博士研究生招生的最后年限是40岁。也就是说,此年是我可以报名攻读博士学位的最后一年。再三考虑,我决定报考,再上一个层次,攻读博士学位,而且没有舍近求远,选择了再回到离华政很近的华东师范大学攻读史学博士学位,导师是吴泽教授。他是一位史学大师,知识渊博,思路开阔,理论根底很深,史论结合得十分成功。成为他的学生后,同样大有收益。在学期间,我的学术眼界有了拓展,有了把中国古代法制与文化联系起来考察的想法,其中之一是,把阴阳五行说与中国古代法制的结合研究。一次,我来华政,正好遇到王师,就说起自己的这一想法。他听说后十分认同,认为值得深入研究,而且中国法制史与文化的结合研究是一个可以深入研究的领域。在他的鼓励下,我查找了不少资料,首先写就了《阴阳五行说与法律文化》一文,于1990年2月27日在《文汇报》上发表,同年第5期的《新华文摘》全文转载。此后,我又撰写了《阴阳五行说与我国古代法律》,在1994年第1期的《法学评论》上发表,被曾宪义教授主编的《法律史研究在中国》一书收录。

博士研究生毕业后,我回到原来的教研室工作。此时,我完成了学历教育的任务,也结束了长时间再学习的经历,开始全身心投入教学与科研。除了必须坚守行政管理的工作岗位外,我集中精力,从事教学和科研,很少参加娱乐活动,也不浪费时间,不辜负王师的接纳和栽培,勤奋耕耘。经过10余年的努力,取得了一些成绩。如今已是博士研究生导师和博士后合作导师。近年来,多次被在校学生评为"我心目中的十佳教师"。国家精品课程《中国法制史》的负责人、国家级教学成果二等奖的获得者、马克思主义理论研究和建设工程《中国法制史》的首席专家、当代中国法学名家、上海市高校名师、上海市领导人才等。由于年龄的原因,2011年1月10日,我正式从副校长岗位上退下来,成为一名全职教授,有更多时间和精力可以投入教学、科研工作。今后,我仍会很珍惜王师的那份接纳和栽培之情,为中法史的学科建设再贡献自己的一份力量。

（原载《王召棠法学文集》,法律出版社2011年版）

2. 深切怀念恩师王召棠教授

王召棠(1926.3.21—2017.2.9)教授是我国著名的法律史学家。他1951年毕业于安徽大学法律系的法学专业,不久便进入中国人民大学法律系法制史教研室攻读研究生,从此与法律史学结下了不解之缘。王召棠教授的重点研究领域是中国法律史,其在此领域也成果丰硕。其中,在中国法制史、唐律、魏晋南北朝时期法律思想研究等方面,都有力作,多有创新。

王召棠教授是我的硕士研究生导师,也是我的恩师。他于2017年2月9日12点18分在上海市第六人民医院去世,享年91岁。生前曾任华东政法学院(现华东政法大学)法律系主任,法律古籍研究所所长,校学术委员会委员,校工会主席,法律史研究生导师;曾兼任中国法律史学会第二、三、四届副会长,上海市法学会法理法史研究会总干事等职。1992年起享受国务院政府特殊津贴,1996年退休,1999年获华东政法学院功勋教授荣誉称号。王召棠教授为我国的法律史学、法律史教育与法律史理论发展都作出过很大贡献。他的去世对我国法律史学界乃至法学界都是一个巨大损失,我们失去了一位著名的法律史学家、法律史教育家和法律史理论家。

(1)笔耕不辍,学而不倦

唐律研究是王召棠教授的一块宝地,他长期辛勤耕耘,成果不少。《唐律解释:〈唐律〉的“疏议”》(1982年)、《唐律的罪与罚》(1982年)《唐律·盗贼》(1982年)、《论〈唐律〉和〈唐律疏议〉的价值》(1985年)和《我国法律历史文献中的瑰宝——〈唐律疏议〉》(1986年)等,都是其中的代表作。《论〈唐律〉和〈唐律疏议〉的价值》一文也对《唐律疏议》的制作年代进行了研究,认为主张现存《唐律疏议》为《永徽律》或《开元律》的观点都失之偏颇,提出并论证了“唐律的《律疏》是永徽三年制定的,而现存《唐律疏议》则是开元修订以后的,这是不可否认的事实”的观点。这一观点更为客观,更易为人们所接受。魏晋南北朝时期法律思想是王召棠教授涉足的另一个领域,也有一些值得点赞的成果。代表作有《玄学法律观在法律思想史中的地位》(1990 年)、《魏晋南北朝时期法学专题》(2000 年)、《魏晋律与魏晋律学家的法律思想专题》(2000 年)和《魏晋玄学家的法律思想专题》(2000 年)等。《玄学法律观在法律思想史中的地位》一文认为,魏晋时期兴起的玄学在中国延续了 300 余年,"玄学家在论证自己观点中,对正统的礼法制度进行了充分甚至无情的揭露,总结了封建政治和礼法制度得失,对推进封建法律思想的发展提供了有益的启发"。这一对玄学法律思想地位的概括性表述甚为经典,意味深长。王召棠教授还有以下著作:《中国法制史》(1982 年)、《中国法制史纲》(1986 年)、《中国法律制度史》(1987 年)、《简明法律史辞典》(1987 年)、《唐律疏议译注》(1987 年)和《王召棠法学文集》(2011 年)等。

除了中国法律史外,王召棠教授还研究过外国法律史,20 世纪 80 年代发表了《(古)罗马法史专题》《法国民法史专题》《德国民法史专题》等研究成果。

(2)呕心沥血,桃李遍布

王召棠教授是我国著名的法律史教育家,为我国法律史教育的发展作出过很大贡献。他是新中国成立后培养的第一代法律史研究生,毕业后长期坚守在法律史教育的阵地上,成为新中国法律史学奠基人之一。1952 年研究生毕业后,先在中国人民大学法制史教研室任教,1954 年调到了新建的华东政法学院继续任教。1972 年华东政法学院撤销后,被分配到复旦大学国际政治系西欧政治教研室工作。1979 年华东政法学院复校,他再一次回到华东政法学院并筹建法制史教研室,成为学校法律史教育的开创人。

此后,他转向中国法律史教育,直到退休。

王召棠教授坚持给本科生上课,受益学生无数。1979 年,华东政法学院复校招收第一届本科生时,中国法制史的教学从零开始,困难重重。他亲力亲为,从教师引进、拟订教学大纲、编写教科书、为学生答疑到命题考试等一个个困难被解决,样样都有条不紊地进行。为了本科教育,王召棠教授作出了极大的努力。有学生回忆:"那些年,王教授经常坐在办公室做研究、备课。我经常看到办公室的其他老师都回家了,只有王教授一个人坐在那里,差不多一年四季都是如此。"他对教学极其负责,经常深入学生宿舍,与学生促膝谈心,听取学生对教学的意见,并鼓励他们学好法学,为国家的法制建设作贡献。

王召棠教授在复旦大学工作期间就开始招收研究生,回到华东政法学院以后,从 1981 年起继续招收研究生,成为学校第一批研究生导师。他为研究生教育同样呕心沥血,不厌其烦,诲人不倦。一位研究生回忆:"我和同学有时上王老师家讨教问题,他总是不厌其烦地给我们讲解。"我自己也深有体会。我在报考华东政法学院的中法史研究生前,法学与中法史的基础都比较差,是个只学过两年哲学的工农兵研究生,进校以后,王召棠教授因材施教,从加固我的基础开始,孜孜不倦地教诲,逐渐把我引入中法史的殿堂。

(3)鞠躬尽瘁,世通中外

王召棠教授还是我国著名的法律史理论家,对法律史理论的发展作出过很大贡献。他对法律史理论很有研究,并将之贯穿于教学与科研中,其中包括法律史中的法律意识、法系等。在 20 世纪 70 年代授课时,他就非常强调法律观念在法治建设中的作用。

他认为,西方近代法治的确立,都伴随过一场文艺复兴一类的启蒙思想运动,法律观念的更新不仅作了法律变革的前导,而且持续了长久的探讨、传播和教育过程。可以说,没有法国 18 世纪启蒙思想运动,就很难有《拿破仑法典》这样典型的商品经济法典;再往前追溯,没有古代希腊的民主、自由法律意识的启导,罗马私法也未必能得以顺利发展。近代中国的问题是,法律观念的更新尚未普及和深入,就进行了法制近代化,许多问题便滋生出来了。在加强社会主义法制建设中,要充分重视法律观念的转变及法律制度与培养法律意识的相互配合。这些关于法律史中法律意识的论述至今都十分有价值。

（4）精神永存,造福后人

王召棠教授为我国的法律史学、法律史教育与法律史理论发展作出很大贡献与他不懈求学、打下厚实的知识基础有密切关系。

王召棠教授 1926 年 3 月出生在浙江省东阳市六石镇西后里村的一户殷实人家。那里山清水秀、人杰地灵、人才辈出,有"教授之乡"之称。受当地读书环境的影响,他幼年时就开始识字,读的是中国古典文章、诗书,还要习写书法。13 岁那年到东阳的中学读书,不久转入宁波中学。1942 年日寇侵占宁波以后,宁波中学解散,又转入昌化就读。1947 年被安徽大学政治系录取,翌年转入法律系法学专业。1951 年毕业后,他依然选择深造。经过在南京大学为期两个月的集训之后,被保送到中国人民大学法律系,进入研究生学习阶段,直至毕业。王教授的求学之路很不平坦,多经波折,但他的求学之心十分坚定,终于从一个孩子成长为具有研究生学历的知识分子,这在当时难能可贵。在我们的老师辈中,像王召棠教授那样具有研究生学历的实在太少了。

王召棠教授出生后不久,父亲便病逝,家庭的经济就此逐渐拮据,只是在哥哥的操劳之下,才勉强维持生计。王召棠教授的求学道路并非无后顾之忧,他十分懂事,平时生活勤俭节约,能省则省,为了求学,再苦也坚持下去。直到进入中国人民大学,王召棠教授才无忧无虑。学校实行供给制,衣食无忧,只要认真学习就行。正如王建东教授所言:"在中国人民大学的几年,对于喜爱读书的王召棠来说是最幸福的几年,既能读书,又不用为生计担忧。"

长年累月养成的不懈求学的习惯伴随着王召棠教授一辈子,在求学期间是如此,功成名就以后依然如此。他被评为教授以后,仍以书为伴,看书成了他生活的一部分,即使在退休以后还是这样。退休以后,有了更多看书时间,他的退休生活也就是看书的生活,直到病重。他的儿子回忆说,爸爸一生喜爱看书,天天看书,爱不释手,直到病重无法看书为止。王召棠教授看的书籍包括史学、法学、经济学、政治学、社会等。这种看书其实就是一种学习,一种研究,一种追求,一种精神,值得我学习。

虽然王召棠教授已经离开我们,但他的著述、精神永存人间,造福后人。

(原载《法制日报》2017 年 2 月 22 日)

3. 不忘恩师的教诲

陈鹏生教授是我的老师,也是恩师。1982 年,我考入华东政法学院攻读中国法制史的法学硕士学位以后,就受到陈师无微不至的关怀,许多教诲使我受益终身。至今,有些教诲仍历历在目,令我永远不会忘记。

首先,陈师教诲我,要学好马克思主义哲学,用这一哲学来指导自己学习和研究中国法制史。他这样要求我,首先是以身作则。

虽在20世纪50年代毕业于法学专业,可在"文化大革命"结束回校任教前,陈师有过一个在大学里执教马克思主义哲学原理的经历。他精通这一哲学,也自觉地运用其中的原理分析、研究问题。这在那个年代十分不易。"文化大革命"以后,一度出现过信仰危机,再加上各种西方的非马克思主义哲学理论传入中国,对马克思主义哲学的冲击很大,以致有些学者在学术会议上宣称马克思主义的方法论已经过时,应用"新三论"和"老三论"取而代之。可是,陈师则坚信不疑,而且还教诲我,不仅要学好这一理论,还要运用好。事实证明,这完全正确。记得在一次全国性的中国法律史学术会议上,有个中国法制史的同行告诉我,他曾在大学里研究过"新三论"和"老三论",还撰写过相关论文,可是最后发现它们都没有超过马克思主义的方法论,因为马克思主义的方法论是最高层次的方法论。这从一个侧面证明,陈师的坚持有理,令人佩服。

陈师能这样教诲我是因为他有研究,而且还有成果,深有体会。他在《马克思主义与法制史研究》一文中,较为全面地表达了自己的这一思想。此文开门见山地说:"明古以知今,我们要正确地借鉴法制史上的经验和教训,以完善社会主义法制;就必须坚持用马克思主义的理论指导法制史研究。"同时认为,我们从事法制史研究,倘若不坚持马克思主义理论的指导,听任糟粕的传播,就会给社会主义法制建设带来有害影响。接着,陈师在文中分三个方面详细阐述了如何坚持以马克思主义来指导法制史研究。其中包括:要用马克思主义理论来指导法制史研究,首先要解决的是理论指导和史料整理考订的关系问题;要以社会的经济基础去考察法的实质和历史发展,不能只着眼于法律是阶级斗争不可调和的产物和表现而片面强调阶级斗争的决定因素,忽视经济原动力的作用;要以历史分析方法为指导,深入研究各个历史时期法制发展进程中的具体人物、事件和制度,从法制史上扑朔迷离的现象中,揭示法制发展的内在联系和本质;等等。今天再读此文,仍感亲切,其中的哲理还在闪闪发光。

其次,陈师教诲我要史论结合,并在多个场合强调这一思想。我攻读的是中国法制史,不是中国法制史料史、训诂史,目的是要进一步发现、揭示和研究中国法制产生、演变、发展的历史及其规律。其中,要选用恰当的史料作为一种论据,支持阐述的论点,史料不可缺少,史论需要结合。然而,中国法制史与史料史和训诂史毕竟不同,与它们的学科分工十分明确,主攻方向也不相同。学习、研究中国法制史,只是利用现有的史料,进行深入探研,史料是作为资料使用。当然,史料的选用也要科学,要求论点切合。不科学的史料不仅无法作为佐证,反而会动摇论点的正确性。史料的种类也不少,古籍、出土文物、碑刻和档案等都是,选用合适的史料还非一件易事。可见,陈师要求我史论结合既是学习、研究中国法制的基本要求,也是一个需要长期奋斗的目标。

陈师就是史论结合的楷模。他在研究中国法制史问题中,就十分重视史论结合,论从史出。在《税法史上的一次重大改革》一文中,他大量使用《明史》等古籍中的内容,来论证明代万历年间推出的"一条鞭法",认为:"明代万历年间所推行的'一条鞭法',堪称上继唐宋两税法、下启清代地丁制的一次由繁到简的重大税法改革。"此文系统地论述了"一条鞭法"的产生、内容、推行、作用和评价等一些内容,每个重要内容都史论结合,而且都十分成功。在论述"一条鞭法"实施后的作用时,陈师认为它较大程度地减少了富豪转嫁给农民的额外赋税负担,有利于农业生产,促进了社会的财富积聚,国家财政情况好转。这一观点得到了史料的支撑,也是从史料中概括、提炼出的。此文专门引用了《明史·张居正传》

中的记载,说"一条鞭法"实施数年后"太仓粟充盈,可支十年",
"太仆金亦积四百余万"等。全文言之有理,论证充分,一气呵成。

　　最后,陈师还教诲我,学习研究中国法制史不仅要强调学术
性,更要学以致用,体现它的现代价值,起到借鉴作用,为今天的社
会主义法制建设服务。中国法制史以中国历史上的法制为研究对
象,是中国法文化中的一个组成部分。文化有传承性,会影响到如
今的社会主义法制建设,形成中国特色的社会主义法制,因此有些
中国法制史的研究成果可为今天的法制建设所借鉴便顺理成章
了。陈师既是这样教诲我,也身体力行,写就了不少很有价值的论
文,《一国两制的历史借鉴》是其中之一。此文开宗明义:"邓小平
同志关于'一个国家两种制度'的构想,作为治国理民的重要国
策,正随着举世瞩目的中英解决香港问题的成功实践而日益显示
出它真理的光辉。"接着,就提出论文的主题,即"鉴古以明今,观
往而知来,回顾古人在这方面的实践,无疑会给我们以历史的启
迪,从而使我们加深对实行一国两制构想的认识"。正文分三大
部分,分别从西周、南北朝等一些时期因地制宜治理国家来说明实
行一国两制的正确性。论文在第三部分专门论述了北魏实行一国
两制中的一些经验,特别是其中的改革,包括了土地制度、官禄制
度、婚姻制度等的改革,结论是"北魏上层建筑各个领域的更新,
产生强大的推动作用,因而被后人称为'更清漠野,大启南服(汉
化)'。所有这些,都是值得借鉴的历史精华"。论文最后认为,今
天我们把马克思主义原理和中国具体革命实践相结合,提出"一
个国家两种制度的构想,这是在新的社会历史条件下的创举;借鉴
历史的宝贵经验,展望实现构想的光辉前景,我们无疑会更加满怀
信心和更自觉地去为实现这一构想而齐心合力,团结战斗"。陈
师的这种治学精神,不仅令我钦佩,也值得我学习。

近 30 年来,我始终牢记陈师的这些教诲,认真学习和研究中国法制史等一些问题,取得了一些成绩,出版、发表了一些成果。其中,个人著作有《上海法制史》《唐律新探》《法律思想与法律制度》《古代东方法研究》等;主编的著作有:《中国法制史》《中国历史上的法律与社会发展》《中国法律与社会》《法文化与构建社会主义和谐社会》等,在《法学研究》《中国法学》等刊物和《法制日报》《文汇报》等报纸上发表论文 200 余篇;还在日本、韩国和我国台湾、香港等地区发表了一些论文,与同行们进行交流。有些成果还在各类评奖中获奖,仅省部级以上的奖项就有 10 余项,其中包括:高等教育国家级教学成果二等奖、上海市哲学社会科学优秀成果著作一等奖、上海市教学成果一等奖和上海市邓小平理论研究和宣传优秀成果论文类二等奖,等等。最近在教育部马克思主义理论研究和建设工程教育部第三批重点教材编写中,幸运地成为《中国法制史》的首席专家。所有这些成绩的取得均与陈师的教诲有关,是这些教诲指导、伴随我成长。如今,陈师已 80 高寿,仍思考敏捷,思路清晰,每年都有机会聆听他的教诲,这是我的大幸。万分感谢陈师长年来的教诲。由于年龄的原因,2011 年 1 月 10 日我正式从副校长岗位上退下来,有更多时间可以从事中国法制史的研究,今后仍会一如既往,产出一些新成果,不负陈师教诲。

(原载《陈鹏生法学文集》,法律出版社 2011 年版)

4. 殚智教书　竭力育人
——忆恩师陈鹏生教授

惊悉恩师陈鹏生(1932.12.2—2022.3.29)教授于 2022 年 3 月 29 日晨仙逝,享年 89 岁。中国失去一位"全国杰出资深法学家",学校失去一位"功勋教授",我失去一位恩师,心中十分悲伤。

我拜师于陈师是 40 年前的事。1982 年,我考入华东政法学院攻读法学硕士学位,方向是中国法制史。陈师既授课又指导毕业论文,把我这个门外汉一步步带入中国法制史研究队伍,成为一名新兵。毕业后,留校任教,陈师更是无微不至地关怀。教学、研究、管理,我走过的每一步,都有陈师的帮助与支持。

2002 年陈师退休,关怀依旧。每次拜见陈师,都会问长叙短,特别关心我的科研进展。每当汇报刚取得的成绩时,陈师都会大加赞赏,鼓励我继续前进,不要停步。

2019 年,我办理退休手续。2020 年返聘结束,有更多机会请教陈师。此时,他虽已年近 90,还是不厌其烦,诲人不倦。不仅如此,陈师还关心我指导的博士生。近年来,我所指导博士生的毕业论文答辩会,他都应邀来参加,评论选题、点评观点、细说内容、辨用史料、提出问题,样样都不马虎,我与博士生都受益匪浅。2021 年 6 月,陈师还拄着拐杖出席我关门博士生的论文答辩,大家都十分感动。为了学生、学生的学生,陈师殚智尽力。

回忆陈师的点点滴滴,十分突出的是他把科研作为教书育人的抓手。在指导科研中,融入教书育人。在授课、指导论文、交谈中,陈师都会特别强调以下三个方面。

(1)要重视理论的学习、研究与运用

陈师在多种场合,要求学生重视理论学习、研究与运用。他认为,研究中国法律史不能就史料而史料,更不能堆积史料就完事,而要以论为指导,史论结合。这样,才能深刻剖析问题,在历史场景中发现真谛,在研究中有所创新,在学术上提供增量。这就需有理论功底,不能缺少理论学习、研究与运用。他能提出这一要求,是基于自身十分有底气。

陈师从年轻始就重视理论学习、研究与运用。1954 年,他从华东政法学院毕业,被分配到上海市人民检察院研究室工作,理论有了用武之地,常在《解放日报》《文汇报》等报纸上发表理论文章。1960 年,他到安徽淮南市的一所工业大学任教以后,理论研究与运用再上一个台阶,在当地的《淮南日报》《安徽日报》上发表理论研究成果。文革期间,陈师也受到了不公正对待,到农村参加劳动。高校恢复招生后,他幸运地回到原来的工业大学,继续任教,还为本科生讲授哲学课程。1981 年,陈师调入华东政法学院,一直教授中国法制史至退休,其中虽担任过副院长,可一直把中国法制史作为主业,授课、指导研究生从不间断。

陈师重视的理论中,首先是马克思主义理论,他在《马克思主义与法制史研究》(《现代法学》1984 年第 3 期)一文中,开门见山地说:"明古以知今,我们要正确地借鉴法制史上的经验和教训,以完善社会主义法制,就必须坚持用马克思主义的理论指导法制史研究。"接着,强调要解决理论指导和史料整理考订的关系;要以社会的注释基础去考察法的实质和历史发展;要揭示法制发展的内在联系和本质;等等。这些论述给我们学生以很大帮助与启示。

(2)要重视借鉴中国传统法文化中的优秀部分

20 世纪 80 年代,陈师就认为,中国传统法文化历史悠久、博大精深,内涵丰富,影响很大,尤其是其中的优秀部分,值得借鉴并为中国的法制建设提供源源不断的优质资源。为了推动中国传统法文化的研究,他于 1990 年便创立了中国法律史学会所属的儒学与法律文化研究会(下称"中国儒学与法律文化研究会"),亲自担任会长,把境内外学者聚合起来,形成研究合力,着力推进中国传统法文化的研究。

中国儒学与法律文化研究会每年举办一次年会,还出版"中国法律文化研究丛书"。陈师领衔研究中国儒学与传统法文化,着重探索借鉴其中的优秀部分。他在《儒学与法文化》(复旦大学出版社1992年版)一书的"代序"中写道:"支配、指导中国封建法律几千年的正是儒家思想,中华法系也由此而形成独树一帜的特点。"主张在研究中,要分辨糟粕与精华,决定取舍。"儒学也好,传统法律文化也好,本身就是一个复杂的矛盾统一体,保守与进步,唯心与唯物,糟粕与精华,相互交叉、往来,需要我们深入研究,才能在正负面交叉的盘根错节中正确地加以取舍。"很明显,要取得的便是精华即优秀部分。

陈师不仅自己重视借鉴中国传统法文化中的优秀部分,还教诲学生要这样践行,并举例告诉大家:"鉴古以晓今,观往而知来,回顾古人在这方面的实践,无疑会给我们以历史的启迪,从而使我们加深对实行一国两制构想的认识。"这里是讲,要借鉴中国古代因地制宜治国的经验,并为"一国两制"实践提供历史素材,而出发点仍是要借鉴中国传统法文化中的优秀部分。

(3)要重视研究领域的拓展

陈师认为,一位中国法制史学者不能长期固守自己原有的研究领域,而要有一个学者的担当与责任,不断拓展自己的研究,在深度与广度上,不断提升学术品位,并为国家的法制建设添砖加瓦。他身先士卒,为我们学生做出了榜样。

陈师以研究中国法制史为基点,然后向中国传统法文化与中国现实的法制问题两个方向拓展。研究中国传统法文化是研究层次的升华,研究难度明显增加,可他义无反顾,勇往直前。陈师领导的中国儒学与法律文化研究会凝聚海内外学者共同进行研究，影响遍及海内外。一些海外学者多次来国内参加国际性的学术研讨会，其中有日本、韩国、美国等地的一些学者，研究会的年会也往往是国际学术研讨会。不仅如此，陈师还多次走出国门，与海外学者交流中国传统法文化，是中国研究这一文化的最著名学者之一。

陈师拓展研究的另一个领域是解决中国现实的法制问题。他认为，在中国改革开放的大潮中，法学研究者应有担当与责任去接触、解决现实的法制问题。他在《法学研究要敢于面对现实的挑战》(《法学》1992 年第 11 期) 一文中写道："面对改革开放的大潮，我们法学研究者的当务之急，是解放思想，站在理性的高度审视现实，大胆地去接触法制建设中重大的理论和实践的问题"，这种接触问题就是为了解决问题。

为了帮助解决出现的法律问题，他积极组建"上海法学家与企业家联谊会"，担任常务副会长。通过联谊会，加强法学家与企业家的交流与合作，帮助企业家解决现实的法制问题。一些大企业纷纷成为会员，宝钢、金山石化、江南造船厂、上海飞机制造厂等都在其中。北京、天津、南京等城市先后派员来取经，这一联谊会也闻名遐迩。

陈师不仅自己重视研究领域的拓展，还这样指导学生。唐律研究是我的一块"根据地"。从硕士研究生期间开始，就建立了这一"根据地"，之后始终没有放弃。其中，陈师给予多次指导，指出不要仅研究唐律本身的问题，还要拓展研究，把唐律与唐律以外的问题联系起来研究，产出自己的研究成果，形成自己的特色。以陈师的指导为方向，我作了尝试，收到了较好的效果。

如今，恩师已逝，但其精神、经验与教诲永存并代代相传，让中国法制史与中国优秀传统法文化在中国的法学教育与中国特色社会主义法治建设中持续发挥作用,源源不断地提供有价值的资源。

(原载《法治日报》2022 年 4 月 6 日)

5. 一件难忘的往事

徐轶民(1925.6.26—2007.7.26)教授是我同一教研室的老师,也是恩师,还是邻居。2002 年以后,我们都住在同一大楼的同一层,有时会在楼里楼外相见。徐师虽然已离开我们多年,可有一件往事却十分难忘。这与我的博士学位论文《古代东方法研究》有关。

1990 年,我离开工作多年的华东政法学院,去华东师范大学史学研究所攻读史学博士学位,进行一次深造。一学年的博士学位课程很快完成,从第二学年开始便进入了博士学位论文的定题、搜集资料、写作阶段。当时,有两个原因决定了我这一论文的定题为"古代东方法研究"。一是我的博士研究生导师吴泽教授正在研究中国的东方学。他认为,外国学者已经对东方学有了长时间的研究,成果不少,但中国学者还未见有系统的研究成果问世,有必要进行深入的研究。他还认为,东方学主要由三大部分组成,即经济、政治与文化形态。那时,他自己正在研究经济形态(不久就完成了这一研究,1993 年 10 月上海人民出版社出版了他的研究成果《东方社会经济形态史论》)。可是,政治与文化形态还需有学者作进一步的研究,古代东方法是政治形态中的组成部分。二是中国还无专门从整体上系统研究古代东方法的著作,这是一个可以开拓的领域。在与吴师商讨后,决定了这个题目,得到了他的首肯和支持。虽然,在我确定了论文题目、开始写作后,由王云霞、何成中两位校友撰写的《东方法概述》一书出版了,可我的《古代东方法研究》在体例和内容结构上仍与其不同。我没有中断自己的研究与写作。

这一论文的写作对我来说是一个挑战。以往我虽学过外国法制史课程,可主要学习和研究的对象仍是中国法制史,对古代东方的其他法比较陌生。我边学习、边探研、边写作,其中还得过张寿民与周伟文等老师的许多教益。日积月累,聚沙成滩,第六学期初终于完成了博士学位论文,经过修改,很快要面临答辩。史学所的老师们都从事中国史与中国史学史的研究,古代东方法不是他们的强项,考虑到在答辩委员会中最好能有"内行",徐师便是最权威和最合适的人选了。我把这一想法与吴师汇报后,他欣然同意。

接着,我就登门拜访徐师,提出邀请,并恭敬地递上装订成册的博士学位论文,请他赐教。徐师很高兴地接受了邀请,并承诺看完论文后,向我反馈他的意见。过了一段时间,当我再次造访时,他充分肯定了论文的成功之处,也认真地指出了论文的不足之点。其中,专门提到《汉谟拉比法典》没有完整保存下来,其中有缺少的条文,要我注意这个问题。徐师的权威性意见,既增添了我通过论文答辩的信心,也使我认识到论文的不足和以后可以改进的地方。论文答辩那天,徐师提前到达,与各位史学大家谈笑风生。答辩会上,他发表了很强的专业性意见,成为那时最具权威性的意见之一,我的论文也随之顺利通过了答辩。根据各位答辩委员的意见,特别是徐师的意见,我及时修改了论文。之后,经吴师和袁英光教授两位老师的推荐,我获得了上海市马克思主义学术著作出版资助,论文于1996年由上海学林出版社出版;2006年又由北京大学出版社出版了第2版,全书共36万余字。

这件往事使我深深体会到,徐师的高尚人格和渊博的专业知识。他对学生热情帮助和提携,关心有加,使其能在一个友善的教学环境中成长、成才;用自己渊博的专业知识,洞察专业问题,提升学生的专业水平;用一丝不苟的学术追求精神,激励学生认真从事学术研究,提高学术品味……徐师的这一切都是我学习的榜样。

那件往事虽然已经过去了 18 年,可仍常常想起,永远不会忘记。

(原载《徐轶民法学文集》,法律出版社 2012 年版)

6. 吴泽先生的教诲

我的博士研究生导师是吴泽(1913. 1. 13—2005. 8. 6)先生。他是中国著名的史学大家,具有很高的学术地位和声誉,不幸于 2005 年 8 月 6 日永远地离开了我们,享年 92 岁。尽管先生已经谢世,但他的谆谆教诲将长久留存在世上,记在我心里。

1990 年那年,先生共招取 3 名博士研究生,我是其中之一。他那时已年近 80 高龄,可仍坚持给我们上课,每次上课都有半天,而且每次上课都是一次有意义的教诲。至今,我仍记忆犹新。

先生教导我要治学严谨。他自己治学严谨,学术研究成果等身,还同样要求我。他经常说,史论要结合,运用史料要准确,要重视最新发现的资料,文章的逻辑性要强,等等。先生多次提到因为运用史料的错误,以致论文的观点不堪一击的教训。他认为,有的文章史论脱节,没有做到论从史出;特别是有的作者在使用史料时不严谨,出现了由以后的资料来证明以前的事实的情况,导致论文的观点无法自圆其说。他多次教导我,一定避免这种情况的出现,做学问就应有科学、严肃的态度,不能马马虎虎、草草了事;论证一个事实,一定要准确把握史料,仔细求证;不成熟的论文,宁可不要发表。先生的这些教诲,对我一个从事法律史教学与研究的学者来说,教益很大,终生难忘。现在,我自己也指导博士研究生了,也把先生的这些教诲告诉他们,让他们同样受益。

先生教导我要重视史学中的理论问题,特别要努力学习马克思主义。先生自己很重视史学中的理论问题,对马克思主义有精深的研究。在我入校前后,他正集中精力研究马克思主义东方学的理论,并撰写以这一理论为指导的《东方社会经济形态史论》一书。他告诉我,马克思主义是颠扑不破的真理,只有用它来指导研究历史和史学问题,才能还原历史的真实而且正确地解决史学问题。在确定我的博士论文题目为《古代东方法研究》时,先生还专门给我讲解了马克思主义东方学中的一些重要理论,关照我一定要用这一理论去研究古代东方法,这样才不会迷失方向,走向歧途。

事实证明,先生的教诲完全正确。我遵循他的教诲撰写了这一论文,顺利通过答辩。之后,论文还得到了上海市马克思主义学术著作出版基金的资助,于1996年公开出版,为法律史的研究再砌一砖。

先生还教导我要理论联系实际,不能脱离实践,千万不能做书呆子。他特别强调爱国的知识分子应忧国忧民,关心国家大事,投身中国的现代化建设事业。先生知道我来自政法院校,以后仍回政法院校工作,所以他对我的期望主要是要为中国的法制和法学教育事业尽一份应尽的力量。他还联系自己在解放前的革命经历,讲联系实际的问题。1935年12月,先生参加了著名的"一二·九"爱国学生运动,不久便加入了中国共产党的外围组织"民族解放先锋队",1946年10月加入了中国共产党。为中国的解放事业,先生尽心为党工作,甚至冒着生命危险。他表示,今天已无这样的危险,更应为中国的事业努力。

先生的教诲一直在指导、激励我,使我受益,鞭策我前进。

(原载《新民晚报》2005年12月14日)

7. 恩师吴泽:通古晓今的史学大家

吴泽教授是我的博士研究生导师。在恩师百年诞辰即将来临之际,我更加深切怀念他。他曾用"通古今指点江山,说未来经纬天地"来勉励自己的学生。其实,吴师的毕生经历已经证明,他就是一位通古今说未来的大师,也是我终身学习的榜样。

(1)著名的史学大师

2002 年华东师范大学出版社推出 4 卷本《吴泽文集》。其中,对吴师公开出版、发表的成果作了一个统计。统计显示,他的个人专著有 13 部,主编的著作有 7 部,论文达 200 余篇。其成果之丰硕,可谓"等身"。其间,从 30 岁至 45 岁就出版个人专著 11 部;80 岁高龄时,还出版了 40 余万字的个人专著《东方社会经济形态史论》;89 岁米寿后,又出版了 4 卷本的《吴泽文集》,总字数达 166 万;70 岁前后还另辟新的研究领域,即华侨史、客家学和通俗史学的研究,发表了不少相关成果。

吴师出生在江苏武进县(今常州市武进区)城西郊蠡河桥镇荷花坝村的一个农村家族,祖父英年早逝,父亲也在他两岁时就因病离开了人世。于是,便在祖母和母亲含辛茹苦抚育之下,艰难成长。7 岁时,母亲送他到村里的私塾读书,之后转到镇上新办的初级小学堂读书。在那里,开始接触到算术、绘画、手工、体育等一些新式课程和相关新知识。由于有亲戚的帮助,此后还曾转到无锡和常州的小学读书。15 岁那年,他读完高小,成功考入常州中学。读完初中,又考入上海大夏大学(1951 年大夏大学与光华大学等校合并成立华东师范大学)附属高中部。高中毕业以后,又顺利考进北京的中国大学经济系,师从李达教授,攻读经济学专业,其间还学习了黄松龄、吕振羽和杜叔林等一批进步教授开设的课程。这对吴师来说十分重要,正如他自己所讲的:"正是在这些进步师长的指导和关心下,我开始系统地阅读马克思主义创始人的著作,一步一步地走到经济学和社会经济史的学术研究道路上来。"1937年大学毕业。从进入大学阶段以后,吴师就开始了学术研究的生涯。他是在十分艰苦的条件下,不断追求,不懈努力,从私塾、小学、中学、大学一步步走过来,最终完成大学学业,为以后的发展奠定了坚实的基础。

吴师从事史学研究70余年,在深化中国古史分期问题、社会经济形态学说、古代东方社会理念研究等一些领域,均有卓著成就和突出贡献。这里仅以深化中国古史分期问题为例。郭沫若首创殷代原始社会论,在《中国古代社会研究》一书中有阐述。吕振羽则创立了殷代奴隶社会说,在《殷周时代的中国社会》一书中作了论述。吴师在他们的基础上作了深化性研究。他在大学时期就对中国原始社会史产生了浓厚的兴趣,并在《劳动季报》《文化批判》等一些杂志上,发表了自己的研究成果《尧舜禹禅让说释疑》《中国原始社会经济研究》等论文。大学毕业那年,还完成了《中国先阶级社会史》的书稿。之后,又完成了《中国原始社会史》一书,并于1944年由桂林文化供应社出版。这些成果的公开面世,使中国古史分期更为清晰。即尧舜禹是中国原始社会后期的部落联盟时代,夏是家长制奴隶制时代,商是奴隶制社会时代。在抗日战争时期,他又把自己的这一研究成果融入了《中国社会简史》和《中国历史简编》两书之中,使中国历史的表达更为科学和真实。

"文化大革命"期间,吴师也受到了不公正的对待,蒙受了10年的不白之冤。批斗、限制自由接踵而来,还被诬为"反动学术权威""三反分子",饱受精神和肉体上的双重摧残,无法进行正常的学术研究工作。可是,他探究学术问题、追求真理的精神仍存,笔耕不止。在生病住院期间,吴师利用稍有自由的时间,坚持写作,把平日里有关《新唐书》中的《藩镇列传》和《方镇表》的笔记,略加整理,写就了《考校记》一文。之后,还扶病撰写了《正确评价春秋战国时期的法家思想》一文。"文化大革命"结束后,这些成果先后问世,与读者见面,得到一致好评。在那个风雨如晦的岁月里,吴师还是探研不断,其精神不能不使后生折服。

"文化大革命"以后,中国学术研究的春天到来了,吴师及时把握这一时机,在古稀之年开拓了华侨史、客家学、通俗史学等领域。这里以华侨史研究为例。他认为,我们中华民族是一个人口众多、支脉纵横的伟大民族;秦汉以来,尤其是近代以来,分布到世界各地的广大海外华侨,也是中华民族的重要组成部分;他们分布在五大洲,足迹遍天下,显示出中华民族根深叶茂的博大气派,而且还为侨居地的经济发展,为中华优秀文化的传播,为增进中国与世界各国人民之间的友好往来,都做出了积极的贡献;然而,我们中国学者在自己编写的《中国通史》和《世界通史》著作中,长期以来一直没有华侨史的专章,这不能不说是一大缺憾。为了弥补这一不足,吴师努力拓荒。1982年,在上海筹建了上海市华侨历史学会,并担任会长。在此前后,还致力于华侨人物的研究,开设讲座,编辑史料,培养研究人才等。另外,还发表了《马克思恩格斯论华侨》《华侨对抗日战争的伟大贡献》等论文,主编出版了《华侨史研究论集》。华侨史研究成了他晚年学术研究中不可分割的一个组成部分。

吴师把史学研究与国家的命运联系在一起,与学术上的大是大非结合在一起。抗日战争期间,日本法西斯御用文人秋泽修二抛出了《支那社会构成》等书,鼓吹地缘政治和人口史观,认为中国社会停滞,只有通过外力入侵,才能推动中国社会的发展,公然为日本侵略中国提供理论支撑。对于这种反科学的法西斯理论,吴师及时进行了反击,先后撰写了《中国历史是停滞倒退的吗?》和《地理环境在社会历史中的作用》等论文进行驳斥。之后,还专门写成了《地理环境与社会发展》一书,从理论上更为全面、系统地阐明了地理环境与社会发展的关系,更为彻底地反驳了这一侵略的谬论。另外,吴师深化中国古史分期的研究,是针对当时"新生命派"和"动力派"阵营中的人否认中国有奴隶社会,从而否认马克思主义社会经济形态学说而作;《正确评价春秋战国时期的法家思想》一文则是在"文化大革命"期间针对"评法批儒"的歪风而写;等等。因此,吴师的学术研究成果不仅具有科学性,还具有时代性,充满了强大的生命力。

吴师的史学大师地位得到了国家、社会的肯定。他负责参与创建了中国史学会和上海历史学会,先后担任中国史学会的常务理事、上海历史学会的党组书记和副会长;20 世纪 80 年代以后,担任了首任上海市华侨历史学会会长。"文化大革命"结束以后,被聘为国务院学位委员会历史学科评议组成员和召集人。

(2)著名的史学教育大师

吴师的一生与执教相伴。大学毕业后的第二年即 1938 年,就在重庆执教于复旦大学、朝阳法学院和大夏大学等高校。抗日战争胜利以后,又转到贵州、赤水大夏大学任教。1946 年大夏大学迁回上海,他也携家来到上海,继续在那里从教。新中国成立以后,经过 1951 年院系调整,继而在大夏大学的后身华东师范大学施教,直至 1998 年离休。史学教育也是他一生的事业。

在坚守教学岗位的同时,吴师还兼任教学领导职务。新中国成立以后,他先任大夏大学的校务委员会委员、教务长和文学院院长,华东师范大学建立后又长期担任历史系主任、名誉主任和中国史学研究所所长、名誉所长。即使是在管理岗位上,吴师仍坚持为学生上课,身先士卒,兢兢业业,为人师表。

从吴师的教育中受益的学生有许许多多,其中本科生的人数已无从统计,自 1978 年学位制度建立以来,培养的博士生人数还可计算。那以后,他始终担任着中国古代史和史学史的双学科博士生导师,先后培养了十多届近 40 名先秦史、隋唐史和中国史学史学科的博士研究生。吴师培养的学生在许多岗位上任职,发挥着重要作用。其中,有管理岗位上的部、局级领导;有教学岗位上的教授、博士研究生导师和博士后合作导师;有研究岗位上的研究员;有法律服务岗位上的高级律师;等等。吴师为国家培养了大量高端人才。因此,对他这样评价一点都不过分:吴泽教授"终身从事高教事业,培养了一大批教学和科研的英才";"为我国学位制度的建立、完善和研究生教育事业作出了重要贡献"。

我在 1990 年幸运考取了吴师的博士研究生,有幸成为他的弟子。从那以后的三年学业,深得他的教诲。那年,他共招收了三名博士研究生,年近 80 高龄的他每周坚持给我们上课,一次课便是半天。吴师上课不用讲稿,出口成章,滔滔不绝,各种史料运用得当,马列警句信手拈来。因此,每次上课都给予弟子很大的信息量,使吾辈受益匪浅,留下深刻印象。他对我们这些博士生还严格要求。记得进校后的第一次见面,他就提出在读期间的各种要求,关于学业问题,特别强调,博士论文的字数在 20 万字以上,毕业前发表万字以上论文两至三篇。他还专门解释了博士论文字数在 20 万字以上的理由。他语重心长地说,低于 20 万字的著作太薄,不厚重;你们宁可在校期间辛苦一些,把博士论文写得好一些,成熟一些,免得以后走上工作岗位再作补充,再花费时间,而那时你们的时间更宝贵了。我们三位博士生都按他的要求努力,并顺利毕业。

吴师课内课外都十分关心学生,给予许多教导,让我至今记忆犹新。吴师教导我要治学严谨。他经常说,史论要结合,运用史料要准确,要重视利用最新发现的资料,文章的逻辑性要强,等等。多次提到有些学者因为运用史料的错误,以致论文的观点不堪一击的教训。他认为,有的文章史论脱节,没能做到论从史出;特别是有的作者在使用史料时不严谨,出现了由以后的资料来证明以前的事实的情况,导致论文的观点无法自圆其说。他多次教导我,一定避免这种情况的出现,做学问就应有科学、严肃的态度,不能马马虎虎、草草了事;论证一个事实,一定要准确把握史料,仔细求证;不成熟的论文,宁可不发表。吴师的这些教诲,对我一个从事法律史教学与研究的学者来说,教益很大,终生难忘。现在,我自己也指导博士研究生了,也把吴师的这些教诲告诉他们,让他们同样受益。

吴师教导我要重视史学中的理论问题,特别要努力学习马克思主义。他告诉我,马克思主义是颠扑不破的真理,只有用它来指导研究历史和史学问题,才能还原历史的真实,正确地解决史学问题。在确定我的博士论文题目为《古代东方法研究》后,他还专门给我讲解了马克思主义东方学中的一些重要理论,关照我一定要用这一理论去研究古代东方法,这样才不会迷失方向,走向歧途。事实证明,吴师的教诲完全正确。我遵循他的教诲撰写了博士论文,顺利通过答辩。

吴师还教导我要理论联系实际,不能脱离实践,千万不要做书呆子。特别强调爱国的知识分子应忧国忧民,关心国家大事,投身中国的现代化建设事业。他知道我来自政法院校,以后仍回政法院校工作,所以对我的期望是要为中国的法制和法学教育事业尽一份应尽的力量。他还联系自己在解放前的革命经历,讲联系实际问题:那时,为了中国的解放事业,他尽心为党工作,甚至冒着生命危险;今天已无这样的危险,更应为中国的事业努力。吴师的教诲一直在指导、激励我,使我深受启发,鞭策我前进。他就是这样一位忠诚于党的教育事业,孜孜以求,贡献卓著的著名史学教育大师。

(3)著名的马克思主义史学理论大师

吴师学马克思主义,讲马克思主义,用马克思主义,把马克思主义作为真理,指导自己的史学研究,把史学变成了科学,正确反映了历史。因此,把他称为"我国老一辈著名的马克思主义史学家",名副其实。

吴师接受马克思主义有一个过程。他幼年丧父,家境贫寒,自小就对世间的不平,特别是对当时农民的疾苦,有切身体会。在上海读高中期间,接触到一些进步的教师和报刊,学到了"马克思主义""帝国主义"和"殖民主义"等一大堆名词及其相关知识。到北京上了中国大学以后,师从李达、吕振羽、黄松龄、杜叔林等一批被称为"红色教授"的著名马克思主义理论大家,有机会较为系统、全面地学习马克思主义。当时,他听了李达的《政治经济学》、吕振羽的《中国经济史》、黄松龄的《中国农村经济与土地问题》、杜叔林的《社会主义思想史》等一些课程,很受启发。也就是从这个时期开始,吴师养成了系统阅读、学习和研究马克思主义创始人著作的习惯,并把马克思主义运用在自己的本职工作之中。

吴师的研究成果总是闪烁着马克思主义史学理论的光芒,马克思主义是其中的灵魂。《东方社会经济形态史论》一书是他长年来研究东方学的一个重要成果,其前期成果《建立中国式的东方学》《〈资本主义生产以前的各种形式〉与古代东方社会史研究》《论五种社会形态的运行规律》《亚细亚生产方式问题的争论与中国马克思主义史学的发展》等一系列相关论文,在20世纪80年代就已问世。其中的理论基础便是马克思主义的社会形态学说。它包括了社会经济形态、政治形态和意识形态三个组成部分,但社会经济形态则是基石。此著作总结以前研究之大成,是一个以马克思主义社会形态学为指导,专门研究东方社会经济形态运行规律和特点等的重大研究成果。

他的大量研究成果以马克思主义史学理论为指导、以解决中国的实际问题为目标。解放战争期间,国民政府的政权处在摇摇欲坠之中,有些学术界人士幻想在国民党和共产党之间走"第三条道路"。这是一件有关中国发展和前途的大事。吴师以马克思主义史学理论为武器,引古筹今,先后在《中国建设》上发表了《保皇党的反动路线与纲领》《保皇思想的堕落再堕落》《梁启超的拥袁与倒袁》等一系列论文,以康有为、梁启超的政治实践为例,论证在半殖民地半封建的中国,任何自上而下的改良和维新都行不通;只有通过社会革命,才能胜利完成反帝反封建的民主革命任务。吴师从史学研究的角度,为把中国革命进行到底,提供了一个方面的依据。

吴师还用马克思主义理论指导自己的革命实践,为伟大的中国革命奋斗。就在他读大学期间的1935年,日本帝国主义大肆侵华,进犯我国的华北地区。此年的6月,国民政府派遣亲日的何应钦,先后与日本帝国主义签订了丧权辱国的《何梅协定》《秦土协定》,华北、察哈尔地区的主权因此而落入日本帝国主义之手。北京的大、中学生得到此消息,义愤填膺,毅然走上街头,强烈要求国民政府停止内战,一致对外,发起了震惊中外的"一二·九"学生运动。吴师积极参加了这次运动,经历了一次抗日爱国运动的洗礼。翌年,在老师和同学们的帮助下,他毅然加入了中国共产党的地下党外围组织——民族解放先锋队,更为积极地投身于抗日救亡斗争。

抗日战争爆发后,吴师从大学毕业,几经周折,回到故乡常州。此时,他的抗日热情倍增,与几位旧时同学共同创办了《抗敌导报》。此报全力"宣传全民族抗日,并指划抗日救亡之策",以激励民心,弘扬民族气节。在创刊号上,他专门发表了《从淞沪抗战看中日战争的前途》一文,对国民政府有所指责,因此而被捕受审。经亲友的多方营救,才得以释放。回家的当天晚上,他便写就了《庭讯》一文,寄给当时在《金陵日报》任职的朱穆之,很快见报。文中揭露了在狱中受宪兵司令部审讯的答问,阐述了自己对中国抗战前途的看法。抗日爱国之情跃然纸上。解放战争爆发后,上海被白色恐怖笼罩,吴师任教的大学内特务活动十分猖獗。由于他长期以马克思主义治学而著名,成为国民政府的眼中钉、肉中刺,屡遭特务的盯梢、抄家甚至通缉。此时,吴师已于1946年10月加入中国共产党,以一位地下党员的身份,坚持马克思主义,坚守理论阵地,在教育和思想文化战线上,为迎接上海的解放和新中国的诞生,紧张努力地工作。

2000年前后,吴师因长年的积劳成疾,身患多种疾病,多次住院治疗。每次我去探望,他总与过去一样,讲学术、议国事、评时事,不断鼓励我要做好本职工作,为中国的现代化建设努力。2005年8月6日,吴师在上海华东医院与世长辞,终年92岁。

博士研究生毕业以后,我仍然回到我的原单位华东政法学院工作。有了吴师的三年教导和培养,毕业后的发展快了起来,四年后被评为教授,六年后任副院长,八年后当上了博士研究生导师。2011年1月因为年龄的原因,我从副校长岗位上退了下来,成为一名全职教授,有了更多时间从事法学教育与科研工作。我一定牢记恩师的教诲,努力工作,为中国的法学教育事业和法治建设多贡献一些自己的力量。

(原载《档案春秋》2012年第4期)

8. 倾心教书　悉心育人

2013年是恩师吴泽教授诞辰100周年。恩师离开我们已有8年,可仍然难忘,特别是那些倾心教书、悉心育人之事,至今还历历在目。

(1)因人制宜的施教

恩师在长期的教学过程中,不断总结和积累经验,逐渐形成了自己的施教风格,不仅诲人不倦,还因人制宜。即针对学生的不同情况,进行有针对性的教学,以达到共同提高和保证教学质量的目的。这成为恩师倾心教书的一个重要方面。关于这一点,我有切身体会。记得1990年那年,恩师共招收了三位博士研究生,分属两个学科,即中国古代史与中国史学史。其中,两位攻读中国古代史,一位攻读中国史学史。我是两位攻读中国古代史学生中的一位。我们三人的情况大相径庭。另一位攻读中国古代史的博士生是日本留学生,名为井上聪。他从日本东京来,在复旦大学攻读中国古代史并取得硕士学位以后,投身到恩师门下,继续攻读中国古代史博士学位。开始时,他的中文不是很好,日常会话不成问题,可碰到专业词汇,就有一些听不懂,写作也有些困难。在学习过程

中,他特别关注中国古代的阴阳五行说,博士学位论文也以此为主
题,毕业后出版的《中国古代阴阳五行的研究》和《先秦阴阳五行
思想研究》是他学习、研究的成果。① 攻读中国史学史的博士生名
为臧世俊,在进入博士阶段学习前就在本校取得了中国史的硕士
学位。毕业后,经过入学考试,在恩师门下攻读中国史学史。他的
史学基础较好。我的情况与他们两位都不同,先于 1977 年至
1979 年,在华东师范大学政教系学了两年的马克思主义哲学,算
是工农兵研究生。毕业后,被分配到华东师范大学分校任哲学课
教师。经过自学,转向法学,于 1982 年考取华东政法学院中国法
制史硕士研究生,1985 年毕业留校任教。1990 年投到恩师麾下,
攻读中国古代史。我的中国史学根基不是很深。入学以后,想在
古代东方法方面作些研究,以弥补当时中国在这一领域研究的不
足。可见,我们这一届三位博士研究生情况各异,差别不小。

　　恩师在教学中,因人制宜,收到良好的效果。我们每周至少上
一次课,每次授课的时间均有整整半天。上课地点在恩师家的客
厅,每人坐一张沙发。师母高家莺教授毫无架子,热情好客,负责
后勤事务,沏茶倒水,次次如此。我们都很感动。每次上课,恩师
都会滔滔不绝,一气呵成。上课的内容大致由三部分内容组成。
第一部分是史学理论研究,包括关于历史唯物主义、社会发展形态
的研究等;第二部分是关于中国史的重大问题的研究,包括对土地
制度、农民起义、专制制度等的研究;第三部分是恩师自己的学术
观点,包括东方社会的各种形态、西周封建说等。通过第一部分学
习,我们提高了自己的史学理论修养,防止迷失史学研究的方向,

---

　　① ［日］井上聪:《中国古代阴阳五行的研究》,日本翰林书院出版社 1996 年
版;［日］井上聪:《先秦阴阳五行思想研究》,湖北教育出版社 1997 年版。

实现史论结合;通过第二部分的学习,我们深刻理解并掌握了中国史中的一些重大问题,为今后的深入研究和撰写博士学位论文打下了基础;通过第三部分的学习,我们更清晰了恩师在学术上的贡献和中国史研究领域各种学派的基本情况。这三个方面我们都存在不足,通过恩师的授课,得到了有效弥补。

在授课时,恩师还会顾及我们三人不同的学术需求。在讲授到具体内容时,还特别作些点拨和发挥。比如,在讲到先秦时期诸子百家时,会多讲阴阳五行的源流,以增强井上聪对中国古代阴阳五行说的认识。在讲到各种史学流派时,会突出各种源流的代表人物及其基本观点,以帮助臧世俊进行中国史学史的研究。在讲到东方社会各种形态时,他会在政治形态方面多花笔墨,以帮助我对古代东方法的认识。我们都从中受益匪浅。

在课外与我们的交谈中,恩师都会有针对性地进行学习指导。我深有体会。恩师对于法学并不陌生,曾在中国著名的法学院执教过。"(吴泽先生)1937 年毕业于北京中国大学。先后执教于重庆朝阳法学院、重庆复旦大学、上海大夏大学"。① 新中国成立以前,中国的法学院有"北朝阳、南东吴"之说。朝阳法学院是中国当时最著名的法学院之一。恩师能在朝阳法学院任教,不会没有法学素质。这样,我们就有了法学的共同语言。交谈中,他就对我进行中国法制史、古代东方法的指导。记得在谈到古代中国、东方社会的土地状况、专制统治与法制的关系时,恩师就讲得十分深刻,我深受启发。

恩师因人制宜的施教,使我受益匪浅。三年以后,我不仅得到了史学博士学位,还增长了史学知识,这些都使我受用一辈子。

---

① 《吴泽文集》第四卷"后记",华东师范大学出版社 2002 年版,第 615 页。

（2）高要求的治学

博士研究生攻读的是高学位,应向较高的学术水平努力。就读期间十分重要,需要着力加以训练与培养。恩师不仅自己严谨治学,还高要求自己的博士研究生,使我们养成良好的治学习惯。这种要求从入学就开始了。我清楚记得,第一次到恩师家里上课,他就专门提出在校学习期间的治学要求,其中有两个重要方面。

一个方面是保质保量完成博士学位论文。除了在质量上要达到博士学位论文的水平以外,他还特别强调论文的字数应在 20 万字以上。这高于国家要求。在提出这一要求时,还专门解释了其中的理由。恩师认为,一本博士学位论文实际上就是一本学术专著,一本低于 20 万字的学术专著往往容量太小,不够厚重;如果毕业后,在工作期间再扩充其容量,使其厚重一些,困难就会较大,因为有工作任务缠身,会挤走继续扩充的时间;因此,最好的办法是在全脱产学校期间,抓紧时间,就是辛苦一些,也要克服困难,完成 20 万字以上的学位论文,为以后正式出版打下基础。我毕业以后的实践证明,恩师的要求十分正确。1993 年毕业时,我的学位论文《古代东方法研究》是 24 万字,尽管以后我没有放弃对古代东方法的研究,但到了 2006 年才完成出版了此书的第二版。[①] 前后隔了 10 余年,其中的重要原因是工作太忙,挤去了许多研究古代东方法的时间。尽管恩师的这一要求非常合理,但是当我听到以后,还是感到压力很大。在此以前,我的基础是完成 3 万字的硕士学位论文,现在一下子要达到 20 万字以上,心里无把握。此后,我

---

① 王立民:《古代东方法研究》,学林出版社 1996 年版;王立民:《古代东方法研究》(第 2 版),北京大学出版社 2006 年版。

把恩师的要求变成了自己的努力方向,压力转化为动力,到毕业时我已形成构思、写作 20 万字以上专著的能力。我的学术水平由此而得到大幅度提升。

另一方面是要保质保量公开发表两篇以上学术论文。恩师对这两篇学术论文的一个基本要求是在 1 万字以上并公开发表。这个要求在当时,对我来说,也是一个挑战,因为在此前虽然完成过 3 万字的硕士学位论文,但还从未在学术期刊上公开发表过 1 万字以上的学术论文。我非常理解恩师的良苦用心,也把其作为自己的努力目标。我的方法是认真撰写学位课程的作业,使其一稿两用。既当作作业,又用作公开发表的论文。这一方法取得了成功。毕业前夕,我实现了恩师的这一要求,而且发表的学术期刊都是今天被认定的 CSSCI 期刊。从中,我的学术水平也得到了提高。

在平时的教诲中,恩师同样坚持高要求。他经常说,史论要结合,不能偏颇;运用史料要恰当,要重视使用最新发现的资料;文章的逻辑性要强,等等。他多次提到有人因为运用史料错误,导致论文的观点不堪一击的教训。他还特别告诫我,一定要避免用以后的资料来证明以前史实的情况。他还认为,做学问就应有科学、严肃的态度,不能马马虎虎、草草了事;论证一个事实,一定要充分把握信史,仔细求证;不成熟的论文宁可不要发表;等等。① 这些教导至今还铭刻在心。恩师的这些教诲从今天的视角回顾,十分有利于防止学术腐败,促进学术研究的健康开展。

对于我所研究的古代东方法,恩师十分重视,还专门提出,要把俄罗斯法也列入研究范围。这与马克思主义东方学相关。马克思主义东方学的理论把俄罗斯也作为东方社会的一个组成部分,

---

① 王立民:《吴泽先生的教诲》,《新民晚报》2005 年 12 月 14 日。

因为它具有东方社会的一般特征。然而,从法学角度去研究古代东方法,一般包括了楔形文字法、希伯来法、印度法、伊斯兰法和中国法等,没有俄罗斯法。恩师的这一要求对我启发很大,帮助我拓宽了研究视野。为了使自己的研究更为全面,我根据他的要求,把俄罗斯法也归入自己的研究范围。这样,古代东方法的研究体系也较为完整了。事实证明,这一要求非常正确,得到了论文评阅专家的首肯。总之,恩师的高要求治学,切实提高了我的学术水准。

(3) 重视能力的培养

在跟随恩师三年的博士研究生学习中,我不仅聆听了大量关于做好学问的教诲,还收获了许多关于能力培育的指教。恩师常常教导我们三人,要重视理论联系实际,不能脱离中国、世界的实际,千万不要做书呆子。他认为,光会读书、研究史学问题还不够,还要会运用书本知识、学术成果,去分析、解决问题,指导自己的实践。还常用"通古今指点江山,说未来经纬天地"来勉励我们。①恩师非常强调,史学不仅应研究历史上的史实,更重要的是寻求历史发展的路径,掌握社会历史发展的规律;运用这一规律,就可预测社会历史发展的大方向,研究中国的对策;这就需要能力的培养,而不只是光会读书就行了。在恩师的这一教诲中,我体会到他所讲的能力培养,还包括从事学术研究以外的工作,比如党务、行政管理工作等。这些工作同样可以锻炼、培养人的实践能力。

恩师知道我在入学前是个"双肩挑"人员。一方面,我是个教师,要从事中国法制史的教学与研究工作。另一方面,我还有管理职务,任校法律系的副主任,分管系的教学管理工作。他也知晓我

---

① 王立民:《恩师吴泽:通古晓今的史学大家》,《档案春秋》2012 年第 4 期。

在毕业后,仍会回到原单位工作。因此,平时的教诲很具个性。现在回忆起来,主要涉及三个方面。第一,希望我把学术研究与中国的法制建设结合起来,为这一建设建言献策。那时,中国刚走上法制道路不久,法制的历程才 10 年多一点,还处在很粗浅的阶段。许多法律有待制定,行政执法、司法还都很不成熟。恩师也体会到这一点,但他对中国的法制发展充满信心,希望我在进行法制史研究的同时,结合中国的国情,以史为鉴,为中国的法制建设建言献策,不要脱离中国法制建设的实践,不能就学术而学术。第二,希望我把法学教育与中国的法制建设结合起来,为这一建设培养人才。那时,华东政法学院是一所以法学学科见长的大学,培养的学生绝大多数进入公、检、法、司单位,直接从事法制工作。恩师就希望我把好教学关,保证教学质量,培养合格的法律人才,为中国的法制建设增添新鲜血液。第三,希望我培养、提高自己的管理能力,做好管理工作。一个人的管理能力需要在管理过程中不断锤炼,逐渐培养和提高。恩师预计我毕业后返校,仍有可能继续从事管理工作,所以多次教导我,如有这样的机会,不要轻易放弃,因为这是能力培养的平台;一旦走上管理岗位,就需努力工作,不断实践,做出成绩。恩师的这些教诲语重心长,我念念不忘。恩师在教育我们重视能力的培养时,还常以自己的经历为例,言传身教。从他的谈吐和相关资料可以得知,恩师在上大学以后,就更以国家兴旺为己任,积极参加革命活动,为中国革命事业作贡献。他的能力也从中得到培养和提升。

恩师于 1933 年到北京,就读于中国大学。1935 年,国民政府与日本签订了丧权辱国的《何梅协定》《秦土协定》,华北、察哈尔沦入敌手。出于义愤,北京的学生掀起了著名的"一二·九"运动,恩师积极参与了这一运动。1936 年,他加入了中国共产党的外围组织——民族解放先锋队,积极投身于民族救亡斗争。抗日战争爆发后,与几位旧时的同学发起创办了《抗敌导报》,积极宣传全民抗日。因为在此报的创刊号上发表了《从淞沪抗战看中日战争的前途》一文,恩师一度被捕入狱。由于亲友的多方营救,才得以释放。回家后的当日晚上,他便写就了《庭讯》一文,揭露了当局的卑劣行径。①抗日战争结束以后,恩师回到上海,继续在大夏大学任教。由于以唯物史观研治中国史而著名,屡遭特务盯梢、抄家,乃至通缉和列入黑名单。但是,他毫无惧色,毅然于1946年10月加入中国共产党。之后,便以一个地下党员的身份,坚守理论阵地,在思想文化战线上为迎接上海的解放和新中国的诞生而紧张地工作。②恩师的革命实践为我们树立了学习的榜样。

(4)病房里的指点

我博士研究生毕业那年,恩师已是八十岁高龄。进入21世纪以后,他的健康状况越加不如以往,许多时间都在华东医院的干部病房里度过。从恩师自撰的《我的治学历程——代序》中可以发现,在"文革"期间,他就曾得病而在医院里住了不短的时间。"1966年,史无前例的'文革'浩劫铺天盖地而来。'文革'一开始,我便失去自由,无法从事正常的学术研究工作。不久,又因染疾,在医院里住了一年有余。""文革"结束以后,恩师的健康情况仍不尽如人意,但是他仍坚持学术研究。"从1978年至今,我虽然几度因病住院,心力不济,但还是坚守在史学阵地,尽心尽力地做些研究工作。"之后,随着年龄的增长和病情的加重,住院时间更

① 《吴泽文集》第一卷,华东师范大学出版社2002年版,第4、5页。
② 吴泽教授治丧办公室:《吴泽先生生平简介》,2005年8月13日。

长,几乎无法再出院正常工作了。

得知恩师住院后,每过一段时间,我总会抽空去探望一下。他总在病房里,有时在走路,有时在晒太阳,有时睡在床上,最辛酸的一次是病危抢救,幸好抢救成功,暂时脱离了危险。我记得,只要能讲话,恩师见到我,就会马上提起精神,开始问长问短,了解我的最近情况,关心我的成长。接着,就会讲一些其他问题,包括讲学术、议国事、评时事等。只要体力能够支撑,讲起来还是那样津津乐道,有声有色。其中,不乏许多指点。恩师虽然高龄,但还能接受新事物,关注新情况,指点内容很切时势。如今,我印象比较深刻的内容有:从史学的角度去考察、分析、论述了中国改革开放的正确性;社会主义市场经济的优越性;抓精神文明的必要性;中国社会主义事业的大趋势;等等。另外,对东方学的研究,他还是十分关心。对此,恩师给了我一些指点。首先,他认为,东方社会的意识形态还值得深入研究。东方学主要有三大部分构成,即经济、政治与意识形态。每一形态之间,既独立,又互相联系。对于东方社会经济形态的研究,恩师自己已有了较为成熟的成果。1993年恩师独著的《东方社会经济形态史论》由上海人民出版社公开出版、发行。对于东方社会政治形态的研究,我的师兄刘学灵作了大量探索,他的博士学位论文也以此为主题,并于1995年由上海远东出版社公开出版、发行,取名《东方社会政治形态史论》。我的博士学位论文算是东方政治形态中法制部分的放大和拓展。然而,东方社会意识形态的研究则相对落后,没有系统的研究成果,是个值得研究的领域。其次,研究东方社会形态要与研究西方社会形态结合起来。只有这种结合,才能充分体现出东方社会形态的特点,包括在发展的起点、途径、方向等一些方面的特点。东方学的主体是东方社会形态学。只有把东方社会形态真正把握了,才能真正理解东方学的精髓。最后,研究东方学是为今天的国家建设服务。进行东方学研究的目的,不仅是为了促进学术的发展,更重要的是探索、揭示当前的中国国情,为建设具有中国特色的社会主义事业服务。国际环境复杂多变,中国又没有可以直接照搬的发展模式,只有靠自己独辟蹊径,才能迈步向前。东方学在其中可以提供一个方面的依据。

恩师在病房里还念念不忘指点自己的学生,其精神极其可贵。这也是他悉心育人的又一种突出体现。

回顾恩师的一生,不愧是一位著名的史学大师、史学教育大师和马克思主义史学理论大师。我所取得的成绩与恩师的教诲直接有关,也是他倾心教书、悉心育人的一个成果。我能拜在恩师门下、得到恩师的教诲是一生中之大幸。以后,我仍会牢记恩师的教诲,继续向恩师学习,并努力做到倾心教书、悉心育人。

(原载《历史教学问题》2013 年第 2 期)

第七章
杂　谈

这部分的内容比较庞杂一些,由我对一些文化作品内容的质疑、评论及一些学术经历的回顾等方面集成。

一、质　疑

1. 电视连续剧《智者无敌》的背景错误

东方卫视在黄金档播放了电视连续剧《智者无敌》。此剧反映20世纪三四十年代上海特工的斗争,其中既有日本、汪伪76号、军统的特工,也有共产党的特工,情节起伏跌宕,引人入胜,是一部可看性较强的特工斗争片。其背景是在上海的租界,大量的画面是日军及其特工穿着日本军服在那里大摇大摆、横冲直撞。7月7日晚上播放两集内容的时间定位在二战的莫斯科保卫战以前。这在历史背景上犯了大错。

那时,上海存在两大租界,即公共租界与法租界。这两个租界最繁华的马路分别是现在的南京路和淮海路。租界内有自己的权力机构,包括立法、行政、司法等机构,还有军队,相对独立,不受中国政府的管辖,故有人称其为"国中之国"。租界周围全是华界,由中国政府管辖。

1937年11月12日,日军占领了上海,华界沦陷,可租界依然存在,没有被日军占据。于是,有人便把上海租界称为"孤岛",因为其周围都是日占区,租界孤立其中。这种局面在 1941 年 12 月 8 日爆发的太平洋战争之后,发生了很大变化。由于日本突然袭击珍珠港和英、美对日本的公开宣战,当晚,驻扎在上海华界的日军便冲进并占领了上海公共租界,使其也变成了日占区,日本军人便公开在那里大呼小叫,进进出出,气焰十分嚣张。上海法租界则晚于公共租界被占领。这种局面要延续至抗日战争结束。

也就是说,在太平洋战争爆发以前,即日军公开占领上海租界以前,日本军人及其特工不可能在上海租界内穿着军服随心所欲,公开闹事。他们要搞破坏,也只能穿着便衣,暗中进行,就像 76 号特务那样。因为,那时的上海租界毕竟不是日占区,由英、美、法等国在管理,还有自己的巡捕、军队、法庭、监狱等,日军不敢公开插手捣乱。

《智者无敌》首先描述的背景是在二战的莫斯科保卫战之前,这一战役发生在 1941 年 9 月 30 日,同年 12 月 6 日,苏军转入反攻阶段,至 1942 年 4 月共歼灭德军 50 余万人,迫使他们向西退却。很明显,莫斯科保卫战的发生是在太平洋战争爆发和日军占领上海公共租界以前,那时的日军还不可能在上海租界穿着军服肆意妄为。此剧的大背景有错误。

从中也反映出在撰写剧本时,编剧没有充分重视上海史的学习和研究,以致在这些基本问题上犯了错。这一错误还会误导观众。如今,大量收看这一节目的观众都没有专门学习和全面掌握上海史知识,看了这些错误的背景,很容易对这段历史形成误解,这实在不应该。电视已成为上海最重要的传媒之一,影响很大,应该尽量避免节目内容的错误,电视连续剧也是如此。一定要防止在欣赏剧中精彩情节的同时,错误地吸收了相关的知识。提高电视连续剧的历史文化质量,刻不容缓。

(原载《上海法治报》2011 年 7 月 18 日)

2.《血色迷雾》大结局的质疑

我平时很少看电视剧,2008 年 9 月 14 日中秋节早回家,看到了《血色迷雾》的大结局,觉得在解说和描写上海历史部分,有与史实不符的地方,值得质疑。

剧中说,1932 年 11 月日军占领了上海,上海沦陷,成了"孤岛"。这一说法不确切。事实是,1937 年 11 月 12 日日军占领了上海的华界;租界仍然存在,没有被日军控制。此时,上海的华界沦陷了,租界的四周都被日军占领,变成"孤岛"了。可见,上海沦陷是指华界的沦陷;"孤岛"则是指租界的存在,没被日军占领的独立存在;而不能泛称上海沦陷,变成"孤岛"了,让观众形成误解。

上海长期有两个租界,即公共租界与法租界。鸦片战争以后,根据《中英南京条约》,1843 年中英签订了这一条约的附件《中英五口通商章程》,其中规定英国可以在上海、宁波、广州、福州和厦门等五个通商口岸设立租界。以后,又有美国、法国、德国等 10 余个国家取得这样的权利。1845 年上海的英租界出现了,之后又有了美租界,这两个租界于 1863 年合并为公共租界。

另外,上海在 1849 年还出现了法租界。于是,上海便形成了华界与两个租界并存的格局。其中,包括现在南京路、淮海路在内的最为繁华的地区都在租界,华界在江湾、南市等一些落后、边缘地区。上海租界有自己的管理机关、军队、法庭、监狱等,像个国中之国,不受日军控制。

1941 年 12 月 8 日太平洋战争爆发,英美与日本公开宣战,随后日军立即侵占了上海的公共租界。1943 年 7 月 30 日,上海法租界又被日伪政府接收。从此,上海全都处在日军和日伪政权的掌控下,"孤岛"不复存在,直到抗日战争结束,上海这块土地才被国民政府统辖。

剧中的最后一个镜头是文康与大批日本军人枪战,背景是现代的马路、西方的建筑等。这难以想象。只有租界才有这样的大面积背景。租界在上海首先实现现代化,包括马路和城市建筑;那时的华界则仍然传统化和破旧,形成不了租界那样的马路和建筑背景。大批日军也不可能如此明目张胆地在租界里与文康枪战。

租界不是日军占领的国中国,不是日本之国,日军不可能长期大规模地驻扎在那里,还在光天化日之下,穿着军服进行枪战。日军与日伪政府可以做的,只是在租界里悄悄地设立特务机构,穿着便衣进行破坏活动,如 76 号特务。这批特务曾与国民政府的特工多次在租界内发生冲突,进行枪战。

从这两个质疑中我又想到,中国影视剧中凡要涉及真实地名和时间的,一定要认真核对史实,与历史相符,千万不能马马虎虎,铸成大错,误导观众。

(原载《新民晚报》2008 年 9 月 24 日)

3."清明上河图"观感

日前,有幸去世博园看了中国馆。中国馆分为国家馆和地方馆。国家馆的一个重要展品是"清明上河图"。这幅图又分为真品和大屏幕展示两部分。真品展示在一个取名为"国之瑰宝"的陈列室里。走进这个陈列室,便可看到"清明上河图"的真品。它平置在玻璃房内,恢宏长卷,色彩鲜艳,尽收眼底,真不愧为"国之瑰宝"。陈列室的对面即是大屏幕"清明上河图",屏幕上的这幅图是真品的放大,其内容与真品基本一致,但有创新。真品上的人物、动物等在屏幕上都会动起来,有行走、劳作等各种动作,栩栩如生,活灵活现。而且,此画还会演变成夜景,出现了灯火辉煌、熙熙攘攘的热闹城市街景,展现出那时丰富的夜生活。高科技在其中表现得淋漓尽致,令人赞叹不已。

在赞叹之余,我联想到中国古代的法律规定。真品"清明上河图"描述的是北宋时期汴京城(今河南开封市)白天的城市情况,这与当时的法律规定切合。可是,大屏幕中夜晚热闹的街景和丰富的夜生活就与那时的法律规定相悖了,因为中国古代长期实行宵禁,晚上市民不可随便外出。在中国现存的第一部内容完整的法典《唐律》中,就已有宵禁的完整规定,违反这一规定被称为"犯夜","犯夜"者要被处以刑罚。它规定,晚上在顺天门击鼓400下以后,要闭门;再击600下以后,坊门也都要关闭,禁止行人外出行走;违反这一规定的,要被捶打20下,即"笞二十"。但是,有例外。例外情况包括:紧急公事、私家的丧亡和生病等情况。在例外情况下,并且取得本县或本坊文书的,可以外出行走,不受宵禁的限制。还有,如果守卫人员渎职,应放行而不放行、不应放行而放行的,都要被"笞三十"。《唐律》中的这些规定都被宋朝的主要法典《宋刑统》所承袭,也有和《唐律》一致的规定。由此可见,在"清明上河图"的夜景中,可以有万家灯火,但城市的街上不可能出现熙熙攘攘的人群和十分丰富的夜生活,因为北宋的汴京已在《宋刑统》的控制之下,晚上也实行宵禁;违反宵禁而"犯夜"的,也要构成犯罪,被处以刑罚。从这种意义上讲,"清明上河图"只能是白天的城市景象,而不会是晚上的情形。中国国家馆中大屏幕上的"清明上河图"被夸张了。不过,仅从娱乐角度来看,增加大家的好奇心,增添一点馆内的乐趣,使大家沉浸其中,也未尝不可。

最后,还要提及的是,明、清时期仍然实行宵禁,明朝的《大明律》和清朝的《大清律例》中也都有相应的规定,只是有所发展。比如,名称改了,把"犯夜"改为"夜禁";用刑加重了,从"笞二十"加重到"笞三十";增加了因违反"夜禁"而拒捕的规定,拒捕人要被"杖一百";等等。从中可知,宵禁是中国古代长期实行的一种制度,这一制度还有发展、变化。到了 20 世纪初的法制改革时,它随着中国古代法制的废止也退出了历史舞台。

(原载《上海法治报》2011 年 5 月 17 日)

二、杂论与回忆

1. 如何避免愚人之见

人们要避免愚人之见不难,并不需要超人的天才才能做到,只要你能掌握以下一些简单的规律,就可以不犯那愚蠢的错误,当然,也不是所有的错误。

对于那些可以通过直接观察而认识的事物,只要你身临其境就可以避免蠢见。例如,你要想知道她的牙齿是否比他少,那么你只要自己去数一数就会得出正确的结论。又如,假使你要写一本关于獾的习性的书,那么你就要观察一下獾吃甲虫的嗜好,才可着笔,这样就不会丢丑了。当然对于那些世界上没有的也不可能见到的事物,就不必受此约束了。古代和中世纪的作者都知道神话中的独角兽和火蛇,他们就没有必要去回避那些教条式的雷同表述,因为独角兽和火蛇是不可能被人们见到的。

在世界上有很多事物是不能被我们直接去体验的,这就需要

441

我们在日常生活中注意他人对这些事物的看法。如果你的看法和多数人相同,这就说明你在对待这些问题上克服了偏见;如果他人的看法与你相反,并使你发怒,这就给了你一个重新考虑你的看法是否正确的信号,因为他人的看法往往向你提出了认识问题的新角度;如果有人坚持说二加二等于五或者说冰岛是在赤道上,那么你只要有一点算术和地理常识,就会认为这是无稽之谈。一般地讲,多数争论得不可开交的问题,都是各方没有足够的证据而造成的。

克服武断观点的一个好方法是到社会上去听取不同的意见。寻找与自己不同观念的人交谈,他们的观点可能都是正确的,但不可能都是错误的。因此,他们会给你的武断观点以警告。你如果是一个有丰富想象力的人,那么还可以设想一场争论,提出与你相反的各种观点,并一一驳倒它们。

最后,必须十分警惕那些助长你自尊心的意见。比如,不管是男人或女人都会坚信自己由性别带来的优越性,当然他们双方都有充足的理由证实这一点。男人会说多数诗人、科学家是男性,女人会说多数犯罪者也是男性。又如,世界上的每个民族都自称比其他民族更为优秀。事实上,世界上的每个民族都有自己特有的长处和短处,去发现自己民族的长处和短处同样是重要的。对付这种一般人所具有的高傲的自尊心的方法是,经常地提醒自己:每个人只是在宇宙中一个很小角落中的一颗小行星中度过短暂的一刻,在宇宙中的其他星球中可能还存在最高级的生命,我们与他们相比可能如海蜇那样低级。

(原载《青年报》1985 年 1 月 11 日)

2. 法治报助我学术成长

在我的学术生涯中,《上海法治报》提供了极为重要的帮助,令我永远不会忘怀。

1991 年,那还是我在攻读博士学位期间,《上海法制报》(后改名为《上海法治报》)开设了一个名为"租界法制史话"的专栏,责任编辑是张薇薇老师。她既是这个专栏的创意策划者,也是这个专栏的编辑。我应邀成为这个专栏的撰稿人。至 1998 年报纸改版,这个专栏持续了 8 年之久。

这个专栏的文章,每篇在千字左右,内容以上海租界的法制为主题,涉及立法、司法、案例、法文化等领域。8 年中,我共在专栏中发表了 60 余篇文章。

2001 年,我把在这个专栏中自己的文章集中起来,补充了一些内容,完成了《上海租界法制史话》一书,由上海教育出版社出版。尽管这是一本小书,但它却是中国第一本以租界法制为唯一内容的著作,引起了中国法史学界的关注。

张老师选择我作为"租界法制史话"的撰稿人,是因为我在华东政法学院攻读硕士学位期间(1982—1985 年),参加了一个关于上海近代法制史的课题,先从研究上海小刀会起义军法制入手,之后又扩展到上海租界的法制。从中我对上海租界法制有一些了解,产生了兴趣,有了一些研究基础。当时,上海租界法制还是一个未被着力开发的处女地,关于这一研究的成果稀少。张老师慧眼识珠,及时建立平台,推出专栏,我则从中受益。经过多年研究,成果在专栏里不断面世,加固了我研究这一法制的基础。

从此,上海租界法制成了我学术研究的一个领域。我在此不断加以耕耘,成果纷纷产出。除了有一些论文发表外,还在我的专著中有所体现。1998 年,我的第 3 本个人专著《上海法制史》由上海人民出版社出版。其中,有 3 章专述上海租界立法内容,另外,在上海的立法机构、执法、司法、律师、法学教育等章中也都有上海租界法制的内容。接着,我又把上海租界法制的研究扩展到中国租界,聚焦点转向学术研究,成果也随之增多。到 2014 年,我在权威和核心期刊上发表的此类论文已有 10 余篇。在此基础上,我再整理、出版中国租界法制研究的学术专著的时机也逐渐成熟,适时将与大家见面。与此同时,我对租界法制的研究也得到了上海市、国家的支持,已先后被上海市教委、上海市哲社和国家社科基金列入研究项目,目前在研的是 2014 年立项的国家社科基金项目"租界法制与中国法制近代化研究"。今后,我的这一研究还会深入下去。

我的学术成长离不开《上海法治报》的帮助。在建报 30 周年之际,我表示衷心感谢和热烈祝贺! 也祝愿《上海法治报》日益昌盛!

(原载《上海法治报》2014 年 12 月 9 日)

3. 云南的上海老乡

1998 年,我有机会到云南一游,在我相识的云南上海老乡中,多数是知青。如今,他们已在那里生根、开花、结果,各有自己的一方天地。有的上海知青已走上领导工作岗位,我遇到的一位在云南省体委任职的上海老乡就是如此。"文革"期间,他随大批上海知青一起到了云南,由于他有 1.94 米的身高,所以不久便被选中成为云南省排球队的一名队员。年龄稍大后,又成了排球队的一名教练。现在,他是云南省体委的一位中层干部,负责"三产"事务,一家三口都在昆明,生活美满、安定。他告诉我,现在的住房是三室一厅,装饰得也挺不错,仅装修费就花去了 5 万多元。还说,一家人早已习惯了昆明的生活,这里的气候四季如春,物价也很便宜,不想再迁家上海了。

有的上海知青还在生产第一线,但人数极少。我在一个旅游景点遇到一位卖茶叶的上海知青,她已是一位中年妇女,可乡音未改。当她听到我带有上海口音的普通话时,便主动问我是不是上海人。我回答"是"后,她的话匣子也随之打开了。她指着身后的一大片橡胶树林说,这是我们上海知青亲手种植、养护的橡胶树林,割胶是自己的主要工作。可是,今年橡胶树"生病",树干上长了许多白块,橡胶产量很低,收入骤减,所以不得不卖点茶叶来作补充。我问她茶叶是多少钱一袋。她回答:"5 元"。我即欣然买了一袋,尽管平时我并没有饮茶的习惯。分手时,这位上海老乡还显得有点恋恋不舍的。

上海知青老乡的子女一般都已成人,他们不像他们的前辈在农场、工厂工作,而是寻找更为广阔的天地。一位年轻的导游告诉我,他的父亲到云南后被招工进了景洪县的一家造纸厂。那时真够苦的,上山伐木,从河中捞起随水漂下的木材,然后造纸,一切都要自力更生。他说,他才不愿待在工厂里,因此读完电大的旅游大专以后,便当上了一名导游,四海为家。他由衷感叹道:"外面的世界真精彩!"

除知青外,近年上海还有少数人到云南从商,由于受"唯利是图"思想的影响,他们的身上也有了铜臭味。我到云南后就得到忠告:有些云南的上海人只顾赚钱,宰上海人同样毫不留情;他们口口声声"上海老乡"只是一种诱饵,是宰上海人的一种绝招。事实也确是如此。我在一家商店碰到一位来自上海的中年妇女,她自称两年前来到云南做生意,从事云南特产买卖。我问她什么货比较实惠时,她便津津乐道地讲这讲那,还特别向我推荐店里的黑色皮带,说是大象皮做的,进价每根 70 元。还说,如果你要,就按进价卖给你。因为我已事先打过"预防针",不敢轻易出钱。殊不知,之后我在一家云南人开的店里,看到同样的皮带,注明材质为牛皮,定价仅 20 元。

(原载《上海法制报》1998 年 11 月 13 日)

4. 我与上海市政治学会二三事

我加入上海市政治学会已有 30 余年。30 余年来,有些往事记忆犹新,尤其是以下几件事。

加入上海市政治学会成为一名会员令我十分难忘,因为这是我加入的第一个学术团体。1982 年至 1985 年,我在华东政法学院攻读法学硕士学位(中国法制史方向),是一名普通的在校硕士研究生。在读期间,有机会参与由上海社会科学院法学研究所老师负责的一个关于上海近代法制史的课题,成为课题组的一位成员。我的工作任务是从收集、研究上海小刀会起义军法制开始,往后又收集、研究上海租界立法。课题组要定期、不定期地召开工作会议,我就有机会出入法学研究所,与课题组成员交流,向老师们请教、学习。

在与法学研究所老师的交流中,有幸认识了李婉焉老师。她个子不高,戴副眼镜,温文尔雅,待人和气,典型的女知识分子模样。当时,上海市政治学会刚建立不久,各项事务都新建待兴,其中包括队伍建设。需要通过新增会员,来壮大研究队伍,推动政治学研究。李老师是当时上海市政治学会的专职副秘书长,十分重视队伍建设。一次,偶然在法学研究所碰到我时,她详细询问了我的情况,然后热忱邀请我加入上海市政治学会。作为一个学生就受到邀请,而且是参加一个上海市的一级学会,我受宠若惊,一口答应,不久便履行了入会手续,成了一位正式会员。这是我一生中加入的第一个学术团体,既有新鲜感,也有光荣感。从此,我就有机会参加上海市政治学会的活动,开始在政治学方面成长起来。李老师是我认识的上海市政治学会第一人,也是我的引路人,至今十分难忘。

王邦佐老师是对我与我校政治学发展影响、帮助都很大的老师。王老师在任上海市政治学会会长期间,对上海市政治学的发展有过总体考虑,把我校政治学作为重点发展的对象,而且还作了部署。

当时,上海高校中政治学基础与发展都比较好的有复旦大学、华东师范大学等一些学校。要想上海在政治学有大的突破,就需有意识扶植其他一些学校,让它们补齐短板,迎头赶上,从总体上提升上海的政治学水准。其中,就有我们学校。

我校的政治学学科存在时间不算短,1979年复校后不久,就开始考虑建立。可是,发展得一直不太理想,长期处于不温不火的状态。我校是政法类学校,法学与政治学应该齐头并进,否则就成了瘸腿,一高一低。学校也很着急,很想大力发展政治学。王老师的考虑与学校的想法不谋而合。

王老师领导的上海市政治学会采取了一些措施,支持我校政治学的发展。第一,安排我校举办、协办政治学的学术研讨会、年会。邀请政治学会的领导、成员一起参加,便于互相认识,促进沟通,加强学术交流。这十分有利于扩大我校政治学的影响力与知名度。第二,鼓励我校引进政治学人才。政治学人才是政治学研究的主体,也决定了政治学研究的水准。我校的政治学底子薄,突破口就是要大力引进相关人才。王老师向我推荐过青年才俊,也赞扬我校在引进人才方面的做法等,给予了很大鼓励。第三,把我校作为上海市政治学会的"副会长单位",从 2003 年起,上海市政治学会决定在我校设立一位副会长,实际上就成了"副会长单位",一直保留至今。这样,我校就在上海市政治学会有了更多的话语权,也掌握了更多的政治学信息与资源。在王老师领导的上海市政治学会支持下,我校政治学的发展开始风生水起,与往昔大不相同了。

随着我校政治学的兴起,我也从中受益。自 2003 年至 2017 年,我担任了 14 年的上海市政治学会副会长,现在还担任顾问。在政治学会的活动中,我学到了不少政治学理论与知识,知识结构得以处,产出了一些新的研究成果。比如,把政治伦理延伸到法律伦理,发表了《略论中国古代的法律伦理》(《法制与社会发展》2012 年第 3 期)一文,弥补了对中国古代法律伦理研究的不足,充实了中国法制史的研究园地。

我从事的是法学的教学、研究工作,虽与政治学有联系,但毕竟不是同一专业。加入上海市政治学会以后,我开始学习更多有关政治学的理论与知识,特别是在与政治学"大咖"们的交谈中,我的收获更大。于是,便开始逐渐研究一些与政治学相关的问题,并结合法学,产出、发表了一些成果。比如,《政治体制改革与健全社会主义法制》(1987 年)、《社会主义法制的民主化》(1991 年)、《干部的法律素质与依法治国》(2002 年)、《公务员的法律素质与法治政府》(2004 年)、《〈政治与法律〉和政治与法律》(2007 年)、《法治与社会治理》(2013 年)等。这些成果都具有跨界性质,既有政治学的成分,又与法学联系在一起,是这两门学科的结合。这大概就是我研究政治学的一个特色吧。

我跨界式地研究政治学正是出于我的法学背景。自 1982 年考入华东政法学院,成为法学硕士研究生以后,我学习的都是法学课程,研究的也以法学为主题。法学在我心中打下了烙印,成了我的本行。加入上海市政治学会以后,学习了许多政治学理论与知识,开始涉足政治学,可是法学的烙印还在,无法抹去。这为政治学与法学的结合提供了有利条件,走出了自己的一条道路,还被认可。有些公开发表的论文被全文转载,其中,《提高干部法律素质,推进依法治国进程》(《探索与争鸣》2002 年第 5 期)一文被人大复印资料 2002 年第 8 期《中国政治》全文转载;《科学发展观与司法体制改革》(《政治与法律》2006 年第 6 期)一文被《新华文摘》2007 年第 5 期全文转载。看到自己的研究成果被全文转载,心里很高兴,而这都得益于加入上海市政治学会,是学习了政治学后的收获。

在上海市政治学会成立 40 周年之际,回忆我加入学会的二三事作为纪念。同时,也要感谢上海市政治学会在我的学术生涯中,提供了不可多得的机遇与帮助!

(原载桑玉成主编:《庆祝上海市政治学会成立
四十周年》,2021 年版)

附 录

港澳纪行

一、香 港

1. 香港之行

根据课题的计划,1998 年 12 月 1 日至 14 日,我率访问考察团到香港进行实地访问考察。访问考察团共由 9 人组成,其中 8 人多为法律系直接从事与诉讼法相关的教学、科研和实践工作的教师,1 人为上海市第一中级人民法院的院长。这大概是华东政法学院自复校以来,第一次派出这么多人到内地以外的地区去进行学术性的访问和考察。

到实地参观、了解香港的审判方式,是这次出行的任务之一。我们参观的地方包括香港高等法院、律政司、廉政公署、仲裁署、法律援助署等。每到一处,我们都由讲解人员带领,一般都是边参观、边讲解,还有领导接见,我们提出一些感兴趣的问题等。其中,在高等法院的参观时间最长,用了 2 天半;参观的地方也最多,包括法庭、裁判所、拘留处等各部门。经过参观,我们对香港的审判方式及相关的一些问题有了感性认识。

在香港期间,我们与城市大学法学院的院长、副院长、教师及律师行的律师进行了座谈,内容包括对香港审判方式的看法、内地与香港审判方式的异同点等一些方面。经过座谈,我们从更为广泛的角度,了解了专家、学者和律师对香港、内地审判方式等看法和态度。出行前,我们的计划中就有由我团与香港大学法学院共同召开一次有关中国审判方式改革的研讨会,并由我团的成员和香港大学法学院的教师分别发言交流。在香港期间,这个研讨会成功举办。我团有4位成员发言,他们是胡锡庆教授、王俊民副教授和我等人,发言的内容包括中国历史上一次重要的审判方式改革、近年来审判方式改革的情况和存在问题、解决中国审判方式改革中存在问题的对策、上海审判方式改革中的理论和实践问题等。发言后,香港《文汇报》的记者及一些与会者提了问题,我们作了回答。第二天的《文汇报》就刊载了部分发言内容。香港大学法学院的院长陈弘毅教授、法律系副主任冯象教授等教师也在会上发了言。通过研讨和交流,我们从理论上对审判方式改革有了进一步的认识。

讲学是意外的安排,在我们的原计划中并无此项内容。那是在我们与香港最大的律师行座谈会之后,他们认为有必要请我团的老师讲一讲内地的民事诉讼法和刑事诉讼法,以弥补他们这方面知识的不足,我们满足了他们的要求,特意安排了这次讲学,叶青、游伟、蒋集耀和武胜建4位老师为他们讲授了内地的刑事诉讼法、民事诉讼法中他们感兴趣的问题,并回答了他们提出的问题。这次讲学深受这个律师行律师的欢迎,得到了好评。

这次香港之行收获很大。经过参观、座谈和研讨,我们较为全面地了解了香港的审判方式及英美国家的审判方式,特别是其中的长短之处,增加了我们的知识,并为我们的研究提供了一个方面的依据。这次访问考察的接待单位为我们的出访作了周密的安排,我们所到之处都能收集到一些有价值的书面资料。我估计,我们带回的各种资料总数在百份以上。这些资料不仅对我们的研究课题,还对整个香港法制的研究都创造了有利的条件。

在这次访问考察中,所到之处,我们都赠送了我院的画册和我系的 2 本论文集;香港《文汇报》对我团成员在研讨会上的部分发言作了报道。这些都在香港社会产生了一定的影响,使人们对我院和我们的研究有了了解。

我们还广交了朋友,其中,既有老朋友,也有新朋友。他们都将成为内地与香港法律交流的桥梁和友好的使者。可以说,此次香港之行不愧是一次长知识、有收获、促交流之行。

（原载《华政报》1999 年 1 月 28 日）

2. 孤独的香港大法官

1998 年 12 月,我因一个课题研究的需要,率团到香港访问、考察了两个星期,其间多次与香港高等法院的大法官们座谈、研讨、同餐,对他们有了初步的了解,给我感触最深的是,他们是孤独的法官,这是我以前所没有想到的。

关于这一点,香港高等法院的大法官们直言不讳,他们坦陈自己十分孤独。"为什么会孤独呢?"我直截了当地问了这个问题,他们一一作了回答。

一个大法官告诉我,由于工作上的原因,他们不能与社会各界有过多的接触。在庭审前,不能与律师、当事人、证人等诉讼参与人交往。平时,不能接受新闻记者等媒体人员的采访,随便发表对某个案子的看法。还有,在案件审结前,也不能与审案无关人员谈及案件的审理情况,包括自己的亲朋好友。这些都是为了保证审判独立和公正,避免各种因素对司法产生不利影响。所以,大法官们涉及的圈子就小了,变得比较孤独。

另一个大法官跟我说,由于工作上的原因,空余的时间很少。

白天,庭审排得满满的,一天开几个庭是常有的事。晚上,同样很忙,包括判决书在内的法律文书常在晚上完成,而且许多判决书都很长,甚至几十页,不亚于一篇论文。其中,还有的要有中英文两个版本,工作量很大。另外,碰到疑难案件,晚上还要看书、思考,寻找一个正确的判案依据。香港的大法官们没有到法学院去请教法学教授、专家的习惯,一切都要自己思考研究,找到答案。这些都是自觉的加班加点,连周末都是如此。因此,他们也就没有充裕的时间去应酬、参加各种社会活动,自己孤独了自己。

还有一位大法官是这样讲的,由于工作上的原因,必须以身作则。香港的大法官本身是个司法者,理应成为一个模范守法者。他们都意识到这一点,因此无论在什么场合都严于律己,决不可做违法乱纪之事。举个例子,比如在过马路时遇有红灯,不论有车还是无车,人们不可乱穿马路,这是交通规则所规定的。可是,常能碰到这样的情况,一些市民乱闯红灯,而法官则绝对不越红灯一步,孤独地站着,不合违规之流。"脱离"了"群众"之后,自己也有孤独之感。

香港大法官的这种孤独还与一定的物质条件相联系。在香港高等法院,他们几乎与社会相隔离,那里有专门的大法官大门、通道、餐厅、电梯、休息室等,而且都不与外界相通,可以说是在一个类似封闭的环境里工作。这些客观条件也造成了大法官们的孤独。我想,香港大法官们的孤独使他们与社会保持了一定的距离,而这正是他们的职业需要。法官是司法者,是法律的人格化。孤独使法官保持了公正和尊严,不仅给人们树立了一种法律的形象,还使公众体会到法律的威严和权威。这在香港这样的法治社会中也许是不可或缺的。

当然,香港大法官的这种孤独也有其经济支撑。香港特别行政区保证了大法官们有足够收入,使他们可以体面地生活。香港市民每月有 5—6 万元港币的收入,就可较为顺利地买到房子,较为体面地生活,大法官们就是这样的市民。香港大法官的这种孤独以长期形成的良好素质为背景,他们的这份工作来之不易。香港的大法官都是大律师出身,这就意味着从法学院毕业到大法官,至少要花 20 年以上时间,而且还要竞争上岗。因为,有许多大律师都想争当大法官,据估计其比例是 100∶1,所以大法官们在人品和业务上都是佼佼者,值得人们尊重。

(原载《劳动报》1999 年 1 月 24 日)

二、澳 门

1. 东方蒙特卡洛的赌饷

早在 19 世纪,人们已把澳门称为"东方的蒙特卡洛",并把它与美国的拉斯维加斯、欧洲摩纳哥的蒙特卡洛合称为世界三大赌城。

澳门赌博业的大发展时期是在 19 世纪的 60、70 年代。那时,澳门经历了两次大台风的袭击,损失惨重,加上其他一些原因,经济凋敝。使其绝处逢生的是"博彩业",即赌博业。澳门当局趁机公开招商开赌,规定赌博业为合法产业,并向赌场征收赌饷。一时间,澳门的赌场纷纷出现,赌博税成了澳门当局的主要财政来源之一。在 19 世纪 60 年代中期,赌博业和鸦片烟业的税收使当时的财政收入猛增至 20 余万元,其中有 4 万元可以结余,上交给葡萄牙国库。

那时的赌博形式五花八门,有"骰宝""山票""铺票""白鸽票"和"闱姓"等。其中,"闱姓"所创的赌饷特别多,这是一种利用科举考试来进行赌博的方式。从内地传入澳门。其具体方法是:先由赌商公布入闱应试者的姓氏,然后赌客从中选出 20 个姓买一票,每 1000 票为一簿。待考试张榜后,以簿为单位,确定猜中中试者的多寡,并计输赢。由于这种形式对科举考试产生了不利影响,所以清政府禁止其在内地进行。传到澳门后,内地赌徒随之蜂拥而至,使澳门的赌博业有了大发展。到 19 世纪 80 年代,澳门当局因此而每年坐收赌饷数十万元,财政情况大为改观。

19 世纪 80 年代以后,清政府国库亏空,有人提议在内地恢复"闱姓"赌博,以增加国家收入。迫于经济原因,清政府不久便开禁,"闱姓"赌博又在内地复燃,部分澳门赌徒又回到了内地。可是,经过前一阶段的发展,澳门赌博业已奠定了基础,也产生了国际影响,赌博业已成为其主要产业,赌饷一直是当地主要的财政来源,直至今日。

(原载《上海法制报》1999 年 8 月 30 日)

2. 苦力贸易中的奴隶契约

葡萄牙是西方列强中最早从事奴隶贩卖的国家之一。早在 15 世纪,葡萄牙的远征军就开始入侵非洲,除在那里疯狂地攫取象牙和黄金外,还进行罪恶的黑人奴隶贸易,即苦力贸易。

到了 19 世纪,这种苦力贸易在澳门快速发展起来,华工也成了贸易的对象,而且数量在不断上升。据统计,1856 年为 2493 人,1857 年增至 7383 人,1858 年竟达 10034 人。他们被运往美国、古巴、澳大利亚等地,从事开矿、筑路等最苦的劳动。

从事这种劳动的华工们都要签订契约。如去古巴的契约规定,"每日做工时间,除吃饭睡觉外,按工作情形,由主人照古巴岛习惯规定";"服从古巴岛之一切法令、规章和纪律,不得违犯,亦不得有异言";等等。当时的古巴还保留着奴隶制度,因此把这种契约称为奴隶契约,一点也不过分。

为了防止签约后的华工逃跑,葡萄牙人把他们囚禁起来,通常是把他们的辫子拴在一起,像牛马般拉进囚房——"猪仔馆"。此馆狭小而又肮脏,不比猪圈强。同时,还要在他们身上烙下符号,以作辨认,便于抓获。受骗上当的华工如因了解真相而拒绝出海时,就会立即大祸临头,活活被打死者司空见惯,有时一天多达10余人。

苦力贸易给葡萄牙人带来了丰厚的利润。出洋前,每个华工的价格在70元左右;到海上后,价格可上涨至400元左右。因此,当时这种丧尽天良的苦力贸易十分红火。

1874年初,葡萄牙政府在强大的舆论压力下,才在名义上停止了这种贸易。然而,在超值的利润下,葡萄牙人并没有善罢甘休,这一贸易仍在私下不断进行,直至20世纪初才逐渐终止。

3. 确认中国主权的《澳夷善后事宜条议》

1748年夏天,仇视华人的澳门总督梅内泽斯怂恿葡萄牙士兵亚马卢和安东尼,拘捕并残杀了曾为同胞打抱不平的华人李廷富和简亚,还把他们的尸体抛入大海,毁尸灭迹。案发后,广大澳人十分愤怒。华人纷纷抗议梅内泽斯和两个士兵的暴行,葡萄牙人佛朗哥告发了亚马卢和安东尼的罪行。清广东政府还切断了澳门与广东的通道,以致澳门的粮食和生活用品供应中断。澳门的局势日趋严重。

为了缓和澳门的局势,葡萄牙政府被迫处罚了亚马卢和安东尼,还免去了梅内泽斯的总督职务。鉴于这一事件的影响,1749

年 7 月,经两广总督、巡抚的同意,海防同知张汝霖与葡萄牙官员商定,起草了《澳夷善后事宜条议》。之后经确认,此条议用中葡两国文字刻成石碑,竖于公共场所,要所有澳门居民遵守。

此条议共 12 条,内容包括:驱逐匪类、稽察船艇、赊物收货、犯夜解究、夷犯分别解讯、禁私擅凌虐、禁擅兴土木、禁贩卖子女、禁黑奴行窃、禁夷匪夷娼窝藏匪类、禁夷人出澳门、禁华人擅入天主教等。其中,有些内容以往已经颁行,这次再予重申。此条议对于维护澳门的治安十分有利。不仅如此,还处处体现中国主权在澳门的存在。条议规定,中国官员应逐一勘查和登记澳门现有的住房和教堂等建筑物,以后葡萄牙人只可修葺旧建筑,不可再建新建筑。这表明,澳门是中国的领土,中国对其土地具有所有权,葡萄牙人不可擅自占用。

条议规定,澳门的华人犯罪,葡萄牙人须报中国官员追究,不可私自拘禁、鞭打。这表明,澳门的葡萄牙当局对华人没有管辖权,华人的管辖权还在中国政府一方。条议还规定,葡萄牙人违反了中国法律,要按中国法律予以惩治,他们没有司法特权,等等。这些规定从不同角度确定了中国对澳门拥有主权,并对以后的立法产生了一些积极影响。

(原载《上海法制报》1999 年 4 月 2 日)

4. 望厦与清朝的丧权条约

望厦,又称旺厦,是澳门北部一个小地方的地名,它离内地较近。至迟在元末明初,中国人就在那里繁衍生息,明洪武年间任香山县令的浙江金华人士赵彦方的后裔,于明初就在望厦定居生活。那里的居民主要靠割蚝、捕鱼为生。望厦这个小地方一直默默无闻,可鸦片战争以后,却"名声大振",因其和当时签订、议订的令中国丧权的中美《望厦条约》和中法《黄埔条约》有关。

中美《望厦条约》的全称是《中美五口贸易章程》,1844 年 7 月 3 日由美国专使顾盛和清两广总督耆英在望厦签订。这个强加于中国人民的条约规定,美国人在中国享有协定关税、五口通商、领事裁判权、片面最惠国待遇等特权。与中英《南京条约》相比,它有过之而无不及。

中法《黄埔条约》的全称是《中法五口贸易章程》,1844 年 10 月 24 日由法国专使拉萼尼与清两广总督耆英签订。这个条约规定,法国人在中国享有协定关税、五口通商、领事裁判权、片面最惠国待遇等特权,还规定法国人可以在通商口岸建造教堂、中国有保护教堂的义务等,中国的主权再次丧失。这个条约的议订地也在望厦,只是在耆英和拉萼尼乘坐的法国军舰驶近黄埔时,才最后在舰上签的字,故命名为《黄埔条约》。中华人民共和国的成立,结束了丧权辱国的历史,中国人民从此站起来了。澳门回归以后,望厦更会以全新的面目展现在世人面前。

(原载《上海法制报》1999 年 6 月 4 日)

5. 总督的告示

鸦片战争以后,葡萄牙政府变得强硬起来,妄图一口吞下澳门。

1845 年 11 月 20 日,葡萄牙女王玛丽亚二世背着中国政府,擅自宣布澳门为自由港,允许所有外国船只来澳自由贸易,不交关税。然而,当时的海关还是中国的海关,中国政府对此不予理睬,照旧在澳门征收关税。葡萄牙大失面子,对此极为不满,阴谋采取进一步"行动"。

1846 年 4 月,独臂海军上校亚马留出任澳门总督后,一方面叫嚣要把澳门变成"绝对自治的殖民地",另一方面积极策划,伺机把澳门变为脱离中国控制的"自由港"。

1849 年初,英国与中国为广州的入城问题发生了激烈的冲突,亚马留认为的"机会"来了。同年 3 月 5 日,亚马留发出了一个勒令关闭中国海关的"告示"。"告示"称:"澳门已成为自由港,葡萄牙海关业已关闭,当然不能容许一个外国海关继续在澳门办公",并勒令中国海关即日起 8 天后,不得再向任何人征收关税。

对于这个侵犯中国主权的蛮横无理的"告示",中国海关的官员不屑一顾。亚马留便气急败坏地派出炮艇和士兵到港口警戒,阻止中国官员征税。之后,他还率领数十名士兵强行钉闭澳门的中国海关,推翻悬挂在那里的中国旗帜,驱走海关的官吏。继而,他又擅自审判涉及中国人的案件,而不通知香山县府。

亚马留的倒行逆施激起广大中国人民的极大愤慨。同年 8 月,他终被中国义士砍下了首级和仅存的独臂,结束了罪恶的一生。

(原载《上海法制报》1999 年 6 月 18 日)

6.《和好贸易章程草案》的狼子野心

1849 年 8 月,葡人澳门总督亚马留被义士沈志亮等人所杀,葡人虽然受惊,可进一步侵夺澳门主权的狼子野心未灭,而且还变本加厉,妄图用"合法"的条约形式来使自己的野心变成现实。

1862 年,葡萄牙特使基马拉直闯北京,迫使清政府派出总署大臣恒祺等人与其进行谈判。谈判中,中方仍然坚持要在澳门设立中国海关,拥有收租税权。可是,葡方大耍无赖,胡说中国在澳门设立海关、收租税没有条约依据,甚至妄言:"鉴于中国与西方关系已发生了全面变化,因而澳门也难以维持旧日的政治经济制度。"言下之意,澳门应由葡萄牙来统治,葡萄牙应拥有澳门主权。可悲的是,葡方利用中方恒祺的昏愦,最终草成了《和好贸易章程》。

这个章程草案采用迂回方式,欲从多角度侵夺中国在澳门的主权。它规定,中国派驻澳门的官员仅如同一个外国领事,而不是一个主权国的官员。"大清国大皇帝仍设立官员驻扎澳门,办理通商贸易事务,并稽查遵守章程","其职任、事权导以自由之处,均与法、英、美诸国领事等官,驻扎澳门、香港等处各员,办理自己公务,悬挂本国旗号无异。"它规定,章程的解释权不在订约双方,而在其他列强国家。即双方就章程的解释发生分歧时,由"友好国家"的公使们仲裁。它规定,过去所有的规定、条约均无效,中葡关系一切以此章程为依据。"将来只此为凭,彼此均应遵照新章办理,一切旧章自应草除,永远不得分别有异议"。这就意味着过去对中国在澳门主权的确认同样无效。

总之,此章程草案的实质是,在澳门,中国无权,葡萄牙有权。不久,这个章程草案的狼子野心被对洋务较为熟悉的新任总署大臣薛焕等人发现。他们在查阅此草案时发现了其中的问题,并多次上奏政府,要求修改。最终,该章程草案因为中国政府的拒签而流产了。可是,葡萄牙妄图侵占澳门的野心不死,以致在 1887 年又迫使清政府签订了中葡《和好通商条约》。

(原载《上海法制报》1999 年 8 月 13 日)

7. 丧权辱国的《和好通商条约》

鸦片战争以后,葡萄牙当局也想步英、美、法等列强的后尘,取得在中国的侵略权益。1862 年,中葡澳门问题的谈判开始了。葡方诡称,葡萄牙人自明朝开始就在澳门居住,应拥有澳门主权;中方则坚持认为,华人在澳门居住比葡人更早,中国不放弃澳门主权。

　　经过两年的拉锯战,中葡双方接受了一个由法国人提出的所谓折中方案,主要内容是:葡方同意中国仍在澳门设官;中国则不再向葡方征收地租;同时,没明确规定澳门主权的归属。1862 年 7 月,此草案在天津签订,并决定两年后互换正式的政府批准文本。正当两年快到时,清政府官员发现草案中的有些内容需加修正,遂向葡方提出,但遭拒绝。为此,正式换文之事便不了了之。

　　然而,葡萄牙当局妄图永久侵占澳门、强取其主权的狼子野心并没有因此而泯灭。1886 年,葡方勾结英国人共同向中国政府施压,强行重开谈判。经过一年多的舌战,1887 年 12 月 7 日清政府代表孙毓汶和葡萄牙代表、澳门总督罗沙草签了中葡《和好通商条约》。1888 年 4 月 28 日,中方的李鸿章与葡方的罗沙在天津互换了各自政府的批准文本。至此,中葡《和好通商条约》正式生效。

　　此条约共 54 条,其实质是葡萄牙政府想通过条约"合法"取得澳门的主权。条约规定:中国政府准许葡萄牙"永居管理"澳门;葡萄牙取得澳门的治外法权,包括葡萄牙人在内的洋人成为被告时,均"按大西洋国律例惩办"等。

　　令人费解的是,当时的葡萄牙已是一个走向衰弱的欧洲小国,根本无法对中国进行武力威胁。这与英、美、法等国用武力强迫清政府签订不平等条约有所不同。可是,清政府竟在葡萄牙不费一枪一炮的情况下,同意签署这样丧权辱国的条约,实在让人难以理解。

（原载《上海法制报》1999 年 9 月 10 日）

8. 勘界口头协议

1908 年 2 月 5 日,一艘名为"二辰丸"的日本商船满载走私的步枪和弹药,偷偷驶向澳门。同月 15 日,此船在中国水域被清政府水师发现,并依法作了处理。可是,日本政府却勾结澳葡当局,捏造事实,狼狈为奸,声称此船是"输出于日,转入于澳",与中国政府无关,并要清政府对此事件负责。腐败无能的清政府竟然满口答应日方的要求,又是道歉、赔偿,又是处理有关的中国官员。

然而,这却激怒了广大爱国华人,他们在全国各地多次举行声势浩大的示威游行,并抵制日货。海外华人也纷纷加入抗议的队伍;香港华人包围了位于西环海边的日货仓库,捣毁了一些贩卖日货的商店;南洋的华人除了举行示威和集会外,还提倡国货、抵制日货。这些正义行动不仅给日本政府和澳葡当局以沉重的打击,还给清政府带来了巨大的压力。

于是,清政府不得不向澳葡当局提出勘界的要求。同年,清政府与葡萄牙政府进行了多次谈判,最后达成了关于勘界的口头协议。此协议的内容仅 5 条,具体是:对于有争议的地区,由勘界人员会同查实并核定,此时中国军队虽暂时撤离有争议的地区,但并不意味着中国政府放弃对这些地区拥有的主权;中葡两国共同选派职位相等的官员担任勘界人员;负责勘界的人员必须查照中葡条约第二款,以便共同确定界址,并向两国政府呈报;如果中葡双方意见不同,对于无法裁决的问题,则应当届时察断,或者可交公断;葡萄牙方面撤回巡逻的舰艇并将炮舰调离,同时暂时停收地钞、罢浚河道等。

口头协议达成后,争议仍然存在,特别是在撤兵、撤舰、收钞和浚河 4 个方面。于是,中葡双方再派官员继续谈判。葡方得寸进尺,竟然提出了还要占领更多疆域的方案,以致澳门总面积可达300多平方公里。这当然遭到中国政府和人民的强烈反对。1910年底,葡方代表见在谈判桌上已捞不到更多的"油水",便不顾起码的外交礼节,不辞而别,单方面破坏了中葡勘界谈判。之后,中葡再也没有就勘界问题举行过任何谈判。

（原载《上海法制报》1999 年 11 月 12 日）

9.《澳门交犯章程》与引渡

1908 年 12 月,葡萄牙政府擅自公布了《澳门交犯章程》,这个章程的出笼有其一定的背景。

进入 20 世纪以后,葡萄牙当局不再理会《和好通商条约》的有关规定,对清政府采取了更为强硬的措施,其中之一便是以种种借口拒不引渡,不交出逃至澳门的中国犯罪嫌疑人。较为著名的嫌疑人就有:1900 年震动全国的政治犯经元善、1904 年的赃官裴景福、1906 年香山县的著匪林佩南等人。他们都是因内地通缉而逃至澳门的犯罪嫌疑人,由于澳葡当局拒绝引渡,致使这些人逍遥法外。

有些不法之徒看准了澳葡当局的这把"保护伞",也纷纷加入葡萄牙籍,来逃避清政府的缉捕。有史料记载,这些不法之徒常入内地作案,被捕后自称是"西洋籍","托庇外人,幸逃法网"。更有甚者,有些出生在澳门但长期居住在内地的华人,也要沾点"洋"光,冯其济便是其中之一。他于 1834 年出生在澳门,1850 年返回原籍番禺县居住,之后又取得了监生资格,担任过乡正。可是,1901 年当他犯罪下狱时,忽然否认自己是中国人,自诩为"洋人",以逃避法律制裁。

澳门当局的这些行径均违背了中葡签订的《和好通商条约》

463

中有关引渡的规定。此条约的基本精神是,中国政府对华人有司法管辖权,不论是逃至澳门的犯罪嫌疑人,还是在内地的澳门犯罪嫌疑人,都是如此。同时,澳葡当局有引渡义务,即条约中所说的"仍照向来办法查获交出"。可是,到了 20 世纪,葡萄牙当局趁清政府懦弱之际,撕毁协议,背信弃义,不与中国政府协商,便擅自公布了《澳门交犯章程》,给自己的违约行为披上了一件"合法"的外衣。

《澳门交犯章程》共 24 条,专门对引渡问题作了规定。其基本精神是,华人"所犯之罪"须与葡国律例相关条款一致者,"方可解交"。其实质是拒绝中国政府的引渡要求,因为这个"一致"在当时根本无法做到。因此,这个章程的出笼又一次证明葡萄牙当局完全无视中国的司法权,目的还在于加剧澳门的殖民化。

(原载《上海法制报》1999 年 12 月 3 日)

10. 中葡《南京条约》

1928 年 12 月 29 日,中葡两国政府在南京签订了中葡《南京条约》,1929 年 3 月 27 日该条约正式生效。签订这个条约的直接动因主要来自两方面:一方面是中葡《和好通商条约》在 1928 年 4 月 28 日已届满失效;另一方面是国民政府在 1928 年 6 月 15 日发布了一个《修正不平等条约宣言》,即要求结束不平等条约,重订平等新约。

1928 年 8 月 2 日,葡萄牙政府照会国民政府,要求修订失效的《和好通商条约》。于是,同年 9 月初,葡萄牙驻华公使毕安琪和国民政府外交次长唐悦良,分别代表两国政府就修约问题在南京进行了谈判。几经周折,双方终于达成一致,签署了《南京条约》。

此条约共 5 条,主要内容如下。两缔约国约定关于关税及其关系事项完全以各本国国内法规定之。两缔约国又约定对于关税及其关系事项,此缔约国在彼缔约国领土内应享受之待遇不得次于任何他国所享受之待遇。此缔约国在本国领土内,不得有任何借口对于彼缔约国人民及货物之进口或出口,征收较高异于本国人民或任何他国人民所完纳之关税、内地税或任何税款。此缔约国人民在彼缔约国领土内应受彼缔约国法律及法院之管辖,但为行使及防卫其权利,应有向法院陈诉之自由及便利。两缔约国决定于最短期内根据完全平等、互尊主权及两国商业上无歧视之原则,议定一《通商航海条约》。

从以上规定的内容可以发现,此条约相较于前约,作了较大变动。首先,否认了葡萄牙人在澳门的"永居管理权",因为在条约中没有再作规定;其次,基本取消了葡萄牙人在中国的治外法权,因为条约明确规定"受彼缔约国法律及法院之管辖"。最后,承认了中国拥有关税的自主权,即"完全以各本国国内法规定之"。

这些改动均是对原《和好通商条约》中不平等内容的否定,体现了中国的主权所在。另外,从法律上来说,中葡《南京条约》自生效之日起,葡萄牙就不再享有原有的不平等特权,也没有了继续管治澳门的权力。这是澳门法制史上重要的一页。

（原载《上海法制报》1999 年 12 月 17 日）

11. 烟片走私与禁烟令

从 19 世纪的第二个 10 年起,澳门曾经历过一段动荡时期,鸦片走私是造成动荡的一个原因。贪婪的英国商人走私大量鸦片,贩至澳门销售,这引起了清政府的关注。1811 年两广总督松筠在澳门视察时重申了中国政府"严禁贩此毒货"的立场。4 年以后,两广总督蒋攸铦又向清政府陈奏了澳门走私鸦片的严重情况并要求政府采取进一步的措施。

根据清政府的指令,广东官府于 1815 年多次发布禁烟令,严禁鸦片走私,并在澳门实施。内容包括:严禁在澳门走私鸦片;葡萄牙商船如在澳门卸货,同样要经中国海关的检查,即"将所贩各货报明,逐件验明",过去免检的规定同时废止;要派员搜查澳门内可能窝藏走私鸦片的地方;等等。禁烟令颁布后,广东官府还派员逮捕法办了在澳门参与走私鸦片的 6 名华人,压住了走私鸦片的势头。

可是,到了 1818 年,当查禁鸦片的风头刚过,澳门又一次出现了走私鸦片的狂潮,走私的鸦片数大量增加。两广总督阮元等人再次到澳门视察,采取了更为严厉的措施,狠狠打击走私鸦片的行为。不久,一大批走私鸦片的犯罪分子受到惩处,其中包括捐有州同职衔的绅商叶恒树等一些有"身份"的商人。此次禁烟行动影响较大,致使一些外国鸦片商感到澳门是个由中国政府控制的、不安全的走私鸦片的地方。一个英国不法商人说,把满载鸦片的船只"驶入一个中国人是最高主宰而葡萄牙人只不过是随时可以撤佃的佃户的港口,是很不聪明的"。

然而,鸦片走私所带来的巨大经济利益始终没有使英国、葡萄牙等国的不法商人悬崖勒马,只要有机可乘,他们就会投下更大的赌注。正义与邪恶的较量在林则徐到澳门禁烟时达到了白炽化。

(原载《上海法制报》1999 年 4 月 16 日)

12. 林则徐赴澳门禁烟

1839 年 7 月 26 日,林则徐率领两广总督邓廷桢等官员,从前山出发,进入澳门。林则徐受到了热烈欢迎,除澳门同知蒋立昂等中国官员外,还有澳门总督边度和其他澳门官员、士兵 100 余人在场。林则徐走在红色的地毯上,葡萄牙乐队奏起了欢迎曲。接着,他检阅了仪仗队,空中还响起了 19 响礼炮声。隆重的欢迎仪式后,林则徐就与边度进行了会谈。他严厉责问边度,中国政府已明令禁烟,为什么澳门还存在鸦片贸易。边度心中胆怯,可还是进行搪塞,声称澳门已开始查缴鸦片,英国人暂藏在澳门的鸦片已经不多,而且前几天还捉拿了英国鸦片贩子并已交中国政府处理,等等。之后林则徐再次重申了中国政府的禁烟立场,告诫边度必须遵守中国政府的禁烟法律;如再出现鸦片贸易,一定严惩不贷。

接着,林则徐还处理了有关澳门的其他法律事务:询问了澳门户口的核实情况;与葡萄牙当局签订了《贸易章程》,约定每年向澳门输出茶叶 50 万斤,以满足居澳葡萄牙人的需要等。

林则徐此次赴澳禁烟前后仅为短短的 3 个时辰,但效果比较理想,澳门当局不得不再次承诺禁烟。那么,为什么他会在如此短的时间内就利索、有效地禁烟了呢? 原因有多种,最主要的原因与他在赴澳前就已采取的严厉禁烟措施有关。林则徐奉命以钦差大臣的身份到达广州后,一方面销毁了从英国商人那里收缴的鸦片,另一方面转告澳门当局必须禁止鸦片贸易并在 3 日内交出储藏在澳门的全部鸦片。迫于他的压力,澳门当局不得不采取了一些禁烟措施,还抓捕了一些鸦片贩子,收缴了一些鸦片。由于林则徐在赴澳门前已初战告捷,有了基础,所以此次赴澳禁烟便十分顺利了。

（原载《上海法制报》1999 年 5 月 14 日）

13. 路环岛变成人间地狱

路环岛是澳门南面的一个小岛。岛上居民到 1910 年时才

1900 余人。他们以捕鱼为主业,安居乐业。

路环岛虽小,可是由于它的地理位置比较重要,葡萄牙殖民者早就垂涎这个地方,并于 1864 年采取了行动,占据了岛上的荔村湾,在那里修造炮台,派驻军队。

中葡勘界协议没有达成,令葡萄牙当局气急败坏,他们伺机制造事端。"机会"终于来了。1910 年广东新宁县发生了一起教案,路环岛上一些海盗趁机把县里 10 余名信教的学生作为人质押在岛上,以便敲诈勒索。澳葡当局接报后,便小题大做,故意扩大事态,以围剿海盗为借口,采取了军事行动。同年 7 月 12 日,葡军携带重武器,开始向岛内进攻。

岛上的中国居民看到葡军的这种架势,便知道他们的真正目的是侵占整个路环岛,于是就自行武装起来,抗击来犯之敌,先后三次击退了葡军的猛烈进攻。

澳葡当局面对失败,变得更加疯狂。他们增派军舰、封锁岛屿,开展了更加猛烈的攻击。经过近 1 个月的保卫战,岛上居民弹尽粮绝,陷入绝境。同年 8 月 4 日,葡军攻占了全岛,惨剧也随之发生。除了抓获一些海盗外,葡军还肆无忌惮地杀害了百余户居民,有些是满门抄斩。一时间,美丽的路环岛成了人间地狱。从此,路环岛失去了往日的祥和平静。

路环岛血案的发生,又一次激起了广大中国人民的愤怒。许多爱国志士纷纷致电清政府,要求废除与葡萄牙签订的一切不平等条约,尽快收回澳门。可是,软弱无能的清政府仍然卑躬屈膝,再一次让人们失望。

(原载《上海法制报》1999 年 12 月 10 日)

14. 刺杀亚马留案

亚马留于 1805 年出生于葡萄牙本土,1846 年 4 月 21 日上任第 79 任澳门总督。早在青年时期,他就干坏事并得到过"报应"。在镇压伯亚的巴西人民起义战斗中,猛烈的炮火炸掉了他的左臂,因此被称为"独臂将军"。

亚马留还是个疯狂的殖民主义者,出任澳门总督后,立即采取一系列的殖民手段,包括:非法征税;擅自越过葡萄牙人居地界线筑路;用武力非法封闭中国海关;侵夺中国的司法权;等等。这些罪行激起了正义中国人的极大愤怒,刺杀亚马留行动也开始酝酿。

1849 年 7 月,以爱国志士沈志亮为首的 7 位年轻人密谋了一个计划。他们发现,亚马留有一个习惯,就是每个礼拜天都要到关闸一带闲散或打鸟,这是个下手的好机会。1849 年 8 月 22 日是个礼拜天。早上,沈志亮等人分别化装成鱼贩子、花贩子、水果贩子等,进入关闸地区。中午时分,正当亚马留返回用餐时,这些"贩子"突然出现在他回程的路边。其中一人迅速把鲜花和刍豆撒在地上,以诱马吃豆。亚马留骑着马走近了。当他的马嗅到鲜花和刍豆的香味后,果然低头吃豆,不再行走。正在此时,沈志亮忽然手持诉状跑近亚马留,要他收案。在他手接诉状之际,沈志亮猛击他的马,马受惊腾起,亚马留滚落路边。另 6 位义士一拥而上,压住亚马留,沈志亮则用割草刀砍下了他罪恶的首级和独臂。亚马留的随行人员见状仓皇逃窜。行刺成功后,沈志亮吩咐其他6 位义士好好照顾自己的老母,便手提亚马留的首级和左臂,转身前往香山县衙"自首"。

亚马留被刺后,西方列强十分震惊。第二天,澳葡当局就向清两广总督发出抗议,英、法、美等列强还用武力相威胁,要惩办沈志亮。软弱的清政府再次屈服。同年 9 月 12 日,沈志亮被押到香山的前寨杀害。沈志亮虽死,但他的爱国气节却永远留在中国人民心中。

(原载《上海法制报》1999 年 7 月 30 日)

15. 严亚照案

严亚照是一位居住在澳门的中国少年,1826 年初在澳门被害身亡。

案发后,严亚照的母亲严徐氏遂向具有管辖权的广东香山县府控告,指控杀人凶手是葡萄牙少校法瓦乔,并要求惩罚这一葡萄牙罪犯。香山县府受案后,便要求澳葡当局将法瓦乔交至香山县衙受审。可是,澳葡当局却拒交凶手,还声称杀人者不是法瓦乔,而是一个名叫麦努埃尔的帝汶奴隶,甚至提出要用葡萄牙法律来审判此案。

得知澳葡当局的立场后,严徐氏十分气愤。她一方面在澳门请求援助,另一方面去广州上诉,要求中国政府为其做主。两广总督阮元就此而委派广州知府高廷瑶等官员赴澳交涉此案。然而,澳葡当局顽固坚持原来的立场,拒交凶手,还于同年 3 月 13 日擅自绞死了麦努埃尔。这激起了中国人民的愤怒。他们在刑场外高呼要惩办真正凶手的口号,用石块猛击葡萄牙官员,并捣毁了法瓦乔的住宅,还准备冲击澳门大炮台。面对愤怒的中国民众,澳葡当局竟然出动了野战炮、炮船这样的重武器,进行镇压,才勉强控制了局势。

严亚照案暴露出澳葡当局不服中国政府管辖的强横态度,这使中国政府下决心进一步控制澳门。从 1828 年至 1831 年间,广东官府多次颁令,采取多种措施,制约澳葡当局,牢牢控制着澳门的管辖权。其中包括:命令澳葡当局驱逐驶入澳门的荷兰船只,不让荷兰人在澳门进行建筑;禁止外国船只向澳门输入硫磺、硝石等化学原料;禁止在澳门使用中国银圆,以防止中国银圆外流;不准葡萄牙人越占澳门半岛北部地区;不许外国人在澳门乘坐由中国轿夫所抬的轿子;等等。

(原载《上海法制报》1999 年 4 月 30 日)

16."妈港"要回来了

"妈港"指澳门,是西方人称澳门为 Macau 的音译。"'妈港'要回来了"是说澳门快要回到祖国的怀抱了。

澳门在珠江口西岸,有陆地面积 23.5 平方公里,人口约 45 万。它自古以来就是中国的领土,原属广东省香山县。澳门与香港一样,历经沧桑。在明朝时,葡萄牙人到澳门租地定居,从事商业活动。但鸦片战争以后,葡萄牙政府对澳门心存的殖民野心现出了狰狞面目。1845 年,葡萄牙女王玛丽亚二世擅自颁令,宣布澳门为"自由港",允许外国商船自由出入澳门。1846 年,海军上校亚马留出任澳门总督。1849 年,亚马留明目张胆地侵夺中国的主权,他封闭中国设在澳门的海关,擅自处理涉及中国人的案件,不再通知香山县官府,等等。1887 年订立的中葡《和好通商条约》又允准葡萄牙人"永居管理"澳门,这使澳门真正成了葡萄牙人的"殖民地"。以后,澳门的殖民化越来越严重。

1926 年,闻一多先生曾吟诗《七子之歌》,表示了澳门人民期盼回归之心。"你可知'妈港'不是我的真名? ……我离开你的襁褓太久了,母亲! 但是他们掳去的是我的肉体,你依然保管着我内心的灵魂。三百年来梦寐不忘的生母啊! 请叫儿的乳名,叫我一声'澳门'! 母亲! 我要回来,母亲!"

　　"一国两制"的构想为澳门回归、解决澳门问题创造了条件。中葡两国政府经过努力,于 1987 年 4 月 13 日签订了中国与葡萄牙《关于澳门问题的联合声明》。1993 年 3 月 31 日,八届人大一次会议又审议通过了《澳门特别行政区基本法》。这些为最终解决澳门问题奠定了法律基础,澳门回归已指日可待。

（原载《上海法制报》1999 年 3 月 19 日）

17. 中葡《联合声明》

　　1974 年 4 月 25 日,葡萄牙发生了一起重要事件。由一批青年军官组成的"共和国救国委员会",推翻了统治葡萄牙 50 年之久的独裁政权。新政府宣布实行"非殖民化政策",放弃殖民主义,并承诺澳门属于中国领土,不再是葡萄牙的殖民地,只是由葡萄牙来管理的特殊地区。1975 年,葡萄牙开始从澳门撤走其军队,还断绝了与台湾的"外交关系"。1979 年 2 月 8 日,葡萄牙与中华人民共和国建立了外交关系。这些都为中葡《联合声明》的签署创造了良好气氛。

　　从 1984 年开始,中国的高级领导人在与葡萄牙官员的接触中,就多次谈及澳门的回归问题。1985 年 5 月 23 日,中葡双方发表了《联合公报》,其核心问题是"双方同意于近期通过外交途径就解决澳门问题举行谈判"。1986 年 3 月 18 日,中葡双方都组成了自己的谈判代表团。中方以时任外交部副部长周南为团长,葡方以当时葡萄牙驻联合国代表梅迪纳为团长。经过四轮会谈,1987 年 3 月 26 日,双方终于在北京人民大会堂正式签署了中葡《联合声明》。

　　中葡《联合声明》发布后,在国际上引起了强烈反响。1987 年 3 月 26 日,塔斯社发表文章说:"中国和葡萄牙政府关于澳门问题

的联合声明今日签订,这个自十六世纪中叶起众所周知归葡萄牙
管辖的地区的主权重新归中国所有。"

中葡《联合声明》是确定澳门地位的重要法律文件,也是澳门
于 1999 年回归的决定性文件。正文共有 7 条,主要内容为:澳门
是中国领土,中华人民共和国将于 1999 年 12 月 20 日恢复对澳门
行使主权;中国政府依据"一国两制"方针,在澳门设立特别行政
区;澳门特别行政区政府和立法机关由当地人组成;澳门可以"中
国澳门"的名义单独与各国保持经济、文化关系,保持财政独立,
不向中央政府交税;等等。这些内容在以后的《澳门特别行政区
基本法》中得到了体现。

(原载《上海法制报》1999 年 12 月 24 日)

18. 澳门基本法历程

澳门基本法的全称是《中华人民共和国澳门特别行政区基本
法》。中葡《联合声明》的签订,为制定澳门基本法敞开了大门。
1988 年 9 月,澳门基本法起草委员会成立,姬鹏飞任主任。

1988 年 10 月 25 日,澳门基本法起草委员会在北京召开了第
一次会议,会议讨论并通过了姬鹏飞所作的关于起草工作的大体
规划和步骤的报告,同时还决定成立一个"澳门特别行政区基本
法咨询委员会",以便更为广泛地听取各界人士的意见。邓小平
等党和国家领导人会见了参加会议的全体委员。

1989 年 5 月 9 日,澳门基本法起草委员会在北京举行了第二
次会议,会议决定成立澳门基本法结构(草案)起草小组,负责起
草澳门基本法结构(草案)。此小组先后举行了 13 次座谈会,广
泛听取了澳门各界人士的意见和建议,在此基础上拟订了草案。
1989 年 11 月 18 日,澳门基本法起草委员会第三次会议在广州召

开,会议通过了草案,并成立了中国与澳门关系、居民的基本权利和义务及澳门的政治体制、经济、文化与社会事务等5个专题起草小组,分工负责澳门基本法具体内容的起草工作。

1992年3月5日,澳门基本法起草委员会举行了第八次会议,会议对澳门基本法(草案)作了修改,还以无记名投票方式表决通过了此草案及相关文件。3月16日,七届人大二十五次会议决定公布这一草案,并用4个月的时间在澳门和内地广泛征求意见。1993年1月13日,澳门基本法起草委员会在北京举行了第九次全体会议,审议了对澳门基本法的修改意见,并提请全国人大常委会审议、批准。

1993年2月15日,七届人大常委会第三十次会议听取了姬鹏飞所作的关于草拟澳门基本法的报告,会议决定将这一基本法草案提请八届人大一次会议审议。1993年3月31日,八届人大一次会议正式通过了澳门基本法。

(原载《上海法制报》1999年12月31日)

王立民教授作序一览表

序号	名称	来源
1	"地方法制史丛书"总序	姚远:《上海公共租界特区法院研究》,上海人民出版社 2011 年版
2	"中国法律史研究丛书"总序	蒋冬梅:《"死人者死"的中国法律传统研究》,上海人民出版社 2011 年版
3	《2006 年国家司法考试辅导读本》总序	王立民总主编:《2006 年国家司法考试辅导读本》,上海人民出版社 2006 年版
4	《"一国两制"的法律化实践》序	田恒国:《"一国两制"的法律化实践》,中共中央党校出版社 2016 年版
5	《〈大清律例〉与清代的社会控制》序	沈大明:《〈大清律例〉与清代的社会控制》,上海人民出版社 2007 年版
6	《高等教育法制的结构与变迁》序	郭为禄:《高等教育法制的结构与变迁》,南京大学出版社 2008 年版
7	《清末检察制度及其实践》序	谢如程:《清末检察制度及其实践》,上海世纪出版集团 2008 年版
8	《商会与中国法制近代化》序	王红梅:《商会与中国法制近代化》,南京师范大学出版社 2010 年版
9	《我国反洗钱立法演变研究》序	林安民:《我国反洗钱立法演变研究》,厦门大学出版社 2010 年版
10	《宁波近代法制变迁研究》序	邹剑锋:《宁波近代法制变迁研究》,复旦大学出版社 2010 年版
11	《律简身份考论——秦汉初期国家秩序中的身份》序	吕利:《律简身份考论》,法律出版社 2011 年版
12	《城市·规划·法制——以近代上海为个案的研究》序	练育强:《城市·规划·法制——以近代上海为个案的研究》,法律出版社 2011 年版

续表

序号	名称	来源
13	《南京国民政府时期劳动契约法律制度研究》序	张周国:《南京国民政府时期劳动契约法律制度研究》,上海人民出版社 2011 年版
14	《韩非法律思想研究》序	郭春莲:《韩非法律思想研究》,上海人民出版社 2012 年版
15	《刑事司法改革制度创新研究》序	虞浔:《刑事司法改革制度创新研究》,吉林大学出版社 2012 年版
16	《1997 年以来中国司法体制和工作机制改革进程中上海的实践与探索》序	虞浔:《1997 年以来中国司法体制和工作机制改革进程中上海的实践与探索》,上海人民出版社 2013 年版
17	《晚清铁路对外借款法律问题研究》序	李耀跃:《晚清铁路对外借款法律问题研究》,法律出版社 2014 年版
18	《法家思想小史》序	王亚军:《法家思想小史》序,安徽人民出版社 2014 年版
19	《农民发展权法治保障研究》序	丁德昌:《农民发展权法治保障研究》,中国政法大学出版社 2015 年版
20	《包山楚司法简考论》序	王捷:《包山楚司法简考论》,上海人民出版社 2015 年版
21	《明朝海上外贸管理法制的变迁》序	杨晓波:《明朝海上外贸管理法制的变迁》中国社会科学出版社 2017 年版
22	《上海会审公廨审判研究》序	洪佳期:《上海会审公廨审判研究》,上海人民出版社 2018 年版
23	《唐律立法语言、立法技术及法典体例研究》序	刘晓林:《唐律立法语言、立法技术及法典体例研究》,商务印书馆 2020 年版
24	《监察委员会理论溯源及其制度建构》序	虞浔:《监察委员会理论溯源及其制度建构》,法律出版社 2021 年版
25	《20 世纪上半叶中国法律思想史学研究》序	肖志珂:《20 世纪上半叶中国法律思想史学研究》,光明日报出版社 2021 年版
26	《明弘治至万历朝的治贪立法》序	向广宇:《明弘治至万历朝的治贪立法》,人民出版社 2021 年版

序号	名称	来源
27	《知识产权法研究》（第2卷）序	王立民、黄武双主编:《知识产权法研究》（第2卷）,北京大学出版社2005年版
28	《知识产权法研究》（第3卷）序	王立民、黄武双主编:《知识产权法研究》（第3卷）,北京大学出版社2006年版
29	《知识产权法研究》（第4卷）序	王立民、黄武双主编:《知识产权法研究》（第4卷）,北京大学出版社2006年版
30	《知识产权法研究》（第5卷）序	王立民、黄武双主编:《知识产权法研究》（第5卷）,北京大学出版社2008年版
31	《知识产权法研究》（第6卷）序	王立民、黄武双主编:《知识产权法研究》（第6卷）,北京大学出版社2008年版
32	《知识产权法研究》（第7卷）序	王立民、黄武双主编:《知识产权法研究》（第7卷）,北京大学出版社2009年版
33	《知识产权法研究》（第8卷）序	王立民、黄武双主编:《知识产权法研究》（第8卷）,北京大学出版社2011年版
34	《知识产权法研究》（第9卷）序	王立民、黄武双主编:《知识产权法研究》（第9卷）,北京大学出版社2011年版
35	《知识产权法研究》（第10卷）序	黄武双主编:《知识产权法研究》（第10卷）,北京大学出版社2013年版

后　　记

　　《法苑内外》是我多年来梦想出版的一本文集,可以把那些还未收集进我的著作与散见于他人(主编)著作、报刊的成果集中起来,汇总成册。加上已出版的 8 种 16 部著作,就可较为全面地反映我的学术研究心路与学术研究成果,为后人的进一步研究提供一个方面的依据。同时,也可以印证百度网于 2017 年对我学术情况所做的评价,即"中国租界法制史、地方法制史与法制史学史等研究领域的开创者之一,国内唐律研究的重要代表人物"。

　　今年正值学校 70 周年,也是我进校 40 周年。在这双庆之年,奉上这本小书,作为庆祝与纪念,有其特殊的意义。我心中也因此而感到十分高兴!

　　此书的出版受益于学校、地方高水平大学创新团队的支持。有这一支持,便可专心致志,集中精力整理以往的成果,而无后顾之忧。在此,对学校与这一团队表示衷心的感谢!

　　在成书过程中,还得到王捷老师及其硕士研究生步凌燕、贾高邦、沈子渊、刘智明、袁霖等的帮助,在此也一并表示衷心的感谢!

　　此书的出版还得益于人民出版社的领导陈鹏鸣与责任编辑江小夏的大力帮助。他们的帮助与努力促成了这本小书顺利面世,能与广大读者见面。万分感谢人民出版社的领导与江小夏编辑!

　　在本书的策划、集成过程中,始终得到家人的支持。外孙女王祺时(小名"时时")出生后,家务更加繁忙,太太陈瑞君、女儿王胤

478

颖、女婿刘也卓主动分担,使我有充分时间考虑、操作这本小书,按学校的要求完成任务。对我的家人同样表示诚挚的谢意!

　　书中难免有不足与错误之处,还望读者们不吝赐正,以便日后修改。谢谢!

王立民

2022 年 7 月于华东政法大学

责任编辑：江小夏
封面设计：胡欣欣

图书在版编目（CIP）数据

法苑内外/王立民 著. —北京：人民出版社，2022.11
ISBN 978－7－01－025268－1

Ⅰ.①法… Ⅱ.①王… Ⅲ.①法制史-世界-文集
Ⅳ.①D909.9-53

中国版本图书馆 CIP 数据核字（2022）第 216791 号

法 苑 内 外
FAYUAN NEIWAI

王立民 著

人 民 出 版 社 出版发行
（100706 北京市东城区隆福寺街 99 号）

北京盛通印刷股份有限公司印刷 新华书店经销

2022 年 11 月第 1 版 2022 年 11 月北京第 1 次印刷
开本：880 毫米×1230 毫米 1/32 印张：15.375
字数：350 千字

ISBN 978－7－01－025268－1 定价：92.00 元

邮购地址 100706 北京市东城区隆福寺街 99 号
人民东方图书销售中心 电话 （010）65250042 65289539